二十一世纪普通高等院校实用规划教材　经济管理系列

现代企业管理

(第二版)

张德良　晁玉方　主　编

邹志勇　孙茂健　李树爱　副主编

清华大学出版社

北　京

内 容 简 介

本书由现代企业管理基础篇、现代企业战略管理篇、现代企业运营管理篇、现代企业管理专题篇四个部分构成，共十四章，主要介绍管理概论、企业管理和现代企业制度、企业理论、企业战略管理、企业商业模式、企业组织管理与发展、企业运营管理概论、企业运营战略管理、企业经营决策管理、企业生产管理、企业质量管理、企业现场环境管理、企业管理其他要素管理、企业创新管理等内容。

本书吸收了现代企业管理的最新发展成果，增加了企业家与职业经理人、现代组织理论、管理创新理论等内容，以保证教材的先进性、适用性。本书既适合企业管理、电子商务、工商管理、市场营销、会计学、财务管理等管理类专业学生使用，也适合企业各级管理人员使用。

图书在版编目(CIP)数据

现代企业管理/张德良，晁玉方主编. —2 版. —北京：清华大学出版社，2020.1（2023.1重印）
二十一世纪普通高等院校实用规划教材. 经济管理系列
ISBN 978-7-302-54516-3

Ⅰ. ①现… Ⅱ. ①张… ②晁… Ⅲ. ①企业管理—高等学校—教材 Ⅳ. ①F272

中国版本图书馆 CIP 数据核字(2019)第 266137 号

责任编辑： 陈冬梅
封面设计： 刘孝琼
版式设计： 杨玉兰
责任校对： 周剑云
责任印制： 从怀宇
出版发行： 清华大学出版社
　　网　　址： http://www.tup.com.cn, http://www.wqbook.com
　　地　　址： 北京清华大学学研大厦 A 座　　**邮　　编：** 100084
　　社 总 机： 010-83470000　　**邮　　购：** 010-62786544
　　投稿与读者服务： 010-62776969, c-service@tup.tsinghua.edu.cn
　　质量反馈： 010-62772015, zhiliang@tup.tsinghua.edu.cn
　　课件下载： http://www.tup.com.cn, 010-62791865
印 装 者： 三河市科茂嘉荣印务有限公司
经　　销： 全国新华书店
开　　本： 185mm×260mm　　**印　　张：** 20.25　　**字　　数：** 488 千字
版　　次： 2015 年 2 月第 1 版　2020 年 1 月第 2 版　　**印　　次：** 2023 年 1 月第 3 次印刷
定　　价： 58.00 元

产品编号：084907-01

第2版前言

企业是社会经济的基本细胞，是国民经济的重要组成部分，是市场经济的主体，在某种意义上是国家竞争力之源。1978 年以前，我国实行严格的计划经济体制，企业类似于当今的车间。1978 年，我国才开始逐步建立现代企业制度与经营管理模式。而现代企业制度与管理体系的建立，促使我国企业出现跨越式发展，带动了我国社会经济的快速发展，提高了我国在国际上的竞争力。

必须看到，随着经济的全球化发展，尤其是 2008 年以后，我国企业也正面临前所未有的挑战与机遇。“逆水行舟，不进则退。”借鉴先进的管理理念与理论，全面提升企业管理水平，提高企业国际竞争力，是我国企业当前最为迫切的任务。

高校作为培养人才的重要基地，肩负着为社会培养高素质人才的重任。尤其是进入 21 世纪，高层次人才在社会经济发展中的作用更加凸显。而工商管理高层次人才的培养必须依靠校企深度融合，共同育人。为此，齐鲁工业大学以“创新课程”为主线，进行了课程建设，取得了一定的成绩。2015 年，在齐鲁工业大学 2011 年在“现代企业管理”“企业管理”课程创新与建设成果的基础上，《现代企业管理》一书得以出版。2018 年，为进一步适应国家与社会发展的要求，进一步强化校企课程共建，反映当代企业组织平台化、去中心化等组织创新的要求，联合烟台泰和新材料股份有限公司，对原教材进行了修订，并再次申请齐鲁工业大学教材建设计划，获得了批准立项。因此，《现代企业管理》(第二版)是校企深度合作、共育人才的成果之一。

21 世纪，领导力资源已成为社会经济发展的关键紧缺资源。本书作者长期进行大学生领导力发展研究，也一直在探索如何在课程教育中渗透领导力教育，相继申报了山东省教育“十三五规划”课题《社会网络互动视角下中国大学生创业领导力：核心构成、生成机制与提升研究》(BYG2017016)、齐鲁工业大学重点教研项目《当代大学生创业领导力形成机理与提升研究》(201822)。对于创业领导力，有关企业管理的知识，尤其是企业本质、商业模式、创新等方面是其重要构成。《现代企业管理》(第二版)在贯彻以能力培养为导向的基础上，强化了大学生创业领导力的培养，并期望通过课程与教材建设，培养学生适应“大众创业、万众创新”国家发展战略的人才需要。《现代企业管理》(第二版)也是山东省教育“十三五规划”课题《社会网络互动视角下中国大学生创业领导力：核心构成、生成机制与提升研究》(BYG2017016)、齐鲁工业大学重点教研项目《当代大学生创业领导力形成机理与提升研究》(201822)的研究与应用成果之一，是齐鲁工业大学大力推进科教融合的成果。

《现代企业管理》(第二版)压缩第一版中的传统管理内容，吸收现代企业管理的最新发展成果，增加了企业家与职业经理人、现代组织理论、管理创新理论等，以保证教材内容的先进性、适用性。在内容体系方面，本教材遵循第一版的基本架构，分为四大部分。第一部分为管理的基础知识、企业与企业管理的基础知识。为使学生更全面地理解企业内涵，将管理学、经济学与有关企业理论有效融合。同时，为提高学生对企业发展的认知，将企业生命周期理论纳入本书。第二部分为企业战略与组织管理部分。在传统战略理论知识的基础上，更为深入地阐述了相关理论的操作要点，优化商业模式理论的内容，追加了企业组织管理理论，形成了战略、商业模式、组织建设较为系统的战略管理内容体系。第三部分为企业运营管理。侧重于从整体上阐述企业是如何运作的，使学生对企业整体运作、各部门之间的关系等有较好的认识。第四部分为企业要素管理篇。由于各校开设课程不同，此部分在顾及职能管理内容体系完整性的基础上，进行统筹安排，追加了管理创新的内容。在具体章节编写上，张德良(六、七、八、十章)；邹志勇、孙茂健(三、十一章)；晁玉方(一、二、四、五、九章)；李树爱进行了资料收集、案例整理以及大量的文字工作；张德良、晁玉方统筹了全书。

在“现代企业管理”课程建设中，我们深感课程建设是一项艰巨而持久的系统工程，为当前企业管理理论与工具的发展所急需，也深感责任之重大、自身之不足。故此，本书虽然再次修订，但仍有疏漏之处，恳请相关专家学者以及使用者提出意见，我们将不胜感激。“路漫漫其修远兮，吾将上下而求索。”我们也将在现代企业管理课程建设上继续努力、继续探索。

“现代企业管理”是齐鲁工业大学—烟台泰和新材料股份有限公司校企合作课程；教育部产学协同创新项目(当代大学生创业领导力核心构成及培养开发研究)建设课程。

“现代企业管理”“企业管理”课程建设过程得到齐鲁工业大学教务处、管理学院的领导与同事的大力支持与帮助，往届学生也提出了较好的建议，更得到山东省“十三五”人文社科研究基地——工业技术创新与区域绿色可持续发展研究基地的资助。在此一并表示感谢。

现代企业管理课程简介.ppt

编　者

第 1 版前言

企业是社会经济的基本细胞，是国民经济的重要组成部分，是市场经济的主体，在某种意义上是国家竞争力之源。1978 年前，我国实行严格的计划经济体制，企业类似于当今的车间，体现不了企业的自主经营管理。1978 年后，我国才开始逐步建立现代企业制度与经营管理模式。现代企业制度与管理体系的建立，也使得我国企业呈现跨越式发展，带动了我国社会经济的快速发展，提升了我国在国际上的竞争地位。

必须看到，随着经济的全球化发展，尤其是 2008 年以后，我国企业也正面临前所未有的挑战与机遇。“逆水行舟，不进则退。”借鉴先进的管理理念与理论，全面提升企业管理水平，提高企业国际竞争，是我国企业当前最为迫切的任务。

高校作为培养人才的重要基地，肩负着培养高素质人才并将其输向社会的重任。而强化学生培养质量，贯彻“能力”导向恰恰是中国高校未来发展的必然趋势。为此，齐鲁工业大学以“创新课程”为主线，进行课程建设与改革工程，取得了一定的成绩。本书就是齐鲁工业大学 2011 年创新课程“现代企业管理”“企业管理”3 年来的课程创新与建设成果之一。本教材以贯彻能力培养为导向，注重学生思辨能力与创新思维的培养与开发，尽可能吸收当代企业管理的最新发展，保证教材内容的先进性、适用性。

在内容体系方面，本教材遵循学生认知规律以及企业实际运作，分为四大部分。第一部分为管理的基础知识、企业与企业管理的基础知识。为使学生更为全面地理解企业内涵，我们将管理学、经济学有关企业理论有效融合。同时，为提高学生对企业发展的认知，将企业生命周期理论纳入进来。第二部分为企业战略管理部分。在传统战略理论知识的基础上，更为深入地阐述了相关理论的操作要点，并将商业模式理论补充进来，进而将战略管理理论具体化。第三部分为企业运营。侧重于从整体上阐述企业是如何运作的，使学生对企业整体运作，各部门之间的关系等有较好的认识。第四部门为职能管理。由于各校开设的课程不同，此部分在顾及职能管理内容体系完整性基础上，进行统筹安排，并追加了一些新的管理模式、方法与工具。在具体章节编写上，张德良(六、七、十章)，邹志勇(十二章)，晁玉方(一、二、五章)，郭吉涛(九、十一、十三章)，李凤莲(三、四、八章)，邹志勇、张德良统筹了全书。

在“现代企业管理”“企业管理”课程建设中，我们深感课程建设是一项艰巨而持续的系统工程，也深感责任之重大、自身之不足。故此，本书虽经 3 年而成形，但也难免疏漏之处，恳请相关专家学者以及使用者提出意见，我们将不胜感激。“路漫漫其修远兮，吾将上下而求索。”我们也将在现代企业管理课程建设上继续努力，继续探索。

现代企业管理、企业管理课程建设过程得到领导和同事的支持与帮助，往届学生也提出了较好的建议，更得到山东省人文社科研究基地——区域创新与可持续发展研究基地的资助。在此一并表示感谢。

编　者

2014 年 11 月

目　录

第一篇　现代企业管理基础篇

第二篇　现代企业战略管理篇

第三篇　现代企业运营管理篇

第四篇　现代企业管理专题篇

第一篇　现代企业管理基础篇

企业是市场经济的主要参与者，是国民经济的细胞。世界竞争战略和竞争力大师波特认为，国家经济若要繁荣，企业是必不可少的关键因素。美国总统竞争力委员会认为：现代社会背景下的国家竞争力是在自由的、良好的市场条件下，能够在国际市场上提供好的产品、好的服务，同时又能提高本国人民的生活水平。

进入 21 世纪，国际竞争主要体现为经济领域的竞争。要在国际竞争中占据优势，必须加快经济发展，增强国家经济实力。而国家经济实力的基础在于企业的竞争力。从某种意义上讲，企业是国家竞争力之源，企业是社会繁荣、国家强大的真正动力所在，提高国家竞争力，就是要增强企业的国际竞争力。中国 40 多年的改革开放、各种所有制企业的发展，也在事实上无可争辩地印证了这个观点的正确性。正是因为一大批具有国际竞争力企业的涌现，才使中国在国际市场上话语权不断增强，使中国成为能够影响全球的第二大经济体。

另一方面，企业作为经济活动的主体，只有不断创新发展，开发新产品，才能推动社会进步。正如松下幸之助所说，企业是社会公器，它存在和发展最重要乃至唯一的理由，就是给社会增加福祉。

本篇系统地介绍了企业管理的基础知识，从管理概念、基本理论着手，过渡到现代企业管理，阐述了企业的概念、作用，相关的企业理论，使读者对管理、企业管理、企业、企业理论等有较为概括的了解和掌握。

第一章　管 理 概 论

学习目标

通过本章的学习使读者了解管理的概念；管理的性质；科学管理理论；行为科学理论；现代管理理论；当代管理理论。从而掌握管理、管理的基本职能以及管理的基本原理。

关键概念

管理；管理者；概念技能；技术技能；人际技能；系统；弹性

管理作为一种活动，可以追溯到远古时代，但将管理作为一门科学进行研究，却是 19 世纪末 20 世纪初的事情，距今只有 100 多年的历史。因此，管理是一种老事物，而管理学是一门新学科。

管理的必要性源于人欲望的无限性与可利用资源的有限性之间的恒久矛盾。组织，作为一群人的集合，有他们的目标和理想，目标和理想是无止境的，而实现目标的资源却是有限的，目标与资源之间的这种矛盾(冲突)决定了管理存在的必要性。此外，随着社会化大生产程度日益提高，在现有条件下，如何通过合理的组织和配置人、财、物等因素，提高生产力的水平，也是促使管理科学迅速发展的重要原因。

第一节　管理与管理职能

一、管理的概念

对于管理的认识是随社会发展而发展的。较早的管理定义大多侧重于基层管理的阐述，如泰勒等人。其后则侧重于从整个组织的角度来认识管理。近期，随着经济、社会不确定因素的增加，对组织变革提出了更高的要求，人们又侧重于从创新的角度来认识管理。以下是有关学者对管理学的定义。

“科学管理之父”泰勒(Taylor)认为：管理就是确切地知道你要别人干什么，然后使他用最好的方法去干。

法国实业家法约尔(Fayol)认为：管理是由决策、计划、组织、指挥、协调及控制等职能为要素组成的活动过程。

决策学派代表赫伯特・A. 西蒙(Herbert A. Simon)认为：管理就是决策。

哈罗德・孔茨(Harold Koontz)认为：管理是设计和保持一种良好的环境，使人在群体中高效率地完成既定目标的过程。

彼得・德鲁克(Peter F. Drucker)认为：管理与其他技术性工作一样，是一种专业性的工作，有自己专有的技能、方法、工具和技术；同时，管理也是一种文化。

普伦基特(Plunkett)和阿特纳(Attner)认为：管理是一个或多个管理者单独或集体通过行使相关职能(计划、组织、人员配备、领导和控制)和利用各种资源(信息、原材料、货币和人员)来制定并实现目标的活动。

路易斯(Lewis)等人(1998)认为：管理是指有效支配和协调资源，并努力实现组织目标的过程。

斯蒂芬·P. 罗宾斯(Stephen P. Robbins)认为：管理指的是和其他人一起并通过其他人来切实有效地完成活动的过程。

为便于讨论，采用下面的定义：管理是指在特定的组织内外环境的约束下，组织中的管理者运用决策系统、计划组织、人员配备、领导和控制等职能，对组织的资源进行有效的整合和利用，协调他人的活动，使他人同自己一起实现组织的既定目标的活动。

管理的载体是组织；管理的主体是管理者；管理的对象包括人力、物力和财力在内的一切可以调用的资源等；管理的本质是协调活动或过程；管理的职能是信息获取、决策、计划、组织、领导、控制和创新等；管理的目的是对组织的资源进行有效的整合和利用，管理的根本任务是完成组织既定目标；管理的核心是协调人际关系。

对于管理的有效性，应从效率和效果两个方面进行衡量。前者重点反映管理的过程状况，后者重点反映管理的效果。效率是输入与输出的对比关系，意味着实现组织目标所用资源的多少，即“正确地做事”。在资源稀缺的条件下，管理关心的应是资源的有效利用，使实现目标所需的资源成本最小化。效果意味着设定的组织目标是否完成，即“做正确的事”，有关即与项目目标的实现相联系，指向活动结果。

关于效率和效果，德鲁克认为，对体力劳动者，要以效率管理为主，管理应深入到其工作全过程，过程做得好，结果自然好。对知识工作者，要以管理效果为主，让其在工作过程中，按照专业自由发挥。此外，德鲁克认为，效果实际上是组织成功的关键，无论多高的效率都无法弥补效果的缺失，一步走错，百步难回。在将注意力集中在有效率地做事之前，必须确认自己所做的事情是正确的。“做正确的事”远比“正确地做事”重要。也就是说，应该在追求效果的基础上追求效率。当然，对于管理而言，效果与效率都很重要。德鲁克曾说：高效率低效果、高效果低效率，绩效是一样差的。

因此，管理活动既要有效果，也要有效率，管理追求的是效果与效率的统一，任何一个方面都不可偏废。或者说，管理的目的就是要有效率地取得效果，即用最小的成本实现组织的目标。因此，既要“做正确的事”(指有效果)，还要“正确地做事”(指有效率)，从而“正确地做正确的事”(有效率地取得效果)而不是“错误地做正确的事”(用较大的代价实现组织目标)或“正确地做错误的事”(成本节约了但目标却难以实现)。基于管理活动追求效率与效果的统一，在管理活动中，效率和效果都很重要，忽视任何一个方面都不可取。正如罗宾斯所说，现实生活中，低水平的管理绝大多数是由于无效率和无效果，或者是通过牺牲效率来取得效果的。

二、管理的职能

管理是一个由不同管理职能组成的循环过程。因此，管理过程与管理职能是密不可分的。而管理职能究竟有哪些？这一问题经过了许多人近百年的研究，至今还是众说纷纭。

较早从管理过程对管理职能展开系统研究的是法约尔。1916 年，法约尔出版了《工业管理和一般管理》一书，提出计划、组织、指挥、协调、控制 5 项管理职能。其后，古利克、布雷克、孔茨等结合社会环境，对管理职能做了更进一步的探索和研究，提出了一些

看法，较为知名的有古利克的“管理七职能”；斯蒂芬·罗宾斯的“计划、组织、领导和控制”四职能论等。有关管理职能的研究成果如表 1-1 所示。

表 1-1　西方管理学者有关管理职能的各种研究成果表

管理职能 提出者	计划	组织	指挥	控制	协调	人事	沟通	激励	决策	创新
法约尔(1916)	×	×	×	×	×					
戴维斯(1934)	×	×		×						
古利克(1937)	×	×	×	×	×	×	×			
布雷克(1947)	×			×	×			×		
孔茨等(1955)	×	×	×	×	×					
梅　西(1964)	×	×		×		×			×	×
希克斯(1966)	×	×		×			×	×		×
特　里(1972)	×	×		×				×		
……										

本书采取大多数人的观点，将管理职能划分为计划、组织、领导、控制与创新五项职能。计划职能是管理者识别并解决问题以及利用机会，确立目标、制定行动方案，着眼于有限资源的合理配置的过程。组织职能是管理者进行组织设计、人员配备、权力配置，着重于合理的分工与明确的协作关系的建立。领导职能是管理者进行指导、激励，致力于积极性的调动和方向把握的过程。控制职能是管理者进行检查和监督，着力于纠偏的活动。迄今为止，很多研究者没有把创新列为一种管理职能。但最近几十年来，科学技术迅猛发展，社会经济活动空前活跃，市场需求瞬息万变，社会关系也日益复杂，管理者每天都会遇到新的情况和新的问题，迫切要求现代管理者不能墨守成规，应该时刻准备创新。

对于创新，熊彼特提出：“创新是指把一种新的生产要素和生产条件的‘新结合’引入生产体系。它包括：①引入一种新产品；②采用一种新的生产方法；③开辟新市场；④获得原料或半成品的新供给来源；⑤建立新的企业组织形式。”熊彼特还认为，资本主义制度下的企业家是有敏锐洞察力的，能预见潜在的市场需求和潜在经济利益，并有胆略、有能力进行创新去获取利益的人。因此，他认为，发明并不等于创新，发明者不等于创新者，只有敢于冒风险把一种新发明最先引入经济组织之中的人才是创新者。当然，随着科技进步、社会发展，对创新的认识也在不断加深。特别是知识社会的到来，创新模式的变化进一步被研究、被认识。

对于计划、组织、领导、控制等传统的四项职能而言，它们之间首先是顺序关系，即按照“计划、组织、领导、控制”的顺序发生。其次，它们之间是相互联系、相互交叉、相互融合的关系。例如，在组织、领导和控制中，有时可能要求对原计划进行修改、调整，甚至用备用计划或编制全新计划；控制往往涉及对责任者的奖惩，因此控制与激励实际上是结合在一起的；而对于创新职能，则是贯穿于各个管理职能和各个组织层次之中。在以上 5 项职能中，计划职能是首要职能。而对于决策与计划的关系，可以将决策看作是计划的前提，计划是决策的逻辑延续。5 项管理职能的关系如图 1-1 所示。

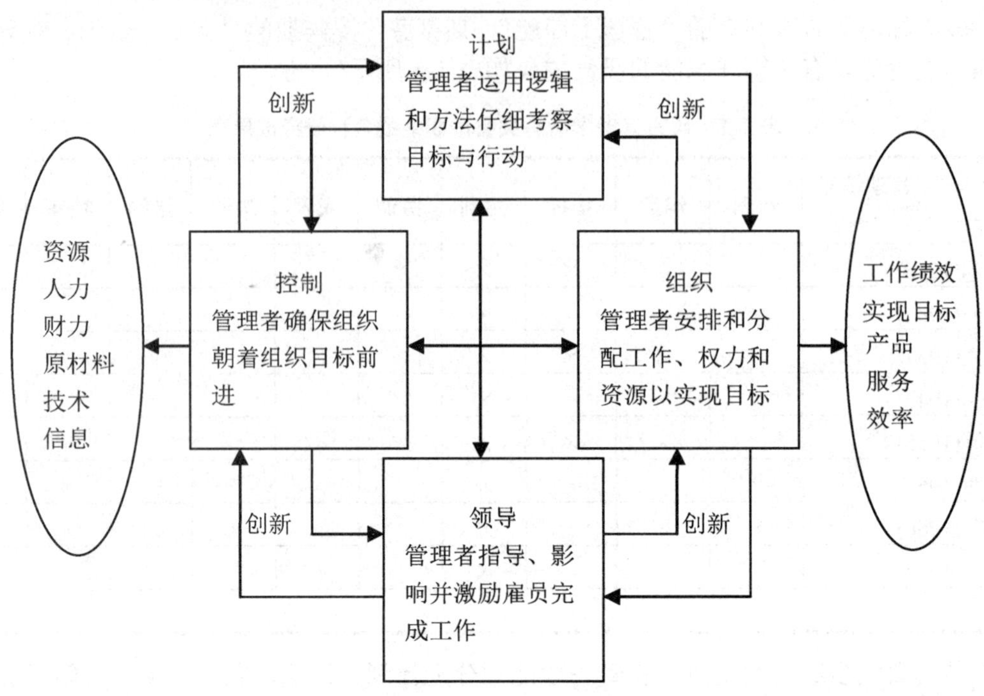

图 1-1　管理职能关系图

对于管理职能而言，既具有普遍性，又具有特殊性。所谓普遍性，是指管理者在管理活动中履行的均是计划、组织、领导和控制的职能。而所谓特殊性，是指管理者在管理活动中，由于其所在的组织规模、组织类型、组织层次的不同等，工作重点、方式、角色等各不相同。

三、管理的性质

第一章人本管理.mp4

1. 管理的二重性

管理具有二重性，是马克思首先提出的，也是马克思主义关于管理问题的基本观点。所谓管理的二重性，是指管理的自然属性与社会属性。管理的自然属性是指管理是一种不随个人意识和社会意识的变化而变化的客观存在。这种与社会生产力相联系的客观存在具体表现在：①它是一种对人、财、物、信息等资源加以整合与协调的必不可少的过程；②它是社会劳动的必然要求，资源的整合利用与人的分工协作都离不开管理；③管理有着很多客观规律，管理活动只有尊重和利用这些规律才能取得成效。因为管理也是一种生产力，故管理的自然属性也称为管理的生产力属性。

管理的社会属性是指管理是一种只有在一定生产关系和社会制度中才能进行的社会活动，这种活动的中心问题是一个“为谁管理”的问题，它为统治阶级服务，体现着生产资料所有者指挥劳动、监督劳动的意志。它与生产关系和社会制度相联系，既是一定社会制度的体现，又反映和维护一定的社会制度，其性质取决于社会制度的性质，不同的社会制度有不同的社会属性。因为任何管理活动都是在特定的社会生产关系下进行的，必然要体

现一定社会生产关系的特定要求，为特定的社会生产关系服务，从而实现其调节和维护社会生产关系的职能，所以，管理的社会属性也叫作管理的生产关系属性。

管理的二重性反映了管理的必要性和目的性。所谓必要性，就是说管理是生产过程固有的属性，是有效地组织劳动所必需的；所谓目的性，就是说管理直接或间接地同生产资料所有制有关，反映生产资料占有者组织劳动的基本目的。具体是指：管理既有与一定生产力相联系的自然属性，又有与一定生产关系相联系的社会属性，其中，社会属性直接或间接地同生产资料所有制有关。二者的来源是：管理本身就是一种存在于一定生产关系中的生产力。

管理二重性是相互联系、相互制约的。一方面，管理的自然属性不可能孤立存在，它总是在一定的社会形式、社会生产关系下发挥作用；同时，管理的社会属性也不可能脱离管理的自然属性而存在，否则，管理的社会属性就成为没有内容的形式。另一方面，两者又是相互制约的。管理的自然属性要求具有一定社会属性的组织形式和生产关系与其相适应；同时，管理的社会属性也必然对管理的方法和技术产生影响。

2. 管理的科学性与艺术性

所谓科学，是指正确反映客观事物本质和规律的知识体系，是建立在实践基础上并经过验证的理性认识。管理的科学性正是指管理作为一个活动过程，存在着一系列基本的客观规律。它以反映管理客观规律的管理理论和方法为指导，有一套分析问题、解决问题的科学的方法论。

同数学、物理学等自然科学相比，管理学是一门不精确的科学。但管理有一套反映管理实践的原则和理论。如无论组织的规模大小，也不管这个组织有多少层次的管理人员，在结构设置上都是一个下属只对一个上级负责，这就是统一指挥的原则。古罗马有一句谚语：“有三个主人的奴隶就是自由人。”管理的艺术性是强调管理的实践性，就是管理活动除了要掌握一定的理论和方法外，还要有灵活地运用这些知识和技能的技巧和诀窍。

管理的科学性与艺术性并不是互相排斥而是相互补充的。不注重管理的科学性而只强调管理的艺术性，这种艺术性将会更多地表现为随意性；不重视管理工作的艺术性，管理科学将会是僵硬的教条。管理的科学性来自管理实践，管理的艺术性要结合具体的情况并在管理实践中体现出来，二者是统一的。

管理的艺术性和科学性也是相互依赖、相互补充的。管理的科学性揭示了管理活动的规律，反映了管理的共性；管理的艺术性则揭示了管理的个性。管理的科学性和艺术性从不同的方面体现出管理的要求。管理者靠背诵管理原则进行管理，如同医生靠背医书诊断疾病一样，必然是脱离实际情况的无效劳动。相反，不掌握管理理论的人，进行管理活动时，必然靠经验、凭直觉、碰运气，也难以取得有效成果。最富有成效的管理艺术是以对它所依据的管理理论的理解为基础的。

四、管理者的分类、角色与技能

第一章管理者技能.mp4

管理是组织中的管理者从事的活动，管理者是管理活动的主体。在明确管理定义的基础上，需要进一步明确管理者的界定。简单地讲，管理者就是在组织中直接监督和指导他人工作的人，也就是具

有“下属”的人。故此，判断一个人在组织中是不是管理者，关键在于他是否有直接下属。按其所处的管理层次，可以将管理者分为下述三种类型。

(1) 高层管理者：负责组织的全面管理，为组织运行制定各种政策，并处理组织与环境的相互关系，如首席执行官、总裁、总经理等。

(2) 中层管理者：居于中间范围的管理者，他们负责管理其他比他们级别低的管理人员，有时也管理某些员工，同时接受更高层次的管理者的管理，如部门经理等。

(3) 基层管理者，或一线管理者：是指那些仅负责指挥操作者却不能指挥其他管理者的管理者，如车间主任。

处在不同层次上的管理者，组织成员对其行为期望存在差异，其所需具备的技能也存在差异。所谓管理者角色，是指作为管理者在组织体系内从事各种活动时的立场、行为表现等的一种特性归纳。20 世纪 60 年代末，加拿大管理学家亨利·明茨伯格通过大量的观察，提出管理者是深思熟虑的思考者的观点，在作决策之前，他们总是仔细地、系统地处理信息，即管理者扮演着三个方面的 10 种不同但却高度相关的角色，如表 1-2 所示。

表 1-2　亨利·明茨伯格的角色理论表

种　类	10 种角色
1. 人际关系方面 Interpersonal roles	(1)象征性的领导(挂名首脑)。作为组织的代表，履行社会及法律的例行职责，如欢迎来访者、代表组织签署法律文件
	(2)领导者。对下属的工作负责，激励、培训下属及相关工作
	(3)联络员。与外部门，特别是外界联系
2. 信息方面 Information roles	(4)监测者。寻找和接受各种内部及外部信息
	(5)传播者。对组织内部传播信息
	(6)发言人。将本组织的信息向外部传播，如组织的计划、政策、行动结果
3. 决策方面 Decision criteria	(7)企业家。为组织寻求机会进行变革
	(8)障碍排除者。组织遇到突发障碍时，负责采取纠正偏差、排除障碍行动
	(9)资源分配者。负责安排组织的各种资源，做出相应的决策
	(10)谈判者。代表组织与各类人员或集体打交道

管理技能与管理者的角色、管理者所处的层次具有相关性。一般来讲，管理者处于不同的层次，相应的角色要求与之对应的管理技能则不同。管理者所能发挥的作用大小，即他们能否开展行之有效的管理工作，在很大程度上取决于他们是否具备了相应的管理技能。罗伯特·卡茨(Robert L. Katz)在 20 世纪 70 年代提出了管理技能模型，将管理者所需管理技能分为技术技能、人际技能、概念技能三大方面。

处于较低层次的管理人员，主要需要的是技术技能与人际技能；处于较高层次的管理人员，更多地需要人际技能与概念技能；而处于最高层次的管理人员，则尤其需要具备较强的概念技能，如图 1-2 所示。

此外，弗雷德·卢森斯(Fred Luthans)和他的副手从不同的角度考察了管理者究竟在做什么这个问题。他们提出这样的问题： 在组织中提升得最快的管理者，与在组织中成绩最佳的管理者从事的是同样的活动吗？他们研究了 450 多位管理者，发现这些管理者都从事以下四种活动：①传统管理：决策、计划和控制；②沟通：交流例行信息和处理文书工作；

③人力资源管理：激励、惩戒、调解冲突、人员配备和培训；④网络联系：社交活动、政治活动和与外界交往。

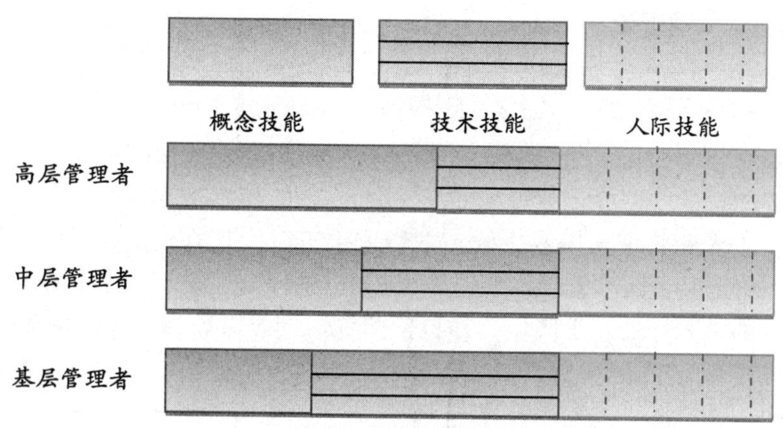

图 1-2 不同层次管理者的管理技能图

研究结果如表 1-3 所示，两者显著的不同之处在于：①有效的管理者。组织中在工作上最有成绩的管理者，用工作成绩的数量和质量、下级对其满意度和承诺遵守程度作为其标志。他们强调沟通，不重视网络联系。②成功的管理者。在组织中提升得最快的管理者。用在组织中晋升的速度作为其标志。他们强调维护网络关系活动；不重视人事资源管理。表 1-3 说明，社交和施展政治技巧对于在组织中晋升是重要的；沟通与激励对于管理者获得良好的工作成绩有重要作用。

表 1-3 成功的管理者与有效的管理者的具体区别表

比较维度	具体活动内容	平均时间分配比例/%	提升最快的管理者的时间分配比例/%	业绩最佳的管理者的时间分配比例/%
传统管理	决策、计划、控制	32	13	19
沟通	交流例行的信息、处理文书工作	29	28	44
人力资源管理	激励、惩戒、调解冲突、人员配备和培训	20	11	26
网络联系	社交活动、政治活动和与外界交往	19	48	11

第二节 管理理论的沿革

一、古典管理理论

19 世纪末—20 世纪初，这一阶段所形成的管理理论，被称为古典管理理论或经典管理理论。其代表人物有泰罗、法约尔、韦伯。他们分别代表着科学管理理论、管理过程理论、行政组织理论三大理论学派。这些理论成为现代管理理论的先驱，对现代管理思想有很大影响，也标志着管理学作为一门学科的诞生。

1. 泰罗的科学管理理论

1911 年，弗雷德里克·温斯洛·泰罗(Frederick Winslow Taylor) 出版了《科学管理原理》一书。这本书阐述了科学管理理论——应用科学方法确定从事一项工作的“最佳方法”，它的内容很快被全世界范围的管理者们普遍接受。泰罗的理论和研究活动，确立了他作为科学管理之父的地位。

泰罗寻求在工人和管理当局双方掀起一场思想革命，其方式是通过明确规定提高生产率的指导方针。他定义了四项管理原则，如表 1-4 所示。他指出，遵循这些原则，会给工人和管理当局双方都带来好处，工人们会挣更多的钱，同时管理当局会获得更多的利润。

表 1-4　泰罗的科学管理四原则表

序　号	具体内容
1	对工人工作的每一个要素开发出科学方法，用以代替老的经验方法
2	科学地挑选工人，并对他们进行培训、教育和使之成长(而在过去，则是由工人自己挑选工作，并由自己进行自我培训)
3	与工人们衷心地合作，以保证一切工作都按已形成的科学原则去办
4	管理当局与工人在工作和职责的划分上几乎是相等的，管理当局把自己比工人更胜任的各种工作都承揽过来(而在过去，几乎所有的工作和大部分责任都推到了工人们头上)

泰罗把他所进行的一系列试验及所得出的结论写进了《科学管理原理》一书中。概括起来，其科学管理的主要内容有下述各点。

(1) 工时利用的科学化，劳动方法的标准化。这是科学管理的基础，目的就是找出完成工作的最好方式的标准来。为了对一个工人一天应做多少工作有一个科学的标准，泰罗进行了一系列试验和研究，首创了工时研究和操作方法合理化的研究。其目的就是要使工人采用的工作方法最合理，花费时间最少。泰罗认为，用这个方法来规定一个工人每天合理的工作量，就不再有争议了，因为这是用科学的方法确定的。

(2) 挑选工人，按标准方法对工人进行训练，以代替师傅带徒弟的传统培训方法。泰罗认为，应该把工人多年经验所积累的大量传统知识和技艺加以系统地收集和整理，并归纳成为一种科学方法来对新一代工人进行培训。他还认为，应为工作而挑选合适的工人，并加以正规的培训，使他们学会按规定用最好的方法进行工作。因为不同的人具有不同的能力，一个人对完成某项工作可能是很出色的，但干另一项工作就不一定合适。管理者的责任就是为每项工作找出最适合这项工作的人选，对他们进行训练，使他们成为完成“最高级、最有兴趣也最有利的那种工作”的一流工人。

(3) 实行有差别的计件工资制。在工作任务已经确定并选择好合适的工人以后，下一步则要使工人确定按规定的方法从事工作。泰罗认为，这需要在管理部门与工人之间建立良好的合作关系。为了谋求这种合作，应从物质上激励工人的劳动积极性，应建立刺激性的工资制度，即“差别计件制”。

(4) 组织改革。泰罗提出把计划职能和执行职能分开，实行职能工长制。在过去，工人按照经验与习惯确定自己的生产方式。这种方式包括作业的顺序、工具的选择等。工长只告诉工人要做什么，而不告诉他应该怎样做。泰罗认为这样不行。他说：“一切计划工作，在旧制度下都由专业工人来做，结果是凭个人经验办事；在新制度下则绝对必须由管理当局按照科学规律的要求来完成。这是因为专业工人即使很熟悉发展情况并善于利用科学资料，要想同时在机器房和办公桌上完成工作，也需要有一部分人先做计划，另一部分人去执行。”把计划职能从领班和工人身上分离出来的必然结果，是扩大企业的管理机构。以前由领班和工人履行的许多计划工作，现在转给有关方面的专门人员去做。这样，一方面让工人可以省出更多的时间从事生产、提高生产效率；另一方面，更重要的是使管理职能得以专业化，从而为管理的科学化创造了条件。

总之，泰罗的科学管理理论，主张一切管理问题都应当而且尽可能用科学的方法加以研究和解决，实行各方面工作的标准化，使个人的经验上升为理论，不单凭经验办事。这是他对企业管理学的重大贡献，使企业管理学开始向科学化演变，从而开创了传统管理进入科学管理的新阶段。

此外，对科学管理做出贡献的人还有亨利·L.甘特(Henry L. Gantt，1861—1919)、弗兰克和莉莲·吉尔布雷斯(Frank and Lillian Gilbreth，1868—1924)夫妇和亨利·福特(Henry Ford，1863—1947)。甘特最著名的发明是创造了一种线条图，称为甘特图，使管理者能够利用它来进行计划和控制。吉尔布雷斯夫妇是首先采用动作摄影来研究手和身体动作的研究者之一。他们的研究成果反映在 1911 年出版的《动作研究》一书中，这些研究被认为是泰罗科学作业实践的重要实证。福特在泰罗的单工序动作研究的基础上，围绕多工序作业劳动生产率的提高进行了系统性研究，创造了用于汽车生产的世界上第一条流水生产线。

泰罗和他的追随者研究的重点始终是企业的基层作业管理和工人的工作效率，他的理论成了管理学的起点。但由于泰罗把工人视为“机器”“经济人”，目的是为资本家创造高利润，所以列宁说，“资本主义在这方面的最新发明——泰罗制——也同资本主义其他一切进步的东西一样，有两个方面：一方面是资产阶级剥削的最巧妙的残酷手段，另一方面是一系列的最丰富的科学成就。”

2. 法约尔的管理过程理论

与科学管理同时代的另一批思想家也在思考管理问题，不过他们关注的焦点是整个组织。我们称这些人为一般管理理论家(General administrative theorists)，其中的杰出代表是亨利·法约尔(Henry Fayol)。亨利·法约尔指出，管理理论和方法不仅适用于公私企业，也适用于军政机关和社会团体。这正是其一般管理理论的基石。亨利·法约尔将管理从经营中独立出来，认为“经营”与“管理”是两个不同的概念，前者的含义要广于后者。经营包括六项职能，而管理仅是其中的一种。经营的六项职能是：技术职能，指生产、制造、加工等；商业职能，指采购、销售、交换等；财务职能，指资金的筹集与运用；安全职能，指采取各种措施，保证机器设备的正常运转，保护人身安全；会计职能，指编制财产目录和资产负债表，进行统计、计算成本等；管理职能是指计划、组织、指挥、协调和控制。法约尔认为在经营的六大职能中，管理职能最重要。管理职能包括计划、组织、指挥、协调和控制五个方面。

(1) 计划。法约尔认为，一个好的行动计划应具备以下特征：①统一性，即一次只能执行一个计划，但一个计划可以分为总计划和部门的专业计划，作为一个整体相互结合、联系；②连续性，即应该使第二个计划不间断地接上第一个计划，第三个计划接上第二个计划，持续不断；③灵活性，即计划应能够顺应人们认识的发展而进行适当调整；④精确性，即根据预测，尽可能使计划适应未来发展的需求；在近期计划中要求有较高的精确度，而长期计划则采取简单的一般方法。制订长期计划是法约尔对管理理论做出的一个杰出贡献。法约尔认为制订一个好的行动计划要求有一个精明的、有经验的领导，他必须具有管理人的艺术、积极性、勇气、专业能力、处理事务的一般知识和领导人员本身的稳定性，缺乏计划或一个不好的计划是没有能力的标志。计划即预见，是管理的首要因素，具有普遍的适用性，而且是一切组织活动的基础。

(2) 组织。组织可分为物质组织与社会组织，法约尔所论及的只是社会组织，即为企业的经营提供所有必要的原料、设备、资金、人员。组织所应完成的管理任务有：①检查计划制订情况和执行情况；②注意组织活动是否与企业目标、资源和需要相适应；③建立一元化的、有能力的、有效的领导；④配合行动，协调力量；⑤做出清楚、明确、准确的决策；⑥有效地配备和安排人员；⑦明确职责；⑧鼓励首创精神与责任感；⑨建立合理的报酬方式；⑩建立惩罚制度；⑪使大家遵守纪律；⑫使个人利益服从企业利益；⑬特别注意指挥的统一；⑭维护物品与社会秩序；⑮进行全面控制；⑯与规章制度过多、官僚主义、形式主义、文牍主义做斗争。为缩小管理的跨度，法约尔提出的他的等级链原则，即以生产第一线的监工管理 15 名工人，监工以上各级均为 4∶1 的比数为基础建立等级系列。法约尔特别强调了对企业人员的培养，并强调教育在培养企业人员中的作用。

(3) 指挥。指挥即让社会组织发挥作用，是一种以某些个人品质和对管理的一般原则的了解为基础的艺术。担任指挥工作的领导应该做到：①对职工有深入的了解；②淘汰没有工作能力的人；③对企业和职工之间的协定很了解；④做出榜样；⑤对组织要定期检查，并使用概括的图表来促进这项工作；⑥召开讨论统一指挥和集中会议时要让主要助手参加；⑦不要陷入琐碎事务；⑧力争使成员团结、主动、积极和忠诚。

(4) 协调。协调是指企业的一切工作都要和谐地配合，以便于企业经营的顺利进行，并有利于企业取得成功。协调可使各职能的社会组织机构和物资设备机构之间保持一定比例，在工作中做到先后有序、有条不紊。在法约尔看来，协调是一种平衡行动，可使支出和收入相等，使设备适合于实现生产目标的需要，以及确保销售和生产之间的协调一致。组织工作和计划工作通过规定任务、制定时间表以及实行目标管理等方法，来推进协调工作。他认为，领导部门的每周例会是协调工作的最好方法，而在各次会议间隔的时间里，为了促进协调以及照管远离中心领导机构的单位，可以使用联络人员——一般由参谋人员承担。

(5) 控制。控制就是要证实一下各项工作是否都与已定计划相符合，以便加以纠正并避免重犯错误。对物、对人、对行动都可以进行控制。控制涉及企业的一切方面，包括商业方面、技术方面、财政方面、安全方面和会计方面。当控制工作太多、太复杂、涉及面太大时，就应作为一项独立的工作来设立专门的检查员或监督员。在控制中，应避免对各部门的领导和工作进行过多的干预。这种越权行为会造成最可怕的双重领导：一方面是不负责任的控制人员，他们有时在很大范围内会造成有害影响；一方面是被控制的业务部门，他们没有权利采取自卫措施来反对这种控制。一切控制活动都应是公正的，控制这一要素在执行时也需要有持久的专心工作精神和较高的艺术。

此外，法约尔提出了十四项管理原则，具体包括：分工、权威与责任、纪律、统一指挥、统一领导、个人利益服从整体利益、人员的报酬、集中、等级链、秩序、公平、工作稳定、首创精神、集体精神。

法约尔对管理的五大职能的分析为管理科学提供了科学的理论构架。后人根据这种构架，建立了系统、完整、科学的管理学并把它引进了课堂。法约尔的管理理论是以企业为研究对象建立起来的，强调管理的一般性，使其理论也适用于政治、军事及其他部门。经过多年的研究和实践证明，法约尔提出的管理原则总的来说仍是正确的，也给管理人员以巨大的帮助，现在仍然为许多人所推崇。这些原则在将来也一定有其实用价值。法约尔一般管理理论的主要不足之处是他的管理原则缺乏弹性，以至于有时实际管理者无法完全遵守。

3. 韦伯的行政组织理论

马克斯·韦伯(Max Weber，1864—1920)出身于德国一个有着广泛的社会和政治关系的富裕家庭，先后担任过教授、主编、政府顾问和作家。他因提出了理想的行政组织体系而被誉为“组织理论之父”。行政组织理论产生的历史背景，正是德国企业从小规模世袭管理，到大规模专业化管理转变的关键时期。韦伯认为，任何组织都必须以某种形式的权力作为基础，没有某种形式的权力，任何组织都不能实现自己的目标。人类存在三种为社会所接受的权力：①传统权力(Traditional Authority)，传统惯例或世袭得来；②超凡权力(Charisma Authority)，来源于别人的崇拜与追随；③法定权力(Legal Authority)，理性——法律规定的权力。

对于传统权力，人们对其服从是因为领袖人物占据着传统所支持的权力地位。同时，领袖人物也受着传统的制约。但是，人们对传统权力的服从是在习惯义务领域内的个人忠诚。领导人的作用似乎只为了维护传统，因而效率较低，不宜作为行政组织体系的基础。而超凡权力的合法性，完全依靠对于领袖人物的信仰，他必须以不断的奇迹和英雄之举赢得追随者，超凡权力过于带有感情色彩并且是非理性的，不是依据规章制度，而是依据神秘的启示行使。所以，超凡的权力形式也不宜作为行政组织体系的基础。只有法定权力才能作为行政组织体系的基础，其最根本的特征在于它提供了慎重的公正。原因在于：①管理的连续性使管理活动必须有秩序地进行；②以“能”为本的择人方式提供了理性基础；③领导者的权力并非无限，应受到约束。

有了适合于行政组织体系的权力基础，韦伯勾画出理想的官僚组织模式，具有下列特征：①组织中的人员应有固定和正式的职责并依法行使职权。组织是根据合法程序建立的，应有其明确目标，并靠着这一套完整的法规制度，组织与规范成员的行为，以期有效地追求与实现组织的目标。②组织的结构是一层层控制的体系。在组织中，按照地位的高低规定成员间命令与服从的关系。③人与工作的关系。成员间的关系只有对事的关系而无对人的关系。④成员的选用与保障。每一职位根据其资格限制(资历或学历)，按自由契约原则，经公开考试合格予以任用，务求人尽其才。⑤专业分工与技术训练。对成员进行合理分工并明确每人的工作范围及权责，然后通过技术培训来提高工作效率。⑥成员的工资及升迁。按职位支付薪金，并建立奖励与升迁制度，使成员安心工作，培养事业心。

韦伯认为，凡具有上述六项特征的组织，可使组织表现出高度的理性化，其成员的工作行为也能获得预期的效果，组织目标也能顺利达成。韦伯对理想的官僚组织模式的描绘，为行政组织指明了一条制度化的组织准则，这是他在管理理论上的最大贡献。

韦伯从事实出发，把人类行为规章性地服从于一套规则作为社会学分析的基础。他认为一套支配行为的特殊规则的存在，是组织概念的本质所在。没有他们，将无从判断组织性行为。这些规则对行政人员的作用是双重的：一方面，他们自己的行为受其制约，另一方面，他们有责任监督其他成员服从于这些规则。韦伯理论的主要创新之处在于他对有关官僚制效率争论的忽略，而把目光投向其准确性、连续性、纪律性、严整性与可靠性。韦伯的这种强调规则、强调能力、强调知识的行政组织理论为社会发展提供了一种高效率、合乎理性的管理理论。

二、行为科学管理理论

行为科学学派起源于20世纪20年代末—30年代初，在1949年美国芝加哥大学的跨学科会议上正式被定名为“行为科学”。该学派比较有代表性的理论有梅奥的人际关系理论、马斯洛的需要层次理论、赫茨伯格的双因素理论、麦格雷戈的“X—Y”理论等。

1. 人际关系学说

20世纪20—30年代，美国工厂在泰罗制科学管理条件下，生产率有了很大提高。但是集权强制管理也激起了工人极大的不满和愤恨，纷纷以怠工、离职来表达自己不当“牛”要做“人”的反抗，这就使得曾经提高了的生产率又降落下来。为了寻找工效低落的原因，梅奥进行了著名的霍桑试验。

梅奥(George Elton Mayo，1880－1949)原籍澳大利亚的美国行为科学家，人际关系理论的创始人，美国艺术与科学院院士，他进行了著名的霍桑试验，真正揭开了作为组织中的人的行为研究的序幕。根据试验，梅奥等人写了《工业文明中的人的问题》等一系列著作，总结出了人际关系学说。其主要观点是：①工人都是“社会人”，是复杂的社会系统的成员，不是经济人。他们有必须加以满足的物质方面的要求，但更重要的，是他们有社会方面和心理方面的要求。②管理者应重视协调人际关系。领导的责任在于提高工人的“士气”，增加工人的“满意度”，从而达到提高生产率的目的。为此要改变传统领导方式，建立和谐的人际关系。③企业除了正式组织之外，还存在着“非正式组织”，它是影响生产率的一个重要因素。④发现了霍桑效应，即一切由“受注意了”引起的效应。

霍桑试验第一次把管理研究的重点从工作上和从物的因素上转到人的因素上来，不仅在理论上对古典管理理论作了修正和补充，开辟了管理研究的新途径，还为现代行为科学的发展奠定了基础，而且对管理实践产生了深远的影响。首先，人的创造性是有条件的，是以其能动性为前提的。硬性而机械式的管理，只能抹杀其才能。其次，有效沟通是管理中的艺术方法。倾听是一种有效的沟通方式。成熟的管理者会认为倾听别人的意见比表现自己渊博的知识更重要。他要善于帮助和启发他人表达出自己的思想和感情，不主动发表自己的观点，善于聆听别人的意见，激发他们的创造性的思维，这样不仅可以使员工增强对管理者的信任感，还可以使管理者从中获取有用的信息，更有效地组织工作。适时地赞誉别人也是管理中极为有效的手段。再次，企业文化是寻求效率逻辑与感情逻辑之间的动态平衡的有效途径。员工是生活在集体中的一员，他们的行为在很大程度上是受到集体中其他个体的影响。怎样消除非正式组织施加在员工身上的负面影响也是当代管理者必须正

视的一个问题。只有个人、集体、企业三方的利益保持均衡时，才能最大限度地发挥个人的潜能。培养共同的价值观，创造积极向上的企业文化是协调好组织内部各利益群体的关系、发挥组织协同效应和增加企业凝聚力最有效的途径。

2. 需要层次理论

亚伯拉罕•马斯洛(Abraham H. Maslow，1908—1970)，美国社会心理学家、管理学家。马斯洛一生著作颇丰，最具影响力和代表性的是《人类动机理论》和《激励与个人》，马斯洛的需要层次理论就是在 1943 年发表的《人类动机理论》一文中提出的。

马斯洛认为人生来固有五个层次的需要，这些需要由低到高分别是：生理需要，即人类维持自身生存和发展而产生的需要，是人最原始而基本的物质性需要，包括对吃、穿等方面的需要；安全需要，包括安全的社会环境，安全的住所，稳定的职业，较好的职业，较好的福利，劳动保护，社会保险等人身、职业安全的需要；社交需要，又称为归属与爱的需要，是指人们希望归属于一定的群体，成为其中的一员，相互关心、相互支持，并希望通过自己付出情感得到别人的友谊和爱；尊重需要，包括自我尊重和希望受到他人尊重的需要；自我实现需要，是指人有充分发挥自己的潜在能力，越来越成为自己所期望的人物，完成与自己能力相称的工作的需要。这是在前面四层次需要获得不同程度满足之后，产生的最高层次的需要。

由于每个人各种需要的重要程度不同，因此形成了不同的需要层次结构。马斯洛认为五种需要是从低到高排列，需要的发展逐层递进。当较低层次的需要基本得到满足后，就会产生更高一级的需要。未满足的需要才具有激励作用。高层次需要和主导需要具有更重要的激励意义。

马斯洛指出，在现代社会中，第一级需要得到满足的概率为 85%，第二级需要得到满足的概率为 70%，第三级需要得到满足的概率为 50%，第四级需要得到满足的概率为 40%，最高一级需要得到满足的概率只有 10%。

把需要作为专门的研究课题，研究其产生、发展的规律，马斯洛是第一人。这一学说成为行为科学重要的理论基础。

3. 激励—保健理论

20 世纪 50 年代，美国心理学家赫茨伯格(Frederick Herzberg)在匹兹堡地区对 11 个工商机构的 200 多名会计师、工程师进行问卷调查，要求回答“什么时候你对工作特别满意”“什么时候你对工作特别不满意”“满意和不满意的原因是什么”等问题。赫茨伯格根据调查的结果提出了“激励—保健理论”，亦称“双因素理论”。

“双因素”是指保健因素和激励因素。保健因素是指那些与人们的不满情绪有关的因素，如企业政策、工资水平、工作环境、劳动保护、人际关系、地位、安全等。这类因素处理得不好会引发对工作不满情绪的产生，处理得好可预防或消除这种不满，但它不能起激励作用，只能起到保持人的积极性、维持工作现状的作用。激励因素是指能够促使人们产生工作满意情绪的一类因素，主要包括工作上的成就感、得到他人的认可、工作本身带来的愉快、晋升、成长、责任等。

传统的观点认为，“满意”的反面是“不满意”，“不满意”的反面是“满意”。赫茨伯格认为，“满意”的反面是“没有满意”，“不满意”的反面是“没有不满意”(不一定是满意)。保健因素只能消除员工的不满意，也就是让员工感到“没有不满意”，但不能让员工感到满意；只有激励因素才能使员工产生满意感。如图 1-3 所示。

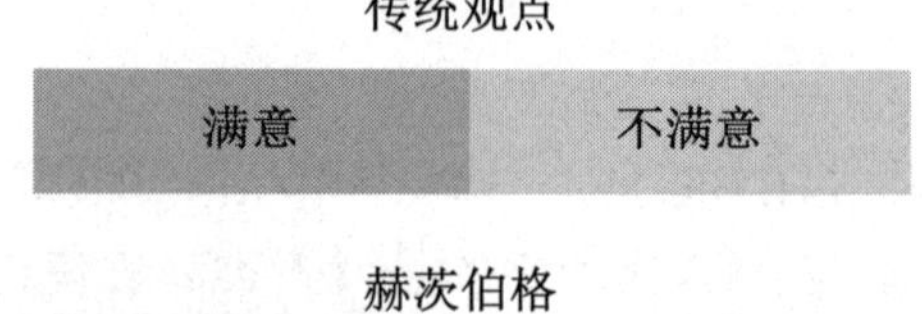

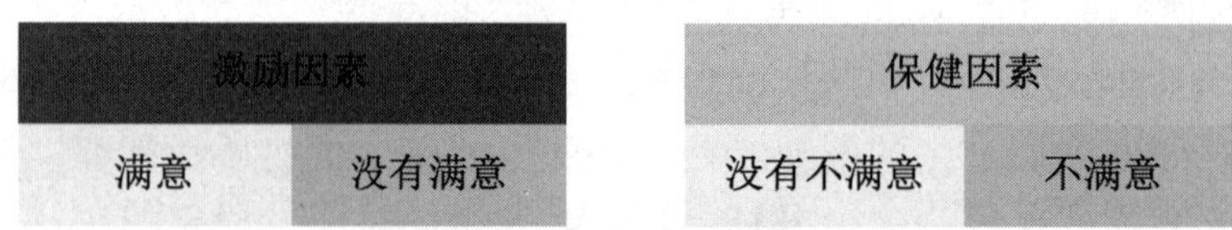

图 1-3　关于“满意—不满意”的观点图

赫茨伯格的双因素激励理论同马斯洛的需要层次理论有相似之处。他提出的保健因素相当于马斯洛提出的生理需要、安全需要、感情需要等较低级的需要；激励因素则相当于受人尊敬的需要、自我实现的需要等较高级的需要，如图 1-4 所示。当然，他们的具体分析和解释是不同的。但是，这两种理论都没有把“个人需要的满足”同“组织目标的实现”这两点联系起来。

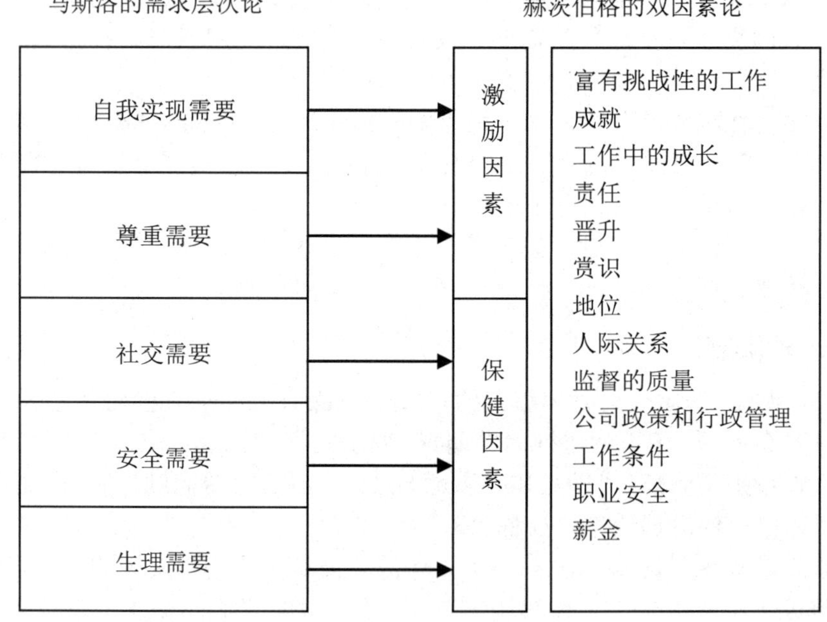

图 1-4　需求层次理论与双因素理论的联系图

根据赫茨伯格的双因素理论，管理中首先要注意保健因素，防止员工的不满情绪带来的负激励，更要注意使激励因素真正发挥应有的作用，切忌把激励因素降低为保健因素。赫茨伯格的双因素理论说明：①采取了某项激励的措施并不一定就带来满意，要提高职工的积极性首先应注意保健因素，以消除职工的不满、怠工和对抗，但保健因素并不能使职工变得非常满意，也不能激发他们的工作积极性。所以更重要的是要利用激励因素来激发职工的工作热情和工作效率。②在管理实践中，欲使奖金成为激励因素，必须使奖金与职工的工作绩效相联系。如果采取不将部门和职工绩效的平均主义“大锅饭”做法，奖金就会变成保健因素，奖金发得再多也难以起到激励的作用。对某一个岗位而言，如果长期为一个人所占有，又没有来自外部的竞争压力，该职工的惰性就会自然而然地释放出来，企业为了激发职工的工作潜能，应设置竞争性的岗位，并把竞争机制贯穿于工作过程的始终。③激励是组织管理的重要环节，被认为是“最伟大的管理原理”。就组织工作而言，对职工激励至关重要，但对职工进行激励的时候必须注重多种激励方式的综合运用，将物质激励和精神激励有机地结合起来。物质需要是人的第一需要，合理而富有竞争力的薪酬制度是企业激励职工、留住人才的基本方略，同时，更要注重精神激励的重要作用。

双因素理论是在美国的社会和文化背景下提出的，与中国的国情不尽相同，因而在企业管理中，哪些是保健因素，哪些应属于激励因素也是不一样的，企业的管理者在对职工进行激励时，必须考虑这种文化差异，因地制宜，制定有效的激励措施和采取有效的激励手段。另外，双因素理论诞生在温饱问题已经解决的美国，而在尚未完全解决温饱问题的企业里，工资和奖金并不仅仅是保健因素，工资和奖金的多少关系到个人的切身利益和自身价值的实现，如果运用得当，也会表现出明显的激励作用。因此，企业应该建立灵活的工资、奖金制度，防止僵化和一成不变，在工资、奖金分配制度改革中既注重公平，又体现差别。

赫茨伯格的样本只有 203 人，数量明显不够，而且对象是工程师、会计师，他们在工资、安全、工作条件等方面都比较好，所以这些因素对他们自然不会起激励作用，也很难代表一般职工的情况。有些西方行为科学家对赫茨伯格的双因素激励理论的正确性表示怀疑。有人做了许多试验，也未能证实这个理论。

此外，赫茨伯格及其同事所做的试验，被有的行为科学家批评为是他们所采用方法本身的产物：人们总是把好的结果归结于自己的努力而把不好的结果归罪于客观条件或他人身上，问卷没有考虑这种一般的心理状态。

实践还证明，高度的工作满足不一定就产生高度的激励。许多行为科学家认为，不论是有关工作环境的因素还是工作内容的因素，都可能产生激励作用，而不仅是使职工感到满足，这取决于环境和职工心理方面的许多条件。

最后，赫茨伯格将保健因素与激励因素截然分开有欠妥当，实际上保健因素与激励因素、外部因素与内部因素都不是绝对的，而是相互联系并可以相互转化的。

4. *X* 理论和 *Y* 理论

道格拉斯·麦格雷戈(Douglas McGregor，1906—1964)美国著名的行为科学家，人性假设理论创始人，X—Y 理论的提出者。麦格雷戈认为，管理人员的管理行为受其对人性假设的影响。当管理人员持某一种关于人性假设的观点时，就会形成与之相应的管理方式。麦格雷戈提出两种人性假设以及相应的管理方式——“X 理论”和“Y 理论”。

X 理论认为人们基本上厌恶工作，对工作没有热情，如非必要就会加以逃避。人类只喜欢享乐，凡事得过且过，尽量逃避责任，其主要内容如下所述。

(1) 大多数人是懒惰的，他们尽可能地逃避工作。工作对他们而言是一种负担，工作毫无享受可言。只要有机会，他们就尽可能地偷懒，逃避工作。

(2) 大多数人都没有什么雄心壮志，也不喜欢负什么责任，而宁可让别人领导。他们缺乏自信心，把个人的安全看得很重要。

(3) 大多数人的个人目标与组织目标都是互相矛盾的，为了实现组织目标，必须靠外力严加管制，必须用强迫、指挥、控制并予以处罚威胁等手段，使他们做出适当的努力去实现组织的目标。

(4) 大多数人都是缺乏理智的，不能克制自己，很容易受别人的影响，而且容易安于现状。

(5) 大多数人都是为了满足基本的生理需要和安全需要，所以他们将选择那些在经济上获利最大的事去做，而且他们只能看到眼前的利益，看不到长远的利益。

(6) 人群大致分为两类，多数人符合上述假设，少数人能克制自己，这部分人应当负起管理的责任。

X 理论假设人对于工作的基本评价是负面的，即从本质上来说，人都是不喜欢工作的，并且一有可能就逃避工作；一般人都愿意被人指挥并且希望逃避责任。基于上述假设，管理人员的职责和相应的管理方式包括下述各点。

(1) 管理人员关心的是如何提高劳动生产率、完成任务，他的主要职能是计划、组织、经营、指引、监督。

(2) 管理人员主要是应用职权，发号施令，使对方服从，让人适应工作和组织的要求，而不考虑在情感上和道义上如何给人以尊重。

(3) 强调严密的组织和制定具体的规范和工作制度，如工时定额、技术规程等。

(4) 应以金钱报酬来收买员工效力和服从。

由此可见，这种管理方式是胡萝卜加大棒的方法，一方面靠金钱的收买与刺激，另一方面靠严密的控制、监督和惩罚迫使员工为组织目标努力。麦格雷戈发现当时企业中对人的管理工作以及传统的组织结构、管理政策、实践和规划都是以 X 理论为依据的。

与 X 理论消极的人性观点相反，Y 理论假定人性本善，假设一般人在本质上并不厌恶工作，只要循循善诱，雇员便会热情工作，在没有严密的监管下，也会努力完成生产任务。而且在适当的条件下，一般的人不仅愿意承担责任，而且会主动承担责任。其主要内容包括下述各点。

(1) 一般人并不是天生就不喜欢工作的，工作中体力和脑力的消耗就像游戏和休息一样自然。工作可能是一种满足，因而自愿去执行；也可能是一种处罚，因而只要可能就想逃避。到底怎样，要看环境而定。

(2) 外来的控制和惩罚，并不是促使人们为实现组织的目标而努力的唯一方法。它甚至对人是一种威胁和阻碍，并放慢了人们成熟的脚步。人们愿意实行自我管理和自我控制来完成应当完成的目标。

(3) 人的自我实现的要求和组织要求的行为之间是没有矛盾的。如果给人提供适当的机会，就能将个人目标和组织目标统一起来。

(4) 一般人在适当条件下，不仅可以学会履行职责，而且还可以学会谋求职责。逃避责任、缺乏抱负以及强调安全感，通常是经验的结果，而不是人的本性。

(5) 大多数人，而不是少数人，在解决组织的困难问题时，都能发挥较高的想象力、

聪明才智和创造性。

(6) 在现代工业生活的条件下，一般人的智慧潜能只是部分地得到了发挥。

根据以上假设，相应的管理措施包括下述各点。

(1) 管理者的重要任务是创造一个使人得以发挥才能的工作环境，挖掘出职工的潜力，并使职工在为实现组织的目标贡献力量时，也能实现自己的目标。此时的管理者已不是指挥者、调节者或监督者，而是起辅助者的作用，从旁给职工以支持和帮助。

(2) 对人的激励主要是给予来自工作本身的内在激励，让他担当具有挑战性的职责，担负更多的责任，促使其工作做出成绩，满足其自我实现的需要。

(3) 在管理制度上给予工人更多的自主权，实行自我控制，让工人参与管理和决策，并共同分享权力。

X 和 Y 模式的假定都过于片面，并不适用于目前复杂的社会。不同的人有不同的特点，有的人性是善的，而有的人性就是恶的。纯 X 理论和纯 Y 理论最大的缺点乃是忽略了人类的可塑性与多样性。一个团体中良莠不齐，有的人较积极，有的人较消极，领导者若是先入为主地认同 X 理论或 Y 理论，必不能解决所有成员的问题。因此，X 理论与 Y 理论似乎都过于武断，领导者必须视情况加以综合运用。

后来，莫尔斯和洛希又进行了追踪研究，选择了两个都是高效率单位的亚克龙工厂和史脱克顿研究所进行了对比研究。亚克龙工厂和史脱克顿研究所的组织特点有许多不同，所处的工作环境的差异也很大，但是这两个组织都有效地完成了各自的组织任务。究其原因，是因为亚克龙工厂和史脱克顿研究所都能根据各自的任务和人员的特点，选择适合自身发展的组织形态。说明组织与任务之间的适合，关系到企业的效率。在此基础上，两人于 1970 年提出了超 Y 理论。该理论认为，没有什么一成不变的、普遍适用的最佳的管理方式，必须根据组织内外环境自变量和管理思想及管理技术等因变量之间的函数关系，灵活地采取相应的管理措施，管理方式要适合于工作性质、成员素质等。其主要观点有：①人们带着许多不同的需要和动机加入组织，但最主要的是实现其胜任感；②由于人们的胜任感有不同的满足方法，所以对管理要求也不同，有人适用 X 理论管理方式，有人适用 Y 理论管理方式；③组织结构、管理层次、职工培训、工作分配、工资报酬和控制水平等都要随着工作性质、工作目标及人员素质等因素而定，才能提高绩效；④一个目标达成时，就会产生新的更高的目标，然后进行新的组合，以提高工作效率。

综上所述，行为科学理论强调以人为中心来研究管理问题，看到了人的社会性和复杂性，这标志着管理由传统的以任务为中心的管理向以人为中心的现代管理转变。

三、现代管理学派及其理论

第二次世界大战以后，西方又出现了很多新的管理理论，形成许多学派。这些理论与学派在历史渊源与理论内容上互相影响、互相联系。美国管理学家哈罗德·孔茨形象地将其描述为“管理理论的丛林”。主要的管理学派与理论有：以巴纳德为代表的社会系统学派，以卡斯特和罗森茨维奇为代表的系统管理学派，以西蒙为代表的决策管理学派，以德鲁克和戴尔为代表的经验管理学派，以伯法为代表的管理科学学派，以卢桑斯和菲德勒为代表的权变管理学派。

1. 社会系统学派

1938 年正处于行为科学学派的发展初期，人际关系学说的兴起，使管理学者已经开始注意使用社会学、心理学的方法来分析和处理管理问题，注意协调好组织中的人际关系。但在巴纳德看来，梅奥等人的人际关系学说研究的重点只是组织中人与人之间的关系，这种人际关系强调的是行为个体相互之间的关系，并没有研究行为个体与组织之间的关系协调问题。如果将组织看作是一个复杂的社会系统，要使系统运转有效，则必然涉及组织中个人与组织间的协调问题。例如个人目标与组织目标之间的协调，这也符合系统论的基本观点，即系统之间的协调。它不仅包括各个子系统之间的协调，也包括各个子系统与大系统之间的协调。而当时的管理实践中也暴露出了某些单纯以人际关系学说为理论指导而不能解释的管理问题。正是基于这样的历史背景，社会系统学派得以产生，并将协调组织中个人与组织之间的关系作为其研究的主导方向。以巴纳德组织理论为代表的社会系统学派的观点也奠定了现代组织理论的基础，对管理理论的发展，特别是组织理论的发展产生了深远的影响。

1938 年，巴纳德(Barnard)发表了《经理的职能》一书。在这本著作中，他对组织和管理理论的一系列基本问题都提出了与传统组织和管理理论完全不同的观点。他认为组织是一个复杂的社会系统，应从社会学的观点来分析和研究管理的问题。由于他把各类组织都作为协作的社会系统来研究，后人把由他开创的管理理论体系称作社会系统学派。其主要观点如下：①组织是一个社会协作系统。组织是“两个或两个以上的人有意识协调的活动或效力的系统”，组织的产生是人们协作愿望的结果。②组织存在要有三个基本条件，即明确的目标、协作意愿和意见交流。③提出了组织效力与组织效率原则。组织效力是指组织实现其目标的能力或实现目标的程度，是组织存在的必要前提；组织效率是指在实现目标的过程中满足成员个人目标的能力和程度，是组织生存的能力。④管理人员的权威来自下级的认可。为了使组织的成员能为组织目标的实现做出贡献和进行有效的协调，巴纳德认为应该采用“维持”的方法，包括“诱因”方案的维持和“威慑”方案的维持。“诱因”方案的维持是指采用各种报酬奖励的方式来鼓励组织成员为组织目标的实现做出他们的贡献，“威慑”方案的维持是指采用监督、控制、检验、教育和训练的方法来促使组织成员为组织目标的实现做出他们的贡献。⑤分析了经理人员的作用。经理人员的作用就是在一个正式组织中充当系统运转的中心，并对组织成员的活动进行协调，指导组织的运转，实现组织的目标。根据组织的要素，巴纳德认为，经理人员的主要职能有三个方面：①提供信息交流的体系；②促成必要的个人努力；③提出和制定目标。

巴纳德的管理职能理论和古典管理理论大不相同。古典组织理论关于管理职能的划分，是从对管理过程的分析中提炼出来的，而巴纳德是以自己的组织理论为基础来展开管理职能的分析，把管理者的职能归结为提供信息交流的体系、促成个人付出必要的努力和规定组织的目标，从而把管理者的职能作用同组织的要素联系起来、同组织的生存和发展联系起来，从组织的要素来分析管理的职能，这是其他学派所没有的。

2. 系统管理学派

第二次世界大战之后，企业组织规模日益扩大，企业内部的组织结构也更加复杂，从而提出了一个重要的管理课题，即如何从企业整体的要求出发，处理好企业组织内部各个单位或部门之间的相互关系，保证组织整体的有效运转。以往的管理理论都只侧重于管理的某一个方面，它们或者侧重于生产技术过程的管理，或者侧重于人际关系，或者侧重于一般的组织结构问题，为了解决组织整体的效率问题，系统理论学派应运而生。

系统管理学派的代表人物是卡斯特(F. E. Kast)和罗森茨维奇(J. E. Rosenzing)，代表作是《系统理论与管理》。他们继承了系统论的思想方法，从系统的概念出发，建立起了企业管理的系统模式。他们认为：系统观点、系统分析、系统管理都是以系统理论为指导的。

系统观点认为：①整体是主要的，而其各个部分是次要的；②系统中许多部分的结合是它们相互联系的条件；③系统中的各个部分组成一个不可分割的整体；④各个部分围绕着实现整个系统的目标而发挥作用；⑤系统中各个部分的性质和职能由它们在整体中的地位所决定，其行为则受到整体的制约；⑥整体是一种力的系统、结构或综合体，是作为一个单元来行事的；⑦一切都应以整体作为前提条件，然后演变出各个部分之间的相互关系；⑧整体通过新陈代谢而使自己不断地更新；⑨整体保持不变和统一，而其组成部分则不断改变。

系统管理理论的主要观点：①组织是一个由许多子系统组成的，组织作为一个开放的社会技术系统，是由五个不同的分系统构成的整体，这五个分系统包括：目标与价值分系统；技术分系统；社会心理分系统；组织结构分系统；管理分系统。这五个分系统之间既相互独立，又相互作用，不可分割，从而构成一个整体。这些系统还可以继续分为更小的子系统。②企业是由人、物资、机器和其他资源在一定的目标下组成的一体化系统，它的成长和发展同时受到这些组成要素的影响，在这些要素的相互关系中，人是主体，其他要素则是被动的。管理人员需力求保持各部分之间的动态平衡、相对稳定、一定的连续性，以便适应情况的变化，实现预期目标。同时，企业还是社会这个大系统中的一个子系统，企业预定目标的实现，不仅取决于内部条件，还取决于企业外部条件，如资源、市场、社会技术水平、法律制度等，它只有在与外部条件的相互影响中才能达到动态平衡。③把企业看成是一个投入—产出系统，投入的是物资、劳动力和各种信息，产出的是各种产品(或服务)。运用系统观点使管理人员不至于只重视某些与自己有关的特殊职能而忽视了大目标，也不至于忽视自己在组织中的地位与作用，可以提高组织的整体效率。

3. 决策管理学派

西方决策理论学派的主要代表人物是赫伯特·西蒙(Herbert Simon)，他是美国著名的经济学家和社会科学家。他在管理学、组织行为学、经济学、心理学、政治学、社会学、计算机科学等方面都有很高的造诣，甚至被人们称为“博物学家”，由于他在决策理论的研究方面做出了重大贡献，被授予1978年度的诺贝尔经济学奖。西蒙主要研究的是生产者的行为，特别是当代公司中决策的组织基础和心理依据，其代表作有《管理决策的新科学》《管理行为》等。

决策管理学派是在社会系统学派的基础上发展起来的。其观点主要有：①管理就是决策。计划、组织、领导、控制等管理职能都需要决策；②以“满意标准”代替传统的“最优标准”；③决策是一个复杂的过程，而不是“拍板”的一瞬间。决策的过程至少应该分为四个阶段：A.提出制定决策的理由；B.尽可能找出所有可能的行动方案；C.在诸行动方案中进行抉择，选出最满意的方案；D.对该方案进行评价。这四个阶段都含有丰富的内容，并且各个阶段有可能相互交错，因此决策是一个反复的过程；④决策可分为程序化和非程序化决策。程序化决策是指反复出现和例行的决策。非程序化决策是指那种从未出现过的，或者其确切的性质和结构还不很清楚或相当复杂的决策。解决这两类决策的方法一般不同。但程序化决策和非程序化决策的划分并不严格，因为随着人们认识的深化，许多非程序化决策将转变为程序化决策。

4. 经验管理学派

经验管理学派，又称案例学派，其代表人物有德鲁克(Peter F. Drucker)和戴尔(Ernest Dale)。德鲁克的代表作是《有效的管理者》，戴尔的代表作是《伟大的组织者》。他们认为，有关企业管理的科学应该从企业管理实际出发，以大企业管理经验为主要研究对象，以便在一定的情况下把这些经验加以概括和理论化。但在更多的情况下，只是把这些经验传授给企业实际管理工作者，提出一些实际的建议。也就是说，该学派主张通过分析经验(案例)来研究管理问题。其主要观点有：①管理有三项基本任务：第一是取得经济效果(利润)；第二是使工作具有生产性，并使工作人员有成就；第三是承担企业对社会的责任。因此，管理者必须了解和掌握一些基本技能，如做出有效决策、在组织内部和外部进行信息联系、学会目标管理等。②提倡实行目标管理。目标管理是管理人员和员工在工作中实行自我控制并实现工作目标的管理机能和管理制度。③对高层管理问题给予高度重视。对高层管理的任务、结构、战略等进行深入的研究。

5. 管理科学学派

管理科学学派又叫管理中的数量学派，其代表人物是美国的伯法(Elwood S. Buffa)，代表作是《现代生产管理》。该学派的特点是：①为管理决策服务，运用数学模型增加决策的科学性。决策的过程就是建立和运用数学模型的过程；②各种可行的方案均是以经济效果作为评价的依据，如成本、总收入和投资利润率等；③广泛地使用电子计算机。电子计算机的运用大大提高了运算的速度，使数学模型运用于企业和组织成为可能。

6. 权变管理学派

权变管理学派诞生于20世纪70年代，代表人物主要有卢森斯(Fred Luthans)和菲德勒(F. E. Fidler)，代表作是卢森斯的《管理导论——一种权变学说》。该学派认为，在企业管理中要根据企业所处的内外条件随机应变，没有什么一成不变、普遍适用的“最好的”管理理论与方法。该学派的基础是“超Y理论”。“超Y理论”认为人们怀着不同的需要加入工作组织，人们有不同的需要类型。有的人需要更正规的组织结构和规章制度，而不需要参与决策和承担责任；有的人却需要更多的自治责任和发挥个人创造性的机会。前者欢迎“X理论”的管理方式，后者欢迎“Y理论”的管理方式。因此，不同的人对管理方式的要求是不同的，组织的目标、工作的性质、员工的素质等对组织结构和管理方式都有很大的影响。

在《管理导论——一种权变学说》一书中，卢森斯将过去的管理理论划分为四种学说：过程学说、计量学说、行为学说和系统学说。他认为这几种学说都没有把管理与环境妥善地联系起来；同时，这些学说的代表人物都强调他们的学说具有普遍的适用性。在管理中必须重视环境对管理的作用。实际上，在环境与管理之间存在着一种函数关系，可以解释

为“如果—就要”的关系。即“如果”发生或存在某种环境情况，“就要”采用某种管理理论、管理方式来更好地实现组织目标。权变主要体现在计划、组织和领导方式等方面，包括：①计划要有弹性；②组织结构要有弹性；③领导方式应权宜应变。但是，权变管理理论过于强调管理的特殊性，忽视管理的普遍原则与规律，这是该理论的最大缺陷。

第三节 当代管理理论的发展

1. 战略管理理论

20 世纪 70 年代后，美国企业管理中出现了两个引人注目的变化：一是管理重点由基层向高层转移，由业务管理向战略管理转移；二是在管理思想上强调系统观念和应变观念。20 世纪 60 年代初美国著名管理学家钱德勒在《战略与结构：工业企业史的考证》一书中，分析了环境、战略和组织之间的相互关系，提出了“结构追随战略”的论点。他认为，企业经营战略应当适应环境，满足市场需求，而组织结构又必须适应企业战略，随着战略的变化而变化。

在此基础上，围绕战略构造问题的研究，形成了两个相近的学派：“设计学派”和“计划学派”。设计学派认为：首先，在制定战略的过程中要分析企业的优势与劣势、环境所带来的机会与造成的威胁。其次，高层经理人应是战略制定的设计师，并且还必须督导战略的实施。再者，战略构造模式应是简单而又非正式的，关键在于指导原则，优良的战略应该具有创造性和灵活性。“设计学派”以哈佛商学院的安德鲁斯教授为代表。计划学派主张，战略构造应是一个有控制、有意识的正式计划过程；企业的高层管理者负责计划的全过程，而具体制定和实施计划的人员必须对高层负责；通过目标、项目和预算的分解来实施所制定的战略计划等。计划学派以安索夫为杰出代表。安索夫在 1965 出版的《公司战略》一书中首次提出了“企业战略”这一概念，并将战略定义为“一个组织打算如何去实现其目标和使命，包括各种方案的拟定和评价，以及最终将要实施的方案”。“战略”一词随后成为管理学中的一个重要术语，在理论和实践中得到了广泛的运用。

20 世纪 80 年代，以哈佛大学商学院的迈克尔•波特为代表的竞争战略理论占据了战略管理理论的主流地位。波特认为，企业战略的核心是获取竞争优势，而影响竞争优势的因素有两个：一是企业所处行业的盈利能力，即行业的吸引力；二是企业在行业中的相对竞争地位。波特的竞争战略理论的基本逻辑是：①产业结构是决定企业盈利能力的关键因素；②企业可以通过选择和执行一种基本战略影响产业中的五种作用力量(即产业结构)，以改善和加强企业的相对竞争地位，获取市场竞争优势(低成本或差异化)；③价值链活动是竞争优势的来源，企业可以通过价值链活动和价值链关系(包括一条价值链内的活动之间及两条或多条价值链之间的关系)的调整来实施其基本战略。

这一时期战略管理理论的核心思想是一致的，主要体现在三个方面：①企业战略的出发点是适应环境。环境是企业无法控制的，只有适应环境变化，企业才能生存和发展；②企业的战略目标是为了提高市场占有率，企业战略要适应环境变化，旨在满足市场需求，获得足够的市场占有率，这样才有利于企业的生存与发展；③企业战略的实施要求组织结构的变化要与之相适应。经典的企业战略实质是一个组织对其环境的适应过程以及由此带来的组织内部结构变化的过程。

20 世纪 90 年代，对于战略的研究又把眼光从外部市场环境转向内部环境，注重对企业自身独特的资源和知识(技术)的积累，以形成企业独特的竞争力(核心竞争力)。1990 年，普拉哈拉德和哈默又在《哈佛商业评论》发表了《企业核心能力》一文。从此，关于核心能力的研究热潮开始兴起，并且形成了战略理论中的“核心能力学派”。该理论认为：企业具有不同的资源(包括知识、技术等)，形成了独特的能力，资源不能在企业间自由流动，对于某企业独有的资源，其他企业无法得到或复制，企业利用这些资源的独特方式是企业形成竞争优势的基础。

在 20 世纪 90 年代中期及后期，战略联盟理论的出现，使人们将关注的焦点转向了企业间各种形式的联合。这一理论强调竞争合作，认为竞争优势是构建在自身优势与他人竞争优势结合的基础上的。但是，联盟本身固有的缺陷，以及基于竞争基础上的合作，致使这种理论还存在许多有待完善之处，企业还在寻求一种更能体现众多优越之处的合理安排形式。

此时，随着产业环境的日益动态化、技术创新的加快、竞争的全球化和顾客需求的日益多样化，企业认识到，如果想要发展，无论是增强自己的能力，还是拓展新的市场，都得与其他公司共同创造消费者感兴趣的新价值。企业必须培养以发展为导向的协作性经济群体。在此背景下，通过创新和创造来超越竞争开始成为企业战略管理研究的一个新焦点。

美国学者默尔(James F. Moore，1996)年出版的《竞争的衰亡》一书标志着战略理论的指导思想发生了重大突破。作者以生物学中的生态系统这一独特的视角来描述当今市场中的企业活动，但又不同于将生物学的原理运用于商业研究的狭隘观念。后者认为，在市场经济中，达尔文的自然选择似乎仅仅表现为最合适的公司或产品才能生存，经济运行的过程就是驱逐弱者。而穆尔提出了“商业生态系统”这一全新的概念，打破了传统的以行业划分为前提的战略理论的限制，力求“共同进化”。

2. 全面质量管理理论

20 世纪 50 年代末，美国通用电气公司的费根堡姆和质量管理专家朱兰提出了“全面质量管理”(Total Quality Management，TQM)的概念，认为“全面质量管理是为了能够在最经济的水平上，并考虑到充分满足客户要求的条件下进行生产和提供服务，把企业各部门在研制质量、维持质量和提高质量的活动中构成为一体的一种有效体系”。20 世纪 60 年代初，美国一些企业根据行为管理科学的理论，在企业的质量管理中开展了依靠职工“自我控制”的“无缺陷运动”(Zero Defects)，日本在工业企业中开展质量管理小组(Circle/Quality Control Circle，QC)活动，使全面质量管理活动迅速发展起来。

3. 学习型组织理论

20 世纪 80 年代以来，随着信息革命、知识经济时代进程的加快，传统的组织模式和管理理念已越来越不适应环境，其突出表现就是许多在历史上曾名噪一时的大公司纷纷退出历史舞台。因此，研究企业组织如何适应新的知识经济环境、增强自身的竞争能力、延长组织寿命，成为世界企业界和理论界关注的焦点。在这样的大背景下，以美国麻省理工学院教授彼得·圣吉(Peter M. Senge)为代表的西方学者，吸收东西方管理文化的精髓，提出了以“五项修炼”为基础的学习型组织理念。他认为：学习型组织不在于描述组织如何获得和利用知识，而是告诉人们如何才能塑造一个学习型组织。他说："学习型组织的战略目标是提高学习的速度、能力和才能，通过建立愿景并能够发现、尝试和改进组织的思维模式并因此而改变他们的行为，这才是最成功的学习型组织。"五项修炼的内容包括：①自我超越，能够不断理清个人的真实愿望、集中精力、培养耐心、实现自我超越；②改善心智模式，心智模式是看待旧事物形成的特定的思维定式。在知识经济时代，这会影响对待新事物的观点；③建立共同愿景，就是组织中人所共同持有的意向或愿望，简单地说，就是我们想要创造什么；④团队学习，是发展成员整体搭配与实现共同目标能力的过程；⑤系统思考，要求人们用系统的观点对待组织的发展。

4. 组织学习理论

阿吉里斯(Chris Argyris)和舍恩(Dunald A. Schon)于20世纪70年代提出了组织学习理论，他们认为组织学习(OL)是"诊断和改正组织错误"。1985年，Fiol和Lyles对"学习"做了更为准确的定义："通过汲取更好的知识，并加深理解，从而提高行动的过程。"多德格森(Dodgson，1993)对组织学习的描述是：企业围绕自己的日常活动和企业文化，构建知识体系，补充知识技能以及组织例行公事的一种方式；组织通过广泛运用员工所掌握的各项技能，从而发展组织效能的一种方式。

阿吉里斯认为，阻碍组织学习和不断创新发展的最重要因素是"组织防卫"。组织防卫可以表现在组织的政策、实践或行动的任何一个方面，可以出现在组织的任何一个层次上，包括个体、团队、团队之间、部门、部门之间。所谓组织防卫，是面对障碍或威胁时的一种自保性反应。而组织防卫一旦出现，就会阻断对相应障碍或威胁的深层探究，使参与者无法发现那些障碍或威胁产生的真正原因。比如最常见的诿过于他人、转移话题等。组织防卫产生于阿吉里斯在《行动科学》中所提出的"防卫性推理"。这种推理拒绝公开和坦诚相对，以信息的含混为基本特征，而这又源于人们从孩提时就接受的社会化训练。人们在日常生活和工作中使用防卫性推理进行思考和行动，是因为他们在这样的环境中长久养成了这样的习惯。随着个人进入组织，这种防卫性推理也被带入了组织，于是就形成了组织防卫。因为已经成为习惯，所以人们并没有意识到自己所提倡的"名义理论"和自己所实际使用的"应用理论"之间存在着那么大的差距。由此可见，防卫性推理的使用，也会阻碍人们对防卫性推理本身的质疑、检测和修正。

阿吉里斯的组织学习理论，目的是要营造出适应当代社会发展的新型组织。这种组织应该具有更多的创造性，应该对新工艺、新产品有更多的前瞻，应该使员工产生出更多的协调与合作，应该能够适应复杂性和多变性的挑战。而能否形成这样的组织，又取决于员工与组织之间持续且公开的接触，取决于互信和自由的交流，取决于以互信为基础的组织凝聚力，取决于互助式的风险和责任承担方式。组织学习的最终效果，是要实现员工的个性发展、组织的协调一致、效益的内外平衡(组织内部效率和外部效应的平衡)。

5. 组织再造理论

组织再造理论最初源于企业再造理论，20世纪90年代后期扩散到其他类型的组织中，形成了较为完善的理论体系。所谓"企业再造"，就是以工作流程为中心，重新设计企业的经营、管理及运作方式。按照该理论的创始人原美国麻省理工学院教授迈克·哈默(M. Hammer)与詹姆斯·钱皮(J. Champy)的定义，是指"为了飞越性地改善成本、质量、服务、速度等重大的现代企业的运营基准，对工作流程(business process)进行根本性重新思考并彻底改革”，也就是说，“从头改变，重新设计”。

企业再造实施过程包括：①对原有流程进行全面的功能和效率分析，发现其存在的问题。可以从功能障碍、重要性、可行性三个方面分析现行作业流程的问题。②设计新的流程改进方案，并进行评估。为了设计更加科学、合理的作业流程，必须群策群力、集思广益、鼓励创新。在设计新的流程改进方案时，可以考虑流程合并、自然顺序安排作业、给予职工参与决策的权力等。③制定与流程改进方案相配套的组织结构、人力资源配置和业务规范等方面的改进规划，形成系统的企业再造方案。④组织实施与持续改善。

6. 知识管理理论

20 世纪 60 年代初，美国管理学教授彼得 • 德鲁克博士首先提出了知识工作者和知识管理的概念，指出我们正在进入知识社会，在这个社会中最基本的经济资源不再是资本、自然资源和劳动力，而应该是知识，在这个社会中知识工作者将发挥主要作用。

20 世纪 80 年代以后，彼得 • 德鲁克继续发表了大量相关论文，对知识管理做出了开拓性的工作，提出“未来的典型企业是以知识为基础，由各种各样的专家组成，这些专家根据来自同事、客户和上级的大量信息，自主决策和自我管理”。

在 20 世纪 90 年代中后期，美国波士顿大学信息系统管理学教授托马斯 • H. 达文波特(Thomas H. Davenport)在知识管理的工程实践和知识管理系统方面做出了开创性的工作，提出了知识管理的两阶段论和知识管理模型，是指导知识管理实践的主要理论。

与此同时，日本管理学教授野中郁次郎博士针对西方的管理人员和组织理论家片面强调技术管理而忽视隐含知识的观点提出了一些质疑，并系统地论述了关于隐含知识和外显知识之间的区别，为我们提供了一种利用知识创新的有效途径。

进入到崭新的 21 世纪初，瑞典企业家与企业分析家卡尔-爱立克 • 斯威比(Karl Erik Sveiby)博士将对知识管理的理论研究引向了与实践活动紧密结合并相互比照的道路，他从企业管理的具体实践中得出，要进一步强调隐含知识的重要作用，并指出了个人知识的不可替代性。

第一章管理基础.ppt

第一章习题与答案.doc

第二章　现代企业管理和现代企业制度

学习目标

通过本章的学习，了解现代企业系统；企业的任务；企业管理的内容；企业管理的基础知识；企业制度的演进；现代企业制度的内容；公司治理结构；公司治理形式；董事会的运行；新企业知识性资源的性质；新企业运行的目标要求；新管理；新管理的核心价值观；新旧管理的不同。

需掌握企业的概念和特征；企业的功能；企业的基本类型，现代企业的法律表现形式；企业管理的含义；企业管理的基本特征；企业管理的职能；企业管理的原则；现代企业制度的含义和特征；现代企业制度的内容。

关键概念

企业；企业管理；企业制度；现代企业制度；公司治理结构；新经济；新管理

企业是市场经济的主体。在和平年代下，企业竞争力的强弱决定着一个国家竞争力的大小。而企业作为一种重要的组织形式，也是社会化大生产及商品经济发展的产物。

第一节　企业与企业管理

一、企业的概念和特征

第二章曹德旺对企业的认识.mp4

企业是现代组织的主要形式之一。而组织是指一群人为了达到共同的目的，通过权责分配、层次结构和共同的行为规范所构成的一个完整的有机体。按照对营利性的要求，可以将组织分为营利性组织与非营利性组织。企业属于营利性组织。

1. 企业的概念

企业是社会发展的产物，随着社会分工发展而成长壮大，是生产力发展到一定水平的产物，是商品生产的产物，并随着商品生产的发展而发展。18 世纪工业革命前后，随着生产力的提高和商品生产的发展，作为社会基本经济单位的企业，包括从事生产、流通、服务等活动的各种企业，开始大量出现。随着社会生产力的进一步发展，企业技术装备的不断现代化，现代企业开始出现。以工业企业为例，它是在简单协作的手工作坊的基础上，逐步发展为工场手工业，最后才发展为以现代机器技术为基础的工厂制度，即现代工业企业。

对中国而言，“企业”一词并非我国古文化所固有。它和其他一些现在被广泛使用的社会科学词汇一样，是在清末变法之际，从日语移植而来的。而日本又是在明治维新以后，在引进西方企业制度的过程中，从西文翻译而来的。因此，探寻“企业”这个词汇的来源，就要从西方语汇中寻找。

与“企业”相对应的词，英语中称为“enterprise”，它由两部分组成，“enter-”和“prise”，前者具有“获得，开始享有”的含义，可以引申为“盈利、收益”；后者具有“撬起、撑起”的意思，可以引申为“杠杆、工具”。两个部分结合在一起，表示“获取盈利的工具”。

日本在引进该词时，意译为“企业”，从字面上看“企”表示企图，“业”表示事业，企业顾名思义是企图从事某种事业，专用于商业领域，则表示企图冒险从事某项获取利润的事业。企业作为一种社会组织，是指“应用资本赚取利润的经济组织实体”。

美国《现代经济词典》把企业定义为设在一定地点、拥有一个或一个以上的雇员的工厂、商店或办事机构。我国台湾学者认为：企业是集合生产要素，如土地、资本、劳动者，在创造的动机和承担风险的准备下，对某种事业做出有计划、有组织、讲求效率的经营。《中国企业管理百科全书》将企业定义为从事生产、流通等经济活动，为满足社会需要并获取盈利，进行自主经营，实行独立核算，具有法人资格的基本经济单位。另外，企业还可以被看作是一个在负责贯彻合约的企业家管理下的层级组织，是“若干个人之间的一组契约关系的联系点”。这里的一组契约是在所有者、经营者、劳动者、产品消费者及物质投入的供应商之间建立起来的。

综上，可以将企业界定为：在社会化大生产条件下，从事生产、流通与服务等经济活动的营利性组织，是进行自主经营、自负盈亏、承担风险、实行独立核算、具有法人资格的基本经济单位。对企业的理解应把握以下几点：①企业是在社会化大生产条件下存在的，是商品生产与商品交换的产物；②企业是从事生产、流通与服务等基本经济活动的经济组织；③就企业的本质而言，它属于追求盈利的营利性组织；④企业是一个经济细胞。企业在国民经济体系中，始终是最基本、最活跃、最有创新意识的经济组织；⑤企业是一个社会单位。企业在实现自身目标的同时，也要承担起社会责任。

2. 企业的特征

企业是适应市场经济要求，依法自主经营、自负盈亏、自我发展、自我约束的商品生产经营者，是独立享有民事权利和承担民事义务的法人。在市场经济条件下，企业应具备以下基本特征。

(1) 商业性。企业作为从事商品(或劳务)生产经营活动的基本经济单位，所从事的活动具有明显的商业性，是为卖而买、为交换而生产、为社会消费而生产经营并以盈利为目的。

(2) 营利性。企业经营的目的是为了盈利，它是从事商品生产和经营的社会组织。但一些社会组织也是以市场为导向，但经营目的是非盈利的，因此就不是企业，例如学校。

(3) 独立性。企业作为具有法人资格的经济实体，是依法设立和经营的经济实体。法人是指具有一定的组织机构和独立财产，能以自己的名义享有民事权利和承担民事义务，依照法定程序成立的组织。法人不是自然人而是组织。

企业必须严格依照法律程序，经由工商行政管理机关(省、市、区工商局或所)核准登记才能设立，并要在规定的经营范围和期限内进行生产经营活动。它是具有民事权利能力和民事行为能力、独立享有民事权利和承担民事义务的组织，它拥有自己能够独立支配和管理的财产，并达到法定界线。这是企业的人格特征。

(4) 企业是经济组织。企业是社会经济的基本单位，是一个能动的有机体，能够在经

济社会环境下发展、壮大。它拥有一定数量的资金、有开展一定经营活动的场所，主要从事商品的生产、流通等经济活动。

(5) 竞争性。企业拥有的资源是有限的。这种有限性是双重的，外部的有限供应，即自然界所蕴含的能够提供的资源数量与人类需要满足的欲望相比的稀缺：物质资源的有限性与人类需求的无止境。企业内部的有限获取能力，任何经济资源的获取都必须付出一定的代价。在商品经济条件下，企业为了获得一定数量和种类的资源，必须支付一定数量的货币。而企业在经营过程中的任一时点能够动员的资金能力总是有限的，它不可能随心所欲地从外部获得内部活动所需的任何生产条件。

资源的有限性要求企业必须具备相应的竞争能力，才能获得相应的资源，才能生存与发展。故此，市场经济是一种竞争经济，市场竞争的结果是优胜劣汰。

(6) 经营目的独特性。企业经营的直接目的不是产品的使用价值，而是价值。在经营过程中，企业之所以选择生产某种特定的产品，并不是为了企业自身的直接使用或其成员的直接消费，而是希望通过产品的销售获得货币收入，补偿生产过程中的消耗，并有所剩余，以便在下一阶段的活动中取得更新或更多的生产条件，使经营循环得以继续或在更大的规模上进行。

只有消费者愿意购买企业的产品，企业才能获得希望的销售收入。而只有当消费者意识到某种产品具有符合其要求的功能，可以满足其在精神或物质上的需要时，购买行为才会发生。因此，企业内部资源加工和转换方向的选择，必须以正确判断外部消费者的需要为前提。

(7) 集合性。新企业理论非常重视人的作用，认为企业是人的集合体，企业经营有赖于不同参与者在不同的环节和方面做出不同的贡献。作为人的集合体，企业在外部市场整齐划一地表现出的任何生产、投资、销售等行为均是该集体中不同个人的行为选择相互作用的结果。外部环境的任何变化，都不会直接地、自动地引起企业的行为调整，而是只能通过影响企业内部不同成员的行为选择，或者通过改变不同成员在相互作用中的关系来发挥作用。因此，面对任何特定的环境变化，企业只有预期能够从各类参与者得到所需的行为反应和贡献，企业才会做出相应的经营选择或调整。

二、现代企业系统

企业作为一个经济实体，狭义上主要由人、财、物、信息四个基本要素构成，通常包括下述这些具体要素：①拥有一定数量、一定技术水平的生产设备和资金；②具有开展一定生产规模和经营活动的场所；③具有一定技能、一定数量的生产者和经营管理者；④从事社会商品的生产、流通等经济活动；⑤进行自主经营，独立核算，并具有法人资格。从社会系统角度看，企业系统的基本构成要素有环境、组织、个人、矛盾与发展。环境是企业存在的基础和活动的空间，企业只有在一定的环境中才能获得生存和发展。企业与环境的关系，一方面体现在企业是环境的一个组成部分，企业的性质和所从事的活动都受到环境的极大影响，另一方面，企业的活动对环境施加了自身的影响，可以能动地改变环境。

企业是具有各种不同特点和类型的人，为了实现个人所难以实现的目标而形成的具有一定组织结构的团体。这一点意味着企业不仅仅是简单的个人力量的相加，而且是要把各自具有不同知识、技能、特长的个人力量通过某种组织方式结合起来，以形成集体化的行为和力量。也就是说，要实行紧密的分工协作，采取有效的信息沟通手段和恰当的激励机制，以调动员工的积极性，从而最大限度地实现企业的目标。

环境、组织和人的管理各自具有不同的特点和要求，在许多情况下，它们之间存在着矛盾和冲突。这些矛盾和冲突表现在组织与个人、环境与战略发展演变等众多方面，这就构成了企业系统中不可缺少的要素。这种矛盾和冲突既可能损害企业的利益，也可能转化为企业发展的动力。对这些矛盾的解决既是企业管理的过程，也是企业发展的过程。

构成企业的各种要素按照一定的规则紧密联系在一起，就会形成一个有机的人造系统。现代企业系统的结构，可以从静态组织结构和动态组织结构两个方面分析。从静态角度，可将企业系统结构分为垂直分系统结构和水平分系统结构两种，如图 2-1 所示。

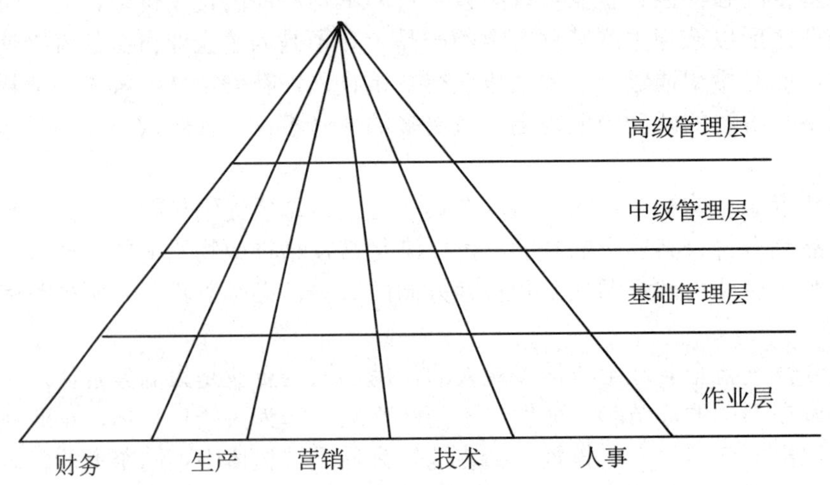

图 2-1　现代企业系统静态组织结构示意图

1. 垂直分系统结构

垂直分系统结构是指为了对各个职能子系统进行协调和控制，从纵向划分的垂直子系统。一般可分为最高经营决策子系统、中层管理子系统和基层作业子系统。

作业职能与企业生产活动过程相关，主要是为了产品和劳务生产的顺利完成；管理职能则是为了提高生产的效率；经营职能的着眼点在于应对复杂多变的市场和竞争环境，发现市场机会并不断创新。

2. 水平分系统结构

水平分系统结构是根据企业系统中不同的经济活动，按系统的横向职能及活动范围来划分的系统结构。每个子系统各有自身特定的功能和目标，通过分工与协作，实现企业系统的总目标。两种分系统结构共同形成现代企业系统的一个纵横交错的静态组织结构。

从动态角度来看，企业不仅是一个整体系统和开放系统，同时还是一个投入产出系统，即把各种环境因素和资源，经过调整、配置，从而进行有效生产经营的一个投入产出系统，是一个不断地由输入经过转换到输出的动态系统。在系统的不断转换过程中，同时存在物流、人流、价值流和信息流，从而形成了企业系统的动态组织结构，如图 2-2 所示。

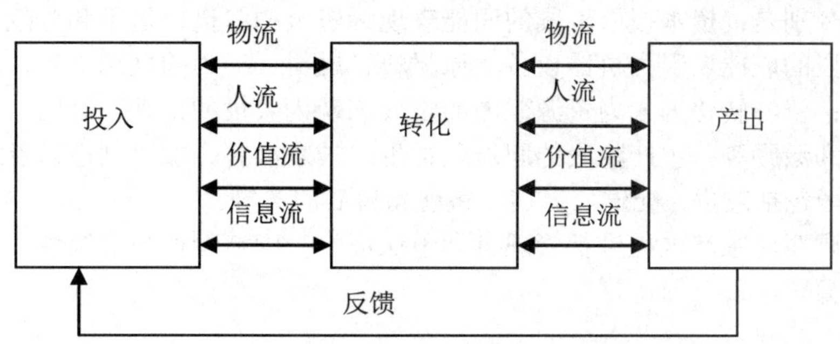

图 2-2　企业系统动态组织结构图

其中投入是指企业把外部环境中的资源进行组织与配合并输入转换的过程，形成企业的投入系统。转换是指企业将投入转化为产品或服务的过程，形成企业的生产系统。产出包括产品、服务、盈利以及产出的分配，形成分配系统。反馈(控制)是为提高从投入到产出的效率而采取措施的总和，即根据计划的要求，查明转换过程中偏差产生的原因，并采取改进的措施。在以上动态运行过程中，会发生如下资源的流转：①物流，指由物资、设备、制品、能源等汇合而成的物质运动。它贯穿物质从外部环境流入后进行内部流转，直至物质流出的全过程。物流是企业系统最基本的运动形态。②人流，指由操作人员和各类管理、服务人员汇合而成的人力资源的流动。人流在整个企业系统中处于主导地位，即企业系统的全部活动都是在人流的推动和控制下进行的，并受到人流能量的限制。③价值流，指企业系统在运动中，价值的转移、交换和增值过程，它直观地表现为企业资金的运动过程。价值流与物流同时并存于企业系统的运动之中，并综合反映企业生产经营的状况和成果。④信息流，指由各种数据、标准、图纸、情报、计划、规章制度、指令等汇合而成的指导生产过程和管理过程的信息流动。信息流在系统的“四大流”中占有十分重要的地位，影响和制约着其他三大流的流向和流量。

依据企业系统动态组织结构，将其投入、转化、产出过程进行详细分解，可以得到企业系统的时间结构。按生产经营的时间分解，企业的生产经营过程可以分为许多子过程，每个子过程都必须完成一定的职能，如图 2-3 所示。以较为典型的生产企业为例对此进行说明。

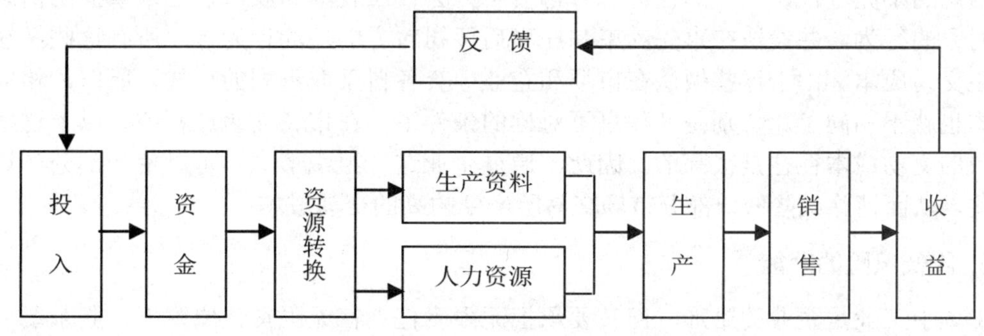

图 2-3　企业系统的时间结构图

图 2-3 中的生产过程是按照生产时间顺序进行排列的，而且是周而复始不断循环的。每

个阶段的职能分别是：资本投入阶段的职能表现为资金的筹措、运用和分配等；资源转换为生产资料阶段的职能表现为机器设备、原材料、燃料、动力的采购供应、验收，入库、发放和安装等；资源转化为人力资源职能的阶段表现为人员的招聘、录用、配备和选拔，以及工资管理和激励等；生产阶段的职能包括生产技术准备、加工制造以及质量检验等；销售阶段的职能包括发货、配送、促销、售前和售后服务等。

按照时间顺序对生产过程进行管理有利于保证生产的节奏性与连续性，而且有助于各种辅助职能的管理。

三、企业功能

企业是社会化大生产与商品经济发展的产物，是适应生产力发展的一种制度安排。企业的功能主要体现在如下几个方面。

1. 降低交易成本的功能

所谓交易成本，可以看成是围绕交易契约所产生的成本。根据科斯等人的观点，一类交易成本产生于签约时交易双方面临的偶然因素所带来的损失。这些偶然因素或者是由于事先不可能被预见而未写进契约，或者虽然能被预见，但由于因素太多而无法写进契约。另一类交易成本是签订契约，以及监督和执行契约所花费的成本。由于交易费用的存在，致使企业与市场两种资源配置方式并存。

厂商在市场上购买中间产品需要花费交易成本，它包括企业在寻找合适的供应商、签订合同及监督合同执行等方面的费用。如果厂商能够在企业内部自己生产一部分中间产品，就可以消除或降低一部分交易成本。而且，还可以更好地保证产品的质量。其次，如果某厂商所需要的是某一特殊类型的专门化设备，而供应商一般不会愿意在只有一个买主的产品上进行专门化的投资和生产。因为这种专门化投资的风险比较大。因此，需要该专门化设备的厂商在企业内部解决专门化设备的问题。最后，厂商雇用一些具有专门技能的雇员，如专门的产品设计、成本管理和质量控制等人员，并与他们建立长期的契约关系。这种办法要比从其他厂商那里购买服务更有利，从而消除或降低了相应的交易成本。

导致交易成本在市场和企业这两个组织之间不相同的主要因素在于信息的不完全性。由于信息的不完全性，契约的任何一方都会努力去设法收集和获取自己未掌握的信息，去监督对方的行为，并设法在事先约束和在事后惩罚对方的违约行为等。所有这些做法，都会产生交易成本。由于这些做法在市场和企业中会各自采取不同的形式，所以，相应的交易成本也就不相同了。特别是在信息不对称的条件下，在市场交易过程中，以上这些做法所导致的交易成本往往是很高的。因此，通过企业这一组织形式，可以使一部分市场交易内部化，从而消除或降低一部分市场交易所产生的高的交易成本。

2. 降低风险的功能

工场手工业是企业的雏形，但其要承担无限责任。在无限责任原则下，股东要以全部资产对债务负责，风险太大，限制了投资者的积极性，影响经营、生产规模的扩大，极不适应社会化大生产发展的需要。企业尤其是近现代有限责任企业的出现，大大降低了人们生产经营的风险。在有限责任制度下，股东的投资风险具有有限性和事先确定性，因而大

大减少了投资者的风险。虽然有限责任制度一般不允许股东直接参与管理，但股份可以自由转让，公司经营管理不善会使公司股东"用脚投票"，而新的投资者也将行使投票权来替换原来无能的管理者。这种被替换的危机，迫使现任的公司管理人员必须有效率地经营企业，以保持股票的高价位。

有学者甚至认为，有限责任制度改变了整个经济史。有限责任制度被如此重视，主要是因为它所具有的重要的社会经济价值。在商品经济漫长的发展过程中逐步确立的有限责任制度适应了社会化大生产条件下的商品经济对企业组织形式的客观要求，有效地降低了生产经营风险。美国著名法学家、原哥伦比亚大学校长巴特勒(Butler)在 1911 年曾指出："有限责任公司是现代社会最伟大的独一无二的发现。就连蒸汽机和电都无法与之媲美，而且假若没有有限责任公司，蒸汽机和电的重要性更会相应地萎缩。"

3. 集中、整合资源的功能

17 世纪初，随着资本主义大工业的发展，企业生产经营规模不断扩大，由此而产生的资本短缺、资本不足便成为制约着资本主义企业经营和发展的重要因素之一。股份有限公司这种企业组织形态出现以后，很快被资本主义国家广泛利用，成为资本主义国家企业组织的重要形式之一。有限责任制度客观上鼓励了股东的投资，从而使公司能有效地募集社会资本，组建大规模的公司集团，促进了社会化大生产的发展。在有限责任制度下，由于风险的事先确定性和有限性，股东没有必要实际参与管理从而控制公司，进而促使所有权与经营权的分离，促进了劳动的分工。并且，股东可自由转让投资，转移投资风险，从而促使现代证券市场的形成。

4. 优化社会经济资源配置的功能

企业作为市场的主体，不仅通过竞争创造和实现社会财富，而且通过竞争，实现了优胜劣汰，不断地促进资源向技术、工艺先进，创新能力强，能够有效利用资源的企业转移。这使企业成为社会资源优化配置的重要工具，它们推动了社会经济技术的进步，激发了社会经济活动的生机和活力。

四、企业管理的含义与基本特征

第二章企业管理概论.mp4

1. 企业管理的含义

企业管理是人们为了实现企业的目标，根据环境、企业特性及其生产经营规律，对企业的各项资源和企业的经营活动，进行计划、组织、领导和控制、创新的过程。

企业的目标是多方面的。不同类型的企业在不同的时期、不同的环境条件下都会有各种不同的具体目标，如生产任务目标、产品质量目标、社会服务目标、经营利润目标、企业发展目标等。但是，企业最根本的目标只有两个：一是企业自身的经济效益目标；二是社会效益目标。企业是一个经济组织，它的首要目标是实现利润最大化，即实现经济效益目标；企业又是一个社会组织，它要承担一定的社会责任，包括以产品或服务满足社会需求、为社会提供就业机会等，即实现社会效益目标。企业其他的各种具体目标，实际上都是这两个目标分解而成的分目标。

经济效益目标与社会效益目标有时是矛盾的，协调这种矛盾，要处理好企业与国家、企业与个人之间的关系，这也是企业管理的内容和目的之一。由于企业资源的有限性，企业必须协调资源，提高资源的利用效率，获得预期的效果，即必须效率与效果并重。这也是企业管理的价值所在，并要求企业必须合理组织生产经营活动。生产经营活动是企业活动的中心，管理是为生产经营服务的。为保证生产经营活动的顺利进行，第一，企业必须建立高效的组织机构，制定科学的管理制度，使上下级之间、各部门之间、各环节之间职责分明、责权一致、信息畅通、协调配合。第二，企业必须有效地利用人力、物力、财力等各种资源。只有有效地利用这些资源，才能降低成本、节约费用，提高企业的经济效益。经济效益提高了，才能为社会提供价廉物美的产品和服务，才能更好地满足社会需求。

此外，企业是生存在一定社会环境之中的，必须通过企业管理，协调内外关系，增强企业的环境适应性。企业是社会经济系统的一个子系统，企业外部的政治、经济、社会、科学技术等环境因素都会对企业的生存和发展产生极大的影响。而且，企业是一个开放的动态系统，它与外部环境之间进行着广泛的物质、能量和信息的交换。在这些影响和交换中，必然会产生各种各样的矛盾，这就需要通过企业的管理活动进行内外关系的协调，并不断地调整内部结构，使企业能够适应外部环境的变化。

为了更全面地理解企业管理的概念、范围和内容，需要对管理的特征作进一步的分析。

(1) 企业管理的目的性。企业是一个以不断创造社会所需要的产品和服务为生存价值的经济组织，经营是企业一切活动的中心，管理是为经营服务的。因此，企业管理的目的就是不断提高劳动生产率，争取最佳的经济效益，保证企业的稳定和发展。管理者的职责就是不断通过管理活动引导和激励组织成员为企业目标的实现而努力。

(2) 企业管理的组织性。企业是为了实现一定的经济目标和其他目标而将人、财、物等要素融合在一体的一个人造组织。为了保证企业组织中各种要素的合理配置和使企业协调运转，以实现企业的目标，就需要在企业中实施管理。另一方面，企业管理的载体是企业的组织架构，有效的管理活动必须通过高效率的组织来实现。

(3) 企业管理的人本性。所谓“人本性”是指以人为本。企业管理的人本性是指在企业管理过程中应当以人为中心，把理解人、尊重人、调动人的积极性放在首位，把人作为管理的重要对象及企业的最重要的资源。这样才能协调好其他要素，实现高水平的管理。

(4) 企业管理的创新性。管理的创新性，是指管理本身是一种不断变革、不断创新的社会活动。在当今经济全球化与竞争越来越激烈的条件下，面临着动态变化的环境，企业更是要在管理中不断寻求创新，以适应快速变化的环境，在激烈的竞争中获得生存。

(5) 企业管理的艺术性。影响企业管理效率的因素是复杂多变的。企业管理的艺术性是指在掌握一定的企业管理理论和方法的基础上，灵活应用这些知识和技能的技巧和诀窍，以提高企业管理的效率。企业管理的艺术性强调的是管理人员必须在管理实践中发挥积极性、主动性和创造性，因地制宜地将企业管理知识与具体管理活动相结合，才能进行有效的管理。

2. 企业管理的内容

(1) 按照管理对象划分，包括：人力资源、项目、资金、技术、市场、信息、设备与工艺、作业与流程、文化制度与机制、经营环境等。

(2) 按照职能或者业务功能划分，包括：计划管理、生产管理、采购管理、销售管理、

质量管理等。计划管理是通过预测、规划、预算、决策等手段，把企业的经济活动有效地围绕总目标的要求组织起来。计划管理体现了目标管理；生产管理是通过生产组织、生产计划、生产控制等手段，对生产系统的设置和运行进行管理；采购管理是对企业所需的各种生产资料进行有计划的组织采购、供应、保管、节约使用和综合利用等；质量管理是对企业的生产成果进行监督、考查和检验；成本管理是围绕企业所有费用的发生和产品成本的形成进行成本预测、计划、控制、核算、分析、考核等；财务管理是对企业的财务活动包括固定资金、流动资金、专用基金、盈利等的形成、分配和使用进行管理。

(3) 按照层次上下划分，包括：经营层面、业务层面、决策层面、执行层面、职工层面等。

(4) 按照资源要素划分，包括：人力资源、物料资源、技术资源、资金、市场与客户、政策与政府资源等。

3. 企业管理的基础工作

企业管理的基础工作是指企业生产经营过程中各项专业管理的基础工作，是为实现企业的经营目标和管理职能提供资料以及共同准则、基本手段、前提条件的必不可少的工作。不同行业、具有不同生产特点的企业，管理基础工作的特点和内容形态都有所不同。尽管如此，在管理中仍然具有一些共同的、基本的、带有规律性的内容，他们对管理的基础工作有着共同的要求。企业管理基础工作的主要内容如下所述。

(1) 标准化工作。标准化工作是指人们在生产活动中，通过对科学实验成果和生产实践的研究总结，形成一定的标准，作为共同遵守的准则。标准化是国家一项重要的技术经济政策，对企业来说是一项综合性的基础工作。搞好这项基础工作，对促进技术进步、提高产品质量、实现专业化生产、提高生产效率、节约原材料成本等有着重大的作用。一般企业在基础标准方面都应采用国际通用标准，并建立起以技术标准为主体，包括工作标准、管理标准在内的标准化体系。

(2) 定额工作。定额工作是各类技术经济定额的制定、执行、修改和管理工作。定额是生产企业在一定生产技术组织条件下，对人力、物力、财力的消耗、占用以及利用程度等方面应遵守和达到的标准。由于定额对合理组织企业生产经营活动具有重要的作用，所以被单列为一项基础工作。企业的定额种类很多，但是一般主要有以下几种：①劳动定额。有单位产品的工时定额和单位工时的产量定额，基本生产工人对机器设备的看管定额、辅助生产工人的服务定额等。②设备定额。从设备利用方面来讲，有单位产品的台时定额、单位台时的产量定额、设备利用率等；从设备维修方面来讲，有设备修理周期、修理间隔期和修理复杂系数等。③物资定额。有物资消耗定额和物资储备定额等。④流动资金定额。有储备资金定额、生产资金定额和成品资金定额等。⑤费用定额。有成本费用定额和管理费用定额等。

(3) 信息工作。企业管理活动中的信息是指企业经济信息，它是加工处理对经济管理活动有影响的数据。企业管理中的信息按其来源不同，可以分为内部信息和外部信息。内部信息产生于企业本身的技术经济环境，包括原始记录、资料、报表等；外部信息涉及企业外部环境，包括上级的指示、市场情况、用户信息、技术经济情报、物资供应情况等。

信息是一种重要的经济资源。准确及时地获取信息是进行正确决策的重要依据，也是对生产经营过程进行有效控制的工具。信息工作一般是指企业生产经营活动中所需资料、数据的收集、处理、传递、储存等管理工作。信息在管理系统中运转，形成管理信息系统。科学的信息系统是由原始资料、统计资料、科技经济情报、科技经济档案等构成的。

(4) 计量工作。计量是用计量器具的标准量值去测量各种计量对象。计量工作包括计量鉴定、测试化验和分析等工作，主要是用科学的方法和手段，对生产经营活动中的量与质的数值进行测量和管理。没有计量就不可能有可靠的原始记录和统计资料。不准确地鉴别产品质量，也就难以进行严格的产品管理和效益核算。因此，企业必须从原材料、燃料等物料进厂，一直到产品出厂的整个生产过程的各个环节，全面做好计量工作。

(5) 规章制度。企业的规章制度是使用文字的形式，对各项管理工作和操作要求所做的规定。它是企业全体员工的行为规范，是企业员工进行生产技术经济活动以及处理相互之间关系的行动准则。企业规章制度对于维持企业的正常生产经营活动至关重要。

(6) 职业培训。职业培训是指对在职各类员工和管理人员所进行的本职业和本岗位必需的知识技能的培训，其首要目的在于通过职业培训使各岗位人员认识到岗位职责，掌握从事本岗位工作所必需的业务知识和技能，提高员工的素质以及企业工作效率。此外通过培训，还可以帮助员工实现自身的职业发展规划，提高员工人力资本的价值，从而有助于员工在工作岗位上主观能动性的发挥。

第二节　企业类型与企业的法律表现形式

一、企业类型

现代社会里，具有共同属性的企业，其具体形态是多种多样的，在管理方式、方法等方面要有所区别。按照不同的标准，企业可划分为多种类型。

按照企业所属的经济部门划分，企业可以分为：①工业企业，指从事工业生产和提供劳务的生产经营活动的企业；②农业企业，指主要从事农、林、牧、渔等生产活动的企业；③商业企业，指专门从事商品流通活动的企业；④运输企业，指专门从事运输生产以及直接为运输生产服务的企业；⑤建筑安装企业，指主要从事土木建筑、设备安装、室内外装修等工程施工的企业；⑥金融企业，即主要从事银行、保险、证券等业务的企业。除以上一些按行业划分种类外，还有旅游、邮政、电信等行业。此外，还可对行业进一步细分，如工业企业按照生产加工产品的不同又可以划分为以原材料、能源生产为主的基础工业企业和以生产制成品为主的加工制造业企业。按行业划分企业的类型，有利于企业明确经营范围，并实施具有行业特色的管理。

按照企业生产力各要素所占的比重划分，企业可划分为劳动密集型企业、技术密集型企业和知识密集型企业，如表 2-1 所示。

根据生产资料所有制形式的不同，企业可以划分为：①国有企业，即企业生产资料归国家各级政府所有，它是我国国民经济的主体力量，是社会主义现代化建设的骨干力量。②集体企业，企业的生产资料属于劳动群众所有，归他们使用和支配。③私营企业，是指资金归私人所有，雇工在 8 人以上的营利性经济组织。④外商投资企业，是指外国人依照中华人民共和国的法律，在中国境内以私人直接投资的方式参与或者独立设立的各类企业的总称。

按企业规模(工业和信息化部、国家统计局、国家发展改革委、财政部《关于印发中小企业划型标准规定的通知》(工信部联企业〔2011〕300 号)，依据从业人员、营业收入、资产总额等指标或替代指标)的不同，企业可以划分为大型、中型、小型、微型等四种类型。

表 2-1　各类企业特点

类　型	技术装备程度	劳动力投入占产品成本比重	产品开发及科研费用	产品先进性	举　例
劳动密集型	低	高	低	低	纺织业、服务企业、食品企业、日用百货等轻工企业以及服务性企业等
技术密集型	高	低	较高	较高	钢铁、机械制造、汽车、石油化工、电力等
知识密集型	较高	较高(高级人才投入比重大)	高	高	电子计算机、飞机和宇宙航空工业、大规模和超大规模集成电路工业、原子能工业等。也有人把从事电子计算机软件设计、技术和管理的咨询服务业也归入其中

按企业社会化组织形式划分，企业可分为单厂企业、多厂企业和集团企业。单厂企业就是一个工厂就是一个企业，一般是由在生产技术上有密切联系的几个生产车间(工段、班组)、一些辅助生产单位(如动力供应、工具制造、设备维修等单位)以及管理部门构成。实行全厂统一经营、核算，统负盈亏。多厂企业是由两个以上的工厂组成的企业，是按照专业化、联合化及经济合理的原则，将互相有依赖关系的几个工厂组织起来，实行统一经营管理的经济组织，一般是在装配行业中，以产品为对象，以装配为中心，把一些担负零部件加工和工艺协作的工厂组织起来，统一经营、分级核算。集团企业是具有一个实力雄厚、对集团企业具有控制力和影响力的核心企业，它有独立的财产、有法人地位，有资金、技术、产品以及市场营销实力，有统一规划投资活动，具有规模大型化、功能综合化、经营多元化、资本股份化、管理科学化等特征。它的组织结构是一个具有多层结构的法人联合体。

按财产的组织形式和承担的法律责任不同，企业可以划分为个人独资企业、合伙企业和公司制企业。个人独资企业，又称为个人业主制企业，是由具备民事权利和行为能力的公民一个人兴办的，并由业主自己经营，企业盈利全部归业主个人所有，企业亏损与债务完全由业主个人承担，业主对企业债务负有无限责任。合伙企业是由两个以上的个人共同投资，通过签订协议而联合经营的企业。合伙人共享企业盈利，共担企业亏损，对企业债务负有无限连带责任。每个合伙人均要以自己的全部家庭财产负责清偿企业债务，不能以自己的出资额为限。公司制企业是法人企业，它是两个以上的出资者共同投资、依法组建，以其全部法人(即该公司)财产自主经营、自负盈亏的企业组织形式。

二、企业的法律表现形式

1. 个体企业

个体企业是由业主个人出资兴办，由业主自己直接经营的企业。其特征是：业主享有企业的全部经营所得，同时对企业的债务负有完全责任；个人业主制企业一般规模较小，内部管理机构简单。

(1) 个体企业的优点有：①建立和歇业的程序十分简单易行，产权能够比较自由地转让；②经营者与所有者合一，经营方式灵活，决策迅速，利润独享，保密性强；③精打细算、勤劳节俭。

(2) 个体企业的缺点有：①多数个体企业财力有限，且由于受到偿债能力的限制，取得贷款的能力较差，难于从事需要大量投资的大规模工商业活动；②企业的生命力弱，如果业主无意经营或因健康状况不佳无力经营，企业的业务就会中断；③企业完全依赖于业主个人的素质，素质低的业主，也难以由外部人员替换。

2. 两合公司

两合公司是由一人或一人以上的无限责任股东与一人或一人以上的有限责任股东所组成的，其中无限责任股东对公司债务负连带无限清偿责任，有限责任股东以出资额为限对公司债务负有限清偿责任的公司。两合公司的股东至少有一名有限责任股东和一名无限责任股东，这是两合公司成立的必要条件。两合公司兼具有限公司和无限公司的特点，如前所述，无限公司称为人合公司，有限公司(包括股份有限公司)称为资合公司，兼有这两种公司特点的公司称为两合公司。在法律形式上称它为二元化公司。

两合公司的经营由无限责任股东的代表来主持，有限责任的股东只提供资本，分享红利，无权参与公司的管理，这就使两合公司能够适合于不同人的客观条件和需要，使有良好信用和经营能力但没有财力的人与拥有财力但没有能力或不愿直接从事经营活动的人相互结合，使公司良好发展。此外，由于公司有限责任股东只承担有限责任，所以它比无限责任公司能更加广泛地吸收资本，使之具有较大规模。最后由于公司本身的经营是由无限责任股东代表负责，经营积极性和经营责任感高，所以两合公司其经营效果较好。

但两合公司的稳定性不如无限责任公司，公司的有限责任股东无权参与公司的管理，其出资转让受到较大限制。所以，有限责任股东的权力易受损害。两合公司还存在两种形式的股东之间亲密感不强，凝聚力较差的缺陷。有些国家(如日本)法律规定，两合公司的有限责任股东也必须对公司的债权人负责，这就促使人们宁愿与普通合伙人签订利润分享契约，向其借贷资本，也不愿作为两合公司的有限责任股东去冒承担无限责任的风险。

3. 合伙制企业

合伙制企业是由两个或两个以上的个人联合经营的企业，合伙人分享企业所得，并对营业亏损共同承担责任。其特征有：①可由部分合伙人经营，其他合伙人仅出资并共负盈亏，也可以由所有合伙人共同经营；②规模较小，合伙人数较少。

合伙制企业可以从众多的合伙人处筹集资本，其合伙人共同承担偿还责任，减少了银行贷款的风险，使企业的筹资能力有所提高。此外，由于合伙人对企业盈亏负有完全责任，这意味着所有合伙人都要以自己的全部家产为企业担保，因而有助于提高企业的信誉。

但合伙制企业是根据合伙人之间的契约建立的，每当一位原有的合伙人离开，或者接纳一位新的合伙人，都必须重新确立一种新的合伙关系，从而造成法律上的复杂性，通过接纳新的合伙人增加资金的能力也就受到限制。此外，由于所有的合伙人都有权代表企业从事经济活动，重大决策都需要得到所有合伙人的同意，因而很容易造成决策上的延误和

差错。最后，所有合伙人对于企业债务都负有连带无限清偿责任，这就使那些并不能控制企业的合伙人面临很大的风险。

4. 无限责任公司

无限责任公司是指由两个或两个以上的股东所组成，股东对公司的债务承担连带无限清偿责任的公司。连带无限清偿责任，是指股东不论出资多少，对公司债权人以全部个人财产承担共同或单独清偿全部债务的责任。无限责任公司仅由无限责任股东组成，它的股东只能是自然人，并且半数以上的股东在国内有固定住所。如果无限责任公司的股东只剩下一人，无限责任公司应解散或变更成为独资企业。

无限责任公司是典型的人合公司，具有合伙特点，组织简易，法定最低人数少，股东之间关系亲密，相互信任程度高。其次，无限责任公司不要求有最低的总资本额，不对外发行股票，公司的外部关系简单。再次，无限责任公司的股东负连带无限责任，加上股东的出资不能随便转让，股东们经营的积极性高、责任心强，可以苦心经营、同舟共济。最后，由于无限责任公司负连带无限责任，所以公司的信用程度高，债权人的经济利益能够得到保障。

无限责任公司股东的风险较大，一旦公司破产，由于负连带无限清偿责任，很可能使股东倾家荡产。其次，公司资本筹集困难，因为公司的股东人数有限，允许以智慧或信用出资，又不要求最低的资本额，如果没有财力雄厚的股东合作，资本的筹集是比较困难的。最后，股本转让困难，由于无限责任公司股东要负连带无限责任。那么，与谁合作就是涉及每一个股东切身利益的事情，股东若想转让自己的股本必须经过全体股东的同意，所以，无限责任公司股本转让比较困难。

如果公司经营的业务风险较低，如投资信托公司；需要的信用程度较高，如保险公司；或者公司发起人已有资本与公司所需资本差额不大，并且股东之间关系亲密，则采取无限责任公司的形式较为有利。例如，设计、咨询等所需资金较少，而责任较大的公司，可以采取无限责任公司的形式，以增强经营者的责任感。

5. 有限责任公司

有限责任公司又称有限公司，在英、美称为封闭公司或私人公司，由若干人以上(一般为 5 人)和若干人以下的股东所组成，股东就其出资额为限，对公司债务负有限清偿责任的公司。有限公司不得对外发行股票，股份不得任意转让，如果一股东欲转让其股份，其他股东有优先购买权，即使股东死亡后，其后代想取得股份的继承权也只能排第二位，而不能优先取得股份的继承权。有限公司股东只负有限责任，仅对公司负责，并不直接对公司的债权人负责。

有限责任公司不对外公开发行股票，股东的出资额由股东协商确定。有限公司股权证书不同于股票，不能自由流通，须在其他股东同意的条件下才能转让，并要优先转让给公司原有股东。有限公司的设立比较简便，只有发起设立，而无募集股份设立，股东的出资额在公司成立时缴足即可。股东的人数较少，公司的内部和外部关系比较简单，是否设监察人员由公司自行决断，股东会议的召集方式及决议方法也简便易行。其次，有限公司的组织机构比较简单，公司的规模不大，一般采取董事单轨制进行管理，即董事和经理由同一人担任，实行直线领导。再次，有限公司的经营风险性比无限公司小，因为股东对公司的债权人只负有限清偿责任，即使公司破产，不会影响股东个人财产，这对有限公司的组建有积极作用。最后，有限公司股东人数较少，他们之间的关系比较亲密，有利于彼此沟通情况，协调意见，形成满意的决策。

但由于有限公司对债权人只负有限清偿责任，所以公司的信用程度不高。同时，有限公司具有人合公司的性质，所以股本的转让受到较为严格的限制，公司内部细则对股本转让都规定有限制的条款。并且，有限公司向外转让股本是非常稀少的现象，故有限责任公司同无限责任公司一样，股本的转让是比较困难的。此外，有限公司的股东极易产生投机心理，由于有限公司只负有限责任，所以股东往往以较小的资本敢于去冒较大的风险。

如果公司的经营风险较大，市场的供求关系变化激烈，所需的信用程度不要求很高，如娱乐公司，股东相互之间比较亲密和熟悉，可以采用有限公司的组织形式。

6. 股份有限公司

股份有限公司又称股份公司，在英、美称为公开公司或公众公司，是指注册资本由等额股份构成，并通过发行股票(或股权证)筹集资本，公司以其全部资产对公司债务承担有限责任的企业法人。股份有限公司是最典型的法人组织，它的设立必须有法定的发起人，发起人要订立章程，认购股额。股份有限公司是资合公司，股份可以自由转让，其股票可以在社会上(主要通过证券交易所或银行)公开出售。股东对公司的债务不负责任，公司的债权人只能对公司的资产提出要求而无权直接向股东起诉。绝大多数股份有限公司的拥有者和管理者是相互分离的，负责股份有限公司日常经营活动的不是股东。

股份有限公司与有限责任公司的区别在于，股份有限公司就其所认购的股份，对公司负债务责任，而有限责任公司的股东就其出资额为限，对公司的债务负责。前者的资本分为股份，后者的资本不分股份。有限责任公司的股东可以作为公司的雇员直接参加公司的管理，允许所有权和经营权合二为一。在表决权上，有限责任公司的股东无论出资多少，每一个股东都有表决权。股份有限公司中，股份是股东地位即股东权利义务的计量单位，持有一个股份就意味着拥有一个单位的表决权。股份有限公司是典型的资合公司，股东的权益主要体现在股票上。公司股东人数有法律上的最低限额。同时，在交易所上市的股份有限公司，其股票可在社会上公开发行，并可以自由转让，但不能退股，以保持公司资本的稳定。股份有限公司实现了所有权与经营权分离，其账目必须公开，股东只以其认购的股份对公司承担责任。

股份有限公司实行每股一票行使表决权的原则，首先，公司的决策权极容易落在少数大股东的手里，进而排挤小股东对公司业务的建议与干涉权，从而使小股东的权益受到损害。其次，股份有限公司的设立程序很复杂，也比较严格，因而组建时较为困难。同时，它的决策机构、执行机构及管理机构比较庞大，在决策与执行的时候显得不够迅速与灵活，不容易管理好。再次，公司营业情况和财务状况向社会公开，保密性不强。最后，股份有限公司对债权人只负有限责任，股东不直接对债权人负责。加之股东人数多、流动性大，所以，股份有限公司信誉较无限公司低，股东缺少对企业长远发展的关心。

7. 股份两合公司

股份两合公司是由一人或一人以上的无限责任股东和一人或一人以上的有限责任股东所组成的，其中的有限责任资本分为股份的公司。股份两合公司是两公司形式中的一种，

只是有限责任股东的出资以股票的形式出现，而且这种股票可以在市场上自由买卖。

股份两合公司与两合公司的区别只在于有限责任股东的出资形式不同，两合公司的有限责任股东以直接提供一定量资本的方式，并以此为限对公司的债务负有限责任，而股份两合公司的有限责任股东以购买股票的方式，并以股份为限对公司的债务负有限的责任。股份有限公司与无限公司的进一步发展与结合形成了股份两合公司，根据国外立法，股份两合公司还有以下特点：①股东会不是最高权力机关，它只代表有限责任股东，其做出的决议对无限责任股东没有约束力；②股份两合公司只设业务执行人而不设董事会；③股份两合公司设业务监察人，负责监督公司业务的执行。股份两合公司兼具股份有限公司和无限公司的优点。目前，世界上有许多著名的大型公司大都采用了股份两合公司的形式，一方面公司的无限责任股东对公司的债务负连带无限清偿责任，另一方面又对外发行股票，吸收有限责任股东，兼顾了提高公司的信用及集资方便两个优点。

第三节　现代企业制度与公司治理结构

一、产权与企业制度

企业制度是在一定的历史条件下所形成的企业经济关系，是指以产权制度为基础的企业组织和管理制度，其本质是企业内在运行规律的外在形式。企业制度是关于企业组织、运营、管理等一系列行为的规范和模式的总称。企业制度体系是企业全体员工在企业生产经营活动中必须共同遵守的规定和准则的总称，其表现形式或组成包括法律与政策、企业组织结构(部门划分及职责分工)、岗位工作说明，工作流程、管理表单等各类规范文件。建立现代企业制度是企业改革的核心。

企业是在一定的财产关系的基础上形成的，企业的行为倾向与企业产权结构之间有着某种对应关系。因此，在企业制度中，产权是核心，分析与了解企业制度，必须从产权着手。《新帕尔格雷夫大辞典》认为："产权是一种通过社会强制而实现的对某种经济物品进行选择的权利。"德姆塞茨认为产权是一种社会工具，它之所以有意义，就在于它使人们在与别人的交换中形成了合理的预期。产权的一个重要功能就是为了实现外部效应的更大程度的"内部化"提供行为的动力。阿尔钦则认为产权体系是授予特定个人某种"权威"的办法，利用这种权威可以在不被禁止的使用方式中，选择任意一种特定物品的使用方式。

对财产的任何权利都由两部分基本内容——权能和利益构成。权能是产权主体对财产的权力或职能，回答的是"产权主体必须干什么，能干什么"。利益是产权对产权主体的效用或带来的好处，回答的是"产权主体必须和能够得到什么"。权能是获得利益的手段，利益是运用权能的结果。

在产权内容方面，产权是以财产为基础的若干权能的集合：产权包括所有权(狭义)、占有权、使用权、受益权、处置权等一组权利，称为产权束。其中所有权是终极所有权；占有权是指对财产的实际拥有；使用权是指在法律允许的范围内，以生产和其他方式使用财产的权利，包括使用属于自身资产的权利和在一定条件下使用他人资产的权利；收益权指直接以财产的使用或通过财产转让而获得收益的权力，包括从自己所有的资产上取得收益和租用他人资产并从中获得收益的权利；处置权是指通过出租、出售或把与财产有关的权力让渡给他人，从中取得收益的权利，是变化资产的形式和本质的权利，即处置权。产权的基础和核心是所有权，所有权是对财产归属关系的权利规定，它是法律规定的所有权对财产最高的、排他的独占权。

产权具有四个方面的属性，即排他性、有限性、可分解性和可交易性。产权的排他性是指某一产权主体，在行使对某一特定资源的一组权利时，排斥了任何其他产权主体对同一资源行使相同的权利。稀缺性是产生排他性的前提。如果没有这种排他性，不管是否是某一财产的主人，都可以一样地占有、支配和使用该财产，就无所谓产权，也没有界定产权的必要。

有限性意味着产权中的任何权利都是受限制的，产权之间有明显的界限，包括数量界限和范围界限。产权与产权之间必须有明晰的界限和数量限度。否则，权能的行使无法有效地进行，无法提高资源配置和使用效率，无法降低交易成本。

可分解性是指特定财产的各项产权可以分属不同的主体的性质，包括权能行使的可分工性和利益的可分割性。产权的可分离性是指特定财产的各项权利可以分属于不同的主体，如企业投资者享有企业财产的收益权、企业的经营者可行使企业财产的使用权。正是由于产权的可分离性，使得产权是可以交易(转让)的。各项权利分离后还可进一步细分，如股份有限公司投资者选择管理者的权利可进一步分为一股一权。

可交易性是指产权在不同的主体之间可以转让。完整的产权束以及其中的一项权利均可作为交易的对象，时间可长可短。产权交易是产权主体将产权客体的所有权或由其派生的权利作为商品进行买卖的行为。商品买卖是一组权利的交换，这种交换是一种广泛意义上的产权转让。产权交易有多种形式，如承包经营、租赁、参股控股、兼并收购等。产权的可交易性是以产权的排他性、有限性和可分解性为前提的。只有排他性的、边界清晰的、可以分割并可计量的产权才有可能和有必要进入市场交易。

现代产权理论认为产权有四大功能，一是能够减少不确定性和降低费用；二是能够将外部成本内部化；三是对产权所有人具有激励作用；四是具有约束作用。产权归根结底是一种物质利益关系。任何产权主体对其产权的行使，都是在收益最大化动机支配下的经济行为，是期望通过拥有财产而获得效用，没有收益的产权是不可思议的。同时，产权对产权主体在行使产权的经济活动中所施加的强制，可以实施哪些行为，可以行使到什么程度，规定了其行为边界。

产权制度是对财产占有、支配、使用、收益和处置过程中所形成的各类产权主体的地位、行为权利、责任、相互关系加以调节和规范的社会法律制度安排。企业产权制度是指企业的财产制度，是企业制度的核心，它决定了企业财产的组织形式和经营机制。

企业的产权安排，是在既定的产权制度框架下，在企业所有者之间配置所有权和控制权，从而形成企业的股权结构和公司治理结构的一套法律的、习惯性的制度安排。产权安排的目的就是要形成企业合理的股权结构，构建企业利益相关者之间相互协调、相互制衡的机制，以最大化地实现企业的价值。

企业产权制度的发展经历了三种形态，即业主制产权制度、合伙制产权制度和公司制产权制度。业主制产权制度是最早出现的企业产权制度形态，合伙制产权制度是由于业主制企业的扩张而形成，但与业主制产权制度无本质区别的一种企业产权制度。

现代企业的产权安排包括四个层次。一是关于所有权主体结构形成的产权安排，其核

心内容是：企业的所有权如何分配，所有权的主体是谁，所有权在不同主体之间的分配比例如何。该层次的产权安排形成了不同性质的股东以及不同性质股东持有的股份在企业总股本所占的比例，即形成企业的股权结构。这一层次产权安排界定了股东性质和持股比例，决定了所有权结构的状况，即是分散的所有权结构，还是集中的所有权结构。二是所有者与企业之间的产权安排，即企业所有者只保留最终控制权，根据委托代理合约转让资产的经营权和管理权，从而形成企业的法人财产权。本层次的产权安排形成了股东的股权和企业的法人财产权，这种双重的权利分配使所有权与控制权两权分离成为必然，因而使构建公司治理结构的制衡机制成为必要。三是企业法人财产权在企业内部不同机构之间分解与配置。本层次的产权安排形成了董事会的经营决策权，经理的经营执行权、监事会的监督权"三权"分立，相互制约的权力构架体系，从而形成企业内部相互制衡的公司治理结构。四是企业内部各机构拥有的产权在各机构内部不同人员之间的分配。本层次的产权安排决定了董事会成员之间、监事会成员之间以及经理人员之间的权限划分，并进而决定了董事会、监事会和经理层的运作机制及运作效率。

二、现代企业制度及其内容

现代企业制度的建立与一个国家的社会生产力发展水平、商品经济的发达程度紧密相关。世界上第一个现代企业的产生是1840年的美国铁路公司，迄今已有150多年的历史。现代企业的发展阶段是20世纪初的事情，距今也有近百年的历史了。现代企业成熟的标志一般认为有四个：①完善的法人制度；②公司制，有的学者也称内部单位多元化；③出现经理阶层；④所有权与经营权相分离。现代企业制度是与市场经济体制相对应的高级企业组织形态，与市场机制是孪生兄弟。

现代企业制度是现代市场经济体制下适应社会化大生产需要的产权清晰、权责明确、政企分开、管理科学的新型企业制度，它是一系列规范和制约现代企业行为的准则或法规。现代企业制度的实质主要是以产权制度为核心，以完善的法人制度为基础，以有限责任制度为保证，以公司企业为主要形态，以科学管理为手段，使企业真正成为自主经营、自负盈亏、自我发展、自我约束的企业法人和市场竞争主体的一种企业微观经济体制。现代企业制度的特点有：①产权清晰。产权清晰是指企业的财产所有权归属明确。企业中的资产所有权属于出资者，企业拥有出资者投资形成的全部法人财产权，成为享有民事权利、承担民事责任的法人实体。②权责明确。权责明确是指企业作为法人，以其全部的法人财产，依法自主经营、自负盈亏，对出资者承担保值增值的责任；出资者按照投入企业的资产份额享有所有者权益；企业和出资者承担有限责任。③政企分开。政企分开就是政企职责分开，这对拥有国有资产的企业来说尤为重要。企业按照市场需求独立地从事生产经营活动，政府不干预企业的运行。国有企业也不再承担政府的行政管理职能和社会职能。政府对企业的调控应通过市场来进行，以各种宏观调控手段为主，这包括政府财政政策和货币政策等。④管理科学。现代企业制度要求建立健全一整套实用科学的组织制度和管理制度，妥善调节所有者、经营者和员工之间的关系，形成激励和约束相结合的经营管理机制。管理科学是现代企业制度的本质特点，因为产权明晰与权责明确仅仅是近代意义上的公司制，只有建立一整套科学的企业管理制度，才是严格意义上的现代企业制度。

现代企业制度主要包括企业组织制度、法人制度和科学管理制度。

1. 企业组织制度

现代企业的组织形式不是以所有制性质划分的，而是按照财产的组织形式和所承担的法律责任划分的。市场经济条件下企业的主要形式有无限责任公司、合伙企业、有限责任公司和股份有限公司等。实际上，现代企业主要是指有限责任公司和股份有限公司，这两种企业组织形式是现代企业制度的主体。

2. 现代企业法人制度

建立现代企业制度，必须建立健全企业法人制度。通过一系列的规则和法律，明确企业法人的内涵，性质和设立、变更、终止的条件以及企业法人的财产责任等，真正赋予企业法人资格，是企业法人制度的基本内容。

(1) 企业法人。建立现代企业制度，首要的问题是确立企业的法人资格。法人资格是指按照法定程序设立，自主经营、自负盈亏、独立核算，具有民事权利能力和民事行为能力，依法独立享有民事权利和承担民事义务，从事商品生产经营活动的营利性的经济组织。任何企业获得法人资格都应具备一定的基本条件：一是依法成立；二是有独立支配的财产；三是要有自己独立的名称、场所和组织机构；四是能够独立享有民事权利和承担民事责任。

确认企业的法律地位，赋予企业真正的法人资格，是企业法人制度的关键之一。只有这样，才能赋予企业充分的自主权，使企业在激烈的市场竞争中依据市场的需要，充分发挥积极性、主动性和创造性，使企业成为真正的自主经营、自负盈亏、自我发展、自我约束的法人实体，成为独立享有民事权利和承担民事责任的企业法人。

(2) 企业法人财产权。企业法人地位的确立，必须拥有一定的法人财产权，这是企业法人行为能力的基础。一个没有独立的法人财产的企业就不可能真正地享有民事权利和承担民事责任。所谓企业的法人财产，是指设立企业法人必须要有出资者，出资者依法向企业注入资金，并与企业在经营中通过负债所形成的财产共同构成企业法人财产。企业法人财产的终极所有权归出资者所有。

企业对法人财产依法拥有的独立的支配权就是法人财产权。法人财产权具体体现为企业法人对法人财产的占有、使用、处置等权力。法人财产依法确立后，出资者所有权就与法人财产权分离了，出资人不能再直接支配法人财产中自己注入的资本，对投入的资本出资者不能抽回，只能在资本市场上进行转让。此时出资者所有权在一定条件下表现为出资者拥有的股权，以股东身份依法享有资产收益、选择管理者、参与重大决策以及转让股份等权利，并以此权利影响企业行为，但不能直接干预企业的经营活动。其中有限责任公司和股份有限责任公司的出资者以认缴的资本为限对企业承担有限责任。

此外，企业法人凭其法人财产权而具有独立的行为能力，依法享有民事权利、承担民事责任，对法人财产行使各项权利，同时必须对全部法人财产承担责任，依法维护股东的权益，保证企业法人财产的保值增值。

(3) 有限责任。企业法人制度实行的是一种有限责任制度。所谓有限责任制度，其内容包括两个方面：第一，企业以全部的法人财产为限，对其债务承担有限责任，破产时企业以其全部财产进行清偿；第二，企业破产清算时，出资人以其投入企业的出资额为限，对企业债务承担有限责任。有限责任制度是在激烈的市场竞争中出资者实行自我保护，减少风险，增加获利机会的一种有效制度。

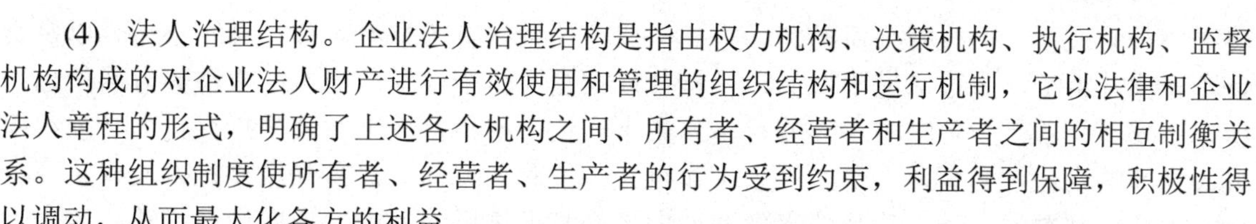

(4) 法人治理结构。企业法人治理结构是指由权力机构、决策机构、执行机构、监督机构构成的对企业法人财产进行有效使用和管理的组织结构和运行机制，它以法律和企业法人章程的形式，明确了上述各个机构之间、所有者、经营者和生产者之间的相互制衡关系。这种组织制度使所有者、经营者、生产者的行为受到约束，利益得到保障，积极性得以调动，从而最大化各方的利益。

现代企业制度下的企业在法人治理结构上形成以股东代表大会、董事会、经理人和监事会共同组成的法人治理结构。股东会是公司的最高权力机构；董事会是公司的经营决策机构；公司的总经理负责公司的日常经营管理活动，对公司的生产经营活动进行全面领导；监事会是公司的监督机构。

3. 科学管理制度

现代企业的科学管理制度包括组织运营系统、财会制度以及人事制度等。

(1) 组织运营系统。在现代企业制度条件下企业应根据生产经营特点和市场竞争的需要以及本企业的特点，按照职责明确、结构合理、权利与责任对等的原则，搞好企业组织机构的设置，完善企业组织运营系统。企业应根据市场需要，重点强化开发、质量、营销、财务和信息等管理系统，提高决策水平和企业素质。

(2) 财会制度。主要是要建立现代企业财务会计制度，加强资本运营和资产管理。在现代企业制度条件下，所有者和经营者权利要通过企业财务会计制度体现出来。只有科学的企业财务会计制度才能客观准确地反映企业的经营状况。

(3) 人事制度。应坚持以人为本的企业人事制度和管理制度，培育优秀的企业文化和企业团队精神，加强人力资源的开发和管理。企业人事制度的完善主要应从企业用工制度、激励制度、工资制度、社会保障制度等方面来进行。

三、公司治理结构

现代公司最明显的一个特征就是所有权和经营权的分离，所有权与经营权的分离确切地说是剩余索取权和决策职能的分离，因为分离才导致委托—代理问题。两权分离是商品经济社会化大生产的内在必然要求。这是因为，随着生产力发展与科技进步，社会分工和生产社会化程度将会提高，进而导致企业经营复杂。而企业经营复杂与规模的扩大致使管理活动日益复杂化、专业化。这导致了管理者的专业化，即资本所有者不具有这种能力，而必须由精通本行业专门业务、技术的专业管理者来承担。这也形成管理者与经营者的分离，也就形成了委托—代理关系。

委托—代理关系是指所有者将其拥有的资产根据预先达成的条件委托给经营者经营，所有权仍归出资者所有，出资人按出资份额享有剩余索取权和最终控制权。经营者在委托人授权范围内，按企业法人制度的规则对企业财产行使占有、支配、使用和处置的权力，所有者是委托人，经营者是代理人。现代公司内存在三个不同利益阶层：股东、总经理、员工，存在多层委托代理关系，如图 2-4 所示。

由于委托人与代理人的目标函数不完全一致，而存在着委托代理矛盾和冲突。对于委托人而言，其追求利润最大化，拥有剩余索取权，处在公司外部。经营者追求薪酬最大化，没有剩余索取权，但控制公司经营。委托—代理关系具有信息不对称、激励不相容以及责任不对称等特征。所谓信息不对称，是指代理人更了解企业生产成本、收益等方面信息；所谓激励不相容是指各参与主体的目标函数不一致；所谓责任不对称是指委托人必须承担失去资产的责任，而代理人最多失去工作机会。故此，代理人容易利用委托人授权从事有悖于委托人利益的活动，其具体表现在逆向选择和道德风险上面。逆向选择：签约前由于代理人隐藏信息伪造信息，致使委托人选择了劣质代理人作为现实代理人(实际上是代理选择委托人)。道德风险是指从事经济活动的人在最大限度地增进自身效用的同时做出不利于他人的行为。

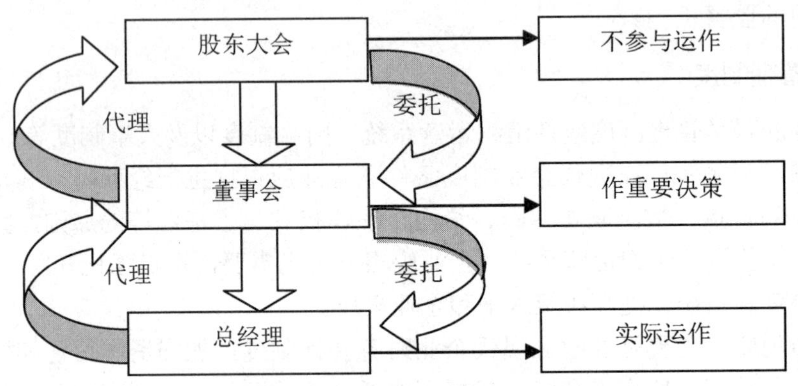

图 2-4 现代公司的委托—代理关系

由于委托—代理问题的存在，导致在委托—代理关系中存在代理成本。詹森(Jensen)和麦克林(Meekling)将代理成本定义为：作为委托人所引起的监督支出、代理人所引起的约束支出和由委托人承担并用于委托—代理问题失去的剩余价值，包括三部分：①委托人的监督成本：委托人对代理人进行激励控制的花费；②代理人的担保成本：代理人用以保证不损害委托人利益的成本；③剩余损失：委托人因代理人代行决策而产生的价值损失，剩余损失是导致代理成本的根源。

抑制代理成本，需要设计科学的约束代理人的制度与规则及报酬设计，还需要资本市场的经营许可机制，建立竞争性经理市场，形成外部的优胜劣汰机制。而公司治理结构属于从企业内部消除委托—代理问题，抑制代理成本的制度设计。

所谓公司治理，是指企业所有权安排的具体化，是有关公司控制权和剩余索取权分配的一整套法律、文化和制度性安排。公司治理存在外部治理机制与内部治理机制两种机制。外部治理机制是指来自企业外部主体(政府、中介等)和市场的监督约束机制，如产品市场、资本市场、劳动力市场。内部治理机制是指企业内部通过组织程序所明确的所有者、董事会和高级经理人员等利益相关者之间的权力分配和制衡关系的企业内部制度安排。理想公司治理结构的标准应该能：①给经营者足够的控制、自由经营管理公司的权利，发挥其经营管理才能，给其留足创新空间；②保护(证)经营者从股东利益出发而非只顾个人利益行使控制权；③股东充分独立于职业经营者，保证股东自由买卖股票，给投资者流动性权力，发挥公司开放性优势。

公司内部治理机构，又叫法人治理结构，是由股东大会，董事会、监督会和高层管理人员组成的一种组织结构及其制衡关系，旨在明确划分股东、董事会和经理层各自的权力、

责任和利益，形成利益制衡机制。

(1) 股东会是公司的最高权力机构。全体股东实际是公司的所有者，主要有三项权力：资产受益权、重大决策权和选择经营者。这三项权利权力体现在具体的活动中，就是通过股东会以表决方式选举和罢免董事会和监事会成员，制定和修改公司章程，审议和批准公司的财务预算、决算、投资以及收益分配等重大事项。

(2) 董事会是公司的经营决策机构。董事会实际上是公司法人的执行机构。换句话说，公司实行的是董事会制，并不是董事会(更不是董事长)领导下的总经理负责制，也不是股东会领导下的董事会制。董事会是一个经营班子，不是虚设的机构。因此，虽然国外的公司法其内容千差万别，但是对董事的定义几乎都是一样的，即董事是对内执行业务、对外代表公司的常设机关。董事会是会议机关，由股东大会选举产生的、由全体董事所组成的行使公司经营管理权的必设的、集体决定公司业务执行意识的机关。董事会对股东会负责，其职责就是执行股东会的决议，决定公司的生产经营决策和任免总经理等。其中最重要的职责是运营好属于公司的资产。董事长是董事成员之一，并对外代表公司。董事会实行集体决策，采取每人一票和简单多数通过的原则，董事会成员对其投票要签字在案并承担责任。公司的总经理并不是公司组织机构的一个层次，他负责公司的日常经营管理活动，对公司的生产经营进行全面领导，依照公司章程和董事会的授权行使职权，对董事会负责。重要的一点是对总经理实行董事会聘任制，不实行上级任命制。

(3) 在一般公司制企业中，为了使公司的经营活动能够有效地进行，必须把相应的权力集中于董事会和总经理；同时为了防止董事会、董事、经理滥用职权违背股东利益，又必须强化监督职能，成立监事会。监事会作为公司的监督机构，由股东和职工代表按一定比例组成，经股东会选举产生，对股东大会负责。其职权是依法和依公司章程对董事会和经理进行监督，审核公司财务状况，保障公司利益及公司业务活动的合法性，提出奖惩、任免建议等。有关部门对其分工监管的企业国有资产，根据需要派出的监事会不同于一般公司制企业内部的监事会，它由国家授权的有关部门派出，对国有资产保值、增值实行监督。

股东大会由全体股东组成，是公司的最高权力机构，其本质是会议体结构(例行年会和特别会议)。股东大会决定公司的经营方针和投资计划；选举和更换非由职工代表担任的董事、监事，决定有关董事、监事的报酬事项；审议批准董事会的报告；审议批准监事会或者监事的报告；审议批准公司的年度财务预算方案、决算方案；审议批准公司的利润分配方案和弥补亏损方案；对公司增加或者减少注册资本作出决议；对发行公司债券作出决议；对公司合并、分立、解散、清算或者变更公司形式作出决议；修改公司章程以及公司章程规定的其他职权。董事会是由股东大会选举而产生，并由董事会代表股东行使公司权力。股东大会对董事有撤换和罢免权。作为常设权力机构，一年至少开两次会议，保证股东权益和实现企业目标，监督管理经理层。股东大会是公司的权力机构，董事会是公司的经营决策机构，监事会是监督机构，三者关系如图 2-5 所示。

影响公司治理模式因素，包括企业所处的文化环境、地域环境、社会文化环境、行业竞争环境等因素。不同的国家文化，可以形成不同的治理模式。

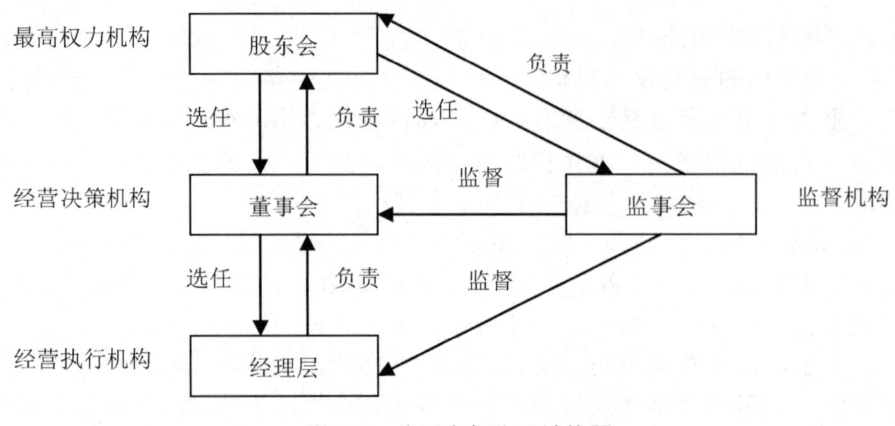

图 2-5　公司内部治理结构图

四、企业家与职业经理人

在现代企业治理中，企业家与职业经理人是两个重要的群体。而无论是对于企业家的定义，还是对于职业经理人的定义，都存在一定的分歧。萨伊在《政治经济学论文》(1803)和《政治经济学精义》(1815)两本书中，把企业家看作经理人："把他所有的生产手段结合在一起，取得产品的价值，……不断重新建立起来他们全部资本，他所得的工资、利息和地租，以及属于他自己的利润。"熊彼特认为经理不是都有资格被称为企业家，只有当他对经济环境能做出创造性的或创新的反映，从而推进生产的增长时，才能够被称为企业家。所以，有人将"是否有目的、有组织的系统创新"作为界定企业家的唯一标准，这与企业的性质、规模无关，与所有权无关，某人在街头开设了一家餐馆，他只是创业者，但没有创造出新的市场、新的需求，因而不是企业家。故此，企业家可以定义为：不顾现有资源，寻求机会，通过创新实现目标并满足社会需求的人。

"企业家精神"是企业家特殊技能(包括精神和技巧)的集合，是企业家组织建立和经营管理企业的综合才能的表述方式，它是一种重要而特殊的无形生产要素。因此，企业家精神作为一种抽象的价值概念，它是一种品质、一种思想方式或是一种意识形态，是企业家群体抽象的价值取向和思维模式的抽象表达。而作为企业家的共性特征，对企业家精神构成的认识自然也就存在分歧。从当前的有关研究来看，企业家精神有如下共性特征：①承担风险精神。正如1755年，法国经济学家理查德·坎博龙将企业家精神定义为"承担不确定性"。②创新精神。在这个意义上企业家被称为"创新的灵魂"。正如1942年熊彼特在《资本主义、社会主义与民主主义》一书中所指出的，所谓创新就是企业家对新产品、新市场、新的生产方式、新组织的开拓，以及新的原材料来源的控制调配，就是对传统生产力要素进行重新组合，从而使企业家成为企业的"催生婆"或走出困境的领路人。③进取精神。企业家一般不会满足于已有的成就，永不满足的事业心是其内在动力，驱动其不断创新。④强烈的责任心。企业家具有对社会负责、对他人负责的责任感，不以个人私欲而存在，而是为了推动社会发展与进步。

职业经理人的形成是企业经营权与所有权分离的结果，是市场经济、现代企业发展的需要。如果没有职业经理人的形成，现代企业就不能普遍建立，现代企业制度也难以形成。什么是职业经理人，是在一个所有权、法人财产权和经营权分离的企业中承担法人财产的保值增值责任，负责企业经营管理，由企业聘任的经营管理专家。西南财经大学振东管理研究院院长宋瑞卿教授指出，企业家和职业经理人的位置不同、角色不同、任务不同、目的不同、个性不同等，但这些不同概而言之，一句话——企业家和职业经理人的内在规定性不同。对于企业家来说，企业意味着事业，对于职业经理人来说，企业意味着职业。我的看法是：事业的意义在于献身，职业的意义在于尽职，两者的区别如表 2-2 所示。

表 2-2　企业家和职业经理人的比较

比较项目	职业经理人	企业家
主要动机	晋升及其他奖励(如拥有办公室和权利)	独立性，创新机会，财务收益
时间导向	实现短期目标	实现长期的企业成长
活动	授权和监督	直接参与
风险倾向	低	适度
对失败和错误的观点	避免	接受

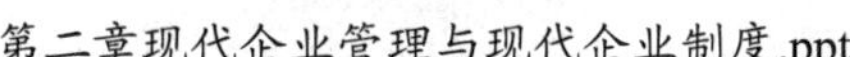

第二章现代企业管理与现代企业制度.ppt

第二章案例.doc

第二章习题与答案.doc

第三章　现代企业理论

学习目标

通过本章的学习，能使读者了解企业理论的发展脉络及其构成；企业家的功能和角色；企业管理者理论的内涵；各种企业生命周期理论对企业发展过程的解释。理解交易成本的概念及其内涵；代理成本产生的原因及团队生产、代理成本理论的内涵；从企业家角度对企业本质的解释。掌握间接定价理论与资产专用性理论的内涵及区别；委托——代理理论的内涵及委托——代理关系的治理；企业生命周期不同阶段的特点及相应的管理策略。

关键概念

契约；交易成本；间接定价；有限理性；机会主义；资产专用性；团队生产；代理成本；委托——代理关系；道德风险；逆向选择；信息悖论；让渡性

新古典经济学习惯于将企业视为一个外生给定的、“追求利润最大化”的基本经济活动单位，而忽视了企业实际运作中的许多具体问题，如对于企业的诞生、企业运作的一般机理等问题。在新古典经济学中，企业的本质是具有生产功能和盈利功能的经济组织，是能够自动地根据边际原则来决定要素投入和产品产出的“黑匣子”。

科斯(Ronald Coase)于 1937 年利用交易成本的概念解释了“企业为什么会存在”以及“企业的边界是如何确定的”问题。现代企业理论的一个核心观点是，认为企业是一系列契约(合同)的联结(包括文字的和口头的，明确的和隐含的)，同时还强调契约的不完全性和由此导致的企业所有权的重要性。由于这个原因，现代企业理论也被称为“企业的契约理论”(the contractual theory of the firm)。归纳起来，现代企业理论主要关心三个问题：一是企业为什么存在？企业的本质是什么？企业与市场的边界如何确定？二是企业所有权(ownership)或委托权(principalship，定义为剩余索取权和控制权)如何安排是最优的？企业内谁应该是委托人(principal)？谁应该是代理人(agent)？三是委托人与代理人之间的契约如何安排？委托人如何监督和控制代理人？所有这些问题的存在，都与企业未来的不确定性和信息在企业内不同成员之间的非对称性有关。

第一节　企业的交易成本理论

新古典经济学运用边际分析的方法，将经济学研究的核心从分工、专业化和经济组织问题转到了给定组织结构下的资源配置问题。分工为什么会出现？经济组织为什么从自给自足变得越来越专业化？企业为什么会出现，而且变得越来越复杂？新古典经济学无法回答这些问题。他们的理论只是把企业的存在作为理论分析的既定前提，企业被视为生产函数，即在给定资源和技术水平前提下的投入产出关系。不仅如此，新古典经济学企业理论的许多结论还建立在完全竞争的市场结构之上，假定经济运行中不存在“摩擦力”，即交易

成本为零。显然，这些假设与实际情况严重不符，而现代企业理论就是在对新古典经济学的不满和不断反思中发展起来的。

一、交易成本的概念

在经济分析中通常假设交易成本为零，这为生产成本的分析提供了极大的便利，但并不符合现实经济运行的规律。正如威廉姆森(O.Willamson)形象地把交易成本比喻为物理学中的“摩擦力”，在现实经济运行中不可避免地存在交易成本。狭义的交易成本指的是一项交易所需花费的时间和精力。广义的交易成本指的是协商谈判和履行协议所需的各种资源的使用，包括制定谈判策略所需信息的成本、谈判所花的时间以及防止谈判各方欺骗行为的成本。高交易成本会妨碍市场的运行，使市场失去有效性。

认识到交易是有成本的，并运用交易成本范畴进行经济分析的第一人是科斯，其在《企业的性质》一文中指出，交易成本是“运用价格机制的成本”。它至少包括两项内容：①发现贴切价格的成本。市场价格是不确定的，对企业来说是未知的，要将不确定变为确定，将未知变为已知，企业是要付出成本的。②谈判和履约的成本。市场行为主体之间是有冲突的，为克服冲突就需要谈判、缔约并付诸法律形式，要建立企业间的这种有序的联系就需要支付费用。

威廉姆森在《资本主义经济制度》一书中，对交易成本作了进一步的界定，他将交易成本区分为事前交易成本和事后交易成本两种。前者是指交易发生之前的成本，主要包括对交易的各项条款进行交涉的成本；而后者则是指在交易过程中或交易行为结束后所发生的、为使交易圆满完成的各种成本。威廉姆森认为“有限理性”“机会主义”和“资产专用性”是理解交易成本产生的三个重要概念。

所谓有限理性(bounded rationality)，是指“人们意图理性地行事，但是只能在有限程度上做到”。有限理性这一概念是与完全理性(complete rationality)及行为主义的(behavioral)这两个概念相对应的。完全理性是指不需任何成本便可对可能发生的任何事件进行完全的预见和评价，从而选择最佳行动的特性。显然，这种假定仅代表一种理想。行为主义则是指不依据效用最大化原则，而是依据某种惯性或习惯进行行动的特性。而有限理性的人既有完全理性的倾向，又有行为主义的倾向。

所谓机会主义(opportunism)，是指用欺诈的手段来算计的行为，简单地说就是“损人利己”。机会主义行为不是单纯的自利行为，它主要体现在两个方面：事前的“逆向选择”(adverse selection)和事后的“道德风险”(moral hazard)。也就是说，代理人在签署契约前后通过隐藏真实信息或者真实行动来实现自身利益最大化。

所谓资产专业性(asset specificity)，是指一种专用性投资一旦做出，不能转为其他用途，除非付出生产性价值的损失，它包括地点专用、物质专用、人力专用、专项用途、品牌专用以及临时专用等。

面对未来的不确定性，由于交易者的有限理性，使他们不可能预见到契约达成之后的各种或然状况，因此双方缔结的契约必定是不完全契约。这是“不完全契约理论”的起点，但是如果交易者没有机会主义行为，他们就可以等自然状态实现之后再签约。正是由于交易者的机会主义行为，才使交易双方的合作面临讨价还价、失调甚至中断的威胁。资产专用性特征使双方的交易脱离了一个完全竞争的市场，而进入一种双边垄断的市场，这进一步加剧了交易双方的风险。因此，有限理性、机会主义和资产专用性共同导致市场交易成本的增加，正因为如此，就需要考虑某种制度安排，以最大限度地减少不完全契约造成的潜在的和现实的风险。对于市场交易而言，可以选择能够节约交易成本的非市场机制来取代市场机制。

二、间接定价理论

“间接定价”(indirect pricing)理论的代表人物有科斯、张五常及杨小凯和黄有光等，这一理论的要旨是：企业的功能在于节省市场中的直接定价成本(或市场交易成本)。

1. 科斯对企业本质的认识

科斯(1937)的企业理论的主要内容就是运用交易成本范畴解释了企业与市场之间的关系、企业存在及其扩张的意义，即企业的性质(或者本质)。他认为，市场和企业是两种可以相互替代的资源配置手段，它们之间的不同表现为：在市场上，资源的配置由非人格化的价格来调节，而在企业内，相同的工作则通过权威指挥来完成。二者之间的选择依赖于市场发现价格的成本与企业内官僚组织的成本之间的比较。企业之所以出现，是因为通过企业内权威指挥生产产品的方式能大量减少外购零部件需要发现价格的交易数目，从而减少交易成本。即按合约对投入物行使有限使用权的企业家或代理人可以不顾完成每项具体生产活动的要素价格而指挥生产，由此减少了外购需要寻找卖者、讨价还价的费用，这个费用就是科斯所说的交易成本或交易费用。但他没有把这种成本与企业内部通过科层组织结构组织生产代替外购产生的组织成本相比较，而二者的比较将决定企业的边界或企业规模究竟应该有多大。

2. 张五常对企业本质认识的发展

对企业性质给予更透彻解释的是张五常(Cheung，1985)，他改进和发展了科斯的企业理论。张五常在《企业的契约性质》一文中认为，企业与市场的不同只是一个程度的问题，是契约安排的两种不同形式而已。企业是在下述情况下出现的：私有要素的所有者按合约将要素使用权转让给代理者以获取收入；在此合约中，要素所有者必须听从某些权威的指挥，而不再通过计较每个具体活动的市场价格来决定自己的行为，由此就形成了企业。因此，企业并非为取代市场而设立，而仅仅是用“要素”市场取代“产品”市场，或者说是“一种合约取代另一种合约”。商品市场的交易对象是产品，而企业合约的交易对象则是生产要素。由于估价某产品或获得某产品的有关信息通常需支付成本，而通过对生产这些产品所需生产要素进行一次定价(如工资、利息、租金)长期有效的方式，其成本通常小于对众多投入品的多次定价(如对于每种产品、每买一次要定价一次)。然而对代理者的定价并不能获得像对产品定价那样充分的信息，因此，对这两种合约安排的选择取决于由对代理者定价所节约的交易成本是否能弥补由相应的信息不充分所造成的损失。

张五常关于企业本质是用要素市场取代产品市场的观点是深刻的，它澄清了“企业能消除机会主义”等似是而非的理论观点。他认为，当要素市场取代产品市场时，企业可能把机会主义从产品市场带到要素市场上来，机会主义不会因为企业的产生而消失。例如，劳动合约签订后会发生工人偷懒行为，从而造成事后交易成本增加的情况，这种成本类似于产品市场上的机会主义，而要减少这类事后的交易成本，就要增加事前的交易成本(如将所有可能发生的情况都写入合约之中)。按照逻辑推理，下一步应对要素交易的合约(例如劳动合约和资本合约)进行考察，由此将导向阿尔钦和德姆塞茨(Alchian and Demsetz，1972)关于企业的内部结构系由激励—监督问题决定的论述。然而，遗憾的是张五常并没有继续深入，只是断言当交易成本为零时将不会发生偷懒等机会主义行为，因此他轻易地忽略了这一问题。

3. 杨小凯和黄有光的间接定价理论

基于科斯和张五常的理论逻辑，杨小凯和黄有光(1993)借助于消费者—生产者、专业化经济和交易成本三方面因素建立了一个关于企业的一般均衡的契约模型。在模型中，企业内部的产权结构与定价成本相联系，同时企业的均衡组织形式与交易效率相联系。且选择不仅存在于市场和企业之间，而且存在于自给自足、市场和企业之间。企业作为组织劳动分工的一种方式，与自给自足相比，会使交易成本上升，但只要劳动分工所带来的收益的增加超过交易成本的增加，企业就会产生。不仅如此，在这一模型中还讨论了产权结构对交易效率的影响。在企业已经存在的情况下，企业内部的产权结构就变得很重要，因为不同的产权结构就会导致不同的交易效率。一种非对称的剩余索取权结构能够用以改进交易的效率，并且通过排除直接定价和贸易中交易效率最低的活动，促进劳动的分工。管理者剩余索取权结构之所以出现，是因为管理活动所付出的努力及其产出水平是难以测定的，因而使市场交易成本极高，甚至难以进行交易，因此要避免对这类活动的直接交易和直接定价。解决的途径是管理者建立企业，成为企业所有者，拥有企业决策权和剩余索取权，而剩余索取权就是管理活动的间接定价。

科斯与杨小凯和黄有光之间的一个重要区别是：按照科斯的理论，交易成本的增加将使市场范围缩小，并使企业的规模扩大，即市场与企业之间的边界将做出调整。然而，杨小凯和黄有光的理论则更重视交易效率的差异，交易成本的增加将同时减少市场交易及企业形态的交易。根据杨格(Young)定理的分析，显然杨小凯和黄有光的理论更有力，且更符合历史现实。历史上，市场交易和企业交易一直在同步扩张，这种正相关的经济现象绝不是一种偶发事件。

三、资产专用性理论

资产专用性理论由威廉姆森(Williamson，1975)和克莱因(Klein et al.，1978)作了开拓性研究，又在格罗斯曼和哈特(Grossman and Hart，1986)以及哈特和莫尔(Hart and Moore，1990)那里得到了进一步的发展。该理论将企业看成是连续生产过程之间不完全合约所导致的纵向一体化实体，认为企业之所以会出现，是因为当合约不可能完全时，纵向一体化能够减少甚至消除资产专用性所产生的机会主义问题。

1. 威廉姆森和克莱因的资产专用性解释

威廉姆森和克莱因认可科斯的交易成本概念和交易成本差异导致企业取代市场这一观点。然而，与企业为什么产生相比，他们似乎更关心企业是应该“买进”还是“制造”出一种特殊的投入，也就是说企业究竟应该有多大。他们把“资产专用性”及其相关的机会主义作为决定交易成本的主要因素。当交易中一方或双方都进行了某种专用性投资时，双方的关系就会变成微观经济学中的买方独家垄断或双边垄断，从而导致将专用性资产的准租金攫为己有的“机会主义”行为，也就是说，进行专用性投资的一方很容易被对方“敲竹杠”(hold up)，导致其在双方交易中谈判地位弱化。这种机会主义行为在一定意义上可使合约双方相关的专用性投资不能达到最优，并且合约的谈判和执行也变得更加困难，因而造成高昂的市场交易成本，且这种交易成本会随着资产专用性程度的提高而增加。而一体化是解决这种失调行为的有效办法，只要一体化的收益超过成本。克莱因等(1978)首次描述了 1962 年通用汽车公司(GM)兼并费雪车身公司(Fish Body)这一企业理论中最经典的案例，根据他们的分析，通用兼并费雪的原因，是因为通用无法忍受费雪在通用需求旺盛阶段的敲竹杠行为——拒绝搬迁，索要高价。

2. GHM 模型的不完全合约解释

威廉姆森和克莱因的研究结果并没有回答“什么时候才会发生纵向一体化？”“当纵向一体化发生时，到底应该谁一体化谁？”的问题。而格罗斯曼和哈特(Grossman and Hart，1986)以及哈特和莫尔(Hart and Moore，1990)对此做出了回答，他们构建了一个所有权结构的模型，探讨了企业一体化问题。他们认为，当由于明晰所有的特殊权利的成本过高而使合约不能完全时，所有权即具有重要意义。他们认为，有价的合约权利可分为两种：特殊权利和剩余权利(residual rights)，前者是合同中明确规定的那部分对财产的控制权，如果合约是完全的，则特殊权利表现为全部权利；如果合约是不完全的，那么合约中未经规定的权利即为剩余权利。而要在合约中列示所有的关于财产的特殊权利成本巨大时，最合适的做法也许是其中一方将所有的剩余权利都购买过去。在谁一体化谁的问题上，他们认为，最优的一体化应该能将控制权让渡给这样的主体：他们的投资决策相对于其他方更为重要。

人们通常将格罗斯曼、哈特和莫尔的理论称为 GHM 模型，该模型指出，资产应该由那些做出了重要的专用性投资的人拥有，或由交易中最关键、最不可或缺的一方拥有。GHM 模型为企业一体化的研究开辟了新的道路，它强调权利在不完全合约世界中的作用是加强或保护一定的投资，能签订完全合约的空间越小，对于剩余权利的控制就越重要。GHM 模型不仅比较了一体化交易和非一体化交易，更对不同的一体化进行了比较，问题不仅仅是一体化是否产生，更重要的是谁将谁一体化，因为一方购买剩余权利，另一方就失去了剩余权利，尽管市场交易中机会主义问题因此得到改善，但企业内部的激励问题却随之出现。

根据上述对交易成本理论的介绍和梳理，为便于读者对它的两个理论分支——间接定价理论和资产专用性理论有一个更清楚的认识，如表 3-1 所示列出了二者的比较情况。

表 3-1 间接定价理论与资产专用性理论的比较

项目属性	间接定价理论	资产专用性理论
共同点	① 都以交易成本为核心概念和分析工具。 ② 着眼于企业和市场关系的研究。 ③ 认为企业是节约市场交易成本的一种交易方式或契约安排	

续表

项目属性	间接定价理论	资产专用性理论
不同点	① 企业的出现是由于这种方式或安排能够节约市场直接定价的成本(即市场交易成本)。 ② 企业所有权的内部结构与定价成本有关，管理者之所以取得剩余索取权，是由于管理活动或管理服务难于由市场直接定价，或者说由市场直接定价成本太高，由其获得剩余索取权体现了管理服务的间接定价(杨小凯和黄有光，1994)	① 当合约不完全时，纵向一体化能够减少以至消除资产专用性产生的机会主义所造成的损失(Williamson，1975)，企业的内部结构也由此决定。 ② 企业的控制权结构与机会主义行为有关，当所有关于财产的特殊权利都在合约中列示出来费用很高时，由投资决策相对重要的主体购买全部控制权，能够改变机会主义者的动机和行为(Grossman and Hart，1986；Hart and Moore，1990)

第二节　企业的代理理论

代理理论是契约理论的两个主要分支之一，它的着眼点在于企业内部的组织结构与企业中的代理关系。我们将代理理论分为团队生产理论、代理成本理论和委托—代理理论三类。

一、团队生产理论

在大部分交易成本中，经济学家将重点放在对企业(纵向一体化)和市场的选择上时，阿尔钦和德姆塞茨(Alchian and Demsetz，1972)却更关心企业内部结构(横向一体化)问题。他们用团队生产的有效性和团队生产中监督的必要性来解释资本主义企业的起源和性质，揭示产权结构、激励机制与经济行为之间的内在关系，并由此创立了团队生产理论。他们认为，企业实质上是一种“团队生产”方式。

所谓团队生产，是指一种产品是由若干个集体内部成员协同生产出来的，任何一个成员的行为都将影响其他成员的生产率。正由于最终产出物是成员共同努力的结果，而其中每个成员的个人贡献不可能被精确地分解和测量，因而也就不可能精确地按照个人真实的贡献去支付报酬，因此就会产生偷懒(shirking)和搭便车(free-riding)行为。为了减少这种规避行为，就需要一个监督者来监督其他成员的工作。但是谁来监督监督者呢？为了解决这个问题，最好将其他成员的收入用一个合约固定下来，然后赋予监督者“剩余索取权”，由于剩余索取权与团队生产的总产出呈正相关关系，所以这种产权安排是有一定效率的。

然而这种产权制度安排中有一个问题是需要解决的，那就是“把团队产出的剩余索取权赋予谁以及赋予的标准应该如何确定”的问题。大多数研究者都认为，应该是资本雇佣劳动，即应该把企业剩余索取权赋予那些拥有物质资本的人。因此，经典意义上的所有者与经营者合二为一的资本主义企业也就应运而生了。而张维迎则进一步指出，应该将企业的剩余索取权赋予团队生产中作用最突出、边际贡献最难测度的要素所有者，而在企业中具备这个特征的要素只有企业家，所以企业家应该被赋予剩余索取权。

二、代理成本理论

詹森和麦克林(Jensen and Meckling)于1976年发表了《企业理论：管理行为、代理成本及其所有权结构》(*Theory of the Firm: Managerial Behavior, Agency Costs, and Capital Structure*)一文，在阿尔钦和德姆塞茨团队生产理论的基础上，进一步提出了“代理成本”的概念，并将企业的资本结构与代理成本相联系，从企业融资的角度考察了委托—代理关系中的激励问题。

詹森和麦克林认为，企业的本质是契约关系，但企业不仅是团队成员之间的契约关系，而且还包括与供应商、消费者和贷款人的契约关系(如图3-1所示)，所有契约关系中都存在代理和监督问题。他们把代理关系定义为这样一种关系，即委托人授予代理人某些决策权，要求代理人提供有利于委托人利益的服务。

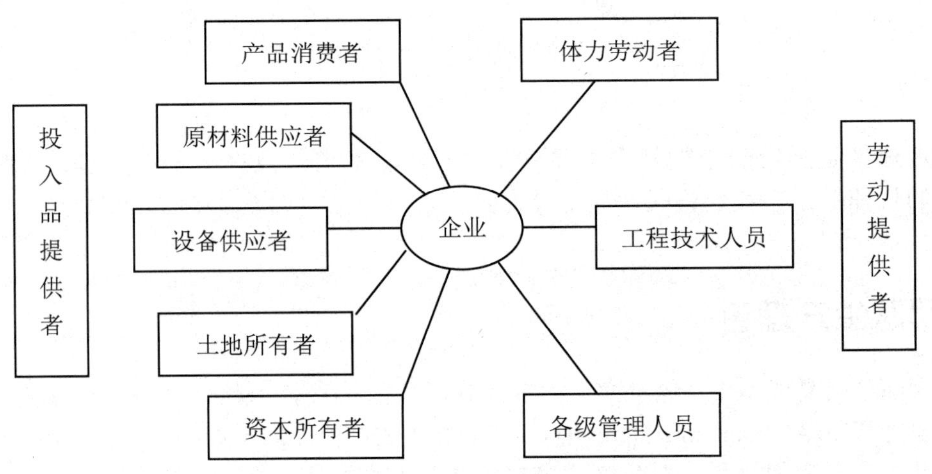

图3-1　作为契约关系连接点的企业图

詹森和麦克林从说明企业为何以及如何产生代理成本入手，认为代理成本是企业所有权结构的决定性因素。由于企业是团队生产，作为企业所有者的监督者，不可能事必躬亲，必然要将监督(管理)工作让非所有者代理，而代理成本就来源于管理者不是企业的完全所有者(即存在外部股权)这样一个事实。在部分所有或完全没有(如国有企业)的情况下，一方面，当管理者对工作付出努力时，他可能承担全部成本而仅获得一小部分利润或根本没有获得利润(如国有企业)；另一方面，当他消费额外收益时，他可以得到全部好处但只承担一小部分或根本就不承担任何成本(如国有企业)。由此导致的结果就是，管理人员的管理(监督)积极性不高却热衷于追求额外消费。因此，企业的价值也就小于管理者是完全所有者时的价值，这两者之间的差额即被称作“代理成本”。

让管理者成为完全的剩余权利拥有者，可以消除或至少可以减少代理成本。不过，管理者要想成为完全剩余权利拥有者，必须要有足够的财富。举债筹资可以突破这一限制，因为在投资及他本人财产给定的情况下，管理者的剩余份额会随着举债投资部分的增加而增加。然而，举债筹资可能导致另外一种代理成本。在举债筹资情况下，管理者作为剩余索取权获得者，有更大的积极性去从事有较大风险的项目，因为他能够获得成功后的利润，并借助有限责任制度，把失败导致的损失留给债权人去承担。当然，这些代理成本也得由管理者及其他股东来承担，因为债权人也有其理性预期，企业举债成本会随着负债率的增加而上升。因此，均衡的企业所有权结构是由股权代理成本和债权代理成本之间的平衡关系来决定的，企业最优的资本结构是使两种融资方式的边际代理成本相等，从而总代理成本最小。

三、委托—代理理论

委托——代理理论(the principal-agent theory)的前身是贝利和米恩斯(Berle and Means，1932)创建的两权分离理论。霍姆斯特姆和米尔格罗姆等人(Holmstrom and Milgrom，1991)发展了委托——代理理论，使其成为契约理论最重要的发展，大大改进了人们对资本家、管理者、工人之间内在关系以及更一般的市场交易关系的理解。在委托—代理理论中，资本家或管理者是委托人，管理者或工人是代理人，他们之间是一种多重的委托—代理关系。在承认詹森的代理成本的基础上，委托—代理理论把企业看作是：委托人(所有者)和代理人(管理者、工人)之间，围绕着剩余分配所做的一种契约安排，这将企业的契约理论的契约安排从生产要素又向前推进到剩余分配的新领域。由于利己的动机和信息不对称，代理人可能出现道德风险和逆向选择问题。

1. 道德风险

所谓“道德风险”(moral hazard)，是指委托人无法观察到或是不能低成本地观察到代理人的行为，代理人就有积极性从其自身利益出发，而不是从委托人的利益出发采取行动，且这种自利行动往往是以损害委托人利益为代价的。道德风险实质上就是威廉姆森所说的“事后机会主义”(post-contractual opportunism)。代理人的道德风险问题是委托—代理理论的主题。为规避代理人的道德风险，委托人就要考虑采取何种措施才能使代理人实施委托人期望的行动。

2. 逆向选择

代理人本身可能有多种类型，如一个工人可能是勤奋的，也可能是懒惰的；可能是能干的，也可能是低能的。又如，一个投保者可能是高风险的，也可能是低风险的。机会主义的代理人总是期望通过隐瞒或是混淆关于他自己的类型来获取交易优势，这就是所谓的“逆向选择”(adverse selection)问题。逆向选择是一种“事前机会主义”，可通过一定的鉴别选择机制以获取更多的代理人信息，从而提高判别代理人类型的准确度。

因此，要使企业价值最大化，关键是委托人(所有者)要设计一套有激励意义的契约，以控制代理人的败德行为和逆向选择，从而减少代理成本。

3. 委托—代理关系的治理

詹森和麦克林重点分析了企业中物质资本所有者与经理之间的委托—代理关系，提出了监督成本、保证成本等概念，他们认为，企业所有者与经理的目标函数是不一致的，经理的行为并不总是最大化所有者的利益，因此所有者在自身利益的驱动下会对经理进行监督，监督力度的大小和监督的质量会受到监督成本的制约；同时经理为了取得所有者的信任和提高所有者对自己支付的报酬，他们也会以某种方式做出某些承诺，保证自己会按照有利于所有者的方式采取行动和决策，当然保证也是有保证成本的，而且保证的效果也要受到保证成本的制约，所有者和经营者之间这种委托—代理契约在经过监督和保证活动的反复调整以后，在当时条件下是最有利于所有者和经理的制度安排方式。

但是，詹森和麦克林的这个研究成果是以企业所有者可以对经理人员实施任何程度、任何形式的监督为前提的，事实上，这在实际操作过程中是不可能的。一方面，由于经理从事着企业的日常经营管理工作，他们比所有者拥有更多的关于公司经营方面的信息，而且所有者还可能受到经理散布的虚假信息的误导和影响，这种信息的不对称性导致所有者不可能对经理进行有效监督；另一方面，随着现代公司的发展和股票市场的不断完善，公司的股权越来越分散，股东人数越来越多，每个股东所占公司股份越来越少，致使股东不再有兴趣和精力、也没有能力去关心企业的经营，进而使企业的控制权越来越集中到企业经理手中，而且企业经理受到监督的力度也越来越小。在这种情况下，究竟是什么力量在防止企业经理为了追求自我目标而损害股东利益呢？人们为什么还要把自己的钱投资于上市公司让那些追求自我利益的企业经理们去经营呢？迄今为止的研究文献中提出了四种主要观点。

(1) 经理报酬补偿的激励作用。既然经理对企业经营成败负有主要责任，而经理报酬的设计又会直接影响他们的行为，最优的报酬设计必须把经理的个人利益与企业利益联系在一起。经理的报酬一般由固定工资、奖金、股票和股票期权构成。固定工资是最简单、最原始的补偿形式，它能够为管理者提供安全可靠的收入，但不利于激发管理者的积极性；奖金是基于企业当年的经营状况而设立的一种补偿形式，具有一定的激励作用，但易于驱使管理者采取短期行为，而且还容易受到管理者的操纵，因此，不能完全反映管理者对企业的真实贡献；股票和股票期权补偿是一种风险收入，其依靠企业外部市场的力量来对管理者的行为和经营绩效进行监督，企业经营得越好，管理者的补偿就越高，管理者因而就有动力使公司的市场价值最大化，所以股票和股票期权补偿最能反映企业的真实业绩，也最具有激励作用，但风险比较大。因此，最优的管理者补偿应该是所有不同补偿形式的最优组合。

(2) 经理人市场竞争对经理的制约作用。法玛(Fama，1980)经过研究证明，经理人市场能够充分反映企业经理的业绩，经理人市场的竞争能够对经理施加有效的压力，经理的人力资本价值取决于其过去各期的表现，并在经理人市场得到完美的体现。如果一个经理在经营某家股份公司时严重失败，那么该经理不仅将失去其在该公司担任的高级职务和工作，而且这个承载着该经理无能或者无德的信号将在经理人市场迅速扩散，使他的声誉受到严重伤害的同时，也使他的人力资本在经理人市场上急剧贬值，进而使他无法在其他公司找到相应的工作。所以从动态的观点来看，即使不考虑直接报酬补偿对经理的激励作用，代理费用也不可能很大，这就使企业所有者与经理的目标函数趋于一致，在一定程度上解决了委托—代理关系引起的效率问题。

(3) 产品市场竞争对经理的制约作用。直觉告诉我们，如果企业的产品市场是充分竞争的，那么这种竞争会对经理形成很大的压力；如果产品市场是垄断的，那么经理的日子就会好过得多。哈特(Hart，1983)建立模型证明了这一直觉的正确性。他认为，只要市场上同时存在经理控制和所有者控制这两种类型的企业，并且所有者控制的企业足够多的话，

那么，产品市场的竞争也会约束经理的偷懒行为，从而降低道德风险。

(4) 资本市场竞争对经理的制约作用。资本市场竞争的实质是对公司控制权的争夺，它的主要形式是接管，接管被认为是防止经理损害股东利益的最后一种武器。沙夫斯坦建立模型证明了资本市场竞争对经理的制约作用。他认为，资本市场的价格较好地反映了经理的经营业绩，而且资本市场上一直存在着潜在的股票收购者和恶意接管者，如果经理经营不善，那么企业的股票价值就会下跌，此时股票收购者和恶意接管者就能够用低价在资本市场上买进足够的股票，从而完成对该企业的接管，该企业的经理就会失去他原来担任的高级职务和工作，而且这个表示“该经理无能或无德”的信息还会在经理人市场扩散，使该经理无法再找到类似的工作。

根据上述对代理理论的介绍和梳理，为便于读者对团队生产理论、代理成本理论和委托—代理理论的掌握，表3-2列出了它们的比较情况。

表3-2 团队生产、代理成本理论和委托—代理理论的比较表

	团队生产、代理成本理论	委托—代理理论
不同点	① 把企业看作是一种团队生产方式，由于团队成员的贡献无法精确地分解和度量，就产生了监督和监督的激励问题。 ② 为了使监督有效率，监督者不仅要占有剩余权益，而且要有指挥其他成员的权力(Alchian and Demsetz，1972)。 ③ 当监督者占有团队的固定投入时，就是所谓的古典企业；当管理者不是企业的完全所有者时，就产生了代理成本(Jensen and Meckling，1976)。 ④ 均衡企业的所有权结构取决于股权代理成本和债权代理成本之间的平衡关系(Jensen and Meckling，1976)	① 把企业看作是委托人和代理人之间围绕风险分配所做的一种契约安排，由于利己动机和信息不对称，必然出现“道德风险”和“逆向选择”的问题。 ② 因此，企业治理问题的关键就在于，委托人设计一套有激励作用的合约，以控制代理人的败德行为和逆向选择，从而增大代理效果和减少代理成本(Jensen and Meckling，1976)

第三节 企业的企业家理论

德鲁克曾提出一个影响至今的命题：企业到底是独立的生命体，还是企业家的衍生物？如果将企业视为独立的生命体，是“社会的器官”，那么，具备各种资源的人，都可以基于此来分享剩余价值，尤其是那些拥有“人力资本”的人。企业家理论将企业看作为一种人格化的装置，认为企业正是由那些对机会和不确定性具有很高判断处理能力的企业家们建立起来的。

一、企业家的功能和角色

1. 马歇尔的企业家理论

阿弗雷德·马歇尔(Alfred Marshall)在1890年发表的《经济学原理》一书中，建立起以

供求均衡价格为中心结构的理论体系，其中，以生产费用论来确定供给价格。马歇尔理论中的生产费用，除沿袭了生产三要素外，还认为资本中所包括的“组织”应被区分出来，作为单独的一个要素。马歇尔正是在讨论“工业组织”的管理问题时，阐述了他的企业家理论。马歇尔明确地在土地、资产和劳动三生产要素之外，提出“具有利用资本的经营能力”的一个生产要素。在其分配理论中，他把早期的“三位一体”公式扩大为“四位一体”的公式，即劳动—工资，土地—地租，资本—利息，企业家才能—利润。他理想的企业家必须具备的综合能力分为两个方面：第一，把企业家作为“商人和生产组织者”来说明其作用和能力。作为商人，企业家应以敏锐的洞察力发现市场的不均衡性，并创造交易机会和效用；作为生产组织者，企业家应以自己的创造力和统率力，使生产要素组织化，并承担生产上的主要风险。第二，以其作为企业管理者而论，企业家必须天生就具备领导他人的才能：一是选人用人的才能，二是决断能力、应变能力和统驭能力。

马歇尔赋予了企业家“中间商人”的角色，并认为企业家应该承担风险，而且这种风险是资本意义上的。他始终从市场均衡的角度论述和把握企业家的作用，认为企业家是那些凭借创新、洞察力和统率力，发现和消除市场的非均衡性、创造机会和效用，给生产指出方向，使生产要素组织化的人，从而使企业家更易于融入整个经济学体系。但是，由于他的论述是在其均衡理论的框架内进行的，且论述方法是综合性的，因而显得不够突出，使他的企业家理论深度不够。

2. 奈特的“不确定性承担者”理论

奈特(Knight，1921)根据不确定性和企业家精神对企业的存在进行了讨论。他指出，企业是一种装置，通过它，“自信或勇于冒险者承担起风险，并保证犹豫不决者、怯懦者能够得到一笔既定的收入”。他将企业内企业家对工人的权威视为前者对后者提供保障的一种补偿。企业家被赋予不确定性决策者的角色，同时，奈特严格区分了不确定性和风险：风险是在已知发生概率条件下的随机事件。风险问题和风险决策是可以由管理者通过概率计算进行解决的；而面对不确定性问题，不能采取保险方式，管理者也无能为力，只有企业家才能承担不确定性问题决策的职责。决策正确，企业家得到剩余价值和纯利润；决策错误，企业家承担相应的损失。奈特认为，企业家可以是所有者或部分所有者，也可以不是所有者，是被企业组织发起者置于企业家的位置，即公司制企业家。

在奈特看来，两权分离导致的管理权限和保证责任的分离并不意味着两者失去了相辅相成的联系，企业家的管理权限正是根据其对不确定性的保证能力的大小决定的，这也正是企业的根本特征。奈特的企业家理论，尤其是风险和不确定性的划分，对后来经济学和管理学的决策理论的影响很大，但奈特对于管理权限和保证责任紧密相关的委托—代理问题并没有进行系统的分析。

3. 熊彼特的“创新者”理论

约瑟夫·阿洛伊斯·熊彼特(Joseph Alois Schumpete)在1912年发表的《经济发展理论》一文提出的企业家理论是最具鲜明色彩和影响最为广泛的理论。他把企业家视为创新者，认为其是资本主义经济发展的发动机。熊彼特认为，经济发展是以破坏经济循环惯性轨道的形式表现出来的，经济发展是企业家创新行为作用的结果。所谓创新，就是建立一种新的生产函数，把一种从未有过的有关生产要素和生产条件的新组合引入生产系统，包括引

进新产品，或改进现有产品质量；引进新技术，即新的生产方法；开辟新市场；控制原材料的新供应来源；实现企业的新组织形式。

熊彼特进一步认为，企业家为追求利润目标实现新组合，从而可以打破均衡状态。由于示范效应会产生众多追随者，竞争能使获得利润的机会逐渐丧失，从而再度恢复到均衡状态。因此，企业家的作用是创新性地破坏市场均衡，而不是推动市场均衡的实现。熊彼特认为企业家本质上是创新方案的决策者和管理者，并不是发明家，企业家决定的是如何配置资源，以便于发明；企业家也不是风险承担者，承担风险的是向企业家贷款的资本家。

熊彼特的企业家理论的核心是创新，企业家的“创新者”角色是超越市场结构的，形象十分鲜明，因而其理论影响也最为深远和广泛。但是，该理论完全抛开了资本的作用，将组织的经营风险和企业家的个人功绩相分离，从而忽视了对企业家激励问题的研究。

4. 卡森的“判断性决策者”理论

卡森(Mark Casson，1982)认为企业家在搜寻信息方面有比较优势，具体表现在两个方面：一是企业家具有较强的问题识别能力；二是企业家能从较多的信息中获得较准确的信息，从而做出较好的决策。因此，卡森认为：“企业家是擅长对稀缺资源的协调利用作出明智决断的人。”所谓判断性决策，是指在不确定性条件下，依据所掌握的公开信息，按照既定的决策规则和程序所作出的决策。

卡森把企业家职能重新界定为创新职能、套利职能和制造市场职能。创新和套利职能是指企业家在两个独立的资源所有者之间发现获利机会并且采取行动获取利润。制造市场职能是指企业家凭借其个人的积极性使企业保持灵活性。企业家通过中介和内部化降低交易成本，改进交易的制度安排，促使市场形成。

5. 科兹纳的“中间商”角色理论

科兹纳(Kirzner，1979)从信息不完全角度出发，认为企业家的作用在于：从确认现实经济中不能完全掌握所有交易情报这一事实出发，企业家必须迅速发现对买卖双方都有利的交易机会，并作为中间商参与其间，促进交易实现并创造利润。使企业家与其他人相区别的是其“悟性”和特殊的“知识”。因此他强调，以深刻而敏锐的洞察力去发现机会，并充分利用这一机会，才是企业家精神的本质。

6. 张维迎的“资本雇佣劳动”理论

张维迎(1995)在《企业的企业家——契约理论》一书中运用现代经济学的分析方法，探讨了“为什么资本雇佣劳动”这一重要问题。首先，在企业的合约设计上，他认为从事经营活动的成员应该被指定为委托人，并有权索取剩余收入和监督其他成员，于是就产生了所谓的“经营者成为企业家，而生产者成为领取固定薪金收入的工人”的“企业家型的企业”。在此基础上，张维迎进一步将上述问题引向深入，通过引入关于企业家能力的信息成本，导出了资本与劳动之间的雇佣关系，即回答了如何选择经营者的问题。他认为，在个人消费不可能为负的约束条件下，一个人的个人资产越少，他当企业家的期望收益就越高，也就是说，穷人比富人更有积极性去冒险和夸大其经营能力，更有积极性进行风险经营。充当企业家的优先权之所以让给资本所有者，就是因为在显示经营能力方面，富人的选择比穷人的选择包含的信息更有效。

张维迎对上述两个问题的回答是有机联系在一起的。从事经营活动的成员应该成为委托人——企业家——索取剩余收入并监督其他成员，而资本所有者更有资格成为企业家。这样，便出现了“资本雇佣劳动”的制度或合约安排。

二、从企业家角度看企业的本质

从科斯的《企业的本质》一文发表以来，对企业本质的探讨始终是企业理论的一个基础性问题。虽然不同的人从不同的角度给出了不同的认识，但是我们现在基本上形成了一个共识，即企业在本质上是一个凭借“权威”来配置资源的特殊组织，而且通过“制造还是购买”问题可以探讨企业的边界。

毋庸置疑，这种视角对于我们揭示企业的内部关系非常有意义。可是我们也必须注意到这种视角有其盲点：第一，“权威”的根源并不非常清楚，虽然哈特等人将其归结为对非人力资本的所有权；第二，在“制造还是购买”的逻辑中“企业”实际上已经存在，只不过企业的边界需要通过“购买还是制造”来决定；第三，制造还是购买的逻辑未能很好地解释如下现象，即绝大多数情况下企业都是由企业家亲自建立。这些都促使我们必须从企业家的角度来思考企业最初的本质。

1. 企业家人力资本的特殊性

(1) 信息悖论。企业家对某种获利机会的信息或者知识往往都属于“专有知识”(know-how)，不可能申请专利保护，而只能以私人信息或知识的状态存在。因为涉及这些知识和信息的交易过程往往存在严重的“信息悖论”问题，即“在买方得到信息之前，他并不了解信息对他具有价值，但是，一旦他了解信息的价值，他事实上已经无成本地获得了这一信息”(Teece，1982)。

(2) 不可让渡性。创意要变成现实的企业往往需要经历艰苦的过程，在该过程中：首先，实施这些创意所要求的许多知识十分微妙地潜藏在提出该创意的当事人身上，而不能通过简单的机械手段转移给其他人；其次，当事人还必须具有坚强的意志、面对困难的勇气和善于调集资源的领导艺术，而这些都只能蕴含在当事人的人格特质之中。也就是说，与普通商品不同，企业家的人力资本往往具有与其人身的不可分割性，或者是让渡性(inalienability)。

(3) 价值识别的困难性。由企业家所提出来的这些创意对于外部人来说是需要重新理解和认识的新事物，同时往往是独特的、无法找到先例或者参照物的新事物，同时还未完全变成现实。结果，哪怕外部人可能以某种方式获知了企业家的创意，他们通常也会因为受到信息和认知水平的限制而难以充分认识企业家创意的市场前景或者经济价值。当然对于企业家的人格魅力的价值就更难正确估价了。

(4) 非从属性。企业家的创意往往具有先导性，而不是被动地从属于或者执行他人的意志。我们难以想象某个“企业家”被他人授意创意或者重新整合企业。事实上，如果其他人已经知道了与企业创立相关的关键之时，那么他就是企业家，而那些受雇于他的“企业家”顶多只是一个执行他意志的高级经理。

2. 企业是企业家人力资本的间接定价器

企业家人力资本的上述性质意味着它难以通过直接定价的方式进行交易，甚至也不可

能用劳动雇佣契约方式加以利用。究其根本原因就是，企业家人力资本的市场交易率较低。那么，企业家如何才能有效地实现其人力资本价值呢？答案是：自己创立企业，使自己成为企业剩余价值的索取者，由此间接地实现自己的价值。因为这种方式有如下所述的优势。

首先，企业的重要特征就是用权威来指挥资源的配置。因此，企业家主要是组织和指挥其他人实施其意志，而不必将其创意完整全面地传授给企业内部的其他成员。不仅如此，企业家还可以通过一些特殊的内部专业化分工或内部组织安排使企业内部的其他人无法完整地掌握关键性的相关知识，从而会在相当程度上避免相关知识被盗用的风险。

其次，通过建立企业，企业家可以使其人力资本变得“可证实性”(verifiability)。事实上，信息悖论问题之所以会存在，一个十分重要的原因就是企业家创意往往具有第三方(往往是法院)的“不可证实性”，即便被其他人盗用，也难以向法院举证。当企业家把其创意物化为特定的企业、品牌甚至专利等可被证实的、易于法律保护的资产之后，上述问题将得到很大程度的缓解。

更为重要的是，由于企业家创意的潜在经济价值在本质上就是某种潜在市场需求的存在，因此对特定获利机会的实际利用就是对这种产权最有效的保护，既便到时相关的信息或知识随着创业活动的展开而逐渐变成了某种公共产品，也不会对企业家人力资本的完整性和独占性产生负面的影响，甚至还会增加自己知识产权的价值，因为知识和信息在消费者群体中的扩散很有可能会扩大市场容量。因此，企业这个特殊装置在某种程度上对相关知识和信息所起的保护作用可能比正式的专利制度更高，何况绝大多数的商业发现或发明不可能取得专利。当然，问题总是有它的两面性：一个企业家将其掌握的关键性知识或者信息转变为现实的企业，从而得到了很好的产权保护；与此同时，这也意味着其他拥有相似知识或者信息的产权在无形之中遭到了否定，变得毫无经济价值。

总之，企业是企业家作为自己特殊人力资本价值实现的间接定价器(self-pricing device)而被创立起来的，企业具有节约企业家人力资本的相关产权保护、控制、评价、转让等方面的费用才是企业最原始的功能，即知识的产权保护与价值实现也正是企业的功能之一。同时，也正是由于有了企业家人力资本的注入，企业的其他要素才真正融合为具有市场获利能力的生命体。

第四节　企业的生命周期理论

企业生命周期理论是指通过将企业组织和生命有机类比，把组织当作有自我生命的有机体，结合进化论而发展出来的理论。该理论认为企业和任何生命有机体一样，在其生态环境中经历着从孕育诞生、成长、成熟、衰退、复苏或消亡等过程，而且每个阶段都在外界生态环境中通过竞争获得资源和输出资源，完成自己的新陈代谢，改变组织自身的有机结构，实现成长壮大。

20 世纪 70 年代中期，耶鲁大学的金伯利(Kimberly)和米勒思(Miles)第一次明确地提出组织生命周期的概念，认为：“组织要经历产生、成长和衰退，其后要么复苏，要么消失。”组织生命周期的提出，为企业生命周期理论的产生奠定了基础。在金伯利等人提出组织生命周期概念之前，已经有很多学者展开了企业成长的阶段性和规律性问题的研究，如美国科罗拉多大学商学院教授劳伦斯·斯坦梅茨(Lawrence L. Steinmetz，1969)最早开始系统地分析和研究小企业的成长过程，他发现典型的小企业成长过程体现为一种 S 形状的曲线，并进一步可划分为直接控制、指挥管理、间接控制及部门化组织等四个阶段。当企业经过初创期后就会考虑规模扩张，此时就需要引入管理者，为了激发管理者的积极性和创新性，企业所有者必须进行一定程度的授权，并开始实行规范化管理。

伊查克·爱迪思(Ichak Adizes)在葛雷纳的基础上进一步丰富和发展了企业生命周期理论，他于 1989 年在《企业生命周期》一书中全面系统地阐述了其理论思想。他把企业成长与生物有机体类比，把企业的整个成长过程划分为三个阶段十个时期，如图 3-2 所示。其中成长阶段从孕育期开始，经历婴儿期、学步期、青春期，成熟阶段包括盛年期和稳定期，企业的老化阶段一般要经历贵族期、官僚化早期、官僚期和死亡期。他认为企业成长的每个阶段都可以通过灵活性和可控性两个指标来体现：当企业初建或年轻时，充满灵活性，进行变革相对容易，但可控性较差，行为难以预测；在成熟期，企业的灵活性和可控性都较强；当企业进入老化期，企业对行为的控制力较强，但缺乏灵活性，直到最终走向死亡。

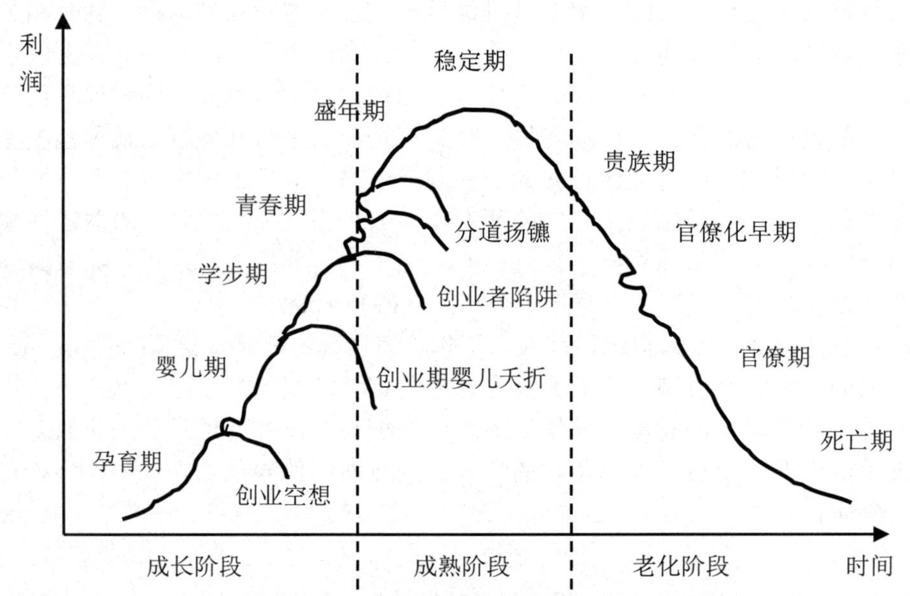

图 3-2 爱迪斯的企业生命周期示意图

(1) 孕育期。孕育期属于企业的梦想期，强调的是创业意图和未来能否实现的可能性。创始人应该以满足市场需求、创造价值与意义作为自我追求目标。此时存在的主要问题有：创业者对承担的义务进行现实性检验，只有不切实际的幻想，利润导向只考虑投资回报，所承担的义务与风险不相当，创业者的控制地位不稳固等。因此，成功的关键在于高水平地确立所要承担的义务，这种义务最重要的是要从情感上对创建企业的主张以及企业今后能在市场上发挥作用这两点上承担义务。

(2) 婴儿期。这个时期的企业处于刚成立的阶段，就像襁褓中的婴儿，抵抗力很弱，随时都有生病的可能。此时企业存活的关键取决于能否摄取足够的营养(运营资本)，以及父母的照顾(创办人的承诺)。在婴儿期，企业缺乏规章制度，创业者在经营管理上必须事必躬亲，但由于此时企业规模比较小，创业者独揽大权反而是比较有效率的。这一时期创业者对企业的管理就像父母呵护婴儿一样小心谨慎，企业一般不敢去做超出自己经营规模和范围的事，因此，此时的主要矛盾应该是创新力不足的问题。只有在产品设计、市场开拓上能有所建树，并以取得现金的能力作为成长基础，企业方能在激烈的市场竞争中站稳脚跟，因为一旦企业失去资金的支持，婴儿期组织将难逃夭折的命运。

(3) 学步期。在孕育期，只有一幅创业的构想图；在婴儿期，构想变成了现实；到了学步期，创业的构想开始真正体现出价值，企业不但已经克服了现金入不敷出的困难局面，而且产品或服务开始被市场接受，销售额节节攀升，而且充满了活力。但这种成功同时也会使创业者豪情万丈，甚至会认为自己无所不能，最终做出一些不明智的决策，甚至进入自己一知半解的领域，导致力量过度分散。

控制力弱是学步期企业的主要矛盾，因为学步期的企业往往缺乏系统的规章制度以及科学化的授权体系，基本上还是保持家长式的创业者“一言堂”和独断专行。而已经初步体验到成功的创业者往往会头脑发热，很难客观公正地看待自己，充满着自负情绪，同时也缺乏战略眼光，因此很容易被眼前的机会所驱使进入了一些不该进入的领域。所以，这时企业必须学习区分事情的轻重缓急，制定规则与政策，“有所为，有所不为”。那些未能建立管理、领导制度的学步期企业将会掉入“创业者陷阱”。

(4) 青春期。这一时期是企业成长最快的阶段，企业呈现一派欣欣向荣的景象。但成长的过程也伴随着痛苦，由于职权授予、领导风格的变更、企业目标转移等因素，青春期也会面临着内部人员更替、权力斗争、信任和尊重的下降等问题。当然，有些企业在青春期以后会得以再生。

进入青春期后，企业组织也开始由人员导向向结构导向调整，企业的各种管理制度逐渐完善，控制力也得到加强。但过去的成功往往使创始人声望威信如日中天，创业者和企业员工都自信满满，甚至有些狂妄自大。在这种情况下，企业很容易失去控制，陷入多元化扩张的陷阱。此外，青春期企业还会面临一个重要问题，就是企业管理人员的使用问题，这关乎企业能否顺利进行管理创新的问题。对于职业化经理人员，创业者大多不愿放手让他们去经营，导致这些人员很难顺利地开展工作。

因此，此时企业应该从以下几个方面进行努力：一是继续加大产品和市场的创新，要警惕小富即安的思想；二是建立团队，以免组织过度依赖创始人；三是针对不同领域设立专门业务单位，将企业运作制度化。

(5) 盛年期。盛年期是企业生命周期中最理想的阶段。此时企业的可控性和灵活性达到平衡，兼有能力与自律，出现了一些理想化的特征：企业制度和组织结构完善；企业的创造力、开拓精神得到制度化保障；注重成果，能够满足顾客需求；计划能够得到不折不扣的落实；企业对未来趋势能够准确地判断；无论从销售还是从盈利能力来看，企业都能够承受增长带来的压力；企业在婴儿期分化出的业务，开始衍生出新的事业。但是，这种巅峰状态需要精心呵护才能持久，企业如果骄傲自大，背离了创新精神，就会进入稳定期。

(6) 稳定期。稳定期是企业生命周期中的第一个衰老阶段。此时企业依然强健，但是开始丧失灵活性。此时，企业有如下一些行为特征：对成长的期望值不高；对占领新市场、获取新技术的期望值也越来越低；对变革产生疑虑；对人际关系的兴趣超过了对冒险创新的兴趣。因此，如果创造力沉睡时间过长，就会影响企业满足顾客需要的能力。企业将在不知不觉中滑入下一个生命周期阶段——“贵族期”。

(7) 贵族期。在贵族期，企业开始以自我为中心，给人自以为是的感觉，一般具有如下特征：越来越多的钱被花在控制系统、福利措施和一般设备上；强调做事方式，而不问所做的内容和原因；人们越来越拘泥于传统，注重形式；企业内部越来越缺乏创新机制；“别兴风作浪，少惹麻烦”开始成为人们处事的信条。此时的企业虽然仍有成果，但却缺少积极向上的氛围，实际上已经开始衰败了，一步步走向下一个生命周期阶段——官僚化早期。

(8) 官僚化早期。这一阶段的企业最明显的行为特征是企业内部冲突不断、谣言四起，企业各部门注意力都集中到内部地位之争上，顾客的需求被忽视，人们强调的是谁造成了问题，而不去关注采取什么补救措施去解决问题。在这种情况下，如果是大型企业，面临的结局要么接受政府补贴，要么被政府收归国有，要么就成为完全官僚化的企业，如果问题继续恶化，破产也只是时间问题。

(9) 官僚期和死亡期。在官僚化阶段，企业根本无法自力更生。能够证明企业存在的不是企业运营良好的事实，而是它还活着这一事实。“企业成了为活着而活着，只是靠人为的支持救护手段在苟延残喘。”此阶段企业的行为特征是：制度繁多，行之无效；与世隔绝，只关心自己；没有把握变化的意识；要想与企业行之有效地打交道，顾客必须想好各种方法或打通层层关节。在官僚期，在企业中的成功不是如何令顾客满意，而是看其政治手腕。官僚化的企业也可能在长期昏睡中存活下去，出现这种情况的原因是他们能够在与世隔绝的环境中运行，但延长这类企业的生命的代价十分高昂。此时，如果没有人为企业承担义务，企业就会死亡。

第三章现代企业理论.ppt

第三章案例.doc

第三章习题与答案.doc

第二篇　现代企业战略管理篇

在经济全球化，技术日新月异，新的经营方式不断涌现以及信息交流过程发生根本性变革的今天，企业所面临的环境比以往任何时候都要复杂多变。竞争之激烈，在时空上超越了国家、地区的界限而延伸至全球范围内的持续性的对抗；在深度上从单纯的产品功能、质量、价格的范畴延伸至设计、包装、品牌、服务、销售渠道、营业推广、公共关系等全方位的对抗。这就要求企业不仅要有能力对企业外部环境的瞬息万变做出反应，而且必须高瞻远瞩、审时度势，把握企业内部条件与外部环境的动态平衡，以求得企业的长期生存与发展。因此，企业的战略管理问题已经成为现代企业管理的中心问题，是每一个企业在其发展过程中必须研究和解决的重要问题。

管理学大师彼得•德鲁克(Peter Drucker)曾指出：“21 世纪企业之间的竞争不再是产品与产品的竞争，而是商业模式之间的竞争。”可见现代企业在市场竞争中，商业模式对于企业的成功至关重要，是成功的企业战略的重要组成部分。

在本篇，第四章将对现代企业的战略管理进行介绍，同时，为体现本书的“新颖性”与“前沿性”，第五章将目前管理实践上比较流行的商业模式予以介绍和分析。

第四章　现代企业战略管理

学习目标

通过本章的学习，可使读者了解企业战略的层次以及不同层面上战略或策略的重点；企业总体的外部环境及行业环境的组成要素；如何使用 PEST 模型来分析企业宏观环境中的各种影响因素；稳定战略、发展战略和紧缩战略；战略管理理论的演进过程。理解企业战略的概念和特征；企业战略管理的内涵；如何进行竞争对手分析；企业能力的重要意义以及核心能力的含义。掌握本书所提倡的规范的战略管理过程及其所包含的各个要素；如何用波特的五力模型来识别分析行业内的各种竞争力量；公司战略选择技术及业务组合管理方法；三种基本竞争战略的含义、条件和风险。

关键概念

企业战略；战略管理；战略分析；战略选择；战略实施；PEST 分析；EFE 矩阵；IFE 矩阵；核心能力；发展战略；多元化战略；集中发展战略；一体化战略；稳定型战略；紧缩型战略；竞争战略；成本领先战略；差异化战略；集中化战略

第四章企业战略管理 01.mp4

第四章企业战略管理 02.mp4

第四章战略管理_SWOT.mp4

任何企业要想在长期的竞争中不断地寻求竞争优势，实现可持续发展，就必须根据企业自身的能力和环境变化的特征制定出有效的发展战略。在新的竞争环境中，企业要想取得竞争优势的重要条件是企业能够适应外部环境的变化，有效、合理地组织和配置企业内部资源，使其不断地形成企业独特的核心竞争力，而要实现这些管理目标，最重要的是企业战略系统的识别和实施。

然而，究竟什么是战略？成功的企业战略应该具备哪些基本特征？战略管理应该由哪些环节或过程组成？可供企业选择的战略有哪些？企业又该如何做出战略选择？为提高战略分析和选择的准确性，我们可以利用哪些战略管理技术或工具？战略管理的发展和演进的轨迹是如何的？等等。这些问题是我们了解和把握企业战略管理的基本问题。为此，本章将对上述问题逐一展开介绍和分析。

第一节　企业战略管理概述

一、企业战略的概念及特征

1. 企业战略的概念

在西方，战略一词来源于希腊语“strategos”，其含义是“将军”和“将军指挥军队的艺术和科学”。因此，战略一词来源于军事，本意是对战争全局的筹划和指导。随着人类社会实践的发展，战略一词逐渐被应用到经济和社会领域，并应用到企业经营管理之中。对于什么是企业战略，不同的学者由于自身的认识角度和经历不同，为企业战略赋予的含义也有所差异。西方学者对企业战略的描述主要以安索夫(Ansoff)、安德鲁斯(Andrews)和明茨伯格(Mintzberg)为代表。

(1) 安索夫的观点。安索夫在 1965 年发表的《企业战略论》一文中提出：“企业战略就是决定企业将从事什么事业，以及是否从事这一事业。”他认为，企业目前的产品和市场与企业未来的产品和市场之间一定存在着一种内在联系。他将这种内在联系称为“共同的经营主线”，通过分析这种共同的经营主线可以把握企业运行的方向，寻找企业发展的新天地。

(2) 安德鲁斯的观点。美国哈佛商学院教授安德鲁斯认为：企业总体战略是一种决策模式，它决定和揭示了企业的目的和目标，提出实现这些目标的主要方针和计划，确定企业正在从事或应从事的经营业务以及应该属于何种经营类型，以及决定企业应对员工、顾客和社会做出的经济与非经济贡献。

(3) 明茨伯格的观点。明茨伯格认为，在企业经营活动中经营者可以在不同场合以不同的方式赋予战略不同的定义。他借鉴市场营销学中四要素(4P)的提法，提出了战略是由五种规范的定义阐明的，即计划(Plan)、计谋(Ploy)、模式(Patten)、定位(Position)和观念(Perspective)，即 5P。①战略是一种计划。大多数人将战略看作一种计划，即它是一种有意识的、有预计的行动程序，是一种处理某种局势的方针。根据这个定义，战略应具有两个基本特征：一是战略必须在企业经营活动之前制定，以用于指导企业全体员工的行为；二是战略是有意识、有目的地开发和制定的。②战略是一种计谋。在特定的环境下，企业将战略作为威胁和战胜竞争对手的一种手段，通过释放一些真真假假、虚虚实实的“市场信号”，扰乱竞争对手的行动。一些市场信号有可能见诸行动，而更多的只是对竞争对手的一种恐吓手段。因此，这种战略是一种计谋，用于对竞争对手制造威胁。③战略是一种模式。

“战略作为一种计划”和“战略作为一种模式”两种定义是相互独立的。在实践中，计划和设计好的战略最后可能并没有得到实施，而企业的实际行动有可能并没有经过事先安排，却成了企业已实现的战略。在已设计的战略与已实现的战略之间是准备实施的战略，就是指那些已经设计出来，即将实施的战略。而自发形成的战略则是指那些预先没有计划、自发产生的战略。上述这些战略之间的关系如图 4-1 所示。

不同的定义只能说明人们对战略特性的不同认识，并不能说明哪种战略的定义更重要。值得强调的是，尽管战略定义多样，但对于具体企业来说，企业战略仍然只有一个。战略的这五种定义的区别，如表 4-1 所示。

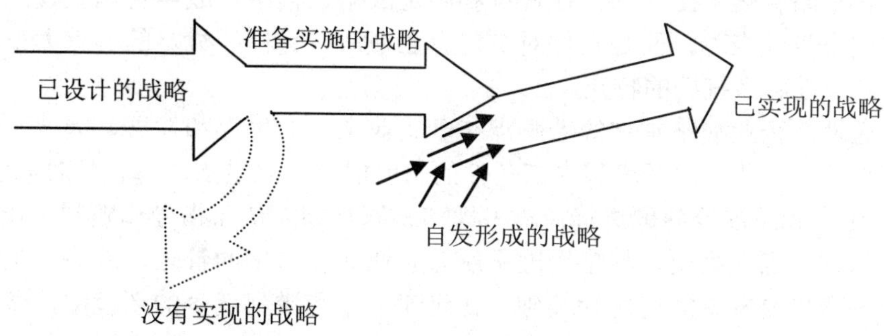

图 4-1　明茨伯格的战略形式图

表 4-1 战略的定义

战略定义	定义的核心要点
计划型战略定义	强调企业高层管理人员要有意识地进行领导，凡事谋划在先，行动在后
计谋型战略定义	强调战略是为威胁或击败竞争对手而采取的一种手段，重在达成预期目的
模式型战略定义	强调战略重在采取行动，是一系列行动的表现。战略也可以自发地产生
定位型战略定义	强调企业应适应外部环境，创造条件以更好地进行经营上的竞争或合作
观念型战略定义	强调战略过程的思维观念，要求企业成员共享企业的价值观和企业文化，形成一致的行动

尽管存在着不同认识，随着经济全球化一体化，目前确定竞争范围已经成为企业战略研究的首要议题。大多数学者认为，企业战略由四个构成要素组成。

(1) 经营范围，指企业从事生产经营活动的领域，它反映出企业目前与其外部环境相互作用的程度，也可以反映出企业计划与外部环境发生作用的要求。

(2) 资源配置，指企业过去和目前资源和技能配置的水平和模式，资源配置的好坏会极大地影响企业实现自己目标的程度，是企业现实生产经营活动的支撑点。

(3) 竞争优势，指企业通过其资源配置的模式与经营范围的决策，在市场上形成的与其竞争对手不同的竞争优势。

(4) 协同作用，指企业从资源配置和经营范围的决策中所能获得的各种共同努力的效果，也就是说分力之和大于各分力简单相加的结果。

综上所述，企业战略就是着眼于企业未来，在对企业外部环境和内部资源清醒认识和把握的基础上，为求得企业的生存和长期发展而进行的总体性谋划。

2. 企业战略的特征

尽管管理学家对企业战略的认识有分歧，但是对战略特征的认识基本一致。概括起来，企业战略具有如下特征。

(1) 全局性。企业战略就是企业发展的蓝图，是以企业的全局或总体为对象，根据企业总体发展需要而制定的，其制约着企业经营管理的各项活动，追求的是企业的总体成效。管理者在进行战略制定时必须具有全局观念，不仅能够见到“树木”，更重要的是能够洞察到“森林”。虽然这种管理也包括企业的局部活动，但是这些局部活动是作为总体活动的有机组成部分在战略管理中出现的。在评价和制定战略过程中，战略管理重视的不是事业部门或职能部门自身的表现，而是它们对实现企业使命、目标、战略的贡献大小。因此，战略管理具有综合性和系统性的特点。

(2) 长远性。企业战略制定的着眼点在于企业未来的生存和发展，因此，企业战略决策应面向未来，以企业外部环境和内部条件的当前情况为立足点，对较长时期(通常 5 年以上)内企业的生存和发展等问题进行通盘考虑和统筹规划，从而指导和限制企业当前的生产经营活动。从这一点上来说，战略管理是所有企业面向未来的管理，战略决策要以经理人员所期望或预测将要发生的情况为基础，在迅速变化和激烈竞争的环境中，做出长期性的战略统筹。

(3) 指导性。企业战略明确了企业在一定时期内基本的发展目标，以及实现这一目标的基本途径，在企业的经营管理活动中起着向导的作用。

(4) 风险性。企业战略是对未来发展的规划，然而环境总是处于不确定性和变化莫测的趋势中，任何企业战略都伴随着风险，这就要求企业在战略制定的时候尽量收集充足的信息，制定风险防范的应对措施。

(5) 相对稳定性。企业战略一经制定后，在较长时期内要保持稳定，以发挥其对整个企业发展的指导作用。同时，由于企业所面对的外部环境是复杂多变的，因此企业所规划的战略也不可能一成不变，需要根据环境的变化进行适时的局部调整，从而发挥战略对企业的指导优势，规避风险。

二、企业战略的层次

企业的目标是多层次的，不仅包括企业的总体目标，还包括企业内各个经营单位以及各个职能部门为实现企业总体目标进行分解细化的各层次目标，是一个完整的目标体系。相应地，企业战略也包含多个层次：总体战略、竞争战略、职能战略。

1. 企业总体战略

企业总体战略又称公司战略，是企业总体的、最高层次的战略，用以指导和控制公司的一切活动。企业总体战略的侧重点有两个方面：一是从企业全局出发，根据外部环境的变化及企业的内部条件，选择企业所从事的经营范围和领域，即要回答这样的问题：我们的业务是什么？我们应当在什么业务上经营？二是在确定所从事的业务后，要在企业内各事业部之间进行资源分配，以实现公司整体的战略意图，这也是企业总体战略实施的关键内容。企业总体战略的制定者一般应是企业的最高管理者或企业总部，它在决定公司的组织结构、对设定目标进行资源分配和评估业绩等方面发挥着重要作用。企业总体战略一般包括发展战略、稳定战略和收缩战略。

2. 企业竞争战略

企业竞争战略又称企业经营战略，它处于战略结构中的第二层次，接受总体战略的指导。其主要解决的问题是：如何选择所经营的行业或业务范围，以及企业经营单位应在什么样的基础上展开竞争，以取得相对于竞争对手的竞争优势。这一战略主要涉及企业在某

一经营领域中如何竞争、在竞争中扮演什么角色、各经营单位如何有效地利用所分配的资源等问题。企业竞争战略要解决的核心问题是如何通过确定顾客需求、竞争者产品及本企业产品这三者之间的关系，来奠定本企业产品在市场上的特定地位并维持这一地位。竞争战略的制定者和实施者不是公司总部，而是具有明确市场或竞争对手的战略经营单位。常见的企业竞争战略有：总成本领先战略、差异化战略、集中化战略等。

3. 企业职能战略

企业职能战略是指在职能部门，如生产、市场营销、财务、研发、人力资源等部门中，为实现企业总体战略和竞争战略，由职能管理人员制定的短期目标和战术规划，对企业内部各项关键的职能活动做出的统筹安排。它直接处理生产及市场营销系统的效率、服务质量及顾客满意度、争取提高特定产品或服务的市场占有率等问题。企业职能战略通常包括财务策略、人力资源策略、研究与开发策略、生产策略、市场策略等，企业职能战略应特别注重不同的职能部门如何更好地为各级战略部门服务以提高组织效率的问题。如果说企业总体战略和竞争战略强调企业“做正确的事”，那么职能战略则强调企业“正确地做事”。

企业总体战略、竞争战略和职能战略共同构成了一个企业的战略层次，它们的特点比较如表 4-2 所示。

表 4-2 企业战略三个层次特点比较

比较内容	战略层次		
	总体战略	竞争战略	职能战略
管理要素	产品与市场	领域成长方向	竞争优势协同效应
管理者	高层	中层	基层
性质	观念性	中间性	执行性
明确程度	抽象	中间	确切
可衡量程度	以判断评价为主	半定量化	通常可定量
频率	定期或不定期	定期或不定期	定期
所起作用	开创性	中等	改善增补性
对现状的差距	大	中	小
承担的风险	较大	中等	较小

企业总体战略、竞争战略和职能战略相互作用，紧密联系，企业整体要想获取成功，必须将三者有机地结合起来。企业中每一层次的战略构成了下一层次的战略环境，同时，每一层次的战略又为上一层次战略目标的实现提供了保障和支持，如图 4-2 所示。如果企业只从事一项业务，那么企业总体战略和竞争战略是一样的，两种战略的决策权都集中于董事会和最高管理层。这种特别的战略管理结构类似于小型企业的组织形式，如图 4-3 所示。

如果一个企业从事多元化经营业务，则战略层次呈现为前文所述的战略结构形式：企业总体战略为最上层结构、最高层次的战略，它为竞争战略和职能战略提供发展的方向和支持。这种典型的战略结构如图 4-4 所示。

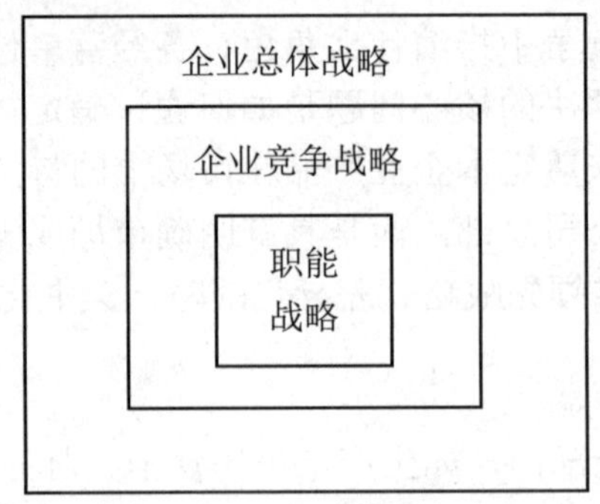

图 4-2　企业中的战略层次图

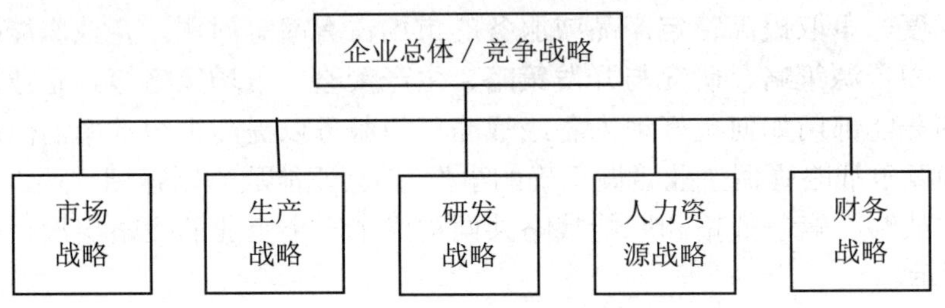

图 4-3　单一业务企业的战略结构图

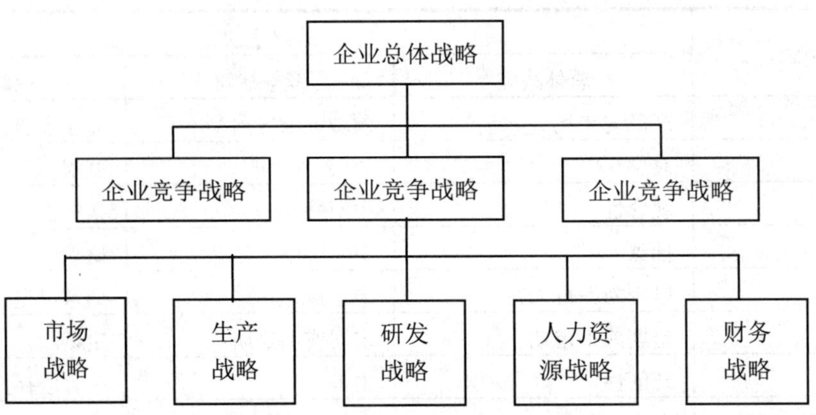

图 4-4　多元化公司的战略结构

三、企业战略管理的概念

企业战略管理一词最初由安索夫在其 1976 年出版的《从战略规划到战略管理》一书中提出的。他认为，企业战略管理是指将企业的日常业务决策同长期计划决策相结合而形成的一系列经营管理业务。而斯坦纳在其 1982 年出版的《企业政策与战略》一书中则认为，企业战略管理是确定企业使命，根据企业外部环境和内部经营要素确定企业目标，保证目标正确落实，并使企业使命最终得以实现的一个动态过程。

由此可见，战略管理是一种崭新的管理思想和管理模式，其关键点不是战略，而是动态的管理。这种管理模式的特点是：指导企业全部活动的核心是企业战略，全部管理活动的重点是制定和实施战略，关键在于对企业外部环境的变化进行分析，对企业内部条件和

素质进行审核，并以此为前提确定企业的战略目标，使三者之间达成动态平衡。战略管理的任务在于通过战略制定、战略实施和日常管理，在保持这种动态平衡的条件下，实现企业的战略目标。

由此，可以将企业战略管理定义为：企业确定其使命，根据其外部环境和内部条件设定企业的战略目标，为保证目标的正确落实和实现进行谋划，并依靠企业内部能力将这种谋划和决策付诸实施，以及在实施过程中进行控制的动态管理过程。这里有两点需要加以说明：第一，战略管理不仅涉及战略的制定和规划，而且也包含着对制定出的战略付诸实施的管理，因此是一个全过程的和全面的管理；第二，战略管理不是静态的、一次性的管理，而是一个循环往复的动态管理过程，是根据外部环境的变化、企业内部条件的改变以及战略执行结果的反馈信息等，重复进行的管理过程，是一个不间断的管理过程。

四、企业战略管理的过程

企业战略管理是为一个企业的未来发展方向制定决策和实施这些决策的动态管理过程。一个规范性的、系统性的和全面的企业战略管理过程一般包括三个阶段：即战略分析、战略选择和战略实施，如图 4-5 所示。图 4-5 显示战略管理的各个阶段是相互关联的，并不是简单的单线关系，即战略分析→战略选择→战略实施。本书为了更好地理解战略管理过程和有逻辑性地阐述战略管理的内容，才将战略管理过程分成三个阶段来讨论，但这并不意味着战略管理过程必须遵循这种整齐划一的方式。

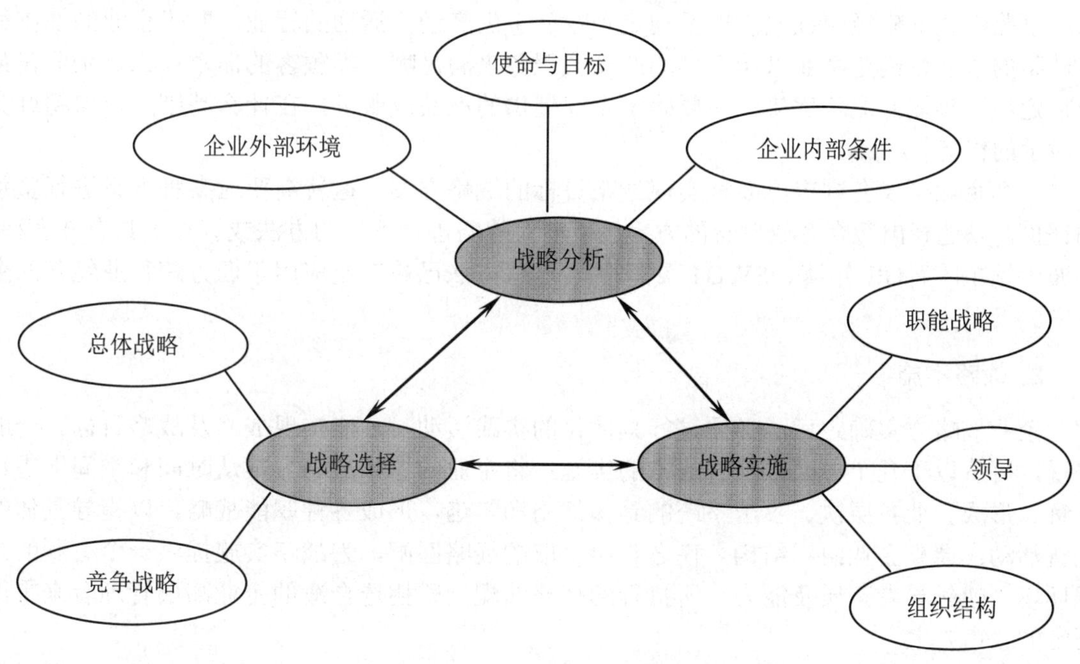

图 4-5 企业战略管理的过程

1. 战略分析

战略分析是指对企业的战略环境进行分析、评价，并预测这些环境未来的发展趋势，以及这些趋势可能对企业造成的影响。一般来说，战略分析包括企业使命与目标的确定、企业外部环境分析和企业内部环境或条件分析三个部分。

企业使命是指企业存在的目的或理由，包括企业哲学和企业宗旨。企业哲学是指企业为其经营活动方式确立的价值观、理念和行为准则；企业宗旨是指规定企业去执行或打算执行的活动，以及现在或期望的企业类型。在定义企业使命时还要回答诸如企业应该为谁服务、企业如何承担相应的社会责任等重大问题。企业的战略目标就是企业在遵循自己的社会责任和使命时所要达到的长期特定地位，可以看作是企业经营活动在一定时期所要得到的结果。

企业的外部环境一般包括下列因素或力量：政府——法律因素、经济因素、技术因素；社会——人文因素以及企业所处行业的竞争状况。分析企业外部环境的目的是为了适时地寻找和发现有利于企业发展的机会，以及所存在的威胁和挑战，做到“知彼”，以便在制定和选择战略时能够利用外部条件所提供的机会避开对企业产生威胁的因素。

企业的内部条件是指企业本身的资源和能力，也就是企业所具备的素质，包括企业的有形资源和无形资源。分析企业内部条件的目的是为了发现企业的优势或弱点，以便在制定和实施战略时扬长避短，发挥优势，有效地利用企业自身的各种资源，发挥企业的核心竞争能力和竞争优势。

2. 战略选择

战略选择实质上就是战略决策过程，即对战略进行探索、制定以及选择。通常，对于一个跨行业经营的企业来说，它的战略选择应当解决以下两个基本的战略问题：一是企业的经营范围或战略经营领域，以及规定企业从事生产经营活动的行业，明确企业的性质和所从事的事业，确定企业以什么样的产品或服务来满足哪一类顾客的需求；二是企业在某一特定经营领域的竞争优势，即要确定企业提供的产品或服务，在什么基础上取得超过竞争对手的优势。

一个企业可能会制定出多种实现战略目标的战略方案，这就需要对某种方案进行鉴别和评价，以选择出适合企业自身的方案。目前对战略进行评价的方法或管理工具有许多种，如波士顿矩阵、GE 矩阵、SWOT 矩阵等，这些方法已被广泛应用于西方跨行业经营的企业中。

3. 战略实施

企业战略方案确定后，必须进行具体化的实践活动，才能实现战略及战略目标。一般来说，可从以下几个方面来推进战略的实施：将企业的总体战略方案从时间和空间上进行分解，形成企业各层次、各子系统的具体战略和策略，形成各种职能战略，以指导具体的经营活动；调整企业组织结构，使之与所采取的战略匹配，为战略实施提供一个有利的组织环境；使领导者素质及能力与所执行的战略匹配，即挑选合适的企业高层管理者来贯彻既定的战略方案。

在战略的具体化和实施过程中，为了达到预期目的，实现既定的战略目标，必须对战略的实施进行控制。由于原战略方案分析不周、判断有误，或环境发生了意想不到的变化而导致偏差时，甚至可能需要企业重新审视环境，制定新的战略方案，进行新一轮的战略管理。从图 4-5 中也可以看出，战略管理是一个动态的、循环往复的、不间断的过程。

第二节　企业战略环境分析

一、企业外部环境分析

企业外部环境是指存在于企业外部、影响企业经营活动及其发展的各种客观因素与力量。企业作为社会的组成部分，必然处于不断变化的外部环境之中，外部环境对每个企业而言，是客观存在的，企业自身很难去改变，只能去适应。同时，企业也可以通过某些活动对外部环境产生影响。外部环境分析的目的就是找出外部环境中对企业有利的机会或对企业构成威胁的某些因素，并以此作为制定战略目标的出发点、依据和限制的条件。

外部环境诸因素对一个企业的影响程度是不同的。首先，任何一个企业都不是封闭的，都处在一定的社会环境之中，这些环境因素可以间接地或潜在地对企业产生某种作用和影响，这一类外部环境被称为企业的宏观环境。一般来说，宏观环境包括政治环境、经济环境、社会与文化环境和技术环境等。其次，对于一个特定的企业来说，它总是存在于某一行业(产业)环境之内的，这个行业环境直接影响着企业的生产经营活动。行业环境是企业微观的外部环境。这两类环境因素与企业内部的关系如图 4-6 所示。行业环境和位于行业内的各个企业均要受到政治、经济、社会和技术等宏观环境的影响。当然，这些因素和力量都是相互联系、相互影响的。

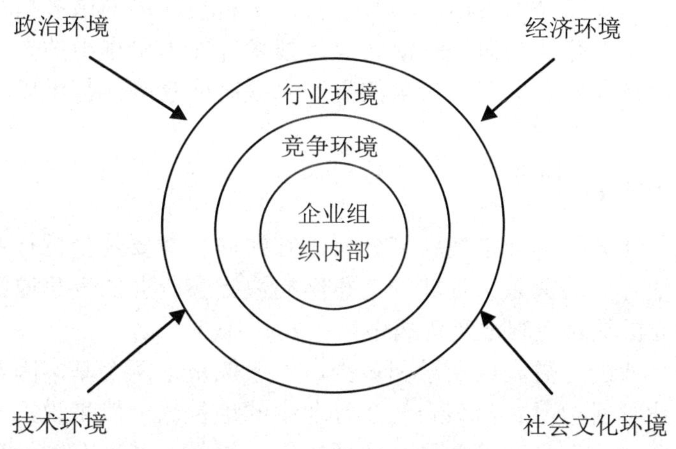

图 4-6　企业内部与外部环境的关系图

1. 宏观环境分析

宏观环境是指那些给企业带来机会或者造成威胁的主要社会力量，它们直接或者间接地影响着企业的战略管理。宏观环境分析可以帮助企业判明关键环境力量及其对企业的影响，预测其发展趋势，并且判明企业目前及将要面临的机会和威胁。分析宏观环境的一个重要工具是 PEST 分析模型，即分析政治环境、经济环境、社会与文化环境和技术环境变化对企业的影响。

(1)　政治环境(Political，P)。政治环境是指那些制约和影响企业的政治要素的总和。政治环境中对企业起决定、制约和影响作用的因素主要有：政治局势、政党、政治性团体、地方政府的方针政策等。此外，政治环境中也包括政府制定的一些法律、法规，它们也直接影响着某些商品的生产和销售，对企业的影响具有刚性约束的特征。这些法律、法规主要有政府的政策和规定、税率和税法、企业法、专利法、环保法、反垄断法、进出口政策和货币政策等。

(2) 经济环境(Economic，E)。经济环境是指构成企业生存和发展的社会经济状况及国家经济政策的多维动态系统，主要由社会经济结构、经济发展水平、经济体制和宏观经济政策四个要素构成。一个企业的经营成功与否在很大程度上取决于整个经济运行状况的好坏。对于经济环境的分析，关键是要考察以下几个方面：①国民经济总体运行状况，即经济周期当前处在哪个阶段，以及国民生产总值的各项指标变动情况；②通货膨胀率、银行利率、外汇汇率等经济指标，这些是影响市场和消费水平的重要指标；③经济体制、就业率、失业率、市场机制的完善程度、能源供给与成本等。

(3) 社会文化环境(Social & cultural，S)。社会文化环境是指企业所处环境中诸多社会现象的集合。企业在保持一定发展水平的基础上，能否长期地获得高增长和高利润，取决于企业所处环境中的社会、文化、人口等方面的变化与企业的产品、服务、市场和所属顾客的相关程度。在社会文化环境中社会阶层的形成和变动、人们的生活方式和工作方式、社会风俗习惯、人口流动、人口的年龄结构等方面的变化都会影响社会对企业产品或劳务的需求。

(4) 科技环境(Technological，T)。科技环境是指一个国家和地区的科技水平、科技政策、新产品研发能力以及新技术发展动向等。在衡量科技环境的诸多指标中，整个国家的研发经费总额、企业所在行业的研发支出状况、技术开发力量集中的焦点、知识产权与专利保护、信息与自动化技术发展可能带来的生产率提高前景等，都可以作为关键战略要素进行分析。

2. 行业竞争结构分析

企业的行业竞争性分析属于中观环境分析，它的内容主要是分析行业中的企业竞争格局以及本行业与其他行业的关系。行业的竞争结构决定着行业的竞争原则和企业采取的战略，因此行业结构分析是企业制定经营战略最主要的基础。

某一行业中的企业能否盈利以及盈利多少，一般取决于两个基本因素：一是所在行业的盈利能力，即行业吸引力；二是该企业在行业中的地位。一般来说，一个行业的盈利能力并非由其产品外观或该产品技术含量高低所决定，而是由其内在的经济结构或竞争格局所决定。按照波特(Porter)的观点，一个行业中的竞争，远不止在原有竞争对手中进行，而是存在着五种基本的竞争力量，它们是潜在的行业进入者、替代品的威胁、购买商的讨价还价能力、供应商的讨价还价能力、现有竞争者之间的竞争，从而提出了“五力模型”，如图 4-7 所示。他认为，企业的竞争环境就源于企业在行业内同这五种竞争力量之间的相互关系。这五种基本竞争力量的状况及其综合强度，决定着行业竞争的激烈程度以及行业的盈利潜力，同时也决定着资本的流入程度。

这五种基本竞争力量的状况及其综合强度，决定了该行业竞争的激烈程度，影响着该行业内的产品价格和成本，并最终决定了该行业的盈利能力。具体来说，买方力量影响着企业能够索取的价格，替代品的威胁作用也是如此；买方的力量也可能影响到成本和投资，因为有力的买方需要成本高昂的服务；供方的讨价还价能力决定了原材料和其他各种投入的成本；现有竞争对手的竞争强度也影响着产品价格；潜在进入者的进入会导致争夺市场、推动成本、影响收入，并造成防御方面的投资。

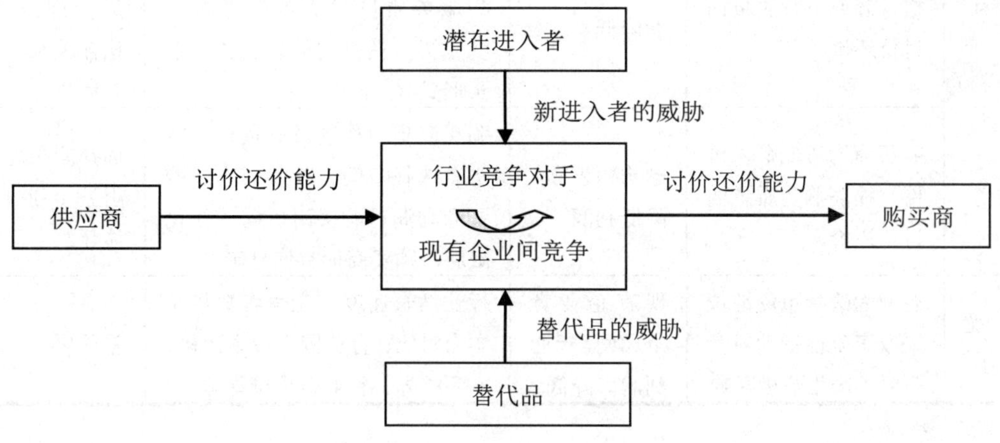

图 4-7 波特的五力模型

对不同行业，由五种基本竞争力量决定的行业竞争程度不同，而且会随着行业的发展而变化。因此不同的行业、行业的不同发展阶段，其盈利潜力是不同的。在竞争激烈的行业中，一般不会出现某家企业获得惊人的收益这种情况；而在竞争相对缓和的行业中，各企业可能会普遍获得较高收益。但由于行业中竞争的不断进行，会驱使资本不断流入竞争相对缓和的行业中，会导致投资收益率不断下降，甚至接近于竞争的最低收益率。如果投资者的收益率长期低于这个收益率，他们就会把资本转移到其他行业。所以行业中五种基本竞争力量的综合强度同时也决定着资本向该行业流入的程度，驱使收益趋向竞争最低收益水平，并最终决定企业保持高收益的能力。五种作用力都由一些重要的因素所决定。这五种作用力被称之为结构因素，如表 4-3 所示。

表 4-3 五种作用力的结构因素表

作用力	含 义	影 响	结构因素	防 范
潜在进入者	潜在进入者在行业导入期或成长期以直接或兼并的方式进入本行业，将形成新的竞争力量，对现有企业构成威胁	形成新的生产能力、抢夺部分重要资源、侵占部分市场份额	进入壁垒：规模经济、专有技术、顾客忠诚、资源要求、原材料来源优势、政府政策等； 原有企业的反击程度：行业增长速度、退出壁垒、原有企业反击资源等	提高进入壁垒
替代品	与本行业产品有相同功能，可相互替代的产品	影响本行业现有产品的销售和利润	替代品价格和质量、需求增长速度、技术领先程度、购买者转换成本等	高质低价以提高进入壁垒、积极引进替代品生产

续表

作用力	含 义	影 响	结构因素	防 范
供应商	供应商为提高供货价格、降低供货质量而讨价还价	成本升高、利润降低	买方数量和集中程度、买方转换成本、买方盈利能力、产品和服务质量对买方的影响程度、买方拥有的信息、买方购买形式等	选择供应商、多渠道供应、与供货商建立长期伙伴关系、后向一体化
购买商	购买商为压低购入价格、提高购货质量而讨价还价	影响销售额、降低利润	购买商集中程度及进货量、购买者选择空间、转换成本、购买商利润、购买商后向一体化威胁、购买商拥有信息等	选择购买商、多用户、前向一体化
现有竞争对手	企业为改善市场地位采取竞争性行动对竞争对手产生消极影响	现有企业竞争加剧，行业利润率降低	行业增长速度、竞争者数量及实力对比、行业固定成本比例、产品差异、行业退出壁垒等	差异化

3. 竞争对手分析

竞争对手是企业经营行为最直接的影响者和被影响者，这种直接的互动关系决定了竞争对手分析在外部环境分析中的重要性。分析竞争对手的目的在于预测竞争对手的行为。

根据波特的竞争对手分析模型，对竞争者的分析有四种诊断要素(见图 4-8)：竞争对手的未来目标、竞争对手的现行战略、竞争对手的战略假设以及竞争对手的实力。

(1) 竞争对手的目标分析。了解竞争对手的目标就可以了解每位竞争对手对其目前的地位和财务状况是否满意，推断出竞争对手的战略发展方向和可能采取的行动，从而在战略管理一开始就能针对主要竞争对手可能采取的行动设计应付方法。对竞争对手目标的了解也有助于预测它对战略变化的反应，从而帮助企业避免那些会招致引发激烈竞争的战略行动。竞争对手的公开战略目标可以通过各种公开资料获得，如上市公司的公告。即使是通过不公开的途径来获得，也不太困难。因为战略目标总是要让很多人知晓。困难的是，竞争对手不愿公开的目标，以及各种目标的权重。

(2) 竞争对手的假设。竞争对手的目标是建立在其对环境和对自己的认识之上的，这些认识就是竞争对手的假设。竞争对手的战略假设有两类：第一类是竞争对手对自己的力量、市场地位、发展前景等方面的假设，称为竞争对手自我假设；第二类是竞争对手对自己所在行业及行业内其他企业的假设，包括竞争对手对产业构成、产业竞争强度和主要产业威胁、产业发展前景、产业潜在获利能力等方面的认识和判断。

对竞争对手战略假设分析不是一件容易的事，但仍旧可以从竞争对手的公开宣传、领导层和销售队伍的言论、价值观念、过去的战略行动和现行战略等信息中察觉到这些信息要素。值得注意的是，应分析竞争对手的战略假设是否正确，错误的或过时的假设常常会使企业找到战略契机。例如，假如某竞争对手相信它的产品拥有极高的顾客忠诚度，而事实并非如此，则刺激性地降价就是抢占市场的好办法。这个竞争对手很可能拒绝作相应降价，因为它相信该行动不会影响它的市场占有率，只有在发现已丢失一大片市场时，它才会认识到其假设是错误的。了解竞争对手的战略假设，不但可以理解竞争对手当前的战略，进而推断它可能采取的战略行动，还可以了解它的认识方式，针对其特定的认识方式选择自己针对它的竞争方式。

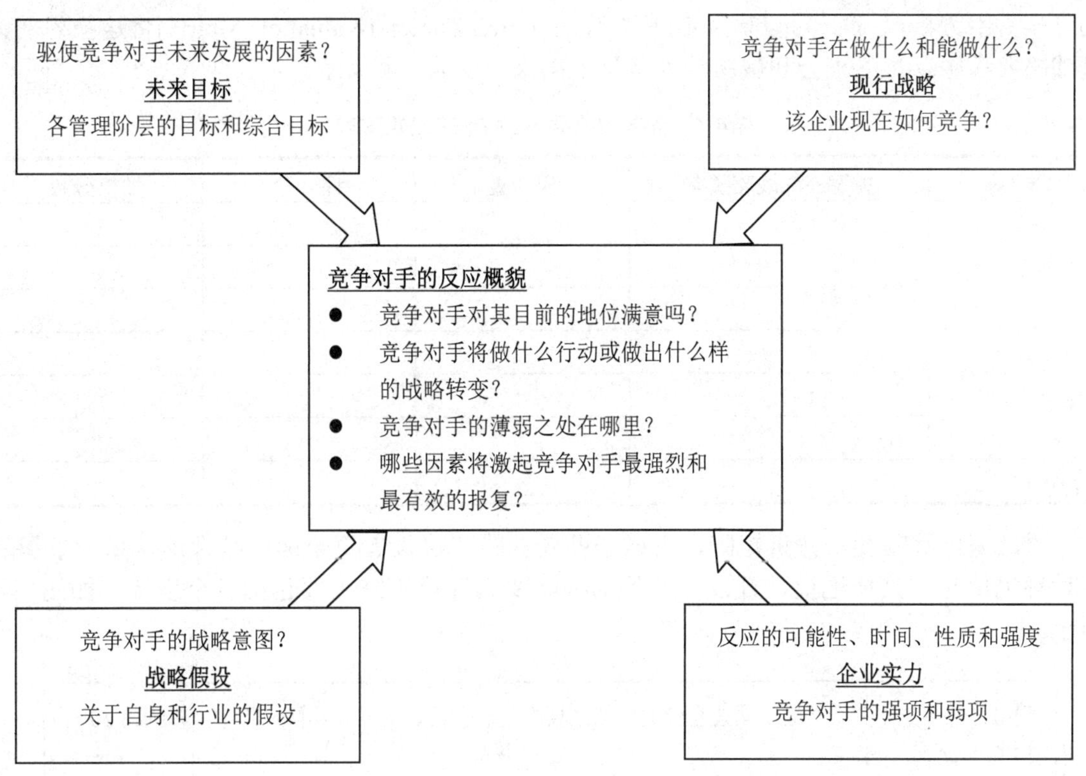

图 4-8　竞争对手分析要素图

(3)　竞争对手的现行战略。对竞争对手现行战略进行分析的重点在于，通过竞争对手的产品和市场行为来推断它的现行战略，预计目前战略的实施效果，分析竞争对手现行战略对本企业的影响。分析该企业当前的业绩，分析它继续实施当前战略的前景，竞争对手改变目前战略的可能性。对当前业绩及前景持满意态度的企业可能会继续实施现行战略，当然，它也可能做一些调整，这与它的目标和假设有关。但是，业绩很差的竞争对手一般会推出新的战略行动。

(4)　竞争对手实力分析。最后，要对竞争对手的资源和能力做实事求是的评估，把握它的优势和劣势。竞争对手的目标、假设和现行战略会影响它反击的可能性、时间、性质和强度。而它的优势和劣势将决定它采取战略行动的能力以及处理所处环境中突发事件的能力。

在对上述四方面因素进行分析的基础上，应对各个竞争对手可能采取的战略行动和防御能力作出判断，从而提前针对主要竞争对手可能采取的战略行动设计应付方案，以战胜竞争对手。首先，应预测竞争对手的下一轮行动，包括竞争对手可能采取的行动以及行动的强度和严肃性。其次，应分析竞争对手的防御能力，包括：①竞争对手最易受到攻击的是哪些战略行动和哪些事件？②什么行动或事件将会挑起竞争对手之间的报复？③报复的有效性如何？

4. 外部战略要素评价(EFE)矩阵

在进行企业外部环境分析(包括宏观的 PEST 分析、中观的行业竞争结构分析以及微观的竞争对手分析)之后，可以借助 EFE 矩阵(External Factor Evaluation Matrix)将这些外部关键战略要素中存在的机会和威胁清晰地呈现出来，如表 4-4 所示。

表 4-4　外部战略要素评价(EFE)矩阵表

	关键外部战略要素	权　重	评　分	加权分数
机会				
威胁				
合计				

借助外部战略要素评价矩阵，可以帮助企业战略决策者更全面、综合地认识所掌握的各种环境信息。具体地说，开发企业外部战略要素评价矩阵主要包括五个步骤，如图 4-9 所示。

列出外部环境中关键战略要素及企业面临的主要机会和威胁，通常在实际应用中，以列出 10～15 个为宜。

赋予每个要素以权重，其数值范围由 0.0(不重要)到 1.0(非常重要)，并且各权重之和为 1。权重代表各因素对于企业在产业中成败影响的相对大小。

按照企业现行战略对各因素进行评分。1 分代表主要威胁；2 分代表一般威胁；3 分代表一般机会；4 分代表主要机会。评分以企业为基准，而权重则以产业为基准。

计算各个要素的加权分值，即把各个要素的权重乘以它的评分。

计算企业外部机会与威胁的综合加权评价值，即将所有要素的加权分值加总。

图 4-9　企业外部战略要素评价矩阵建立步骤图

对任何一个企业来说，无论 EFE 矩阵中包含多少个战略要素，其综合加权分值的取值范围都在 1.0～4.0 之间，平均分为 2.5。综合加权分值为 4.0，表示一个企业处于一个非常

有利的外部环境之中，外部存在着很多对企业发展有利的机会；反之，综合加权分值为 1.0，则表示该企业处于严重的外部威胁之中，前景十分不妙。

二、企业内部条件分析

企业内部条件是指企业能够加以控制的因素。企业战略目标的制定及战略的选择不但要“知彼”，即客观地分析企业的外部环境，而且要“知己”，即对企业内部的资源、能力及核心能力做出正确的估计。企业内部条件是企业经营的基础，是制定战略的出发点、依据和条件，是竞争取胜的根本。

1. 企业资源分析

企业的经济活动必须建立在自身资源禀赋的基础之上。以波特为代表的行业组织理论始终认为，外部环境是企业获取成功战略的主要决定因素，企业成功的关键是选择有吸引力的行业，建立进入壁垒，改变行业市场结构，从而达到获取超额利润的目的。然而，20 世纪 80 年代兴起的资源基础理论则认为，任何一家企业都是资源与能力的独特组合，这些资源和能力是企业战略的基础和利润的重要来源。因此，公司内部的资源和能力比外部环境更重要。战略的选择应有效利用其核心竞争力，抓住外部环境的机遇。

资源是服务于企业生产经营过程中的各种投入品。根据投入品是否容易辨识和评估来划分，一般可将资源分为有形资源和无形资源两大类。

(1) 有形资源。有形资源是指可见的、可量化的资产。有形资源不仅容易被识别，而且也容易被估算出价值，如厂房、设备、资金等，其价值一般可在财务报表上予以反映。有形资源包括四类：财务资源、组织资源、实物资源和人力资源，如表 4-5 所示。其中，人力资源是一种特殊的有形资源，它意味着企业的知识结构、技能、决策能力、团队使命感、奉献精神、团队工作能力以及组织整体的机敏度。

表 4-5 企业资源的分类与特征表

资 源		主要特征	主要的评估内容
有形资源	财务资源	企业的融资能力和内部资金的再生能力决定了企业的投资能力和资金使用弹性	资产负债率、资金周转率、可支配现金总量、信用等级
	实物资源	企业装置和设备的规模、技术及灵活性；企业土地和建筑的地理位置和用途；获得原材料的能力等决定了企业成本、质量、生产能力和水平	固定资产现值、设备寿命、先进程度、企业规模、固定资产的用途
	人力资源	员工的专有知识、接受培训程度决定了其基本能力。员工的适应能力影响着企业本身的灵活性。员工的忠诚度和奉献精神以及学习能力决定了企业维持竞争优势的能力	员工知识结构、受教育水平、平均技术等级、专业资格、培训情况、工资水平、与行业平均水平比较
	组织资源	企业的组织结构类型与各种规章制度决定了企业的运作方式与方法	企业的组织结构以及正式的计划、控制、协调机制

续表

资源		主要特征	主要的评估内容
无形资源	技术资源	企业专利、经营诀窍、专有技术、专有知识和技术储备、创新开发能力、科技人员等技术资源的充足程度决定着企业的工艺水平、产品品质，决定着企业竞争优势的强弱	专利数量和重要性、从独占性知识产权所得收益；全体员工中研发人员的比重、创新能力
	声誉资源	企业声誉的高低反映了企业内部、外部对企业的整体评价水平，决定着企业的生存环境	品牌知名度、美誉度、品牌重购率、企业形象；对产品质量、耐久性、可靠性的认同度；供应商、分销商认同的有效率、支持性的双赢的关系、交货方式

在评估有形资源的战略价值时，必须注意以下几个关键问题：①是否有机会更经济地使用企业的有形资源，即用更少的资源去完成相同的事业；或用同等规模的资源去完成更大的事业。②怎样才能使现有资源更有效地发挥作用。事实上，企业可以通过多种方法增加有形资源的回报率。当然，企业也可以把有形资源出售以提高资产利润率。③预测未来战略期内环境的变化，根据企业核心能力、竞争优势来发展，确定企业有形资源的缺口，以及如何进行先期投入。

(2) 无形资源。无形资源是指那些根植于企业历史的、长期以来积累下来的、不容易辨识和量化的资产。例如企业的创新能力、产品和服务的声誉、专利、版权、商标、专有知识、商业机密等均属无形资源。无形资源可分为技术资源和声誉资源，如表4-5所示。

与有形资源相比，无形资源更具潜力。因为无形资源更难被竞争对手了解、购买、模仿或替代，企业更愿意将其作为企业能力和核心竞争力的基础，所以无形资源正在扮演着更加重要的战略资源的角色。

2. 企业核心能力分析

企业能力是指整合企业资源，使价值不断增加的技能。一般而言，资源本身并不能产生竞争能力和竞争优势，竞争能力和竞争优势源于对多种资源的独特整合。例如，一支足球队可能会因为获得了最优秀的前锋而获益，但这种获益只有在其他队员与之配合默契，大家共同按一套正确的进攻战略来进行比赛，充分发挥出团队的竞争优势时才能实现。同理，企业的竞争优势源于企业的核心竞争力，核心竞争力又源于企业能力，而企业能力源于企业资源。换言之，企业可持续的竞争优势是在企业长期运行过程中，通过将具有战略价值的资源和能力进行独特整合、升华而形成的核心竞争力所产生的。这样一个整合过程正是企业素质的提升过程，也是一个以资源为基础的战略分析过程，如图4-10所示。

如果一个企业具备了行业一般能力，只能取得行业的平均利润，谋求生存。企业要想更好地生存，获取持久的竞争优势，还必须在一般能力的基础上找到一根能撬动市场、赢得竞争优势的杠杆——核心能力。

(1) 企业核心能力的概念。根据普拉哈德(Prahalad)和哈默尔(Hamel)的定义：“核心能力是组织中的积累性学识，特别是关于如何协调不同的生产技能和有机结合多种技术流的学识。”从本质上讲，核心能力就是企业发展独特技术、开发独特产品和创造独特营销手

段的能力。它具有三个明显的特征：①能够为用户带来巨大的价值；②能够支撑多种核心产品；③竞争者难以复制或模仿。如果将企业比作一棵树，最终产品是树的果实，业务单元是树的枝条，核心产品是树干，核心能力则是提供营养、水分和支撑的“根系统”。其中，核心产品是核心能力与最终产品之间的纽带，也是一种或几种核心能力的实物体现。“核心能力”是一个从“核心能力”到“核心产品”再到“最终产品”的发展延伸过程，它们之间的关系如图 4-11 所示。核心能力理论认为，企业是一种或几种核心能力的组合，企业间的竞争在本质上是核心能力之争。如果一个企业能在核心能力领域中保持领先地位，那么就会在核心产品开发中超过竞争对手，进而在终极产品市场上打败竞争对手。

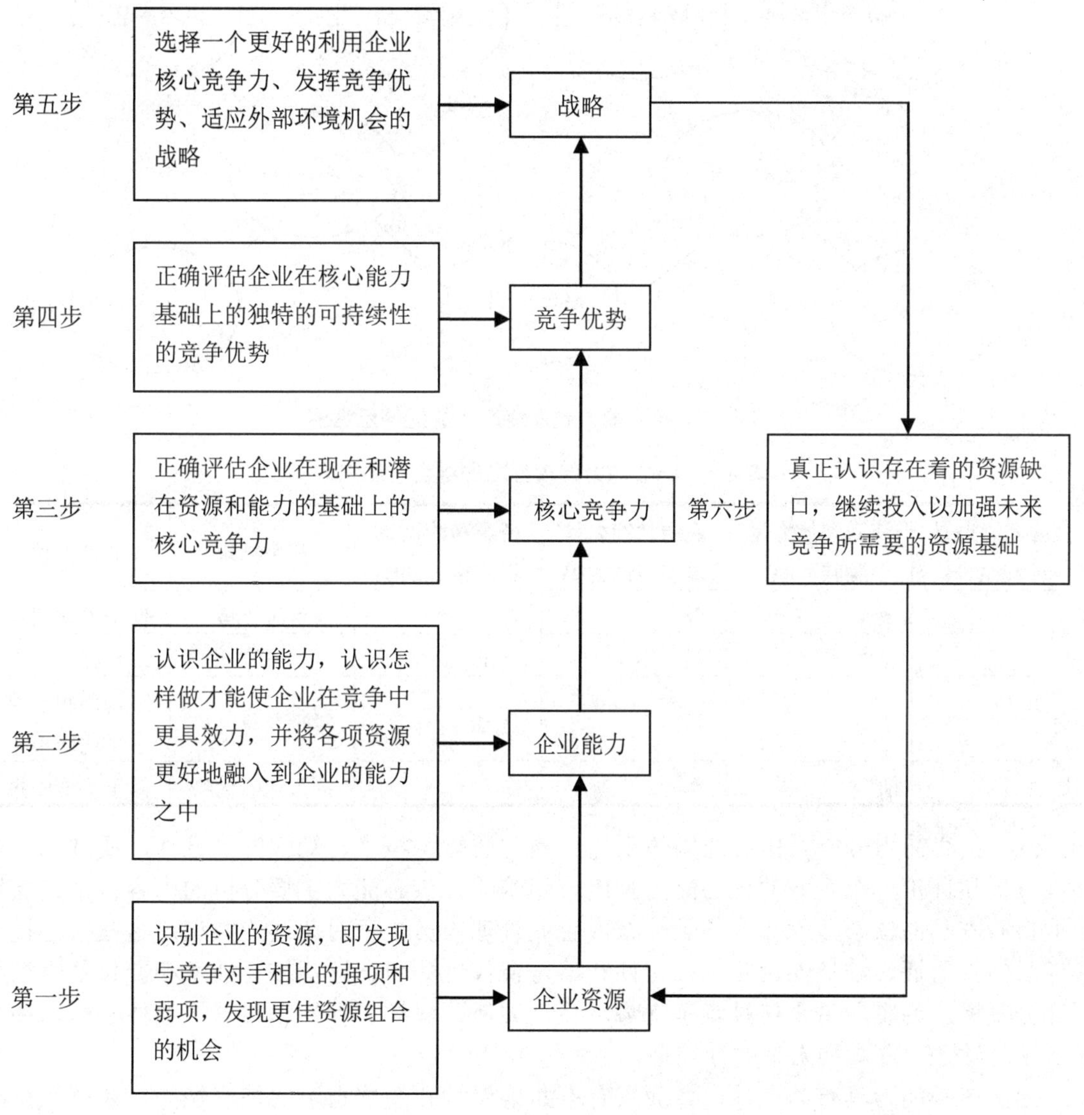

图 4-10 以资源为基础的战略分析图

(2) 企业核心能力的判断标准。分析企业的核心能力，首先应建立对核心能力的判断标准。判断企业的资源和能力是否是核心能力的唯一标准，是看其能否产生持久的竞争优势。而要产生持久性的竞争优势，应符合四项具体标准，即它应是有价值的能力、独特的能力、难于模仿的能力和不可替代的能力。在实际操作中，一种能力要想成为核心能力，必须是“从客户的角度出发，是有价值并且不可替代的；从竞争者的角度出发，是独特并且不可模仿的”。只有同时符合这四项标准的企业资源和能力，才能够具有潜力，这种潜力可为企业创造一种持久性的竞争优势。由表4-6可以看出，这四项标准的具体组合决定着企业竞争的结果和在竞争中的表现。企业战略管理者可以运用此表分析、判断企业各种资源和能力的战略价值，进而判断企业的核心能力所在。

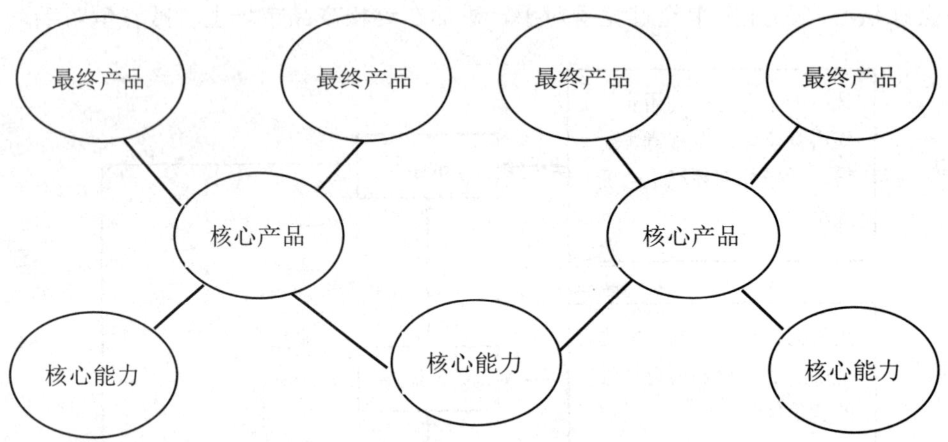

图 4-11　核心能力到最终产品的延伸示意图

表 4-6　核心能力四项标准的组合及结果表

资源和能力是有价值的吗	资源和能力是独特的吗	资源和能力是难于模仿的吗	资源和能力是不可替代的吗	竞争结果	业绩评价
否	否	否	否	竞争无优势	低于平均回报
是	否	否	是/否	竞争对等	平均回报
是	是	否	是/否	暂时竞争优势	平均回报至高于平均回报
是	是	是	是	持久竞争优势	高于平均回报

(3) 核心能力分析。核心能力体现为一系列技能、技术、知识的综合体，要准确、全面地分析和评价一个企业的核心能力是比较困难的。核心能力主要分析的内容包括：支持企业核心产品的核心技术和专长是什么，企业管理人员是否对此达成共识；这些核心技术和专长的价值性、独特性、难于模仿性和不可替代性如何；这些核心技术和专长是否得到了充分发挥，为企业带来何种竞争优势，强度如何；保护、保持和发展这些核心技术和专长的现时做法、方案和未来的计划是什么。

由于核心能力具有动态性，企业只有不断地保护和发展自己的核心能力，才能保持持久的竞争优势。因此，对企业核心能力的分析，首先是对企业发展核心能力进行分析。

企业核心能力的培育方法主要有三种：①外部购买，即从其他的企业或组织购入与核心能力有关并有利于其发展的技能与资源。它的实质是外部核心能力的内部化，具体方式有购买技术与专有知识、购买并拥有这种核心技能的企业。②组成战略联盟实现企业间资

源共享，降低研发成本，相互获得彼此的特定技术、资源和技能，以实现核心能力的快速发展，但在结盟的过程中企业还必须注意防范自己的核心技术被对方窃取，以防培养出潜在的竞争对手。③通过企业自身力量发展核心能力。

通过外部购买或成立战略联盟的方法发展核心能力，或多或少地都存在着产生依赖性和核心技术外泄的问题。因此，在这三种方法中，利用自身力量培育和发展核心能力才是根本。

进行企业核心能力分析时，可以运用核心能力分析矩阵，以帮助企业准确把握核心能力的现状及未来的发展方向，如图 4-12 所示。

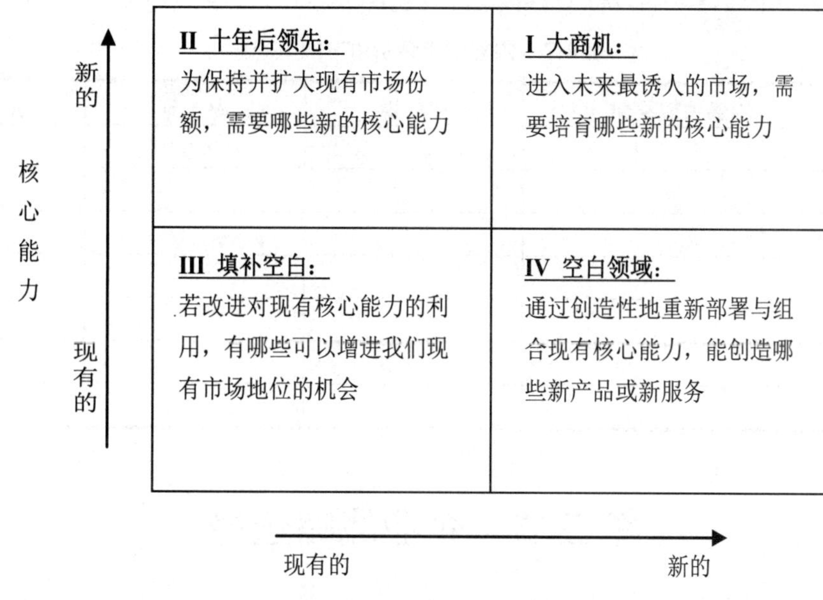

图 4-12　核心能力分析矩阵图

(1) 填补空白。象限Ⅲ是企业现有核心能力与现有产品或服务的组合。企业可首先列出哪些核心能力支持哪些产品或服务的一览表，然后逐一分析，发现利用其他核心能力支持该项产品或服务以强化其市场地位的商机。这种通过扩大、改进对现有核心能力的利用，提高现有市场地位的一类做法被称为“填补空白”。例如，诺基亚公司开创性地在其手机上添加照相功能，从此改变了人们的手机使用模式，增强了手机的市场竞争力。

(2) 十年后领先。象限Ⅱ提出了一个重要问题：现在应该建立什么样的核心能力，才能确保未来 5 年或 10 年后处于领先地位？对这一问题的深刻解读，首先要回答另外一个问题：目前用于满足现有顾客需求的能力，有可能被哪些新能力取代或淘汰？因此，企业核心能力的发展计划应包括对未来有可能取代自己传统技能的新技能的侦测、辨识和开发。例如，佳能公司意识到，电子数字成像技术在未来会部分取代化学成像技术而成为一种新的摄影方法，因此一直致力于发展这些技术以保持自己在摄影业的领先地位。

(3) 空白领域。限项Ⅳ是指那些不属于企业现有业务领域的产品——市场商机。企业要做的就是开发或找出这样的商机，用以扩展现有核心能力，将其运用到新产品市场上去。例如，随身听就是索尼公司开发空白领域商机的成功典范，索尼公司利用自己在录音机和耳机方面的核心能力开发出了全新的产品——随身听。

(4) 大商机。象限Ⅰ中标识的商机与企业目前的产品市场以及现有核心能力都没有任何关系，但如果这种商机意义重大或十分诱人也可以去捕捉。这时的战略可以是一系列规模不大但目标明确的购并或联盟，借此企业可取得或了解所需的核心能力，并研究其潜在用途。

3. 内部因素评价(IFE)矩阵

在对企业的资源、能力、核心能力等内部条件分析的基础之上，运用 IFE 矩阵(Internal Factor Evaluation Matrix)尽可能定量化地反映企业内部存在的优势和劣势，为将来的战略决策做准备。IFE 矩阵的建立的技术与过程与 EFE 矩阵类似，得到的 IFE 矩阵如表 4-7 所示。

表 4-7　内部因素评价(IFE)矩阵表

项　目	内部关键要素	权　重	评　分	加权分数
优势				
劣势				
合计				

第三节　企业战略选择

企业战略选择一般来说包括两个层次的内容：一是公司层面的战略选择，要解决的问题是确定企业的整个经营范围或方向以及公司资源在不同经营单位之间的分配事项；二是事业部层面的战略选择，主要决定的问题是在给定的业务领域内，事业部如何取得竞争优势。

一、公司战略选择

公司战略即企业总体战略，是通过企业的内外部环境分析，根据企业使命和战略目标，依据企业在行业内所处的地位和水平，确定其在战略规划期限内的资源分配方向及业务领域的发展战略。

在面对不同的环境和基于不同的内部条件时，企业所采取的总体战略态势会各有差异，企业的总体战略主要有三种态势：发展型战略、稳定型战略和紧缩型战略。

1. 发展型战略

发展型战略是指采取积极进取态度的战略形态，主要适合行业龙头企业、有发展后劲的企业及新兴行业中的企业选择。其具体形式包括：集中发展战略、多元化发展战略和一体化发展战略。

(1) 集中发展战略。采取集中发展战略就是通过将企业的所有资源集中于单一产品或生产线、单一市场或单一技术领域来获得增长。战略管理学家安索夫以产品和市场作为两

大基本面，通过产品——市场的两两组合，区分出四种基本的发展战略，如图 4-13 所示。其中市场渗透、市场开发、产品开发等战略均可以使企业将时间、精力、资源等集中到企业的关键产品或关键市场上，从而在关键产品领域建立起与强大竞争对手抗衡的竞争优势。但不足之处是缺乏灵活性与适应性，经营风险较大，一旦行业前景变差或者环境恶化，企业所拥有的单一优势丧失，就有可能陷入毫无退路的困境。

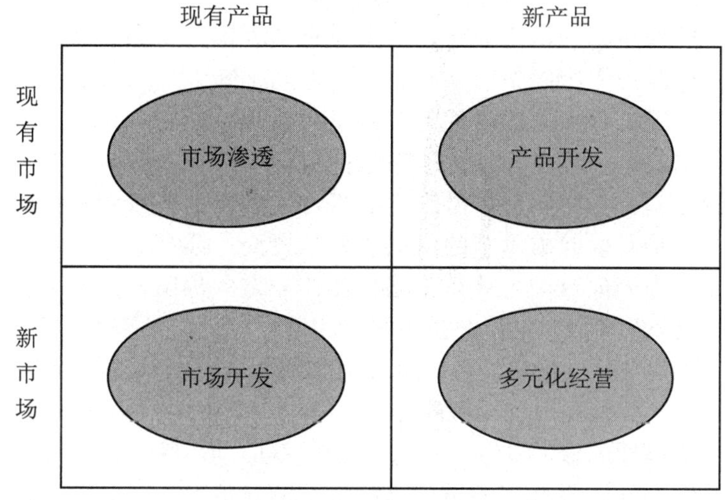

图 4-13　安索夫矩阵图

(2)　多元化发展战略。多元化战略是企业的最高层为企业制定多项业务的组合，是为公司涉足不同产业环境中的各业务制定的发展规划，包括进入何种领域、如何进入等。多元化战略又可分为相关多元化战略和非相关多元化战略。

①　相关多元化战略。相关多元化战略是指企业进入与现有业务在价值链上拥有战略匹配关系的新业务。战略匹配存在于价值链非常相似以致能为公司带来战略机会的不同经营业务之间，通过分享技术、对共同的供应商形成更强的讨价还价能力、联合生产零件和配件生产商、售后服务的联合、共同使用一个知名商标、将有竞争性的和有价值的技术秘诀或生产能力从一种业务转移到另一种业务、合并相似的价值链活动以获得更低的成本，从而可以实现范围经济所带来的益处而使成本降低。所谓范围经济，是指当两种或更多的经营业务在一个企业的集中管理下运作的总成本比作为独立的业务进行运作所产生的成本更低的经济现象。

由于开展相关多元化战略能使企业享受范围经济带来的益处而增强企业的竞争优势，同时，企业在保持经营业务在生产技术上统一的同时，又能将经营风险分散到多种产品上去，因此，相关多元化战略通常作为一种非常有吸引力的战略而被许多成功企业所采用。

②　非相关多元化战略。非相关多元化战略是指公司增加与现有的产品或服务、技术或市场都没有直接或间接联系的大不相同的新产品或服务。

非相关多元化战略的优点体现在以下几个方面：A.企业可以向几个不太大的市场提供产品或服务，以分散经营风险，追求收益的稳定性；B.当多个部门(行业)单位在一个企业内经营时，他们可充分利用公司在管理、市场营销、生产设备、研发等方面的资源，产生协同效应；C.可对企业内的各个经营单位进行平衡。当某些经营单位发展困难或暂时困难之时，可从其他经营单位获得财力上的支持；D.企业向具有更优经济特性的行业转移，以改善公司的整体盈利能力和灵活性。

但是，公司在选择非相关多元化战略时，要谨慎从事，切忌为多元化而多元化。非相关多元化战略的主要缺点是带来企业规模的膨胀以及由此带来管理上的复杂化。如果公司管理者对新扩充的管理业务一点也不熟悉，后果也许更糟。另外，实施非相关多元化战略需要大量的投资，要求公司具备较强的资金筹措能力。

(3) 一体化发展战略。一体化战略是指企业充分利用自身在产品、业务的生产、技术方面的优势，沿其产品的生产链条的纵向或水平方向不断地扩大其经营的深度和广度，包括纵向一体化战略和横向一体化战略两类。

① 纵向一体化战略。纵向一体化战略包括后向一体化战略和前向一体化战略，就是将企业的经营范围在同行业中向后扩展到供应源，或者向前扩展到最终产品的最终用户。纵向一体化战略的优势是以其成本节约保证额外的投资，或产生以差别化为基础的竞争优势，增强公司的竞争力。但纵向一体化战略也存在一定的局限性：A.会提高公司在某一产业的投资，增加行业经营风险；B.随着公司规模的增大有可能带来“大企业病”，公司内部供应可能会失去价格优势；C.价值链各个阶段生产能力的平衡问题；D.公司的价值链过长，会降低生产经营的灵活性以及市场反应能力；E.需要有雄厚的财力作为保障。

纵向一体化这个问题的核心在于：企业要想取得成功，哪些能力或活动应该在企业内部展开，哪些可以安全地转到外部的企业。如果不能获得巨大的利益，那么纵向一体化就不太可能成为诱人的战略选择。

② 横向一体化战略。横向一体化战略也叫水平一体化战略，是指将生产相似产品的企业置于同一所有权控制之下，以实现扩大规模、降低成本、提高企业实力和竞争优势的目标。横向一体化战略一般是企业面对竞争比较激烈的市场进行的一种战略选择。采用横向一体化战略的好处是：通过并购减少竞争对手；能够形成更大的竞争力量去和竞争对手抗衡；取得规模经济效益；能够取得被吞并企业在市场、技术及管理等方面的经验。

但是，横向一体化也会带来一些问题，最主要的就是管理问题和政府法规限制。由于合并前各企业在历史背景、企业文化、管理体制等方面存在较大差异，因此就会出现并购后较大的管理协调问题。另外，横向一体化战略可能会使合并后的企业在行业中处于垄断地位，过度垄断就会招致政府的干预。

2. 稳定型战略

稳定型战略主要适用于成功运行在具有可预测性环境之中的企业；采取稳定型战略意味着企业决定仍继续留在原有的业务领域，它以顺其自然的稳定、不做大的变动为标志，将资源集中于现有业务领域，以建立与加强竞争优势。此时，企业使命与目标基本保持不变，企业战略方案的焦点在于如何提高各职能领域的业绩，争取每年都能保持几乎相同的增长率。

3. 紧缩型战略

紧缩型战略也叫撤退战略，是指企业出让某些经营单位、子企业、事业部或某些产品领域。紧缩型战略与发展型战略是相辅相成的，企业采用发展型战略进入有发展前途的经营领域，而采用紧缩型战略从某些前景不佳的经营业务中撤退出来。

与发展型战略和稳定型战略相比，紧缩型战略通常被认为是一种消极的发展型战略，企业实施紧缩型战略一般只是短期的，其根本目的是使企业挨过风暴后转向其他的战略选择。可以说，紧缩型战略是一种以退为进的战略。

紧缩型战略主要有三种形式：①收获战略。这是指企业尽可能地从原有经营领域中回收现金的战略。企业在经营过程中为了削减费用支出和增加现金流，往往终止或大量减少对原有经营领域的投资，对原有的业务压缩投资控制成本。②清算战略。清算战略是指卖掉其资产或停止企业的运行而进行清理。清算战略是所有战略选择中最痛苦的一种。对于单一业务的企业，清算意味着终止企业的存在；对于多种业务的企业，清算意味着关闭一定数量的经营单位和解雇一批员工。只有在其他战略都失败时才考虑使用清算战略，在继续经营毫无希望的情况下，尽早制定清算战略比被迫破产对股东更有利，因此，清算战略在特定情况下，也是一种明智的选择。③放弃战略。这是指企业在衰退初期就把经营不善的经营单位或业务出让，最大限度地回收投资。在实施放弃战略时，企业要把握好时机，如果过早，企业便面临行业是否衰退、需求是否下降的巨大风险；如果过晚，行业内外的收购者就会拥有较强的谈判能力，企业同样会处于不利的地位。

4. 公司战略选择技术

PEST 分析、IFE 矩阵、EFE 矩阵所得出的信息都可以在 SWOT 分析中得到进一步运用和总结，从而进一步为企业战略服务。SWOT 分析是对企业内部条件(优势和劣势)、外部环境(机会和威胁)进行分析并实施战略匹配，最终得出被选战略的战略选择和评价方法。通过研究外部环境，企业确定它们可能会选择做什么；通过研究内部条件，企业确定它们能做什么。SWOT 的核心思想是企业的独特能力与行业竞争紧密整合。SWOT 分析的步骤如下所述。

第一步，罗列企业的优势(S)和劣势(W)，可能的机会(O)与威胁(T)。

第二步，优势、劣势与机会、威胁相组合，形成 SO、ST、WO、WT 策略。

第三步，对 SO、ST、WO、WT 策略进行甄别和选择，制定企业目前应该采取的具体战略与策略，将这些策略与企业的内部资源及能力和外部机遇有效地匹配。

如表 4-8 所示，SO 象限内的区域是企业机会和优势最理想的结合，这时的企业拥有强大的内部优势和众多的环境机会，可以采取增长型战略。WO 象限内的业务有外部市场机会但缺少内部条件，可以采取扭转型战略，尽快改变企业内部的不利条件，从而有效地利用市场机会。WT 象限内是最不理想的内外部因素的结合状况。处于该区域中的经营单位或业务在其相对弱势处恰恰面临大量的环境威胁。在这种情况下，企业可以采取减少产品或市场的紧缩型或防御型战略，或是改变产品或市场的放弃战略。ST 象限内的业务尽管在当前具备优势，但正面对不利环境的威胁，面对这种情况，企业可以考虑采取多元化经营战略，利用现有的优势在其他产品或市场上寻求和建立长期机会。另外，在企业实力非常强大、优势十分明显的情况下，企业也可以采用一体化战略，利用企业的优势正面克服存在的环境设立的障碍。

5. 业务组合管理工具

一个企业通常具有多项经营业务，而每一项业务具有不同的市场潜能，并且对企业提出不同的资源和能力要求。那么如何管理这些不同的业务单位使企业的总体效益达到最优，

可借助于一些业务组合管理工具来实现。

表 4-8　SWOT 策略矩阵表

外部环境 \ 内部条件	优势(S)(具体列出)	劣势(W)(具体列出)
机会(O)(具体列出)	SO 战略(增长型战略) 依靠内部优势 利用外部机会	WO 战略(扭转型战略) 利用外部机会 克服内部劣势
威胁(T)(具体列出)	ST 战略(多元化战略) 依靠内部优势 回避外部威胁	WT 战略(防御型战略) 减少内部劣势 回避外部威胁

(1)　波士顿矩阵法。

波士顿咨询集团法(简称波士顿矩阵或 BCG 矩阵)是由美国波士顿咨询公司提出的，也称为成长—份额矩阵，是多元化企业进行战略制定的有效工具。它通过把企业生产经营的全部产品或业务组合作为一个整体进行分析，解决企业相关经营业务之间现金流量的平衡问题。

具体分析步骤如下所述。

第一步，分别以市场份额和市场增长率为横纵坐标，并将两个因素分为高低两档次，绘出一个四象限矩阵，如图 4-14 所示。分别考察公司内各个经营单位的这两个因素，并把它们归入矩阵中的某个象限。

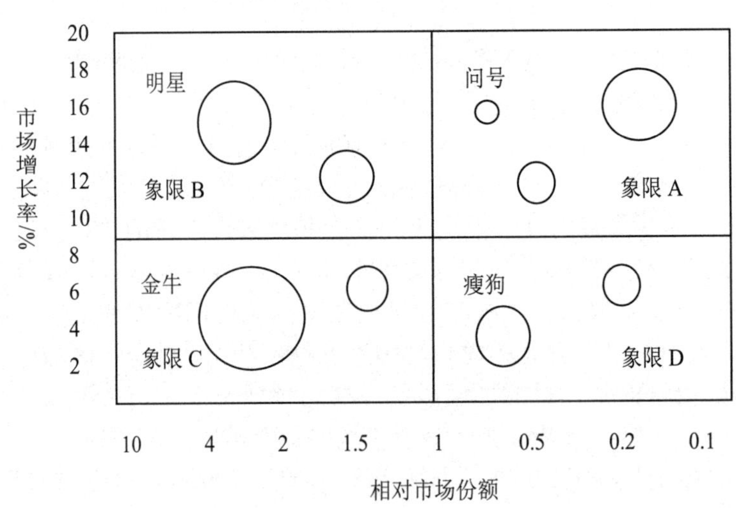

图 4-14　波士顿矩阵图

第二步，一个经营单位(或产品)用一个圆圈代表，圆圈大小代表该项业务或产品与企业全部收入的比值。

明星产品：这些产品的相对市场份额较高，反映企业的竞争能力较强，因而市场增长率也较高，反映市场前景美好，有进一步发展的机会。因此，应当发挥优势去抓住机会，

对这些产品选择扩张型战略，使之成长壮大。这些产品需要大量投资，是企业资源的主要消耗者。当这些产品日后的市场增长率下降时，就会变成金牛产品。

金牛产品：这些产品的相对市场份额较高，反映企业的竞争实力强；但市场增长率不高，表示出于成熟的、增长缓慢的市场中，不宜再增加投资去扩张。对他们比较适合采取维持现状的稳定战略，尽量保持其现有的市场份额，而将其创造的利润加以回收，用来满足明星产品和部分问号产品的发展扩张需求。

问号产品：这些产品的市场增长率较高，表明市场前景美好，有进一步发展的机会；但其相对市场份额较低，表明他们的竞争实力不强。因此，对于那些确有发展前途的产品，应采用扩张型战略，追加投资，使之转变成明星产品；对剩余的问号产品采取收缩和放弃战略。

瘦狗产品：这些产品的相对市场份额和市场增长率都较低，表明该产品已没有竞争实力，也没有发展前景。因此，较为适宜的战略应该是放弃或退出。

(2) GE 矩阵。

GE 矩阵是 20 世纪 70 年代麦肯锡公司为通用电气集团(Genneral Electric，GE)多元化战略所做的咨询项目中总结得出的。相对于波士顿矩阵采用市场增长率来衡量行业吸引力，用相对市场份额来衡量企业竞争实力，GE 矩阵采用业务单位竞争力来衡量企业的竞争实力，可以针对企业实际和产业特性，对行业吸引力从市场规模、行业潜力、行业盈利水平和竞争结构等方面进行综合衡量，因此，GE 矩阵具有更广泛的应用价值。GE 矩阵如图 4-15 所示。

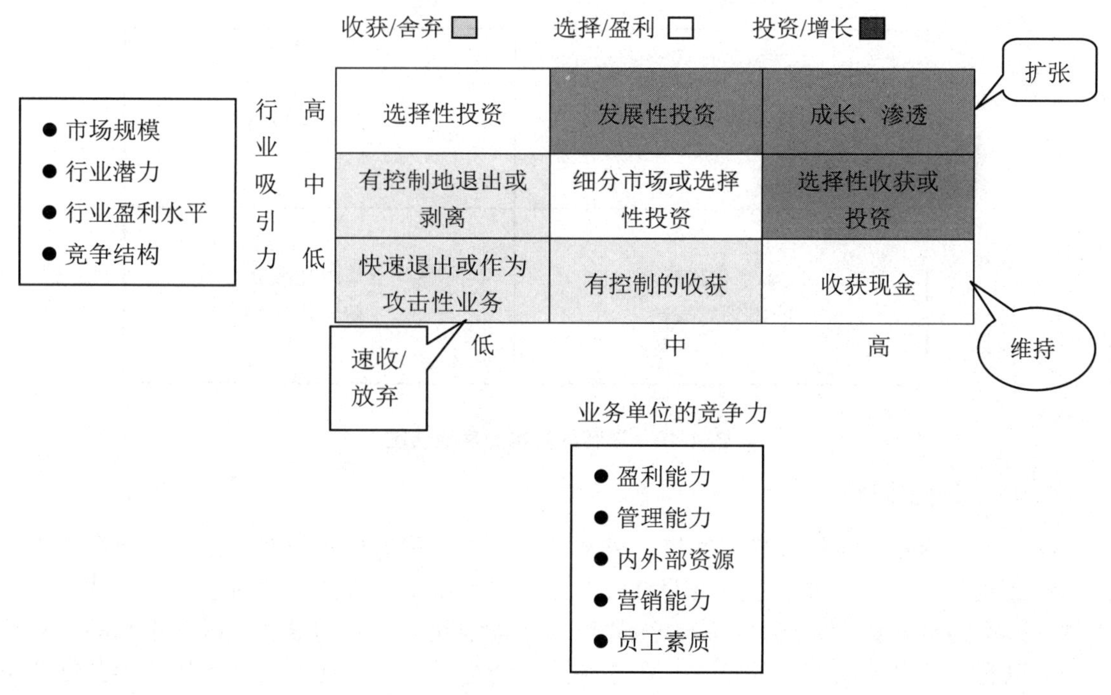

图 4-15　GE 矩阵

具体分析步骤如下所述。

第一步，用纵坐标表示行业吸引力、横坐标表示企业竞争地位，行业吸引力和企业竞争地位的值按关键要素评价矩阵的方法计算。

第二步，行业吸引力和业务单位竞争地位各分高、中、低三档，组合成九象限的矩阵，行业吸引力和业务单位竞争力因素都采用加权的五级计分制来评分，估测行业吸引力时：1=毫无吸引力，2=没有吸引力，3=中等吸引力，4=有吸引力，5=极有吸引力；在对业务单位竞争力进行评定过程中，选择一个总体上最强的竞争对手作为比较对象：1=极度竞争劣势，2=竞争劣势，3=同竞争对手持平，4=竞争优势，5=极度竞争优势。

第三步，一个业务单位在图中用一个圆圈代表，圆圈大小代表该单位的规模(以占用企业资产的比重来衡量)，该单位的市场份额用相应圆圈阴影扇形面积表示。

二、竞争战略选择

在企业经营管理中通常要面临两个非常严峻的问题，即如何选择企业经营的业务以及如何增强在这个行业中的竞争力，也就是行业吸引力问题和企业在该行业中地位的问题，这就是企业竞争战略要解决的核心问题。

迈克尔·波特提出了三种基本的竞争战略：成本领先战略、差异化战略和集中化战略。如图 4-16 所示。

竞争范围 \ 竞争优势	低成本	差异化
宽	成本领先战略	差异化战略
窄	集中化战略 成本领先战略	集中化战略 差异化战略

图 4-16　波特的基本竞争战略图

1. 成本领先战略

(1) 成本领先战略的含义和优势。成本领先战略又称低成本战略，是指企业在提供相同的产品或服务时，其成本或费用明显低于行业平均水平或主要竞争对手的竞争战略。成本领先战略的有效执行能使公司在激烈的市场竞争中获得更大的盈利，或在不利的经营环境中可以有效防御竞争对手的进攻。在这种战略的指导下，企业的目标是要成为其行业中的低成本生产厂商。

(2) 成本领先战略的选择和实施。选择成本领先战略往往是因为有以下因素的影响：市场中有许多对价格敏感的用户，实现产品差异化的途径很少，购买者不太在意品牌间的

差异。成本领先战略通常可通过以下途径来实现：①实现规模经济，要实现成本领先，企业通常要选择那些同质化程度高、技术成熟、标准化的产品进行规模化生产；②做好供应商营销，通过与上游供应商建立起稳定的合作关系，可以获得廉价、稳定的上游资源，并能影响和控制供应商，对竞争者建立起资源性壁垒；③生产技术创新；④塑造企业成本文化，企业应着力塑造一种注重细节、精打细算、严格管理、以成本为中心的企业文化。

(3) 成本领先战略的风险。竞争者可能会效仿，从而压低整个行业的盈利水平；行业内某些关键技术的突破可能会使这一战略失效；过于强调削减成本可能会使公司忽视顾客需求；购买者的兴趣可能会转移到价格以外的其他产品特征上。

在目前竞争激烈的市场环境下，成本领先战略一般都与差异化战略结合使用。

2. 差异化战略

(1) 差异化战略的含义和优势。差异化战略是指通过向客户提供与众不同的产品或服务，为客户创造价值。差异化战略的重点是不断地投资和开发顾客认为重要的产品或服务的差异化特征。差异化战略的成功实施可以使企业在激烈的市场竞争中获得超过平均水平的利润。

(2) 差异化战略的选择和实施。差异化战略通常要考虑差异化形成要素、差异化成本和客户需要，影响企业价值链中的差异化价值活动，为用户创造可接受的价值。因此，了解和确定什么是客户的价值是建立差异化战略的出发点。成功的差异化战略能够使企业以更高的价格出售其产品，并通过使客户高度依赖产品的差异化特征而赢得客户的忠诚。

(3) 差异化战略的风险。①可能会丧失部分客户，当客户对某种特殊产品价值的认同与偏好不足以使其接受该产品的高价格时，这部分客户就会转向选择物美价廉的产品；②用户对产品差异的需求下降，当用户变得越来越成熟时，对产品的特征和差别体会不明显时，就可能发生忽略差异的情况；③大量的模仿缩小了差异，特别是当产品发展到成熟期时，拥有技术实力的厂家很容易通过逼真的模仿，减少产品之间的差异。

3. 集中化战略

(1) 集中化战略的含义和优势。集中化战略是指企业选择行业内一个或一组细分市场，并量体裁衣，使其战略为选定的细分市场服务。通过对其目标市场进行战略优化，集中化战略的企业致力于寻求其目标市场上的竞争优势，尽管它并不拥有在全面市场上的竞争优势。集中化战略一般有两种形式：特定目标市场上的成本领先战略和特定目标市场上的差异化战略。

(2) 集中化战略的选择和实施。集中化战略的成功实施，要求所经营的业务有足够的规模，有良好的增长潜力，而且对其他主要竞争者的成功并不是至关重要的。当客户有独特的偏好或需求，以及当竞争公司不想专业化于同一目标市场时，集中化战略最有效。采用集中化战略的企业可以比竞争对手更好、更有效率地服务于特定的细分市场，且服务于小市场的成本比竞争对手的成本低，或者能更好地满足用户的需求。

(3) 集中化战略的风险。①一旦竞争结构改变或消费者需求偏好改变，细分市场与总体市场之间在产品或服务上的差别变小，细分市场中的顾客需求可能与一般顾客需求趋同，集中化战略优势被削弱或清除；②由于细分市场具有很强的吸引力，行业内的竞争对手可能会聚焦于相同或更加狭窄的细分市场上，从而使原来采用集中战略的企业失去竞争优势；

③由于狭小的目标市场难以支撑必要的市场规模，所以集中化战略可能带来高成本的风险，使企业集中化战略失败。

成本领先战略和产品差异化战略在多个行业细分市场的广阔范围内寻求竞争优势，而集中化战略选择行业内一种或一组细分市场，提供满足特定用户需求的产品和服务，以寻求成本优势(成本集中)或差异化(差异化集中)。事实上，成本领先和集中化经营不过是另一种差异化，所以差异化战略是企业竞争战略的基本出发点。成功地实施三种基本竞争战略需要不同的资源和技能，具体要求如表 4-9 所示。

表 4-9　三种基本竞争战略在架构上的差异表

基本竞争战略	需要的基本资源和技能	基本组织要求	战略风险
成本领先战略	持续的资本投资和良好的融资能力 工艺技能 对工人严格监督 设计产品易于制造 低成本的分销系统	结构分明的组织和责任 以严格定量目标为基础激励 经常详细的控制报告	技术上的变化不保护已有投资和经验 新加入者和追随者的模仿，用较低的成本进行学习 产品和市场变化的盲点 无法保持足够的价格差
差异化战略	强大的生产营销能力 产品加工 对创造性的鉴别能力 很强的基础研究能力 质量和技术领先 在产品中有悠久传统 从其他业务得到独特技能组合 销售渠道的高度合作	研发、产品开发和市场营销部门之间的密切合作 重视主观评价和激励 轻松愉快的气氛吸引高技能工人、科学家和创造性人才	成本差异过大，以致顾客转移 买方需要的差异化下降 模仿使已建立的差别缩小
集中化战略	针对具体战略目标，由上述各项组合构成	针对具体战略目标，由上述各项组合构成	成本差异变大 战略目标市场与整体市场差距缩小 竞争对手找到更加细分的市场

第四章现代企业战略管理 .ppt

第四章案例.doc

第四章习题与答案.doc

第五章　现代企业商业模式

学习目标

通过本章的学习，可使读者了解商业模式的具体构成内容；盈利模式具体形式。需掌握商业模式的概念；商业模式的构成要素；商业模式的特点；商业模式的核心原则；商业模式的设计。

关键概念

商业模式；商业模式形式；商业模式设计

第五章商业模式构成.mp4

第五章商业模式 01.mp4

第五章商业模式构成 02.mp4

第五章商业模式构成 03.mp4

现代管理学之父彼得·德鲁克曾说：21 世纪企业之间的竞争不再是产品与产品的竞争，而是商业模式之间的竞争。随着信息网络技术发展，企业只有改变商业模式，优化产业链的各个环节，实现最佳的交易组合，实现客户、股东、合作方、内部分公司和员工的多方共赢，才能有较好的发展。

第一节　现代企业商业模式

一、商业模式发展起源

“商业模式”最早出现在 20 世纪 50 年代，流行于 20 世纪 90 年代中期。但直到 20 世纪 90 年代互联网兴起以后，才引起广泛关注。“商业模式”之所以引起人们的高度关注，主要是因为环境的变化。

随着经济发展和市场的变化，商业环境(互联网、发展机会、金融系统、存量资源和能力)也发生了巨大的变化，促使企业定位和商业模式不断地改进和更新，如图 5-1 所示。

互联网自 1969 年发明以来，短短的 50 多年，彻底地改变了世界。互联网最基础的功能是信息的汇聚，从而形成价值无尽的信息流。在互联网平台中，人与人之间的关系不再被物理空间所约束，社会存在的方式也发生了革命性变化。近年来，博客、微博等应用相继出现，使互联网成为交互平台。政府事务和企业的应用，推动互联网成为工作平台。而目前，互联网进入了以大数据、智能化、移动互联网和云计算为表征的“大智移云”时代。互联网的快速发展，促使越来越多的企业家开始运用互联网思维对传统企业价值链进行重新审视，发现更多的商业模式，激发出更多的新型业态。

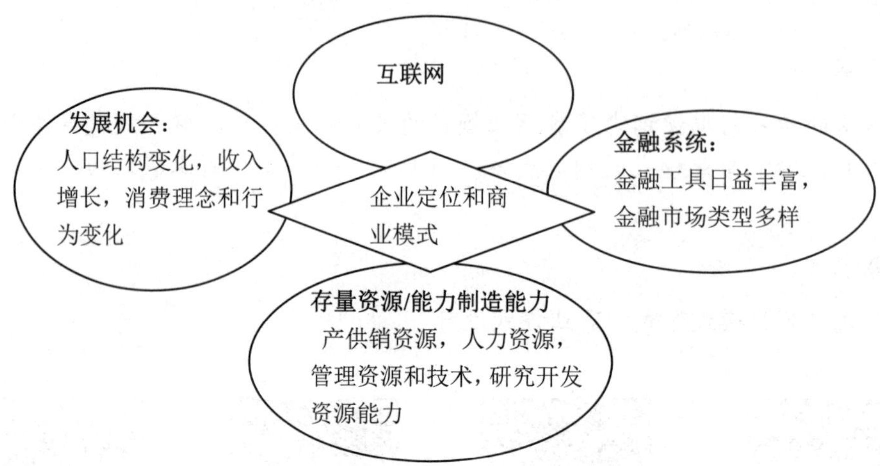

图 5-1　环境对商业模式发展影响因素

互联网与传统产业的融合也在不断地创新商务模式和产业机会。随着新技术的快速发展，互联网与传统产业不断融合，产业边界日益交融。此外，互联网新技术也催生了新的经济增长点，推动了产品创新与更新。近年来，移动互联网、云计算、大数据等新技术的发展和成熟，带动了相关产业的创新发展。2013 年德国正式将工业 4.0 作为《高技术战略 2020》的十大项目之一，其内涵是充分利用互联网、物联网及大数据实现人、数据和设备协同，推动制造业的智能化转型和模式创新。美国通用电气公司(GE)将工业互联网作为智慧与机器的桥梁。例如，该公司依据从飞机传回的数据对喷气引擎预防性维护，仅此在美国就防止了不止 6 万次的航班延误或取消。如果将传感数据收集和分析用于提高燃油效率，1%的增幅就能使航空业每年节省 20 亿美元。

随着互联网化进程的推进，人与人、人与信息、信息与信息之间正在建立紧密的连接，企业组织结构、业务流程以及商业模式将不断革新。互联网的发展也使企业生存、发展呈现生态化趋势。詹姆士·穆尔(James F.Moore)1996 年出版的《竞争的衰亡》指出：所谓的商业生态系统(Business Ecosystem)，就是由组织和个人所组成的经济联合体，其成员包括核心企业、消费者、市场中介、供应商、风险承担者等，在一定程度上还包括竞争者，这些成员之间构成了价值链，不同的链之间相互交织形成了价值网，物质、能量和信息等通过价值网在联合体成员间流动和循环，如图 5-2 所示。

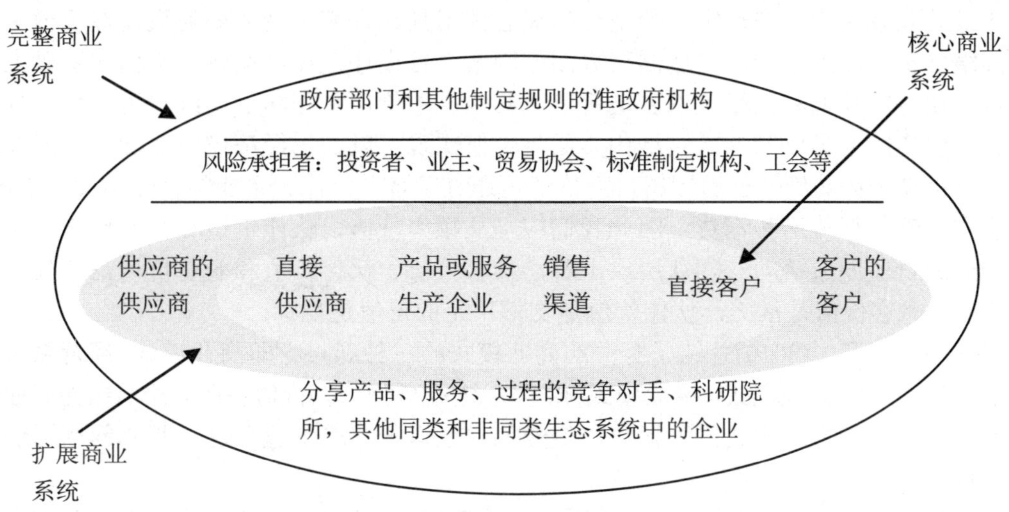

图 5-2　商业系统的范围和组成图

二、商业模式的概念与特点

早在 20 世纪 50 年代就有人提出了“商业模式”的概念，但关于它的定义仍没有一个统一的界定，理论研究者与实践者从管理学、经济学等不同的角度进行了多种界定。

保罗・蒂姆尔斯(Paul Timmers，1998)认为：商业模式是一个产品、服务和信息流框架，包括对商业活动及其作用的描述，对不同商业参与者潜在利益的描述，对收入来源的描述。

林德和坎德蕾尔(Linder&Cantrell，2000)认为：商业模式是组织创造价值的核心逻辑。

威廉・维塔莱(Will Viatale，2001)认为：商业模式是对公司的消费者、客户、同盟还有供应商的角色与关系的描述。

曼格塔(Magretta，2002)认为：商业模式是一个企业如何通过创造价值，为客户和维持企业正常运作的所有参与者服务的一系列设想。

左特和阿密特(Zott&Amit，2001)认为：商业模式是价值创造的分析单元，可以通过利用各商业机会，描述内容、结构以及交易治理来创造价值。2012 年，两人进一步将商业模式拓展为：交易集或活动系统，它决定了企业与客户、合作者、卖家等如何“行商”的过程。

Innosight 公司的联合创始人和董事长约翰逊(Mark Johnson)、哈佛大学教授克里斯坦森(Clayton Christensen)和 SAP 公司的 CEO 孔翰宁(Henning Kagermann)联合在《如何重塑商业模式》一文中指出：商业模式就是如何创造和传递客户价值和公司价值的系统。

国内有关学者对其也进行了研究，提出商业模式的定义。

清华大学雷家肃教授(2002)认为：商业模式是一个企业如何利用自身资源在一个特定的包含了物流、信息流和资金流的商业流程中，将最终的商品和服务提供给客户，并收回投资，获取利润的解决方案。企业把上述一系列管理理念、方式和方法反复运用，进行集成与整合，从而形成了自己的一套管理方法和操作系统。

原磊(2007)认为商业模式是一种描述企业如何通过对经济逻辑、运营结构和战略方向等

具有内部关联性的变量进行定位和整合的概念性工具，说明了企业如何通过对价值主张、价值网络、价值维护和价值实现四个方面的因素进行设计，在创造顾客价值的基础上，为股东以及伙伴等其他利益相关者创造价值。其中：①价值主张和价值维护可以归为战略方向方面，价值网络可以归为运营结构方面，价值实现可以归为经济逻辑方面；②商业模式从本质上讲是企业的价值创造逻辑，而价值是通过顾客、伙伴、企业的合作而被创造出来，并在它们之间进行传递和消费，因此我们应当从顾客价值、伙伴价值和企业价值三个角度研究企业的价值创造活动；③从层次上看，顾客价值、伙伴价值和企业价值三者处于不同的层次——顾客价值是基础，伙伴价值是支撑，企业价值是目标。

张敬伟、王迎军(2010)总结了有关的商业模式的三种观点，即商业模式=经营系统，商业模式=经营系统+盈利模式，商业模式=经营系统+盈利模式+价值主张。他们认为商业模式从本质上讲是一种思维方式，为解决“企业如何创造与获取价值”这一基本问题提供一种全新视角。

朱武祥等(2012)认为企业的本质是利益相关者的合约集合，而不是由企业自身的有形资产构成，商业模式就是企业为实现定位而构建的利益相关者的交易结构。商业模式的核心就是利益相关者的交易结构。

《中国商业评论》认为商业模式是企业创造价值的核心逻辑，这里的价值不仅仅是为股东创造利润，还包括为客户、员工、合作伙伴乃至整个社会提供的价值，它高度概括了决定商业模式最关键的要素；其一，构建商业模式的目的是创造企业价值；其二，商业模式是以商业活动和要素中的显著特征和核心逻辑来体现的。还有人从寻求投资的角度把商业模式看作是用来描述商业生态系统价值创新的一种投资沟通载体。

纵观商业模式概念的研究，基本是从战略、经营系统或组织内部结构、价值创造三个视角进行研究的。切萨布鲁夫(Chesbrough，2010)、莫里斯等(Morris，2013)指出：深入理解商业模式需要综合考虑这三种观点。结合目前有关商业模式的研究，本书将商业模式界定为：企业为了适应环境发展，实现组织发展目标的，包含其他企业生态组织成员的，把企业运行的内外各要素整合起来，具有核心竞争力的商业逻辑，用于描述企业所能为客户提供的价值，以及公司的内部结构、合作伙伴网络和关系资本(Relationship Capital)等，借以实现(创造、推销和交付)这一价值，并产生可持续盈利收入的要素。

好的商业模式具有某些共同特点：与企业目标和资源一致、能够自我强化战略定位、能为企业带来活力。最重要的是，成功的商业模式能够产生具有自我强化能力的良性循环，不断增强企业的竞争优势和战略定位。商业模式具有如下特点。

(1) 整体性。商业模式是一个整体的、系统的概念，有一定的结构，组成部分之间有内在联系，相互支持、共同作用，形成一种良性循环。商业模式不仅仅是一个单一的组成因素，如收入模式(广告收入、注册费、服务费)，向客户提供的价值(在价格上竞争、在质量上竞争)，组织架构(自成体系的业务单元、整合的网络能力)等，这些都是商业模式的重要组成部分，但并非全部。

(2) 组成要素的系统性。泰莫斯指出商业模式是一个完整的产品、服务和信息流体系，包括每一个参与者和其在其中起到的作用，以及每一个参与者的潜在利益和相应的收益来源和方式。商业模式不仅仅要考虑企业自身，更要考虑周围的环境，要整合供应商、制造商、经销商，终端商以及消费者等的综合性利益。商业网络就像一个自然生态系统，企业

的经营大环境是一个联系紧密、互为依赖的共生系统。

(3) 严密的逻辑性。商业模式的组成部分之间必须有内在联系，这个内在联系把各组成部分有机地关联起来，使它们互相支持、共同作用，形成一种良性的循环。无论是从价值分析着手，还是从市场定位分析开发开始，商业模式通过相应的逻辑可以描述公司的产品、服务、客户市场以及业务流程，进而保证商业模式的效率。

(4) 效益性。企业能否持续盈利是判断其商业模式是否成功唯一的外在标准。持续盈利是对企业是否具有可持续发展能力的最有效的考量标准，这也是商业模式必须具备的特征。

(5) 差异性。商业模式是为了创造独特的竞争优势，这就要求商业模式必须具有自己独特的特征，商业模式间存在差异，又不易被复制，才能取得竞争优势。商业模式的差异性还表现在每种商业模式都应能提供独特价值。有时候这个独特的价值可能是新的思想；而更多的时候，它往往是产品和服务独特性的组合。这种组合要么可以向客户提供额外的价值；要么使客户能用更低的价格获得同样的利益，或者用同样的价格获得更多的利益。

(6) 难以模仿性。企业通过确立自己的与众不同，如对客户的悉心照顾、无与伦比的实施能力等，提高行业的进入门槛，从而保证利润来源不受侵犯。

(7) 现实性。商业模式应具备应付变化的客户需求、宏观环境变化及市场竞争环境的能力，必须基于企业现有的资源，以及市场竞争的现实。故此，成功的商业模式是脚踏实地的。企业要做到量入为出、收支平衡。这个看似不言而喻的道理，要想年复一年、日复一日地做到，却并不容易。

(8) 生命周期性。商业模式都有一个过程，具有生命性。一个世纪前，金•吉利通过赠送产品来赢得财富，创造了一种新的商业模式，而今天当各商家都用打折或买一送一的方式来促销时，这就不再是一种商业模式了。

(9) 可持续性。商业模式是企业实现目标的逻辑性架构，是随着社会经济发展而动态变化的。但作为公司的整体性设计，涉及与其他合作方的关系，需要保持一定的稳定性。

(10) 简洁性。商业模式是对一个组织如何行使其功能的描述，是对其主要活动的提纲挈领的概括。商业模式贵在简洁或简约，尽可能省去一切中间环节的商业模式是最受到消费者欢迎，同时也是最能以较低成本获取最大商业回报的。

三、商业模式模型及构成要素

由于企业商业模式概念的多样性及研究者对企业商业模式认识的侧重点不同，使商业模式构成要素的划分呈现出高度的差异性。另外，不同的企业各构成要素不同，整合形式不同，也就决定了不同的企业有着千差万别的商业模式。而商业模式的组成要素也随着要素的组成及排列方式而对模式是否符合企业战略目标产生至关重要的作用。以下是几种较为典型的企业商业模式及其构成要素。

1. 亚历山大•奥斯特瓦德的九要素模型

2004 年，亚历山大•奥斯特瓦德(Osterwalder)提出了一个较为权威的商业模式模型，如图 5-3 所示。该模型包括价值主张、消费者目标群体、分销渠道、客户关系、价值配置、核心能力、合作伙伴网络、成本结构、收入模型等九个要素。价值主张(Value Proposition)是公司通过其产品和服务所能向消费者提供的价值。价值主张确认公司对消费者的实用意义；

消费者目标群体(Target Customer Segments)是公司所瞄准的消费者群体。这些群体具有某些共性，从而使公司能够(针对这些共性)创造价值。定义消费者群体的过程也被称为市场划分(Market egmentation)；分销渠道(Distribution Channels)是公司用来接触消费者的各种途径。这里阐述了公司如何开拓市场。它涉及公司的市场和分销策略；客户关系(Customer Relationships)是公司同其消费者群体之间所建立的联系。我们所说的客户关系管理(Customer Relationship Management)即与此相关；价值配置(Value Configurations)是企业资源和活动的配置；核心能力(Core Capabilities)是公司执行其商业模式所需的能力和资格；合作伙伴网络(Partner Network)是公司同其他公司之间为有效地提供价值并实现其商业化而形成的合作关系网络。这也描述了公司的商业联盟(Business Alliances)范围；成本结构(Cost Structure)是公司所使用的工具和方法的货币描述；收入模型(Revenue Model)是公司通过各种收入流(Revenue Flow)来创造财富的途径。

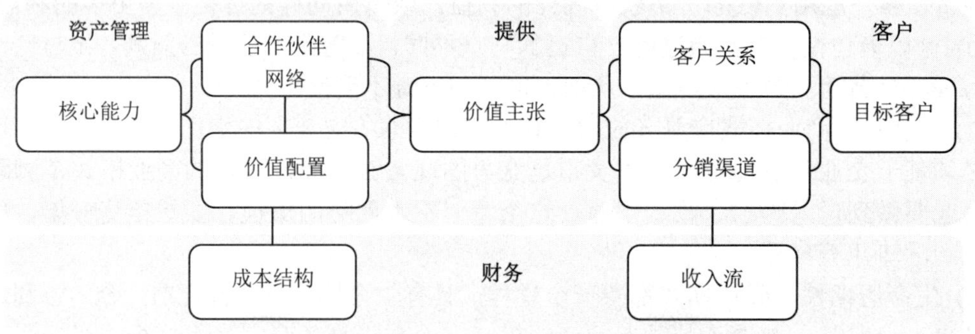

图 5-3 Osterwalder 提出的商业模式模型

2. 商业模式 3W2H 模型

Innosight 公司的联合创始人和董事长约翰逊(Mark Johnson)、哈佛大学教授克里斯坦森(Clayton Christensen)和 SAP 公司的 CEO 孔翰宁(Henning Kagermann)联合在《哈佛商业评论》上发表的《如何重塑商业模式》一文中指出：商业模式由四个密切相关的要素构成：客户价值主张、盈利模式、关键资源和关键流程。其中，客户价值主张是指你能为客户带来什么不能替代的价值；盈利模式是指你如何从为客户创造价值的过程中获得利润；关键资源是指企业内部如何汇聚资源来为客户提供价值；关键流程则是指通过企业内部制度和文化以实现其客户价值。客户价值主张和盈利模式分别明确了客户价值和公司价值，关键资源和关键流程则描述了如何实现客户价值和公司价值。关键资源是企业在创造价值流程中的基础，关键流程则贯穿于企业利用这些关键资源的全过程，这两个方面相配合旨在为客户提供价值，即满足客户价值主张。这一整套活动都是在企业能够盈利的基础上进行的，也就是在这一系列的活动中形成了企业自身的盈利模式。围绕四要素紧密形成一个商业模式模型，如图 5-4 所示。

3. 斯科特 · 沙夫(Scott M. Shafe)四要素模型

斯科特 · 沙夫(Scott M. Shafe，2005)的研究指出商业模式的要素归为四大类，即战略选择、价值网络、价值创造、价值获得。战略选择是企业根据自身定位、发展方向等综合所作出的判断，这也是商业模式的开端，选定适合的战略是商业模式成功与否的关键。战略选择要首先从消费者入手，根据企业的资格能力，利用企业的品牌吸引效应，制定出有效的策略来应对竞争者，特别是提供差异性的产品或服务，并对目标市场进行细分并且明确其服务范围，最终完成实现企业的价值主张的使命。

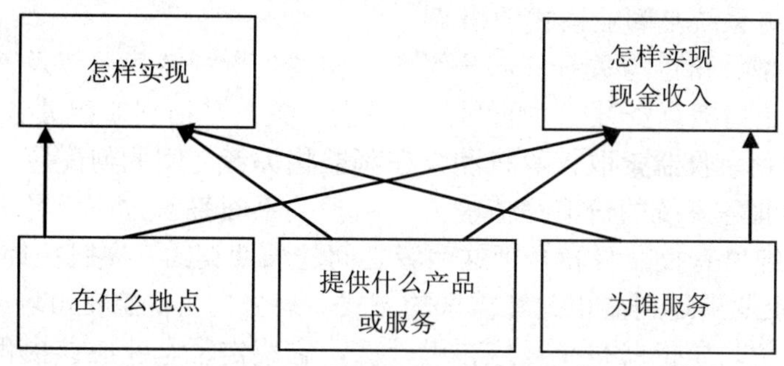

图 5-4　商业模式 3W2H 模型图

价值网络：有限的资源限制了企业的运营活动范围，这就势必要求企业重视整个产业链中能合理衡量其所处的地位及所能提供的价值，只有产业链整体的拓展壮大及自身对产业链黏合度不断增强，才能使企业获得持续的利益。

价值创造：商业模式的过程就是企业价值创造的过程，价值的创造体现于企业在流程/行动中利用自身所拥有或是以其他方式所取得的资源/资产并对其进行整合再生产使其能够为目标客户所使用。

价值获得：商业模式的宗旨就是实现企业价值即价值获得，这也是企业选择战略实现的最直接的体现。价值获得是从商业模式的多个要素中提炼出来的，能简练地描述出商业模式所追寻的目标。价值获得也是商业模式最后一个环节。

4. 魏朱六要素模型

朱武祥、魏炜(2009)指出商业模式体系包括企业定位、业务系统、关键资源能力、盈利模式、自由资金流结构和企业价值六个方面，称为“魏朱商业模式模型”，如图 5-5 所示。

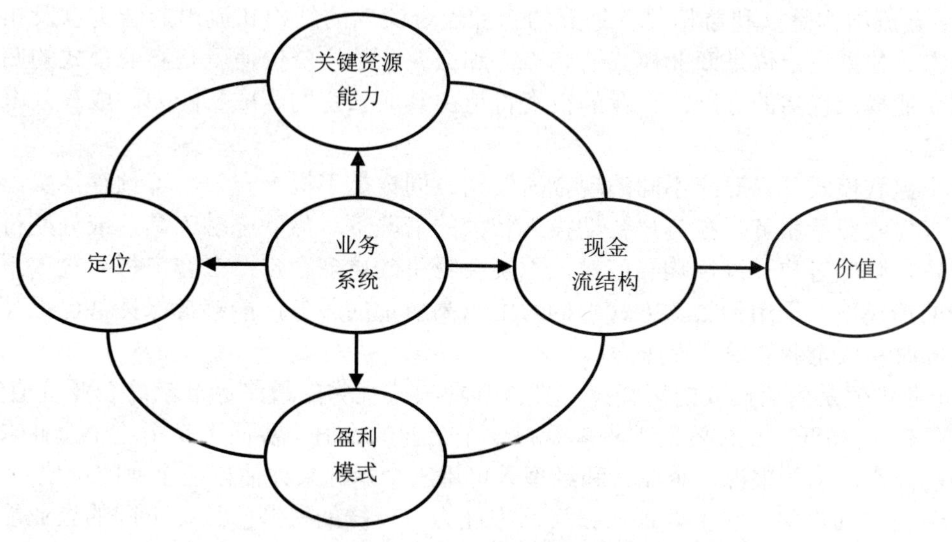

图 5-5　魏朱商业模式模型

(1) 业务系统是指企业选择哪些行为主体作为其内部或外部的利益相关者。业务系统是指企业达成定位所需要的业务环节、各合作伙伴扮演的角色以及利益相关者合作与交易的方式和内容。可以从行业价值链和企业内部价值链以及合作伙伴的角色两个层面来理解业务系统的构造。业务系统是商业模式的核心。

业务系统由构型、角色与关系三部分组成。构型是指利益相关者及其连接方式所形成的网络结构；角色是指拥有资源能力的利益相关者；关系是指利益相关者之间的治理关系，主要描述控制权和剩余收益索取权等权利束在利益相关者之间如何配置。这三方面的不同配置都会影响整个业务系统的价值增值能力。治理关系回答双方在交易中如何分割权利，包括纯市场交易、纯所有权交易和介于这两者之间的长期契约、参股、控股、企业联盟等。

(2) 定位是指企业满足利益相关者需求的方式。一个企业要想在市场中赢得胜利，首先必须明确自身的定位。定位就是企业应该做什么，它决定了企业应该提供什么特征的产品和服务来实现客户的价值。定位是企业战略选择的结果，也是商业模式体系中其他有机部分的起点。

(3) 盈利模式是以利益相关者划分的收支来源以及相应的收支(或计价)方式，是企业如何获得收入、分配成本、赚取利润。良好的盈利模式不仅能够为企业带来收益，更能为企业编织一张稳定共赢的价值网。同一个产品，收入来源有多种。例如，轮胎可以直接销售，也可以销售使用权。米其林把轮胎的收益权和转让权留归自己，车的主人则获得轮胎使用权。

计价的方式也有很多方式，可以按时间收费、按价值收费、按消费资格收费等。游戏就有销售光碟(消费资格计价)、点卡(时间计价)、道具(价值计价)等盈利模式。

(4) 关键资源能力是支撑交易结构的重要资源和能力。业务系统决定了企业所要进行的活动，而要进行这些活动，企业需要掌握和使用一整套复杂的有形资产和无形资产、技术和能力，这就是关键资源和能力。关键资源和能力是让业务系统运转所需要的重要的资源和能力。任何一种商业模式构建的重点工作之一就是明确企业商业模式有效运作所需的资源能力，如何才能获取和建立这些资源和能力。

(5) 现金流结构是以利益相关者划分的企业现金流入的结构和流出的结构以及相应的现金流形态。如果说定位是商业模式的起点，那么企业的投资价值就是商业模式的归宿，这是评判商业模式优劣的标准。企业的投资价值由其成长空间、成长能力、成长效率和成长速度决定。

同一个盈利模式可以对应不同的现金流结构。同样是手机卡充值，可预存话费，也可月结。前者先收费后服务。在客户初期投入较大的情况下，借助金融工具，或分期付款，或融资租赁，降低客户一次性购买门槛，无疑会吸引到更多客户；在客户每次投入不大又重复消费的情况下，采用预收款方式，同时配以高质量的服务，能够在保持甚至提高客户满意度的同时释放企业的现金流压力。

(6) 企业价值是商业模式的落脚点。评判商业模式优劣的最终标准就是企业价值(或者商业模式价值)的高低。从投资的观点来看，一个企业的价值，实质上是指这个企业未来可持续赚钱的能力。总的来说，企业家和经理人可用三个指标来评估自己企业的价值。

- 总资产回报率。它主要评估投资回报能力。一样的资源，放在不同的企业能产生的价值是不同的。如果某种商业模式能用同样的投入实现更高的产出，其总资产

回报率就高，企业价值也必然高。

- 销售利润率。它主要反映竞争结构。一般而言，如果所在的行业竞争越激烈，或者企业所处价值环节的竞争越激烈，则其销售利润率会越低。相反，如果企业的销售利润率高于大部分同价值环节的竞争对手，则其商业模式必有特别之处。
- 销售额复合增长率。它主要考察可持续性。企业的扩张有生长型扩张和复制型扩张两种方式，不管是哪一种，都会体现在销售额复合增长率上。在企业规模还比较小的时候，保持一定的销售额复合增长率，不但能提高企业价值，还有可能是企业生死存亡的关键因素。

5. 商业模型的“8-4-3”结构

原磊(2007)通过对企业价值创造活动的全方位考察和抽象总结，并在参考国外众多关于商业模式构成要素观点的基础上，提出商业模型的“8-4-3”结构，如图 5-6 所示。

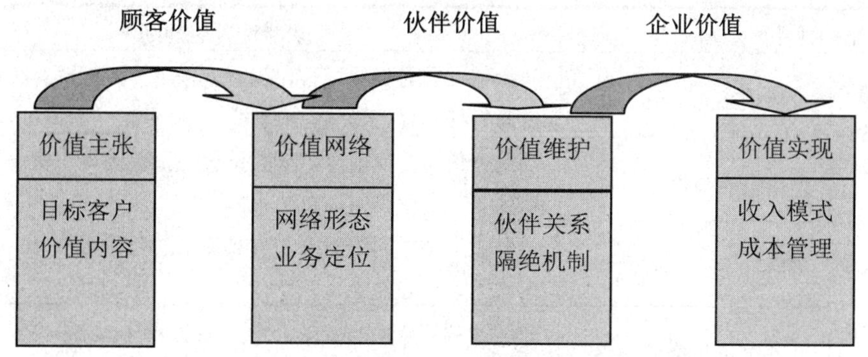

图 5-6　商业模型“8-4-3”结构图

该结构模型中“3”代表联系界面，包括顾客价值、伙伴价值、企业价值；“4”代表构成单元，包括价值主张、价值网络、价值维护、价值实现；“8”代表组成因素，包括目标顾客、价值内容、网络形态、业务定位、伙伴关系、隔绝机制、收入模式、成本管理。

在联系界面方面，价值主张和价值网络的共同作用就形成了顾客价值，而顾客价值是指企业实际提供给顾客的特定利益组合。对于企业来讲，企业必须围绕价值主张构建价值网络，价值网络为价值主张服务；同时企业在提出价值主张的时候，也必须考虑价值网络，即价值主张必须具有可操作性。伙伴价值则有价值网络和价值维护的共同作用，是指企业实际提供给伙伴的特定利益组合。对于企业来讲，要想维护价值网络的高效运转，必须与伙伴共同创造和共同分享价值，实现“共赢”。不同形态的价值网络中，伙伴的讨价还价能力不同，因此伙伴价值的高低同时取决于价值网络和价值维护两方面的作用。价值维护和价值实现的共同作用形成了企业价值，它是指企业实现的最终盈利。

作者进一步引入模块化的理念，将其分解为三个层次的价值模块和两种类型的界面规则。三个层次的价值模块如表 5-1 所示，两种类型的界面规则如表 5-2 所示。

综合当前商业模式模型及构成要素的研究成果。本书认为，商业模式的构成要素可从广义与狭义分别进行界定。狭义上的商业模式构成要素侧重于企业自身；而广义上的商业模式构成要素侧重于企业、环境、合作伙伴等，如图 5-7 所示。

表 5-1　三个层次的价值模块表

单元模块	结构模块	功能模块
价值主张	目标客户	防御性客户，营利性客户、资产性客户、增殖性客户
	价值内容	功能价值、体验价值、信息价值、文化价值
价值网络	网络形态	产品流形态、收益流形态、信息流形态
	业务定位	系统分解集成商、专有零件供应商、通用零件供应商
价值维护	伙伴关系	正式制度安排、非正式制度安排
	隔绝机制	封闭式隔绝、开放式隔绝
价值实现	收入模式	收入源、收入点、收入方式
	成本管理	成本布局、成本控制

表 5-2　商业模式两个级别的界面规则表

结构性界面规则		功能性界面规则
价值主张与商业模式	目标顾客与价值主张	防御型顾客与目标顾客、盈利型顾客与目标顾客、资产型顾客与目标顾客、增殖型顾客与目标顾客
	价值内容与价值主张	功能价值与价值内容、体验价值与价值内容、信息价值与价值内容、文化价值与价值内容
价值网络与商业模式	网络形态与价值网络	信息流形态与网络形态、产品流形态与网络形态、收益流形态与网络形态
	业务定位与价值网络	系统分解集成商与业务定位、专有零件(模块)供应商与业务定位、通用零件(模块)供应商与业务定位
价值维护与商业模式	伙伴关系与价值维护	正式制度安排与伙伴关系、非正式制度安排与伙伴关系
	隔绝机制与价值维护	封闭式隔绝与隔绝机制、开放式隔绝与隔绝机制
价值实现与商业模式	收入模式与价值实现	收入源与收入模式、收入点与收入模式、收入方式与收入模式
	成本管理与价值实现	成本布局与成本管理、成本控制与成本管理

狭义的商业模式构成要素包括产品或服务系统、资源配置与运营系统、价值生产系统、价值传递与实现系统。无论何种商业模式，其要实现或传递的价值都必须依附于特定的载体，即产品或服务，也就是产品或服务系统。当然，当前产品或服务已经延伸到整体解决方案。通过全方位的整体解决方案发掘客户的潜在需求，满足客户的全面要求。资源配置与运营系统是指企业整合其内部或外部可获得的资源，并在企业内进行科学的组织工作，合理分工，高效合作，以达到经营高效、成本节约、风险降低的手段和方式。此外，在资源配置系统中，要重视关键资源与能力的配置与开发，形成企业的核心能力。

关键资源和能力是让业务系统运转所需要的重要的资源和能力。任何一种商业模式构建的重点工作之一就是明确企业商业模式有效运作所需的资源能力，如何才能获取和建立这些资源和能力。价值生产系统是指企业通过拥有的技术、工艺设备等，将相关资源输入转化为客户需要的有形的产品或服务的体系，可以包括采购系统、生产、库存等体系。价值转移、传递及实现系统主要包括企业拥有的销售渠道、物流配送体系、相应的财务体系等，主要是将相关的产品或服务转移到客户手中，并实现现金流的回收。

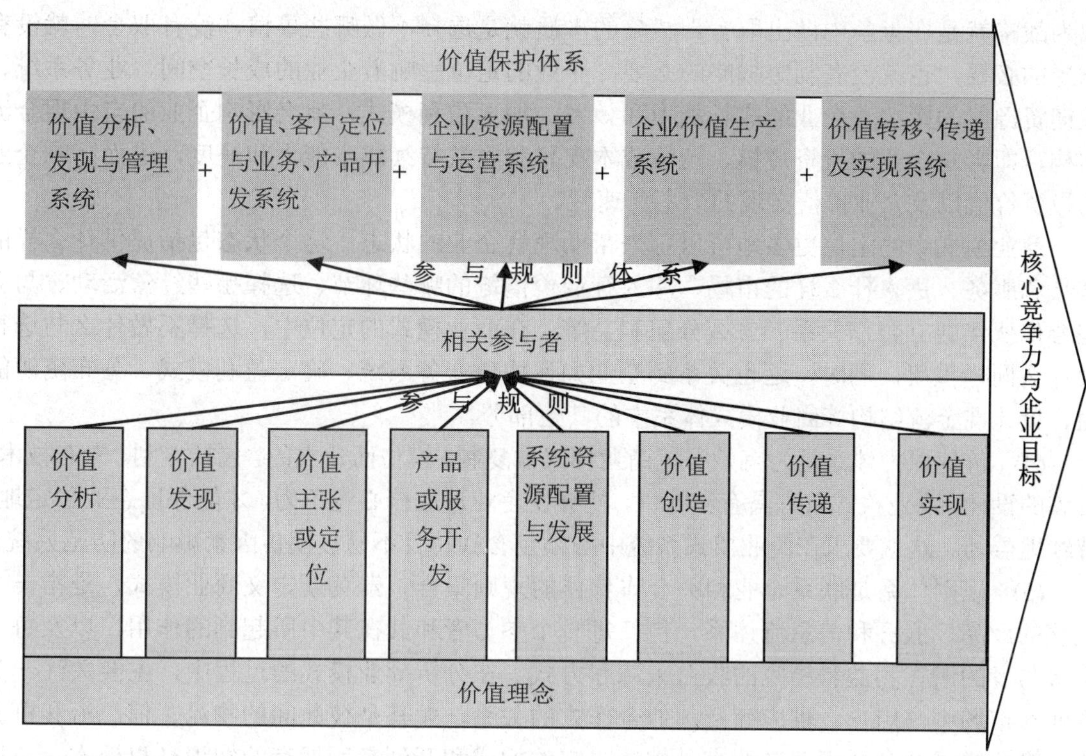

图 5-7　企业商业模式系统构成要素图

广义的商业模式构成要素是将企业与外部环境、合作伙伴有机地联系起来，涵盖了企业价值理念系统、价值分析与管理系统、价值主张与核心资源匹配管理系统、产品或服务系统、资源配置与运营系统、价值生产系统、价值传递与实现系统、合作规则系统、价值保护系统等。

(1) 价值理念是企业对所处行业价值变化趋势所持的态度，包括对客户价值的理解，它决定了企业对当前及未来价值发展趋势的判断，决定企业能否发现新的价值区间。它对商业模式的其他构成要素都会造成影响。另外，企业价值理念联系了企业文化、企业战略，是企业文化、使命与发展愿景的延续。这样，通过价值理念体系就可以将商业模式与企业文化、战略有机地联系起来。

(2) 价值分析与价值管理系统是指企业对行业发展、市场发展、客户行为变化等进行调查研究的系统，目的是为了分析、判断行业、市场发展趋势，寻找利润区，分析、管理利润区的系统。价值分析与价值管理系统将企业与宏观环境、行业环境等联系起来。环境是不断变化的，商业模式必须适应环境的变化，才能具有生命力，作为商业模式系统，应该包括能够促进其更新的要素。故此，价值分析与价值管理系统应成为商业模式系统的构成要素。

(3) 价值定位系统是企业决定为哪些客户提供什么样价值的决策系统。企业要想在市场中赢得胜利，首先必须明确自身的定位。定位就是企业应该做什么，它决定了企业应该提供什么特征的产品和服务来实现客户的价值。在波特的战略理论体系中，十分强调定位的重要性，关于竞争战略的低成本和差异化本身就是企业对于未来发展态势的刻画。波特

认为战略就是在竞争中做出取舍，战略的本质就是选择不做哪些事情，没有取舍，就没有选择的必要，也就没有制定战略的必要。企业的定位影响着企业的成长空间，业务系统、关键资源能力影响着企业的成长能力和效率，加上盈利模式，就会影响企业的自由现金流结构，即影响企业的投资规模、运营成本支付和收益持续成本能力和速度，进而影响企业的投资价值以及企业价值实现的效率和速度。

商业模式中的定位更多地可以用来帮助理解企业的状态，这个状态包括提供什么样的产品和服务、进入什么样的市场、深入行业价值链的哪些环节、选择哪些经营活动、与哪些合作伙伴建立合作关系、怎么分配利益等。在商业模式的定位中，选择不做什么与选择做什么同样重要，同时，这也关系到企业如何构建业务系统、确定盈利模式、分布资源能力、设计现金流结构等商业模式体系中的其他部分。

(4) 价值保护体系是为有效防范商业模式被复制、模仿而建立的，包括专利、专有技术、品牌的设计。商业模式只有具有独特性，能够使企业形成核心竞争力，才能保证企业稳定地、持续地盈利。这就要求在商业模式系统中必须包含独特且不易被模仿因素影响的防范系统。

(5) 规则体系是联系企业相关合作伙伴的规则集合。泰莫斯定义商业模式，是指一个完整的产品、服务和信息流体系，包括每一个参与者和其在其中所起到的作用，以及每一个参与者的潜在利益和相应的收益来源和方式。在分析商业模式的过程中，主要关注一类企业在市场中与用户、供应商及其他合作方的关系，尤其是彼此间的物流、信息流和资金流。商业模式是利益相关者的交易结构。它的构成和开创者所拥有的知识产权资本、市场资源资本、人力资源资本、管理资本等各要素息息相关。商业模式本身可以被模仿，但是构成商业模式本身的各个要素是不能被替代和模仿的，尤其是有关人的因素，如创业团队等。通过规则，企业形成了系统。“系统”，既指企业内的小系统，也指企业所属整个产业价值链的大系统。通过协调、组织和融合，能使企业内外部与企业的经营管理系统进行有机地整合，形成一个整体系统。规则的重要性在于整合，只有整合，才有可能实现资源集约使用，实现高效率。通过规则，围绕企业定位所建立的这样一个内外部各方利益相关者相互合作的业务系统将形成一个价值网络，该价值网络明确了客户、供应商和其他合作伙伴在通过商业模式而获得价值的过程中所扮演的角色。

最后，商业模式必须有助于企业核心竞争力的形成。核心竞争力与企业目标实现也是检验商业模式科学性、有效性的唯一标准。对于核心竞争力而言，应具有：①价值性。这种能力首先能很好地实现顾客所看重的价值，如：能显著地降低成本，提高产品质量，提高服务效率，增加顾客的效用，从而给企业带来竞争优势。②稀缺性。这种能力必须是稀缺的，只有少数的企业拥有它。③不可替代性。竞争对手无法通过其他能力来替代它，它在为顾客创造价值的过程中具有不可替代的作用。④难以模仿性。核心竞争力还必须是企业所特有的，并且是竞争对手难以模仿的，也就是说，它不像材料、机器设备那样能在市场上购买到，而是难以转移或复制。这种难以模仿的能力能为企业带来超过平均水平的利润等。企业核心竞争力的来源可以是多方面的，也是多种能力的集合，如图 5-8 所示。

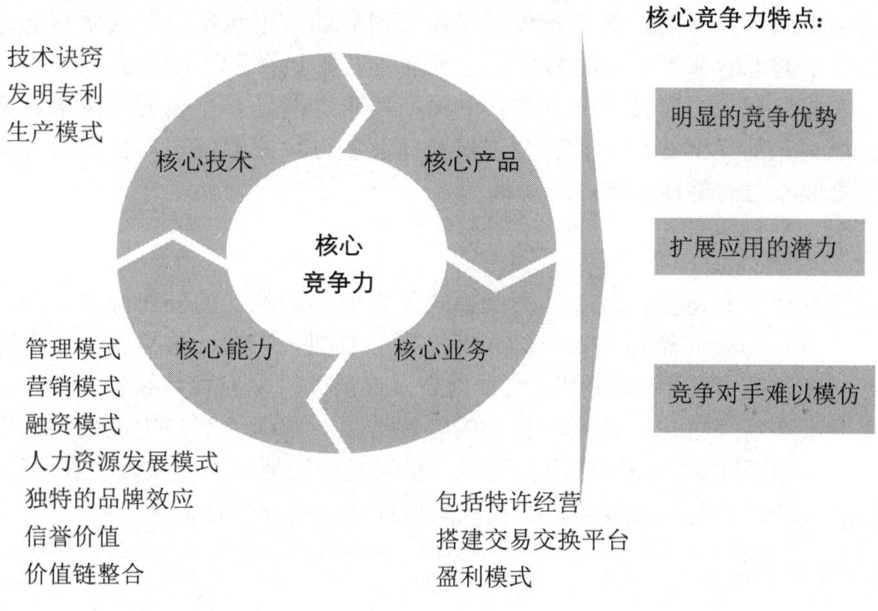

图 5-8　企业核心竞争力的构成图

第二节　现代企业商业模式的设计

一、商业模式的核心原则

商业模式的核心原则是指商业模式的内涵、特性，是对商业模式定义的延展和丰富，是成功商业模式必须具备的属性。企业能否持续盈利是判断其商业模式是否成功的唯一的外在标准。持续盈利是对一个企业是否具有可持续发展能力的最有效的考量标准，商业模式越隐蔽，越有出人意料的好效果。

成功的商业模式不一定是技术上的突破，而是对某一个环节的改造，或是对原有模式的重组创新，甚至是对整个游戏规则的颠覆。商业模式的核心原则是指商业模式的内涵、特性，是对商业模式定义的延伸和丰富，是成功商业模式必须具备的属性。它包括客户价值最大化原则、持续盈利原则、资源整合原则、融资有效性原则、组织管理高效率原则、创新原则、风险控制原则等。

1. 客户价值最大化原则

一个商业模式能否持续盈利，是与该模式能否使客户价值最大化有必然联系的。一个不能满足客户价值的商业模式，即使盈利也一定是暂时的、偶然的，是不具有持续性的。反之，一个能使客户价值最大化的商业模式，即使暂时不盈利，但终究也会走向盈利。所以我们把对客户价值的实现再实现、满足再满足当作企业应该始终追求的主观目标。“客户价值最大化”不仅是指外部客户，它还包括四层含义。首先，客户包括消费者、股东、合作伙伴、员工和社会，其中消费者是主导，只有消费者的价值实现了，后四者的价值才能实现；其次，确定消费者，并能洞察消费者内心的真实需求；再次，不断满足客户的需求，并能给予超值的服务；最后，客户不仅仅是指公司外的，也包括公司内所有创造价值的员工，系统内所有的下游都是上游的客户，让下游满足是上游工作的标准。

全方位的整体解决方案便于发掘客户的潜在需求，满足客户全面的需求。整体解决是对客户价值最大化的显形体现，为客户提供整体解决方案能够使用户价值最大化，整体解决也是一个企业能力的整体体现。

2. 持续盈利原则

企业能否持续盈利是我们判断其商业模式是否成功的唯一的外在标准。因此，在设计商业模式时，盈利和如何盈利也就自然成为重要的原则。当然，这里指的是在阳光下的持续盈利。持续盈利是指既要“盈利”，又要能有发展后劲，具有可持续性，而不是一时的偶然盈利，是企业实现“客户价值最大化”的客观结果。实现“客户价值最大化”是企业的主观追求，二者相互联系、相辅相成。能否“持续盈利”是对企业实现“客户价值最大化”结果的最直接反映，因此也是检验商业模式是否成功的唯一外在标准。

3. 资源整合原则

整合就是要优化资源配置，就是要有进有退、有取有舍，就是要获得整体的最优。在战略思维的层面上，资源整合是系统论的思维方式，是通过组织协调，把企业内部彼此相关但却彼此分离的职能，把企业外部既参与共同的使命又拥有独立经济利益的合作伙伴整合成一个为客户服务的系统，取得 1+1＞2 的效果。

在战术选择的层面上，资源整合是优化配置的决策，是根据企业的发展战略和市场需求对有关的资源进行重新配置，以突显企业的核心竞争力，并寻求资源配置与客户需求的最佳结合点，目的是要通过组织制度安排和管理运作协调来增强企业的竞争优势，提高客户服务水平。

4. 创新原则

三星董事长李建熙说：“除了老婆和孩子外，其余什么都要改变！”时代华纳前首席执行官迈克尔·恩说：“在经营企业的过程中，商业模式比高技术更重要，因为前者是企业能够立足的先决条件。”一个成功的商业模式不一定是在技术上的突破，而是对某一个环节的改造，或是对原有模式的重组、创新，甚至是对整个游戏规则的颠覆。商业模式的创新形式贯穿于企业经营的整个过程之中，贯穿于企业研发模式、制造方式、营销体系、市场流通等各个环节，也就是说，在企业经营的每一个环节上的创新，都有可能变成一种成功的商业模式。

5. 融资有效性原则

融资模式的打造对企业有着特殊的意义，对中国广大的中小企业来说更是如此。我们知道，企业生存需要资金，企业发展需要资金，企业快速成长更需要资金，资金已经成为所有企业发展中绕不开的障碍和很难突破的瓶颈。谁能解决资金问题，谁就赢得了企业发展的先机，也就掌握了市场的主动权。

从一些已成功的企业发展过程来看，无论其表面上对外阐述的成功理由是什么，但都不能回避和掩盖资金对其成功的重要作用，许多失败的企业就是没有建立有效的融资模式

而失败的。商业模式的设计很重要的一环就是要考虑融资模式，甚至可以说，能够融到资并能用对地方的商业模式就已经是成功一半的商业模式了。

6. 组织管理高效率原则

高效率，是每个企业管理者都梦寐以求的境界，也是企业管理模式追求的最高目标。用经济学的眼光衡量，决定一个国家富裕或贫穷的砝码是效率；决定企业是否有盈利能力的也是效率。

按现代管理学理论来看，企业要想高效率地运行，首先要解决的是企业的愿景、使命和核心价值观，这是企业生存、成长的动力，也是员工干好的理由。其次是要有一套科学的实用的运营和管理系统，解决的是系统协同、计划、组织和约束问题。最后还要有科学的奖励激励方案，解决的是如何让员工分享企业的成长果实的问题，也就是向心力的问题。只有把这三个主要问题解决好了，企业的管理才能实现高效率。

7. 风险控制原则

设计再好的商业模式，如果抵御风险的能力很差，就会像在沙丘上建立的大厦一样，经不起任何风浪。风险指的是系统外的风险，如政策、法律和行业风险，也指的是系统内的风险，如产品的变化、人员的变更、资金的不继等。

二、商业模式设计理论与方法

1. “长尾理论”

“长尾”实际上是统计学中幂律(Power Laws)和帕累托分布(Pareto)特征的一个口语化表达。“头”(head)和“尾”(tail)是两个统计学名词。正态曲线中间的突起部分叫“头”；两边相对平缓的部分叫“尾”。所谓长尾理论，是指只要产品的存储和流通的渠道足够大，需求不旺或销量不佳的产品所共同占据的市场份额可以和那些少数热销产品所占据的市场份额相匹敌甚至更大，即众多小市场汇聚成可产生与主流相匹敌的市场能量。如图 5-9 所示，需求较大的头部所占份额和需求较小但商品数量众多的尾部所占份额大体相当。结合商业模式的构成及发展，商业模式设计应以价值创新为灵魂，以占领客户为中心，以经济联盟为载体，以应变能力为关键，以信息网络为平台。

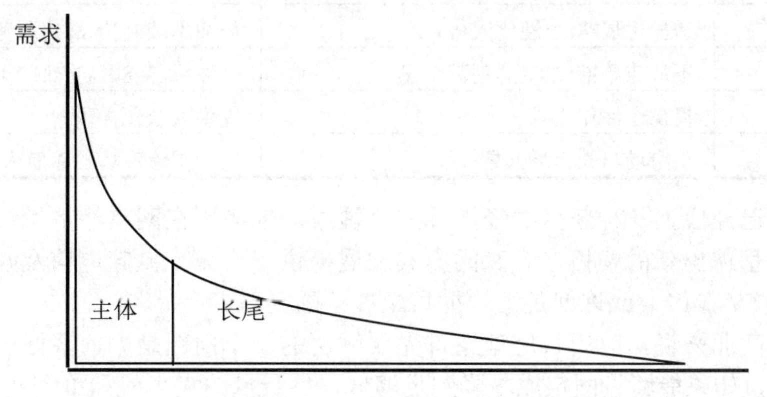

图 5-9　长尾理论示意图

也就是说，企业的销售量不在于传统需求曲线上那个代表“畅销商品”的头部，而是那条代表“冷门商品”经常被人遗忘的长尾。从人们需求的角度来看，大多数的需求会集中在头部，这部分可以称之为流行，而分布在尾部的需求是个性化的、零散的小量的需求。而这部分差异化的、少量的需求会在需求曲线上面形成一条长长的“尾巴”，而所谓长尾效应就在于它的数量上，将所有非流行的市场累加起来就会形成一个比流行市场还大的市场。2004 年 10 月，美国《连线》杂志主编克里斯·安德森(Chris Anderson)在他的文章中第一次提出长尾(LongTail)理论，他告诉读者：商业和文化的未来不在热门产品，不在传统需求曲线的头部，而在于需求曲线中那条无穷长的尾巴。克里斯举例：在互联网的音乐与歌曲、新书甚至旧书等商品的销售中，尽管单项的热门制品畅销，高居营业额的前列，但是，由于仓储的无限和联邦特快的存在，那些看上去不太热门的制品也在创造着出乎意料的营业额，竟然成为这些新媒体销售收入的主要部分。

对于如何抓住长尾市场，克里斯·安德森(Chris Anderson)提出了三项法则：①让所有的东西都可以获得(Make everything available)；②将价格减半，让它更低(Cut the price in half. Now lower it)；③帮我找到它(Help me find it)。

长尾理论阐述的实际是丰饶经济学。即企业采取差异化战略，“小块需求”通过“小块渠道”对“小块供应”的小额交易，建立全新的低成本渠道的销售模式，以满足人们更加个性化和具体化的需求。当无数用户的个性化需求得到满足时，必然导致长尾的产生，形成了独特的需求方规模经济，完美展示了帕累托分布的需求曲线尾部。当大规模的市场形态向着许多细小的市场聚合形态转变，两种形态趋于并存时，“二八原理”和“长尾理论”现象会同时出现在一条需求曲线的前后两个不同部分，二者相辅相成和相互补充。因此，长尾理论可以说是互联网出现后企业商业运营环境变化的直接结果，长尾理论只是在特定条件下从某一个角度来看问题，没有也不可能否定“二八原理”，长尾理论应当还是二八原理，是对过去强调的“二八原理”在新的环境下的一种很好的补充和完善，二者殊途同归。两者比较如表 5-3 所示。

表 5-3　长尾理论与二八原理比较表

比较项目	长尾理论	二八原则
经济假设	丰饶经济	资源稀缺
市场导向	需求方规模经济	供给方规模经济
战略手段	差异化战略(个性化服务)	低成本战略(标准化服务)
市场目标	不放弃尾部 20%的利基市场	关注头部 80%的热门市场
客户服务	提供个性化需求	提供大众化需求
企业愿景	小市场与大市场匹配	成为主流市场的领航人

长尾理论已经成为一种新型的经济模式，被成功地应用在网络经济领域。符合长尾理论的许多市场呈现出新的契机，互联网为其发展提供了温床。掀起电信及媒体运营革命浪潮的 VoIP、IPTV 等产业或许就是下一批长尾理论的受益者。

对于传统商业来说，应用长尾理论首先要解决的一个问题是如何降低固定成本。在长尾理论状态下，如果能够将固定成本降到足够低，供货量的大小就和单个产品的成本无关，此时量大和量小的产品具有同样的市场开发价值。

应用基础：①头部要相当简短有力(作为主体的大市场要有很大的能量)，如果没有头部只有尾巴，在吸引消费者时就会显得杂乱和相当无序；人们需要一个亲切的开端，然后通过信任的推荐，开始了解不熟悉的领域；②尾部要具有很多利基，同样只有一个头部却没有尾巴，在选择时会有太多的局限，发现你所需的利基可能性太低，超越你已经知道的事情时就会很麻烦；③产品的数字化程度要高，因为通过互联网技术，可以使产品的存储和物流成本降到足够低的程度；④微收入＞微支出，只有累积的微盈，才有可能产生巨额盈利。

2. 蓝海战略

蓝海战略(Blue Ocean Strategy)最早是由 W. 钱・金(W. Chan Kim)和勒妮・莫博涅(Renée Mauborgne)于 2005 年 2 月在二人合著的《蓝海战略》一书中提出的。蓝海战略是以创新为中心的战略，强调的是寻找或开创无人竞争的、全新的市场空间和全新的商机，即通过开发新的思维来创造新的改变。红海代表现今存在的所有产业，这是我们已知的市场空间；蓝海则代表当今还不存在的产业，也就是未知的市场空间。那么所谓的蓝海战略就不难理解了，蓝海战略其实就是企业超越传统产业竞争、开创全新的市场的企业战略。“红海”是竞争极端激烈的市场，但“蓝海”也不是一个没有竞争的领域，而是一个通过差异化手段得到的崭新的市场领域。在这里，企业只有凭借其创新能力，才能获得更快的增长和更高的利润。

蓝海战略围绕超越产业竞争、开创全新市场两个理念，其理论重点是：①应该把视线从市场的供给一方移向需求一方；②应该从向对手的竞争转向为买方提供价值的飞跃；③应该通过跨越现有竞争边界看市场以及将不同市场的买方价值元素筛选与重新排序；④要重建市场和产业边界，挖掘巨大的潜在需求；⑤要摆脱“红海”竞争，开创“蓝海”市场；⑥同时追求“差异化”和“成本领先”。

一个成功的蓝海战略必须具备三种特点：重点突出、另辟蹊径、主题令人信服。实施蓝海战略有四项制定原则，两项战略执行原则。制定原则包括重建市场边界、注重全局而非数字、超越现有需求、遵循合理的战略顺序。两项战略执行原则包括克服关键组织障碍、将战略执行建成战略的一部分。

长尾理论的基本原理是聚沙成塔，创造市场规模。长尾价值重构的目的是满足个性需求，通过创意和网络，提供一些更具有价值的内容，更个性化的东西，在得到顾客认可的同时，激发其隐性需求，开创一种与传统面向大众化完全不同的面向固定细分市场的、个性化的商业经营模式，但并没有改变弱肉强食的市场规则。而蓝海战略基本原理是价值创新，通过创造市场规则挖掘传统市场边界之外的潜在需求，提供个性化产品和服务。两者比较如表 5-4 所示。

长尾理论和蓝海战略表述方式虽然存在一定的差别，但都是以现有顾客需求为基础，积极发现新的潜在的市场需求，把消费者视线从市场供给一方移向需求一方，为顾客提供个性化服务，从现有的红海市场中寻找那片未曾见到的“蓝海”；都是建立在对顾客潜在需求和价值元素分析的基础之上的价值创新战略，是一种企业家创新精神的直接体现。

3. 商业生态系统理论

1935 年，英国生态学家阿瑟・乔治・斯坦利(Arthur George Stanley)爵士受丹麦植物学家叶夫根·尼温(Eugenius Warming)的影响，首次提出生态系统的概念。他认为：生态系统是一个“系统的”整体。随着对生态系统及社会组织结构认识的不断深入，人们发现人类社会的组织、运转和生物学意义上的生态系统极为类似，并将“生态系统”这一概念大量引入到社会科学领域。1993 年，美国著名经济学家穆尔(Moore)在《哈佛商业评论》上首次提出了“商业生态系统”概念。

表 5-4 长尾理论与蓝海战略比较表

比较项目	长尾理论	蓝海战略
理论核心	聚沙成塔	价值创新
理论基础	范围经济理论	企业家创新理论
战略手段	创造市场规模	创造规则，重建市场边界
客户服务	提供个性化需求	超越现有需求
企业愿景	扩大长尾，获得规模效应	远离红海，创造蓝海

所谓商业生态系统，是指以组织和个人(商业世界中的有机体)的相互作用为基础的经济联合体，是供应商、生产商、销售商、市场中介、投资商、政府、消费者等以生产商品和提供服务为中心组成的群体。它们在一个商业生态系统中具有不同的功能，虽各司其职，但又形成互赖、互依、共生的生态系统。在这一商业生态系统中，虽有不同的利益驱动，但身在其中的组织和个人却互利共存、资源共享，注重社会、经济、环境综合效益，共同维持系统的延续和发展。

进入 21 世纪后，竞争方式正进一步向复杂化方向发展，演变为商业生态系统竞争。竞争方式和范围已经超越了产品市场、超越了流程体系，表现为不同商业生态系统之间的竞争。英特尔、微软、思科、沃尔玛等公司很难被模仿或被超越。究其原因是这些公司采用了商业生态系统竞争方式，以自身为核心成功构建起了强大的商业生态系统。詹姆斯·穆尔在 1996 年出版的《竞争的衰亡》一书中指出：商业生态系统中熟知的竞争正在死亡。不是没有竞争了，而是竞争比以往任何时候都更加激烈，但需要重新认识竞争。传统上从产品和市场这两点出发看待竞争，你的产品或服务优于你的对手，你就胜利了，这将仍然是重要的，但如此视角忽略了企业的生存环境，企业需要在这个环境中与其他企业共同发展，既有竞争，又有合作，这包括建立对未来的共识，组织同盟，谈判交易，以及处理复杂的关系。

穆尔提出的“商业生态系统”这一全新概念，打破了传统的以产业划分为前提的战略理论的限制，力求“共同进化”。站在企业生态系统均衡演化的层面上，可把商业活动分为开拓、扩展、领导和更新四个阶段。企业高层管理人员经常从顾客、市场、产品、过程、组织、风险承担者、政府与社会等七个方面来考虑商业生态系统和自身所处的位置；系统内的公司通过竞争可以将毫不相关的贡献者联系起来，创造一种崭新的商业模式。制定战略应着眼于创造新的微观经济和财富，即以发展新的循环以代替狭隘的以产业为基础的战略设计。

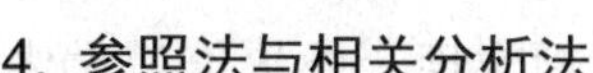

4. 参照法与相关分析法

参照法是商业模式设计的一种有效方法。该方法是以国内外商业模式作为参照，然后根据本企业的有关商业权变因素，如环境、战略、技术、规模等不同特点的调整，确定企业商业模式设计的方向。采用参照法进行商业模式设计时一定要根据企业自身的情况加以调整和改进，创新地摸索出符合本企业的商业模式。许多企业的商业模式设计都是通过参照法进行的，如腾讯参照新浪等建立门户网站。

相关分析法是在分析某个问题或因素时，将与该问题或因素相关的其他问题或因素进行对比，分析其相互关系或相关程度的一种分析方法。相关分析法需要根据影响企业商业模式的各种权变因素，运用有关商业模式设计的一般知识，采用影响因素与商业模式一一对应确定企业的商业模式。利用相关分析的方法，可以找出相关因素之间规律性的联系，研究如何降低成本。

5. 关键因素法与价值创新法

关键因素法是以关键因素为依据来确定商业模式设计的方法。商业模式中存在着多个变量影响设计目标的实现，其中若干个因素是关键的和主要的(即成功变量)。通过对关键成功因素的识别，可以找出实现目标所需的关键因素集合，确定商业模式设计的优先次序。关键因素法主要有五个步骤：①确定商业模式设计的目标；②识别所有的关键因素，分析影响商业模式的各种因素及其子因素；③确定商业模式设计中不同阶段的关键因素；④明确各关键因素的性能指标和评估标准；⑤制订商业模式的实施计划。

价值创新法是针对一些从未出现过的商业模式设计，往往需要进行创新，即通过价值要素的构建、组合等设计出新的商业模式，这一点在互联网企业的表现尤为明显，如盛大网络游戏全面实行免费模式，开创了网游行业盈利新模式——CSP(come-stay-pay)。A8 音乐公司通过网络原创音乐平台，将进行原创音乐的网民、网络音乐下载者、电信运营商、风险投资者、合作伙伴等进行了关联，从而设计出新的商业模式。

三、商业模式的设计

首先要清楚区分两个容易混淆的名词：业务建模(business modeling)通常指的是在操作层面上的业务流程设计(business process design)；而商业模式和商业模式设计指的则是在公司战略层面上对商业逻辑(business logic)的定义。商业模式设计就是企业基本盈利假设和实现方式，以及由此产生的不同价值链和不同资源配置模式。具体地说，商业模式要解决的问题是企业的利润从哪里来?也就是企业利润来源于什么样的价值链条，以及主要由价值链中的哪些环节实现？为什么是这样而不是其他的选择。它首先必须是对企业盈利方式的假设和设计，而这些要依赖于企业对市场前景和发展趋势的思考、对竞争对手商业模式的分析和优化、对自身资源的优化和对外部资源组合方式的思考等。

结合商业模式的构成及其发展，商业模式设计应以价值创新为灵魂，以占领客户为中心，以经济联盟为载体，以应变能力为关键，以信息网络为平台。

1. 以价值创新为灵魂

商业模式的灵魂在于价值创新。企业经营的核心是市场价值的实现，而市场价值的实现必须借助商业模式进行价值创造、价值营销和价值提供，从而实现企业价值最大化。商业模式应该回答一系列问题：向什么顾客提供价值，向顾客提供什么样的价值，怎么样为顾客提供价值等。

以价值创新为灵魂，要求企业必须加强价值管理，注重价值变化规律及发展趋势，搞好趋势分析。创新价值要构造企业价值网。这是因为随着竞争的不断加剧，企业联盟的建立和发展，今后的竞争不再是企业与企业之间的竞争，也不是单一线性价值链之间的竞争，企业正从独立创造价值走向合作创造价值，有多条价值链构造企业价值网。在价值网中，企业可将众多的合作商连在一起，通过有效的资源整合，构成快速、可靠、便利的系统，以适应不断变化的市场环境。企业价值创新还应从广义的客户价值着手。广义的客户价值包括顾客价值、股东价值、员工价值、社会价值。顾客价值是为顾客提供一流的产品和服务，努力为顾客创造价值。股东价值是为股东提供持续、稳定、高水平的价值回报。员工价值是为员工创造良好的成长和发展空间，让员工与企业共同成长。社会价值是努力回报社会，为社会发展做出积极贡献。另外，对于价值创新，企业应善于运用轻资产经营，即在资源有限的基础上科学地配置各种资源，以最少投入的商业模式实现企业价值最大化。注重虚拟(轻)资产经营，要求有效率的知识型员工组合成高度绩效的工作小组，整合顾客与供应商等企业资源，利用网络技术做有效的沟通和协调，提供有价值的生产和服务。轻资产经营的行为主体是企业价值链上的所有利益共同体，它包括企业的员工、企业的供应商、企业的客户等。轻资产经营不仅要有战略规划、流程优化，更重要的是要有一种与轻资产经营相适应的企业文化，制定相应的激励措施保证轻资产经营创造最大的价值。

2. 以占领客户为中心

商业模式创新必须以客户为中心，由企业本位转向客户本位，由占领市场转向占领客户，必须立足以客户为中心，为客户创造价值。从消费者的角度出发，认真考虑顾客所期望获得的利益，只有把竞争的视角深入到为用户创造价值的层面中，才能进入到游刃有余的竞争空间。为此，企业应精心研究客户需求，尤其是针对大客户，要实施大客户管理与客户互动管理，为客户创造新的附加值。

3. 以经济联盟为载体

当今科技的高速发展和产品的日益复杂化，无论企业实力多么雄厚，单独控制所有产品和所有技术的时代已一去不复返。而传统的价值链中可挖掘的潜力已越来越少，向组织内部寻找有效的生产力提高的来源也越来越难。企业必须强化供应链管理，打造企业核心竞争力，外包非核心业务。

4. 以应变能力为关键

如果说商业模式决定了企业的成败，应变能力则是商业模式成败的关键。应变能力是企业面对复杂多变市场的适应能力和应变策略，是竞争力的基础。

5. 以信息网络为平台

随着互联网的迅速崛起，全球经济网络化、数字化已成为时代主旋律，网络经济正以经济全球化为背景，以现代信息技术为手段，深刻地影响着人类经济和社会的发展。新的

商业模式必须重视信息网络的力量，脱离信息网络平台，企业将无竞争力可言。

对于商业模式，结合商业模式的内容，可以从四个维度，九个构成方面具体展开设计，如图 5-10 所示。这四个构面也是商业模式设计的四个基本问题，即你的顾客是谁？你准备向他提供什么样的产品或服务？他为什么愿意付钱？企业成本结构及收益多少？

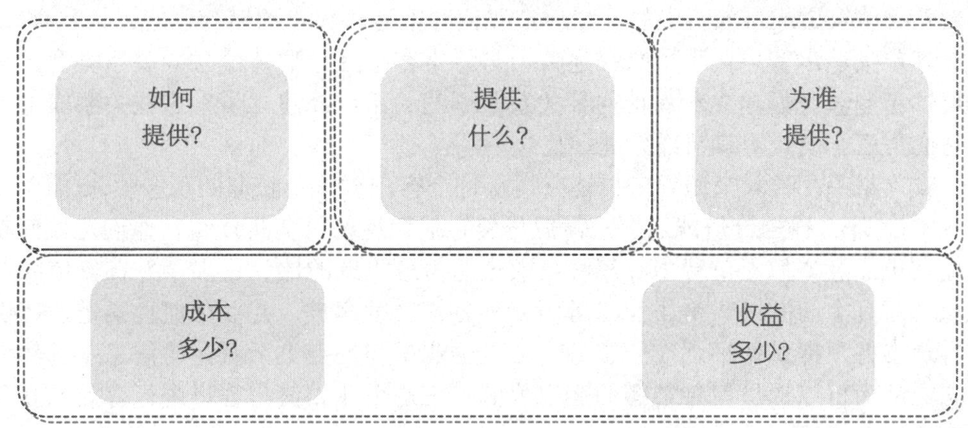

图 5-10　商业模式设计的四个构面图

以上四个构面共包括九个方面，如图 5-11 所示。围绕这九个方面，就可以逐步开展相应的商业模式设计工作。

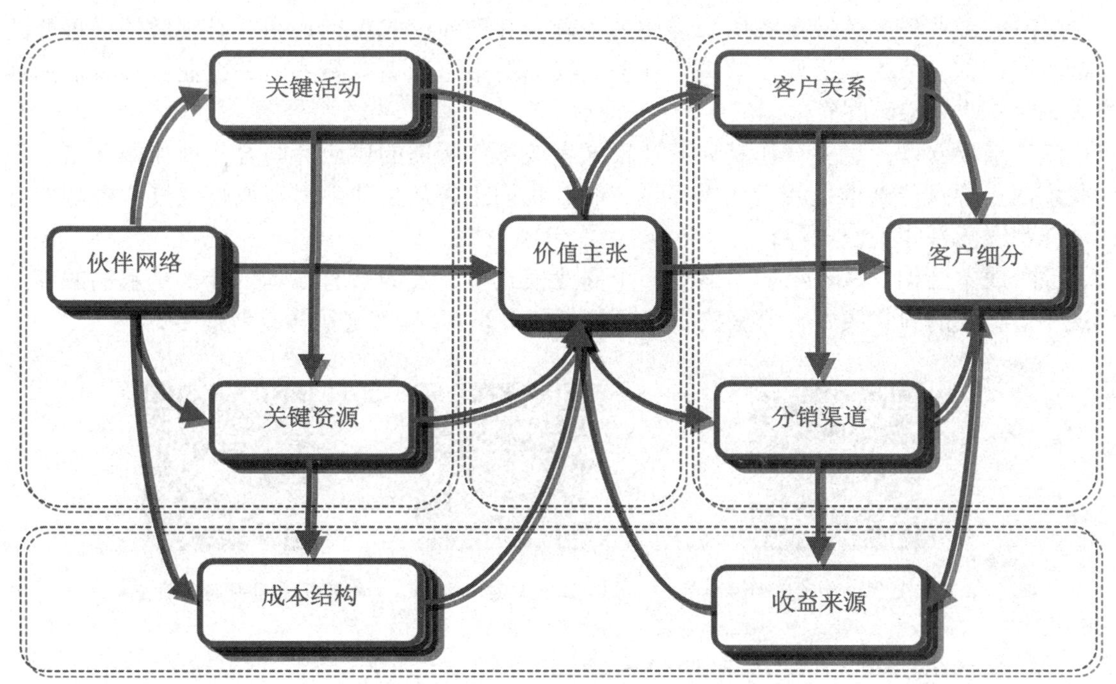

图 5-11　商业模式九个构成内容图

(1)　客户细分。客户细分用来描述一个企业想要接触和服务的不同人群或组织。我们正在为谁创造价值？谁是我们最重要的客户？

(2)　价值主张。价值主张用来描述为特定客户细分创造价值的系列产品和服务。我们

该向客户传递什么样的价值？我们正在帮助我们的客户解决哪一类难题？我们正在满足哪些客户需求？我们正在提供给客户细分群体哪些系列的产品和服务？

(3) 渠道通道。渠道通道用来描述公司是如何沟通接触其客户细分而传递其价值主张。通过哪些渠道可以接触客户细分群体？我们如何接触他们？我们的渠道如何整合？哪些渠道最有效？哪些渠道成本效益最好？如何把我们的渠道与客户的例行程序进行整合？

(4) 客户关系。客户关系用来描述公司与特定客户细分群体建立的关系类型。每个客户细分群体希望与我们建立和保持何种关系？哪些关系已经建立了？这些关系成本如何？如何把它们与商业模式的其余部分进行整合？

(5) 收入来源。收入来源用来描述公司从每个客户群体中获取的现金收入(需要从创收中扣除成本)。什么样的价值能让客户愿意付费？他们现在付费买什么？他们是如何支付费用的？他们更愿意如何支付费用？每种收入来源占总收入的比例是多少？在价值的实现方式上应该考虑几个问题：一是企业将运用何种方式接触客户，并使用何种渠道、提供何种形式的客户支持及提供何种水准的服务；二是企业从客户身上所获得的信息及洞察信息的能力，企业从而可以提供何种独特的客户价值；三是企业如何与客户进行有效的互动，由此培养客户的忠诚度。

(6) 核心资源。核心资源是用来描述让商业模式有效运转所必需的最重要的因素。我们的价值主张需要什么样的核心资源？我们的渠道需要什么样的核心资源？我们的客户关系呢？收入来源呢？

(7) 关键业务。关键业务用来描述为了确保其商业模式可行，企业必须做的最重要的事情。我们的价值主张需要哪些关键业务？我们的渠道通道需要哪些关键业务？我们的客户关系呢？收入来源呢？

(8) 重要合作。重要合作是让商业模式有效运作所需的供应商与合作伙伴的网络。谁是我们的重要伙伴？谁是我们的重要供应商？我们正在从伙伴那里获取哪些核心资源？合作伙伴都经营哪些关键业务？

(9) 成本结构。成本结构是运营一个商业模式所引发的所有成本。什么是我们的商业模式中最重要的固有成本？哪些核心资源花费最多？ 哪些关键业务花费最多？

第五章现代企业商业模式.ppt

第五章案例.doc

第五章习题与答案.doc

第六章 现代企业组织管理与发展

学习目标

通过本章的学习，可使读者了解组织与企业战略的关系，了解组织的内涵、组织结构的类型，掌握现代企业组织创新的发展方向，了解现代企业组织创新发展的类型。

关键概念

组织；网络型组织；网络型组织；职能制

赫伯特·西蒙曾经说过："有效地开发社会资源的第一个条件是有效的组织结构。"组织结构是服务于战略目标的工具，是组织内各构成要素以及它们之间的相互关系。它是对组织复杂性、正规化和集权化程度的一种量度，涉及机构的设置、管理职能的划分、管理职责和权限的认定及组织成员之间相互关系的安排与协调等。故此，如果没有新的组织模式、组织机制做支撑，即使企业家看到了未来的发展方向、即使有好的战略思路，可能最终由于组织的惯性，由于组织能力跟不上，企业战略目标也不可能实现。

组织结构的形式多种多样，有直线型、职能型、矩阵型、事业部型、流程型、网络型和水平型等。为了适应外部环境和提高组织绩效，设计何种形式的组织结构已成为众多企业组织变革的难题。本章将详细阐述组织管理与战略管理间的关系，介绍传统的组织结构，阐述现代企业组织的发展方向等。

第一节 企业组织管理与战略

一、企业组织工作的内涵

组织是管理的重要职能。从字面来看，组织既可以是名词，表示若干个人或群体所组成的、有共同目标和一定边界的社会实体；也可以是动词，表示组织活动或组织工作。作为一个实体，组织的构成要素包括：①人。组织由(两个或两个以上)的人组成，这些人为了共同的目标走到了一起。这是组织的最基本要素，也是唯一具有主观能动性的要素。②共同目标。这是组织的前提要素。组织必须有存在的理由，故此必须拥有员工认同的一个或多个目标。③结构。这是组织存在的载体要素，是组织互相协调的手段，保证人们可以进行沟通、互动并交流他们的工作。④管理。这是组织的维持要素，为了实现目标，组织必须拥有一套计划、控制、组织和协调的流程。此外，作为一个实体，组织还必须保持一个明确的边界，以区别于其他组织和外部环境。

从动词含义来看，组织工作是一项组织设计活动，包括部门化、确定管理跨度、权责设定等具体活动。在组织设计中，一般要遵循目标统一性原则、授权原则、分工协作原则、权责对等原则、管理宽度适宜原则、统一指挥原则等。

二、企业组织管理的内涵

相对于企业组织工作而言，组织管理包括组织设计、组织运作、组织调整三方面的内容。在组织设计与运用中，并不是简单地分工，而更多的是协作，而这种分工与协作是通过命令链、信息链、人际关系链来完成的。而组织调整或变革则是组织管理的另一项重要内容，也是实现企业与外部环境相适应的途径。

组织管理的对象是指具体的管理活动所针对的对象，主要包括组织目标、组织结构、组织职能、组织流程等与组织运作密切相关的要素。

(1) 组织目标。企业组织也和其他组织一样是一个特定的目标体系，且在现实中具有目标的一致性。组织作为管理的主体时，他们的建立和活动都是为实现一定的目标服务的。管理的目标，也就是作为管理主体的组织的目标，离开了共同的目标，也就失去了组织存在的灵魂。也正是组织成员的共同目标使此组织与彼组织区分开来，一旦组织的共同目标发生变化，组织也就发生了变化。在既定组织目标的指引下，组织成员互相进行沟通，各尽其责，实现组织目标，共享组织发展带来的成果。也就是说，组织是通过把管理目标的每项内容落实到具体的岗位和部门来实现管理职能的，从而保证管理系统中的每一件事情都有人做，每一项任务的具体要求和工作程序都有人贯彻和执行。

(2) 组织结构。任何企业组织都是由作为组成要素的人按照一定的结构建立起来的系统，具有系统性。基于人的主观局限性，企业组织必须具有纵向的上下层次关系和同层次之间的横向或交叉关系。上下层次是一种权力和责任分配的关系，横向层次则是一种专业分工的关系。其实，权责关系与专业分工关系在本质上还是权力与责任的问题，是管理系统中的每一件事都能做好的保证。管理系统中的每一个岗位和部门必须权责一致，权力过小担不起应负的职责，权力过大虽然能保证任务的完成，但也会导致不负责任的权力滥用，甚至影响到整个系统的运行。就整个组织的运行而言，它既要有对内的封闭性，又要有对外的开放性，保持一种封闭与开放的辩证统一，才能实现组织的持续发展。

(3) 组织职能。企业组织工作和组织活动在于合理地向分系统和成员分配工作，调整各个分系统的关系。当组织内部因素变动或外部生存环境变动而引起组织的不适应时，组织的职能就在于经过调整而重新适应，以便统一组织的各种行为。企业组织活动的职能就在于消除不断产生的各种无序状态，使之保持系统的有序性。如果企业组织完成不了这种职能，无序状态不断加剧，就有可能导致组织的崩溃。

(4) 组织流程与制度。当企业组织管理的焦点集中于部门内部人与人之间的关系，就是对职能的关注。而当企业组织管理的焦点集中于部门与部门之间的关系，就是对流程的关注。此时的组织关系管理主要指宏观和微观层面的流程管理，即把企业内部所有部门之间的职能和本企业与其他企业相关的产品功能进行时间上和空间上的搭配与组合。只有使所有职能关系都按照实现企业目标的要求，纳入企业的分工与协作体系，并体现出高度的系统性和逻辑性，企业才能在不断变化的外部环境面前及时做出有效的回应。如果部门与部门间、此企业与彼企业间的信息沟通不畅，目标体系不配套，相关控制指令不统一，那么组织流程必将效率低下，甚至彻底失败。

三、企业组织结构与战略

钱德勒较早地开展了组织结构与战略关系的研究。在其1962年出版的《战略与结构：美国工商企业成长的若干篇章》(*Strategy and Structure： Chapters in the History of the American Industrial Enterprise*)中，钱德勒讨论了美国大企业的成长与发展，以及企业的组织结构如何进行调整以适应自身的发展，其具体内容包括杜邦、通用、标准石油和西尔斯四家大公司的发展史，并演绎出美国现代公司及其管理架构产生和发展的普遍现象。钱德勒发现，在没有受到强大压力的胁迫下，管理者很少会放弃从前的传统和习惯去寻求新的组织形式。只有当他们意识到企业面临着某种困境或需要时，才会根据情况做出决策。这个决策就是战略，而组织结构会相应做出改变。但究竟在怎样的情况下才会出现企业的扩张战略？才会导致多部门组织结构的出现？

钱德勒认为，企业在多样化扩张战略的引导下，规模逐步扩大，当积累一定资源后，会开始向不同地区或者向不同产品市场的方向发展。由于经营业务增加，高层经理的工作也日益复杂，决策的多样性和复杂性都会加大，管理人员很容易淹没在这些复杂的决策里，从而忽略真正重要的东西。因此，多部门结构的出现，可以将高层管理人员从日常的经营活动中解脱出来，使他们有时间和精力去关注真正与企业命运有关的长期计划和决策。具体运营则由各个事业部的经理人员负责，他们处理日常管理事务，承担管理责任，享有一定的权威。在这种模式下，公司总部更多地偏重于战略决策，分部经理更多地偏重于具体管理决策。多部门结构可以更有效地协调大规模的生产和分配，适应越来越多样化并复杂化的企业活动。否则，当企业的经营扩大、新的战略制定后，没有进行相应的结构调整，组织面临的只能是无效率。要想避免这种无效率，无论企业怎样扩大经营业务，根据业务制定出怎样的决策，组织都必定要做出相应调整与变化。

通过这一系列分析和评述，他得出了著名的钱德勒命题——结构跟随战略：外部环境发生了变化，企业的战略跟着做出反应，最后是与战略相适应的组织形式发生改变，即战略决定了组织结构，组织结构应支撑与服务于组织战略。战略要有健全的组织机构来保证实施。通过组织，战略才能转化为一定的体系或制度，融入企业的日常生产经营活动中，以保证经营战略的实现。

四、企业组织结构的类型

企业组织结构形式很多，主要有直线职能制(U型结构)、事业部制(M型结构)、控股公司制(H型结构)、矩阵制、模拟分散管理制、多维制等。

直线制：直线制是一种最早也是最简单的组织形式，其特点是企业各级行政单位从上到下实行垂直领导，下属部门只接受一个上级的指令，各级主管负责人对所属单位的一切问题负责。厂部不另设职能机构(可设职能人员协助主管人工作)，一切管理职能基本上都由行政主管自己执行。直线制组织结构的优点是结构比较简单，责任分明，命令统一。其缺点是它要求行政负责人必须通晓多种知识和技能，亲自处理各种业务。直线制只适用于规模较小，生产技术比较简单的企业，对生产技术和经营管理比较复杂的企业并不适宜。

U型组织结构：U型组织结构亦称职能部门型组织结构，即公司内部划分生产、销售、开发、财会等职能部门，公司总部从事业务的策划和运筹，直接领导和指挥各部门的业务活动和经营管理。这种组织结构的优点是集中统一，各部门之间协调性好。总部直接控制和调动资源，能够将有限的资源集中于若干效益好的项目。但是，随着企业规模的扩大，这种结构的缺陷亦日渐暴露：高层领导们由于陷入了日常生产经营活动，缺乏精力考虑长远的战略发展，而且行政机构越来越庞大，各部门的协调越来越难，造成信息和管理成本上升。

直线职能制：直线职能制也叫生产区域制，或直线参谋制。它是在直线制和职能制的基础上，取长补短，吸取这两种形式的优点而建立起来的。这种组织结构形式是把企业管理机构和人员分为两类，一类是直线领导机构和人员，按命令统一原则对各级组织行使指挥权；另一类是职能机构和人员，按专业化原则，从事组织的各项职能管理工作。直线领导机构和人员在自己的职责范围内有一定的决定权和对所属下级的指挥权，并对自己部门的工作负全部责任。而职能机构和人员，则是直线指挥人员的参谋，不能对直接部门发号施令，只能进行业务指导。其优点是既保证了企业管理体系的集中统一，又可以在各级行政负责人的领导下，充分发挥各专业管理机构的作用。其缺点是：职能部门之间的协作和配合性较差，职能部门的许多工作要直接向上层领导报告请示才能处理，这一方面加重了上层领导的工作负担，另一方面也造成办事效率低。

M 型组织结构：这种结构又称事业部门型组织结构。在这种结构中，分支机构(事业部)通常是根据业务按产品、服务、客户或地区划分的，公司总部授予事业部门很大的经营自主权，使其内部类似一个个独立的企业，根据市场情况自主经营、独立核算、自负盈亏。这种结构使企业总部从繁重的日常经营业务中解脱出来，集中精力致力于企业的长期性经营决策，并监督、协调各事业部的活动和评价各部门的绩效。

H 型组织结构：这种结构亦称控股公司型组织结构。H 型组织结构较多地出现在由横向合并而形成的企业之中，这种结构使合并后的各子公司保持了较大的独立性。子公司可分布在完全不同的行业，如生产和销售、不同产品的制造、为不同的市场区域服务等，而总公司则通过各种委员会和职能部门来协调和控制子公司的目标和行为。这种结构的公司往往独立性过强，缺乏必要的战略联系和在现代企业成长过程中，以上三种基本组织结构都被采用过，其他结构都是这三种基本结构的变异。H 型结构较多地出现在由于横向合并而形成的企业中，这种结构使合并后的各子公司保持了较大的独立性，目前已很少使用。

矩阵制结构：它把按职能划分的部门与按项目划分的小组结合起来组成矩阵，使小组成员接受小组和职能部门的双重领导。它的特点表现在围绕某项专门任务成立跨职能部门的专门机构上，这种组织结构形式是固定的，人员却是变动的，人员在任务完成后就可以离开。与 U 型结构相比较，矩阵制结构机动、灵活，克服了 U 型结构中各部门互相脱节的缺陷。

第二节　战略与组织结构的相互作用

一、组织结构对战略的支撑作用

组织确立了既定战略之后，必须通过组织结构为其提供有效配置资源的保障，支撑战

略活动的开展，具体体现在以下四个方面。

一是动态战略需要动态结构支撑。随着顾客需求、市场条件、竞争方式、社会环境等的改变，企业战略也必须随之进行相应的调整。组织在实施战略的过程中，必须根据业务开展情况，对应业务，设置相应部门或者更改权限设置支撑业务，如业务收缩，就必须缩减部门、权力集中等。

二是战略的稳定需要规范结构做支撑。企业发展战略的变革也会经历一个由动态到稳定的过程。在企业开始推行新的战略方案时，往往由于组织结构调整不到位或者权责设置等原因，战略实施充满了不确定性，战略实施的效率也较低，组织的冲突也较多。从不成熟地运行到稳定、高效地运行必须有规范的组织结构做支撑。这样，才能理顺关系，减少冲突，提高效率，实现企业预定的目标。

三是组合战略需多元结构做支撑。战略的组合是指一个组织在经营的过程中根据自身的资源和市场条件，同时实行两种或两种以上的战略，如有的企业同时采用创新战略、成本领先战略等。创新战略需要结构松散，工作专门化程度低，正规化程度低，分散化程度高为特征的组织结构；成本领先战略需要控制严密，工作专门化程度高，正规化程度高，集权化程度高为特征的组织结构。针对战略组合，必须由多元组织结构做支撑才能得以实施。

四是竞争战略需创新结构。在竞争日趋激烈的市场环境条件下，一个企业的成败越来越取决于其战略制定与实施的成败，以至于战略已成为构成企业核心竞争力的关键要素之一。竞争战略的有效实施需要设立一些灵活、高效的组织结构，以满足在实施战略的过程中的一些特殊要求。近年来，广为流行的“虚拟组织”“无边界组织”等，都是比较典型的样式。它们的共同特征是：打破部门界限、层次扁平化、下放决策权、提倡合作和自我管理、以知识和信息取代权威、职能实现必要的交叉、沟通的网络化、强调协调联动的重要性等。

五是组织结构的刚性限制战略的实施，战略制定要考虑组织结构的匹配。当一个企业的组织结构已经确立，人员已经配备，规章已经制定时，企业往往会力图避免过多地更改企业的组织结构，因为它会损失组织效率，分散企业的资源甚至造成企业运行的停顿。因此，企业在制定战略时会或多或少地考虑到组织结构的因素。事实上，一个完全与现有组织结构脱节的战略不是一个好战略。理查德·达夫特认为，企业的结构，还会影响那些到达高层管理人员的、有关战略实施的信息，从而影响高层管理人员对战略实施的评价，进而影响高层管理人员对企业战略的修正。

二、战略对组织结构设计的作用

战略对组织结构设计的作用主要有下述各点。

(1) 企业战略发展阶段影响组织结构类型。企业不同阶段的战略类型要求不同的业务活动，影响着部门和职务等方面的设计，有着不同的组织结构形式，如表 6-1 所示。

从战略涉及的经营领域范围来看，单一经营战略和不同形式的多种经营战略要求不同的组织结构形式与其适应，如表 6-2 所示。

(2) 战略中心的转移会引起组织工作重点的改变，从而导致各部门与职务在组织中地位的改变，并最终导致各管理职务以及部门之间关系的相应调整。管理大师彼得·德鲁克认为：“整个企业的组织结构如同是一幢建筑物，各项管理职能如同建筑物的各种构件和砖瓦材料，而关键性的职能，就好比是建筑物中负荷量最大的那部分构件。因此，任何一家卓有成效的公司，其关键职能总是设置于企业组织结构的中心地位。”至于哪项职能成为关键职能，主要是由企业经营战略中心所决定的。有的企业把质量放在中心地位，实行以质取胜的战略；有的企业则把技术开发放在中心地位，实行以新产品取胜的战略。总之，不同的战略中心，就要求有不同核心的组织结构，如表 6-3 所示。

表 6-1　企业战略发展阶段对应组织结构形式

战略发展阶段	战略类型	主要的组织结构形式
第一阶段	数量扩大战略	直线型的简单结构
第二阶段	地域扩散战略	职能结构
第三阶段	地域扩散战略	集权的职能制结构
第四阶段	多种经营战略	分权的事业部制结构

表 6-2　经验战略的多样性与组织结构

经营战略类型	组织结构类型
单一经营战略	职能制
副产品型多种经营战略	附有单独核算单位的职能制
相关型多种经营战略	事业部制
非相关型多种经营战略	子公司制

表 6-3　战略中心对应的关键职能

战略类型	关键职能
产品驱动型战略	产品的改进销售与服务
客户或市场驱动型战略	市场调研提高客户忠诚度
技术驱动型战略	研发应用推广
生产驱动型战略	生产效率与营销
销售或营销驱动型战略	销售以及销售队伍
物流驱动型战略	系统结构与系统效率改进
资源驱动型战略	开采加工
成长驱动型战略	资产管理投资

(3) 战略对组织结构设计的导向。战略视角下的组织结构设计要求组织结构应具有某种倾向性——或“效率”至上，或强调“学习”，或是两者兼顾。采用成本领先战略和防御型战略要求从提高效率的角度来设计组织结构，它们要求高强度的集权、严密的控制、标准化的操作程序以及高效率的采购和分销系统；要求员工在严密的监督和控制下完成常规任务，不能自主做出决策或采取行动。与之相反，差异化战略和探索型战略要求考虑组织的学习能力，鼓励员工不断尝试和学习，因而采取一种灵活而有弹性的结构，强调横向之间的协调；充分授权员工，鼓励员工直接与顾客一道工作，并奖励其创造力和冒险精神。这类组织对研究、创造性和创新性的重视超过了对效率和标准程序的关注。

战略要求组织结构设计呈现出效率和学习两种不同的导向或倾向性，这种倾向性及其程度直接影响着企业的组织结构设计并使其呈现出相异的特征。这可以从结构、授权、控制、文化以及考核与激励五个方面对照，从效率的角度出发和从学习的角度出发进行的两种组织结构设计，前者是以高效率作为绩效目标，后者则是以持续学习作为绩效目标。

(1) 纵向型结构和横向型结构。传统的层级式组织结构从下层到上层，都是按照工作的相似性而将组织所要进行的活动加以归并和分组，然后通过纵向的层级链来协调和控制整个组织。从促进高效率的生产和技能的纵深发展的角度看，这种结构相当有效。以学习为导向的组织是围绕横向的流程或过程，而不是职能部门来设计新的结构。纵向层级链得到明显的缩短，拉近了组织高层管理者与核心技术工人之间的距离。同时，这种横向组织采取跨职能的流程团队形式，弱化了职能界限，便于员工之间、团队之间的学习和整个组织学习能力的提高。

(2) 常规的职务和充分授权的角色。倾向于效率与倾向于学习的组织结构，在结构的正规程度和对员工工作的控制上有着明显的区别。前者提倡精细地确定每一项工作，并规定这项工作应该如何执行。即规定一个常规的职务。职务是分配给一个人范围狭小的工作。在以效率为中心的组织里，任务被分解为各个独立专门化的部分。强调学习的组织结构为员工提供了一个较自主的角色。角色是动态社会系统的基本构成部分，具有自我处置问题的权力和责任，允许员工运用其自主权和能力获得某种结果或实现某一目标。在从学习的角度出发的组织中，员工就在团队或部门中扮演了一个角色，而角色的任务可能不断地调整或者重新设定，很少受规则程序的限制。

(3) 正式控制系统和信息共享系统。以效率为中心的组织结构采用强有力的控制手段。横向部门之间的相互协调，纵向管理层之间的指令传递需要一个正式的控制系统来保障。在这样的组织中，正规化程度很高，系统齐全，制度林立，整个组织都是在各个系统里按照已有的规章来运行。信息系统是计划和执行最强有力的控制工具，通过鉴别实际绩效与既定标准和目标的偏差来协助计划的执行。以学习为中心的组织结构采用信息共享系统。信息不是通过控制而是通过广泛共享而使组织保持一种最佳的运行状态。管理者工作的重要部分不是利用信息来控制员工，而是设法开通沟通的渠道，使各种信息能向各方面传递。同时，为了增强学习能力，组织还维持着与顾客、供应商甚至竞争者之间的开放式沟通。这样信息技术就成为保持人们之间接触的一种手段。

(4) 结果型考核与激励和过程型考核与激励。追求效率的组织结构需要采用以数量和结果为主的考核与激励系统。追求学习的组织结构需要设计以质量和过程为核心的考核与激励系统。该系统把关注顾客、产品和流程设计、个人和团队学习、持续改进、团队合作、服务质量、顾客关系管理等质量元素和细节纳入考核范围，并据此作为激励的基础。

(5) 僵硬型企业文化和适应型企业文化。管理学家斯蒂芬·罗宾斯认为，组织结构反映的是企业文化。与以效率为中心的组织结构相对应的是一种僵硬型企业文化。僵硬型企业文化与该组织结构一样只能适应于简单稳定的外部环境，焦点集中于组织内部，忽视同外部的互动，同时，僵硬型文化自身具有很强的刚性，曾经使企业获得成功的文化价值观、思想和行动，在迅速变化的环境中，逐渐成为企业进一步发展的障碍。以学习为中心的组织结构提倡开放、平等、持续改进和变革的适应型企业文化。整个组织的思想观念放在弱化组织内的边界以及与其他组织的边界上，认为每个成员都是对组织有益的贡献者，而组织则成为提供关系网络的场所。

第三节　现代企业组织的创新与发展

一、企业组织发展面临的环境

自20世纪80年代以来，外部环境的巨大变化，促使企业组织发生了重大变化。

一是知识经济的到来。农耕时代的财富是土地、人口，决定经济增长、创造价值的主要因素是土地和劳动力。工业时代的财富是资本，依靠资本提高生产力。知识经济则是一种以现代科技知识为基础、以信息产业为核心的经济类型。它是以知识运营为经济增长方式，知识是驱动经济发展、实现价值创造的主要因素。在知识经济时代，创新与人力资本已经成为经济持续繁荣和转型升级的内在驱动力，其显著特征有资源利用智力化、投入无形化、知识利用产业化、企业发展虚拟化等。

二是第四次工业革命的到来与发展。从人类工业发展的历程来看，第一次工业革命依靠蒸汽机改进了生产效率；第二次工业革命则利用电力实现了大规模生产；第三次工业革命采用电子和信息技术实现了生产的自动化。尽管人们对当前的第四次工业革命还存在分歧，但不否认，第四次工业革命正成为全世界越来越关注的重大问题。

与以往历次工业革命相比，第四次工业革命是以指数级而非线性速度展开，将颠覆所有国家的几乎所有行业，彻底改变整个生产、管理和治理体系，实现效率和生产力的长线增长。但正如经济学家埃里克·布林约尔松(Eric Brynjolfsson)和安德鲁·麦卡菲(Andrew McAfee)所言，第四次工业革命将可能颠覆劳动力市场。首先，随着第四次工业革命的发展，自动化将逐渐代替人力。而机器对人的取代可能扩大资本回报和劳动力回报的差距。第四次工业革命不仅减少了职能、服务人员，还将导致组织结构进一步扁平化，项目小组式工作方式、工作轮换与工作扩大化趋势将更加明显，组织也会更加侧重于核心人群。

三是外部环境的不确定性调高。无论是营利性还是非营利性组织，其用户需求都在快速发生变化，个性化需求逐渐兴起，外部环境的不确定性与日俱增。同时，随着制造能力的进一步提升以及市场供需双方的信息不对称性逐渐削弱，用户需求将进一步主导产品的未来发展方向，进而改变供需双方在市场交易中的地位。为了适应外部环境的变化，组织必须打破原有的科层制结构，去掉中间层，建立自由的项目团队。

四是新生代员工成为主体，员工创客化趋势加快。随着新生代员工不断地进入职场，员工的知识化程度也越来越高。他们的自主性、独立性较强，成就事业的意愿强烈，追求个人职业的发展。新生代员工需要更加全面地认可和关爱。组织需要建立科学的认可机制，全面、及时地承认员工对组织的价值贡献及工作努力，并及时对员工的努力与贡献给予特别关注、认可或奖赏，从而激励员工的开发潜能，创造高绩效。

成就事业的意愿也使员工呈现创客化的趋势。员工的创客化使员工在组织中的作用日益突出，成为组织的动态合伙人，员工的定位也发生了重大变化，具有了更大的决策权、用人权、分配权。可以预见，在未来组织的发展中，具有创新精神、能动性强的员工将成为组织发展的核心资源。

五是经济全球化，产业竞争加剧，人力资源竞争更加激烈。随着经济全球化进程的加快以及全球分工协作的深化，作为高级生产要素的人力资源，尤其是人才资源的流动更加

自由，逐步形成了跨越国界的世界人才市场。经济全球化与人才国际化又相互促进，全球化导致人才国际竞争加剧。人才的战略重要性日益突出，人才短缺常态化趋势明显，人才流动国际化进程加快，人才竞争更趋白热化。

六是人工智能时代到来，改变了人们的日常工作方式。在即将到来的人工智能时代，人工智能对我们工作方式的改变也非常巨大，技术确实改变了我们的生活，它让就业时间、就业空间变得更加有弹性和灵活。

二、现代企业组织的发展方向与模式

现代企业组织正在向柔性化、敏捷化、生态化、自组织化以及员工创客化等方向发展。所谓柔性化，是指连续性地进行临时性调整。柔性概念应用到企业的组织结构上来，是指企业组织结构的可调整性以及对环境变化的适应能力。由于组织是建立在个人、群体和组织内部子单位之间的动态合作以及与外部环境功能互补的基础之上的，因而柔性已成为组织在不确定环境中求得生存和发展的一个不可或缺的因素。柔性化组织正是要强调组织成员之间的信任、合作与信息共享。柔性化组织所隐含的管理理念主要表现为：组织边界网络化、管理层级扁平化、组织结构柔性化和组织环境全球化。组织结构柔性化的目的是使一个组织的资源得到充分利用，增强组织对组织环境动态变化的适应能力，它表现为集权和分权的统一、稳定和变革的统一。

敏捷性是以较低的成本快速适应外部变化的能力，外部变化包括了环境的改变、技术的进步、客户需求变化以及竞争对手的颠覆等。应用到企业组织管理中，组织敏捷性是指在竞争、需求、技术和政策的迅速变化下，企业组织快速响应而进行变化和调整以获得产品价值和保护已有价值机会的能力。全球管理大师拉姆·查兰曾说：在这样一个充满变化的时代，组织敏捷不是一种选择，而是一种必须。如果你真正能使组织敏捷化，在这一个时代可能是你的核心竞争优势。麦肯锡公司提出了敏捷性组织的五个特征，如表 6-4 所示。麦肯锡公司认为当所有五个标志都到位并一起工作时才能实现真正的敏捷性，即它们是实现组织敏捷性的有机系统。

表 6-4　敏捷性组织的特征

特　征	标　志	组织敏捷实践
战略	“北极星”模式	共建的目标与愿景；感知并抓住机会；资源灵活配置；高执行性的战略指导
组织架构	赋能的团队网络	清晰地、扁平化组织架构；明确的角色职责 实践型管理；强大的社团实践；积极的伙伴关系及生态系统；开放的物理及虚拟环境 目标适应性责任单位
流程	快速决策和学习循环	快速影响及尝试；标准化合作方式；业绩导向；信息透明；持续学习；行动导向决策
人员	激活员工模式 点燃激情	高凝聚社团；共享及公仆式领导力；企业家精神；角色灵活
技术	下一代技术赋能	演变的技术架构，系统及工具；下一代技术开发与实践

生态系统(ecosystem)原是生物学的术语，是指在自然界的一定的空间内，生物与环境构成的统一整体，在这个统一整体中，生物与环境之间相互影响、相互制约，并在一定时期内处于相对稳定的动态平衡状态。当前，市场环境呈现出越来越快的动态发展，要求组织必须适应外部环境变化，根据环境的变化不断进化，保持更加开放、敏锐和灵活，保持组织效率的动态均衡和动态最优。具备这种特征的组织，一般就可称之为生态型组织。

生态型组织是开放型的组织，同时打破了内部边界和外部边界，企业组织边界愈加模糊，组织渗透力更强。在企业内部的垂直边界上，通过组织扁平化，权力下放，各层级间相互渗透，打破了组织的层次和职业等级；在水平边界上，通过重新划分组织单元，形成以顾客为中心的系统运行制度，打破了部门墙的壁垒。在企业外部边界上，将消费者视为企业内部员工，使企业组织边界开放到整个社会的边界。

在生态型组织的实现上，“平台型+生态型”是常见的组织结构形式。2015 年 12 月 7 日，阿里巴巴宣布全面启动 2018 年中台战略，构建符合更创新灵活的“大中台、小前台”组织机制和业务机制，以推动各种事业群的健康发展，壮大生态系统，如图 6-1 所示。在组织形式上，阿里巴巴的组织变革是把几种组织形式融合在一起，既有传统的事业部制，也有矩阵结构。由于后台资源共享，每个垂直事业部都会和平台事业部之间有一个节点，垂直事业部可以调取平台事业部的资源，以支持业务的开发。这是一个开放的有机结构，可以快速适应商业模式的变化，响应客户需求。

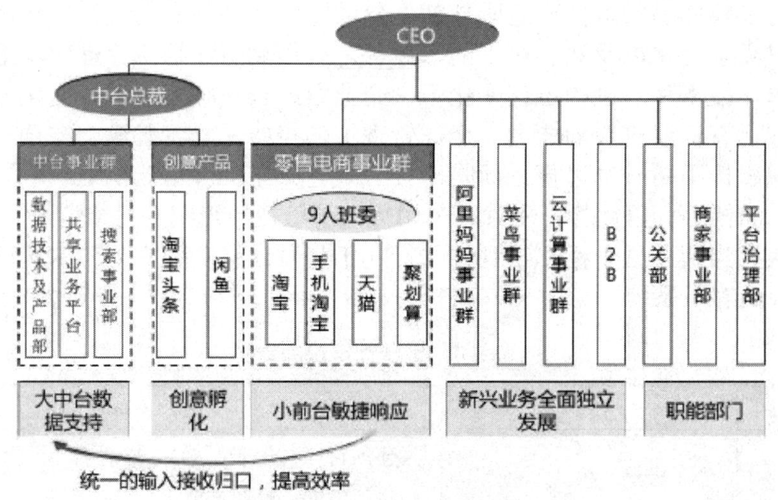

图 6-1　阿里巴巴“大中台、小前台”组织机制

在去中心化与扁平化的过程中，企业组织内部运作方式形成了项目制与团队型结构形式。从人类的发展历史来看，人类倾向于把自己组织成相对较小的群体。这是因为人类智力将允许人类拥有稳定社交网络的人数是 148 人，四舍五入大约是 150 人。人类的社交人数上限为 150 人，精确交往、深入跟踪交往的人数为 20 人左右(邓巴数的限制)。在创新驱动的今天，小规模核心团队才能有效激发创意。故此，在平台化组织中，其组织运用形式往往是几个员工组成一个核心团队，进行创新活动。在项目制运行过程中，也实现了员工的创客化。

所谓“团队”，就是让员工打破原有的部门界限，绕过原来的中间管理层次，直接面对

顾客和向公司总体目标负责，从而以群体和协作优势赢得竞争主导地位。临时团队，是与组织小型化相对应的，临时性的，往往是为了解决某一特定问题而将有关部门的人员组织起来的“突击队”。通常等问题解决后，团队即告解散。这种形式是对那种等级分明、层次多、官僚主义组织的强烈冲击。团队工作方式，是一种通过改变传统企业组织中的高度集权，给员工一定的自主权，即把业务流程分解成许多小段，每个人做其中一部分工作的方式。在这种方式中没有监工，每一个团体有一个由团队成员轮流担任的组长，使之能亲自感受到自己的工作成果，以此提高员工对工作的满足感和成就感。项目小组，由一个项目经理、一个市场经理、一个财务经理、一个设计师、一个工艺工程师和若干位不同工种的工人组成，根据需要还可以吸收公司外部一些专家加入。

在实践中，韩都衣舍构建的基于小组制的蚂蚁军团运作模式就是这种形式。韩都衣舍把企业内部划分成几百个三人小组，称为蚂蚁军团。该组织模式的核心就是平台+小组制：一个方面是企业要向平台化转型；另一方面是企业内部建立几百个三人小组，别的企业内部组织模式大多是基于流程建立串联的组织关系，韩都衣舍采用并联式组织模式，采用包产到户的方式，让每个品牌、每个款式都是一个相对独立并联的小组，每个小组都由三个人组成，这三人小组包括产品设计师、页面详情设计以及库存订单管理三个核心岗位，资历和能力强的人兼任组长。这种并联式的模式把公司变成一个平台，让所有的小组都在平台上像插件一样，去获取平台的资源支持，直接面对消费者。这种组织模式促使组织必须贴近消费者前端，从而使几百个小组都贴近消费者、满足消费者个性化的需求。

小组成员是有责、权、利的，责权利在小组里面有明确的责任和利益分享，另外，几百个小组在企业内部获得平台的支持，行政资源的支持、生产、品牌的运作、储运、供应链，这时组织就变成一个赋能体系，为数百个小组提供赋能。这种模式的运行是靠数据驱动的，韩都衣舍的组织结构图与传统的组织结构图不一样，基本上是数据化的。

项目制组织是全球比较风行的组织模式，是为了某个特定的项目任务，由不同部门、不同专业的人所组成的特别工作小组。这个小组符合现在组织创新以及贴近消费者需求，项目制组织也有多种形式。华为最核心的是平台+项目制。华为的项目组织由三大模块组成：功能型组织、委员会组织、项目型组织。功能型组织主要提供支持服务，委员会组织主要提供决策，项目型组织主要是执行、冲市场、打市场。整个组织从决策、平台赋能到一线打仗，形成新的三角。华为最有力的是真正深入客户一线的项目团队，但是项目团队的背后最核心的是支持服务体系。

指数型组织(Exponential Organization，ExO)是面向互联网社会和共享经济时代的组织范式，是在运用了高速发展的技术的新型组织方法的指引下，颠覆传统的产权意识和科层制框架，更灵活、更精简、更具创业精神的组织形式。在信息技术让速度越来越快，获客成本大幅下降以及公司平台化的今天，企业必须高效整合全球的资源才能实现快速的增长，这就要求在组织结构上给予相应的支撑。相对于传统的组织形式，指数型组织有一个崇高而热切的目标(Massive Trans-formative Purpose，MTP)，即 M 代表宏大，T 代表变革，P 代表目标，鼓励人们创造出自身的社区、群体和文化。

与指数型组织相对应的是线性组织，其通过资源和资本的扩大，逐步形成规模化的线性业绩增长，从小企业变成大企业。大的线性企业往往采取矩阵结构的组织形式，采用产品开发与管理的 IPD 流程体系(Integrated Product Development)。IPD 流程体系是关于产品开发(从概念到产品开发、发布直至退市的全过程)的一种理念与方法，强调以市场需求作为产品开发的驱动力，将产品开发作为一项投资来管理。而组织中的大多数人员往往与 IPD 流程体系相冲突，造成了规模和灵活之间的不可调和。指数型组织会使用更多的外部资源，以实现自己的目标，如通过租赁云计算资源快速获得 IT 能力，通过开发外包快速开发新的系统，通过社群的用户口碑自传播获得品牌和销量，通过供应链合作获得高效的生产与供货。

指数型组织的五大外部属性 (SCALE)：①随需随聘的员工(Staff on Demand)；②社群与大众(Community&Crowd)；③算法(Algorithms)；④杠杆资产(Leveraged Assets)；⑤参与(Engagement)。随需随聘的员工是指员工随需随聘，取代了传统的岗位聘任制。社群与大众是把一大群充满热情、愿意奉献时间和专业技能的爱好者组建成社群，并吸引更多的大众参与。算法是获取海量数据并确立自己独特的算法。现今的信息时代，让很多公司能随时随地使用实体资产，而不需要拥有它们。这样就降低了原料的边际成本，同时省去了管理资产的麻烦，使公司保持在各个方面的灵活性。在适当的情况下，参与会创造出超大范围的网络效应和积极的反馈回路，从而提高用户的忠诚度，或将大众转变成社群，还可以借助市场的宣传力量等。

指数型组织的五大内部属性(IDEAS)是：用户界面(Interface)、仪表盘(Dashboards)、实验(Experimentation)、自治(Autonomy)、社交技术(Social Technologyies)。用户界面是指指数型组织连接和管理 SCALE 外部属性的过滤和匹配过程。良好的用户界面，是组织扩张的重要条件。指数型组织能够获得大量来自顾客和员工的数据，需要一种新的方法来衡量和管理组织。而实时显示关键指标信息的仪表盘，能够让组织内部的每一个人都了解关键信息。这就需要在公司的运营中嵌入度量指标，并进行实时跟踪。扎克伯格认为“最大的风险就是不承担任何风险”，持续不断地实验是如今唯一可行的可降低风险的方法。指数型组织是通过实验实现快速迭代，进而降低风险。在遵循 MTP 的情况下，实现员工高度自治，这种组织风格可以创造社交化、开放和信赖的文化，带来了更愉悦的员工团队。要实行员工自治，就要求要有伟大的愿景，及时反馈的能力以及每天仪表盘上的 OKR 数据展示。社交技术由七个关键元素组成：社交对象、活动流、任务管理、文件共享、远程交流、虚拟世界、情感感应。在实现了这些元素后，就能创造出透明性和连通性，降低组织的信息延迟，而后者是至关重要的。

第六章现代企业组织管理与发展.ppt

第六章案例.docx

第六章习题与答案.doc

第三篇 现代企业运营管理篇

任何一家企业(制造业企业和服务业企业)通常必须具备五个基本职能：人力资源、运营、营销、技术与财务，其中，运营职能是核心职能。而运营管理在企业的管理中处于核心地位，但是企业经营效果的影响因素是多方面的。企业的运营过程，必须依靠来自营销系统的有效工作，将高效运行的运营管理成果转变为经济收益；依靠有效的人力资源管理，发挥人的作用；依靠对企业的整体战略筹划，使企业的运营管理变得更有目的性；通过资本管理，使运营过程获得足够的资金支持，并通过资本运营来扩大和调整运营的条件；通过信息管理，使运营管理建立在丰富的数据基础之上。因此，现代企业运营管理的内容包括运营管理基础知识、运营系统设计、运营系统运行与控制、运营系统维护与控制。本篇主要介绍了现代企业运营管理基础、运营战略管理与经营决策管理。

第七章 现代企业运营管理概论

学习目标

通过本章的学习，可使读者了解运营管理的内容、运营管理的发展历程；理解运营管理的基本概念、运营系统的构成以及现代运营管理的主要特点及其发展趋势。

关键概念

运营；运营管理；运营系统

第七章企业运营管理概论.mp4

在企业的日常经营中，总是强调“卡两头，抓中间”，即保证物资供应，促进产品销售，控制生产环节。这里，生产环节涉及的主要是运营管理。由此可见，作为生产环节的运营管理在企业组织中是多么重要！

运营管理致力于实现顾客满意与经济效益，其实质在于对增值转换过程的有效管理，在技术可行、经济合理基础上的资源高度集成，满足顾客对产品和服务特定的需求。运营系统的“规划与设计”以及“运行与控制”构成了运营管理的两个主要内容，不分边界必然导致“三边工程”甚至“四边工程”，割断两者之间的联系，又将导致“先天不足、后天失调”。运营管理的发展越来越快。环境、道德与社会责任的归位不仅仅是社会对企业所提出的要求，更是企业生存与发展的基础和内在动力。

本章将介绍运营管理的基本概念、职能、研究内容，以及运营管理的发展过程。

第一节 运营管理及其实质

一、运营系统及其特征

1. 运营的概念

一般来讲，生产是指物质资料的生产，将原材料转化为特定的有形产品，因此，过去西方学者把与工厂联系在一起的有形产品的生产称之为“production”或“manufacturing”；而将提供服务的活动称为“operation”。二者结合起来为“production and operation”，表示它的统一性，我国学者将它们译作“生产与运营”，表示包括制造业和非制造业，现在常将二者统称为“operation”，即“运营”，或称为生产与运营、生产运营、运营。

综上所述，运营就是将组织的业务活动及其成果与顾客的需求连接在一起的过程。

2. 运营系统的概念

运营过程是一个“输入—转换输出”的过程。在这一过程中，输入的是土地、劳动、资本、信息等资源，经过加工、运输等转换活动，以产品或服务的形式提供给顾客。在把输入转换为输出的过程中，不可避免地会出现这样那样的问题，如质量达不到内部标准、设备出现故障、成本过高、延误订单的交付等。需要及时发现这些问题，并采取措施尽快解决，即反馈机制。输入、转换、输出过程的直接目标是实现增值，最终目标是达到顾客满意，实现经济效益。引入了反馈机制，致力于实现增值并最终达到顾客满意。经济效益的“输入—转换输出”的运营过程构成了完整的运营系统，如图 7-1 所示。

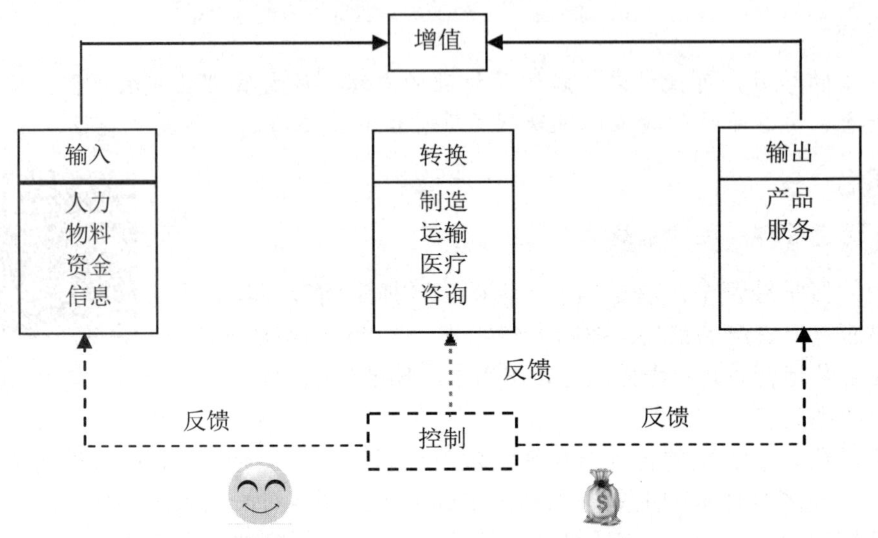

图 7-1　运营系统图

运营系统实现的增值反映了输入与输出之间的差异。输出的价值由顾客愿意为该组织的产品或服务所支付的价格来衡量。增值越多，运营效率越高。对非营利性组织，输出的价值(例如，公共交通、治安与消防)是指所实现的社会价值。

(1) 输入——资源要素。

① 人力。人力是具有一定智力和体力的劳动者，也称为运营管理者，是运营管理系统的主体要素，其数量和整体综合素质是企业运营的根本。

② 物料。物料包括设备、材料、工具、土地、能源与技术等，是运营系统的物质基础，是企业的劳动手段和劳动对象，制约着企业的产出规模、品种、质量和成本。

③ 资金。资金的数量、构成和周转速度等直接影响着企业的运营活动的能力，企业需要合理地占有资金，有效地利用资金，以确保企业的运营活动顺利进行。

④ 信息。信息主要是指市场顾客的需求、政策、法规、计划、图表、标准、方法、制度、操作规程、统计报表等，是企业管理的依据，又是企业管理的手段。

(2) 转换——变换过程。

这个过程既是劳动过程，也是管理过程；既是物质变换过程，也是价值增值过程。这个过程既是产品形成过程，也是人力、物力和财力等资源消耗的过程。因此，必须采取最为经济合理的方式设计这个过程，并对整个过程进行周密计划、领导、监督和控制。

(3) 输出——产品和服务。

输出包括有形产品和无形产品，无形产品即服务。如化肥、汽车、机床、电视机、日用产品、计算机、通信设备等是有形产品；又如银行的金融服务、邮局的邮递服务、物流公司的物流服务、美容美发服务等是无形产品。产品的品种、质量、交货期、价格是顾客

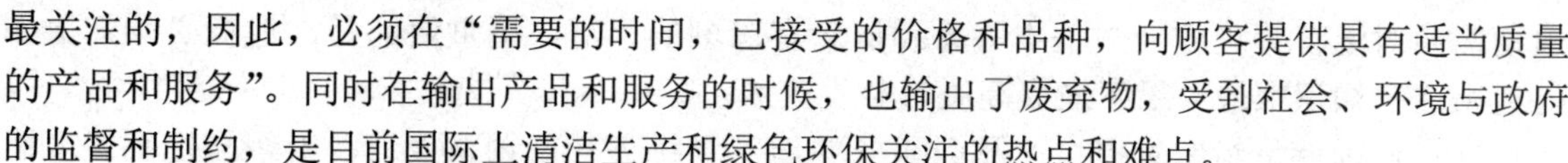

最关注的，因此，必须在“需要的时间，已接受的价格和品种，向顾客提供具有适当质量的产品和服务”。同时在输出产品和服务的时候，也输出了废弃物，受到社会、环境与政府的监督和制约，是目前国际上清洁生产和绿色环保关注的热点和难点。

(4) 控制——监督和纠正。

控制职能是管理者要对组织的运行状况加以监督，通过控制可发现当初的输入与输出的偏差，采取有利的行动纠正偏差，保证计划的实行，确保原来的目标得以实现。

3. 运营系统的特征

归纳起来，运营系统有如下特征：①集合性。运营系统由多个可以识别的子系统所组成，如物资管理系统由计划管理子系统、库存管理子系统、质量检验子系统等组成。②关联性。若干个体集中在一起，只能算一个“群”，只有当个体之间存在一定的关系或相互作用时，才能成为一个系统。如零件加工工序就存在先行与后继关系；再如出产量 N_0 与投入量 N_1、期初在制品库存量 H_1 和期末在制品库存量 H_2 之间存在数量关系：$N_0=N_1+H_1-H_2$。③目的性。一个现实的系统作为一个整体，实现一定的功能且有一个或多个目的，如果这些目的达到它们的最大等级，也就是说实现了系统的最优化。如运营系统将投入要素转换为产品或服务，要实现的目标是达到或超过顾客满意，实现经济效益。值得指出的是，对管理系统，往往无法达到所谓最优，只能追求更优。④环境适应性。运营系统必须适应周围或外界环境的变化。如果运营系统具有自适应能力，那么该运营系统在与外界环境之间互相交换物质、信息和能量的过程中，就能以最小的滞后时间达到所希望的状态。

运营系统还要从外部环境取得信息，如市场需求的变化、竞争对手的状况、新技术的发展及社会经济的发展动态等，根据外部信息，企业必须调整运营系统以适应外部环境的变化。运营系统举例如表 7-1 所示。

表 7-1 运营系统举例表

组 织	主要输入	转 换	主要产出
医院	病人	诊断与治疗	恢复健康的人
工厂	原材料	加工制造	产品
物流公司	甲地的物资	位移	乙地的物资
餐厅	饥饿的顾客	精美的食物、舒适的环境	满意的顾客
大学	高中毕业生	教学	高级专门人才
咨询公司	情况、问题	咨询	建议及解决方案

二、运营管理及其重要性

在当今社会，不断发展的生产力促使大量生产要素转移到商业、交通运输、房地产、通信、公共事业、保险、金融和其他服务性行业和领域，传统的有形产品生产的概念已经不能反映和概括服务业所表现出来的生产形式。因此，随着服务业的兴起，生产的概念进一步扩展，逐步容纳了非制造的服务业领域，不仅包括了有形产品的制造，而且包括了无形服务的提供。实施有效的运营管理越来越重要。面对全球性的竞争压力，企业管理人员迫切需要对运营管理的一些基本关系和概念有深刻的了解，更重要的是，他们必须知道如何运用这一知识来最大限度地提高质量和生产率。

运营管理就是组织对提供产品或服务的运营系统进行规划、设计、组织与控制。或运营管理就是对运营过程的计划、组织、实施和控制，是与产品生产和服务创造密切相关的各项管理工作的总称。从另一个角度来讲，运营管理也可以指为对生产和提供公司主要的产品和服务的系统进行设计、运行、评价和改进。一个典型的企业组织由多种职能部门相互配合来实现其目标。其中，运营职能是核心。企业组织的三个基本职能是运营、财务和营销。此外，还有其他一些辅助职能，如人力资源、技术等。运营职能旨在实现“输入-转换-输出”过程的增值，这就决定了其核心地位。企业组织的顾客服务、质量保证、生产计划控制、进度安排、工作设计、库存管理等均由运营职能来实现。企业组织其他所有活动，如营销、财务、人力资源、技术等都与运营管理活动有直接或间接联系。运营职能与其他职能之间的关系如图 7-2 所示。

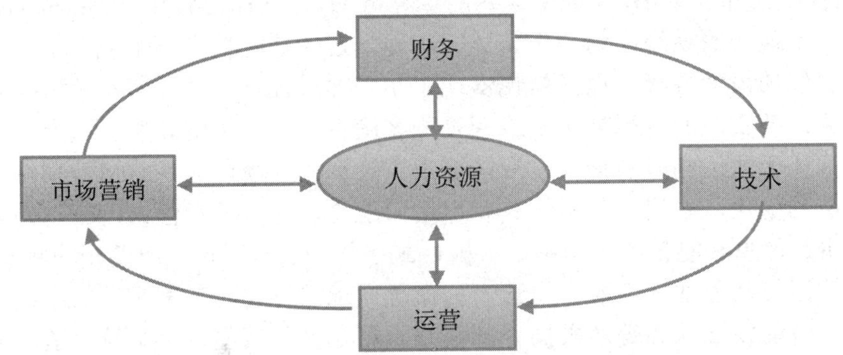

图 7-2　企业管理五大基本职能关系图

这些职能只有密切配合才能实现组织的目标。例如，如果生产部门与营销部门各自为政，那么营销部门推销的可能是那些非盈利的产品或服务，或者生产部门正在生产或提供的是那些已经没有市场的产品或服务。同样，如果没有财务部门与生产部门的密切配合，当组织需要扩大规模或更新设备时，可能会因资金无法落实而难以实现。

三、运营管理的目标和实质

(1) 运营管理目标：运营管理的直接目标是增值。运营管理的最终目标是使顾客满意，在此基础上实现经济效益。顾客满意是前提，只有达到顾客满意才能实现可持续性的经济效益。

(2) 总体目标与核心目标：运营管理的研究总体目标在于提高管理的绩效。所谓“绩效”，是指“工作的结果”，即“在特定的时间内，由特定的工作职能或活动产生的产出记录”。企业运营的管理绩效通过运营效率和运营效益体现出来。因此，提高运营管理绩效就是实施企业运营管理的总体目标，而提高运营效率和运营效益就是运营管理的两大核心目标，即一方面通过运营管理的实施，全面优化运营系统，提高运营的“效率”，另一方面则同时通过有效的成本控制、质量管理和资本运营，以最少的投入获得最大的产出。可以将运营管理的两大核心目标通俗地理解为“快速度、低投入和高产出(包括‘量’和‘质 ’的产出)”。

(3) 具体目标：运营管理的两大核心目标是既有区别又紧密相关的。显然，总体目标和核心目标只是相对抽象和综合的概念，它们还包括一系列的具体目标，这些目标既是总体目标的具体内容，又是实现总体目标的重要途径。

① 运营管理观念的确立。运营管理的顺利实施必须首先树立运营管理的观念。管理观念的转变是一个循序渐进的长期过程，必须通过领导层和管理层的积极倡导、运营文化的建设以及相关的制度建设来实现。就行为主体而言，它包括政府和企业领导层、管理层和一般运营人员在内的所有成员的观念转变。从内容来看，企业运营管理必须至少确立如下四方面的观念，即效率与效益的观念、科学运营的观念、创新的观念和以人为本的观念。

② 组织结构优化。组织结构的优化程度是影响效率和效益的“硬件”因素，因此成为提高运营管理绩效的重要目标。组织结构优化主要反映在机构设置的科学性、部门之间(包括政府和企业运营管理部门之间、企业运营管理部门和业务部门之间等)的协调性、管理和决策的效率等方面。

③ 提高人力资本的运营效率与效益。“人”是管理中最能动的因素，加强人力资本运营是提高企业运营效率和效益最重要的途径。人力资本的运营效率和效益受运营人员的能力、素质和工作的积极性与创造性等因素的影响，表现为“单位时间单位运营人员的贡献”，如“每年人均效益”等指标。

④ 优化运营流程。科学合理的运营流程可以最大限度地减少系统摩擦，有序地协调运营系统的各个部分，避免一部分流程阻塞而另一部分流程空转或等待的状况，因此可以大大提高运营的效率和效益。作为企业运营的重要目标，流程优化的重点是提高管理和服务流程的合理性与协调性，以及物资(与运营有关的物资)配送的高效性。

⑤ 提高管理的信息化程度。管理信息化是管理现代化和提高运营效率的重要方面。管理信息化建设主要通过信息管理人员的比例及其素质构成、信息化建设投入占管理经费支出的比例，以及信息管理系统的建设情况、层次与运营效率等方面反映出来。

⑥ 降低运营管理成本。通过成本控制可以大大减少不必要的浪费，实现企业的低成本运营，提高运营的“产出/投入”比值。成本控制的好坏主要反映在两方面：单位产出需要投入的费用，表示为“万元/产出量”；单位产出需要投入的运营人员数，表示为“人年/产出量”。上述比值越低，说明成本控制得越好。

⑦ 提高运营管理质量。企业运营在运营过程中会受到各种因素的影响和制约，只有进行全面的质量管理才有可能使效益最大化。一般而言，运营的质量通过投入要素质量、运营过程质量和运营产出质量体现出来，必须进行相应的要素质量管理、环节质量管理和终末质量管理。

⑧ 提高运营效益和利润。企业运营的目标是通过运营政府提供的政务系统，将政务系统作为“投入要素”，通过有效的方式为社会提供公益服务，创造最大的经济与社会效益。政务系统运营平台是影响运营效益的最重要因素之一，其运营状况的好坏直接关系到运营目标实现的程度。企业运营平台运营的好坏主要通过其提供的公益平台给社会带来的好处、获取的效益等体现出来。

(4) 运营管理的实质。运营管理的实质可概括为三句话：通过有效管理实现增值；技术可行、经济合理基础上的资源集成；满足顾客对产品和服务特定的需求。

第二节　运营管理的主要内容

一、运营管理的对象

运营管理的对象是运营过程和运营系统(或生产与运营系统)。

运营过程是一个投入、转换、产出的过程，是一个劳动过程或价值增值的过程，它是运营的第一大对象，运营必须考虑如何对这样的生产运营活动进行计划、组织和控制。运营系统是指上述变换过程得以实现的手段，应当考虑如何对运营系统进行设计、改造和升级。它的构成与变换过程中的物质转换过程和管理过程相对应，包括一个物质系统和一个管理系统。

二、运营管理的构成

运营管理的一个主要方面就是要关注流程，流程就是工作的过程，运营管理者经常运用各种方法与技术分析流程。运营管理的流程由运营的四个“P”构成，这四个“P”为：政策(Policies)、实践(Practices)、绩效(Performance)和流程(Processes)，4P 之间的关系如图 7-3 所示。

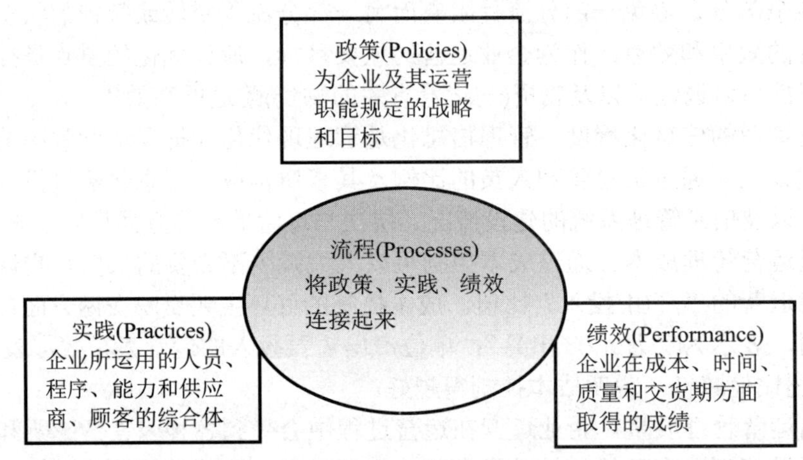

图 7-3　运营管理的 4P 关系图

三、运营管理的主要内容

1. 通过运营战略赢得竞争优势

运营战略是企业在运营系统的规划与设计、运营系统的运行与控制以及运营系统的维护与更新方面所作出的长期规划。运营战略属于企业职能战略范畴。运营战略不但要与营销战略和财务战略等职能战略相得益彰，更要与企业的总体战略相一致，这样有利于实现组织的使命和目标。

制定运营战略，就是以实现企业的使命和目标为出发点，从运营管理的视角，分析社

会、经济、政治环境给企业带来的机会和威胁，针对企业在运营管理方面的优势和劣势，在低成本、高质量、交货期等方面识别并培植企业的订单赢得要素，并凝结企业的核心竞争力，以使企业在市场上获得竞争优势。

生产率反映了企业对资源的有效利用程度。生产率水平高意味着企业承受得起较竞争对手更低的价格，从而赢得市场份额；或者，在与竞争对手价格相同的情况下，可以实现更大的利润。从这一意义上说，较高的生产率是企业竞争力的直接体现。

如表 7-2 所示内容可有助于指导企业通过运营战略赢得竞争优势。

表 7-2 如何通过运营战略赢得竞争优势

内 容	要解决的基本问题
运营战略	1. 使命、目标、企业战略、职能战略、策略之间到底是怎样的关系 2. 如何借助战略管理工具，如 SWOT 分析、波特五力模型、扩展的 BCG 矩阵来制定运营战略
竞争力	1. 企业之间的竞争体现在哪些方面?如何正确描述竞争力 2. 如何识别并培植订单赢得要素，进而形成现实竞争力
生产率	如何提高生产率，进而提高企业竞争力

2. 运营系统的规划与设计

运营系统规划与设计包括：新产品(服务)开发与流程管理、运营能力规划、选址规划、设施布置、工作系统研究等。这些决策通常要从长计议。

如表 7-3 所示给出了运营系统规划与设计要解决的基本问题。

表 7-3 运营系统规划与设计要解决的基本问题

内 容	要解决的基本问题
产品开发与流程管理(有没有一个好的产品或服务?采用什么样的流程?)	1. 顾客真正需要什么？新产品开发的内在动因何在? 2. 产品在其生命周期的不同阶段的特点和管理重点是什么? 3. 如何开发新产品?有哪些新的开发理念? 4. 如何结合实际应用质量功能展开？ 5. 采用什么样的流程生产所开发的产品? 6. 服务设计有哪些特殊性?如何进行服务设计?
运行能力规划(规模或盘子多大)	1. 如何定义运营能力? 2. 运营能力的重要性体现在哪里？规模运营能力有哪些策略？ 3. 规划运营能力时要考虑哪些因素？规划运营能力的程序是什么？ 4. 如何应用使用的方法或技术进行运营能力规划? 5. 如何进行服务运营能力规划?
选址规划(建在何处？)	1. 选址规划的重要性体现在哪里？ 2. 影响选址规划的因素有哪些?工厂、配送中心、医院等应建在哪里？ 3. 如何应用使用的方法或技术进行选址规划? 4. 如何应用运输模型来规划物流配送系统？

续表

内 容	要解决的基本问题
设置布局(如何进行设施的优化布置？)	1. 产品专业化布置要解决的基本问题是什么？ 2. 工艺由专业化布置要解决的基本问题是什么？ 3. 如何应用成组技术？ 4. 有哪些新思路进行非制造业的设施布置？
工作系统研究(如何设置岗位、定编定员)	1. 方法研究与实践研究的背景是什么？两者之间是什么关系？ 2. 如何通过方法研究提高工作效率？ 3. 实践研究的基本程序是什么？ 4. 如何通过实践研究科学地设置工作岗位？ 5. 学习效应在企业中有哪些应用？

3. 运营系统的运行与控制

运营系统运行与控制的对象可概括为“质量、费用和进度”。

(1) 质量控制。质量是企业的生命线。质量控制的任务就是采用先进实用的质量管理方法与工具识别质量问题、分析质量问题、解决质量问题。

如果说从早期的质量检查到后来的统计过程控制实现了“三个转变”，即事后质量检验到事前质量控制、定性质量描述到定量质量分析、产品质量检验到过程质量控制，那么，从统计过程控制到全面质量管理和6σ贯彻了“顾客满意、持续改进”的新理念。

质量管理体系的建立与有效运行是世界经济一体化的现实要求，是质量保证活动成功经验的总结，是质量管理发展的历史必然，是企业在激烈的竞争中求得生存和发展、贯彻实施“顾客满意、持续改进”的必然选择。

(2) 费用控制。费用控制就是保证产品的价格既为顾客所接受，同时又为企业带来一定的利润。费用控制涉及土地、人物料、设备、能源等资源的合理配置和利用，还涉及企业资金的运用和管理，归根到底就是努力降低产品的生产成本。

运营管理从库存费用控制的视角，说明库存的功能、介绍库存控制的手段与有效方案以及经济订货/生产批量。

(3) 进度控制。所谓进度控制，就是把运营中涉及的人员、物料设备、资金等资源在需要的时候组织起来、筹措到位，以保证适时适量地将产品投放市场。也只有控制好进度，才能及时地交付顾客所需求的产品或服务，才能更好地应对顾客在产品种类、数量和交货期上的变化。

项目的特殊性决定了应采用特殊的方法对其进行规划、建设、运营与维护，并对项目的范围、时间、费用、质量进行有效管理。

如表7-4所示为运营系统运行与控制要解决的基本问题。

(4) 运营系统的维护与改善。任何一个运营系统，不论其规划与设计如何科学，不论其运行与控制如何精准，都免不了会出现这样那样的问题，即使当时看起来已经是最好的，也要不断地更新，这就提出了运营系统的更新与改善的问题。

企业总是某一供应链的一个节点，毫无疑问，企业的运营管理是基于供应链的管理。近年来，在供应链管理中涌现出众多新理论和新方法，企业应积极应用这些新理论和新方

法管理运营系统。

表 7-4　运营系统的运行与控制要解决的基本问题

内　容	要解决的基本问题
质量控制	1. 质量管理的重要性何在? 2. 怎样通过理解质量管理大师的理论来更新质量管理理念? 3. 如何应用质量管理方法和工具识别、分析和解决质量问题? 4. 如何实施统计质量控制? 5. 如何通过质量管理体系的建立和有效运行来提高质量管理水平? 6. 如何通过 6σ改进或再造流程?如何有效实施 DMAIC 模式?
费用控制	1. 费用的基本构成是什么? 2. 库存的功能有哪些? 3. 如何实施有效的库存控制? 4. 何时订?订多少?
进度控制	1. 如何实现以销定产，产销平衡? 2. 如何把综合计划逐层分解为主生产计划、物料需求计划和作业计划? 3. 如何制订综合计划? 4. 如何把收益管理用于服务业综合计划的制订? 5. 如何制订主生产计划? 6. 如何制订物料需求计划? 7. 如何制订能力需求计划? 8. MRP II 与 ERP 实现了怎样的功能? 9. 作业排序要解决的问题是什么? 10. 如何进行作业排序? 11. 如何进行作业控制? 12. 服务业作业计划管理有哪些特点?
项目管理	1. 如何针对项目的特殊性对其进行有效的质量、费用、进度控制? 2. 如何进行项目管理的计划与组织? 3. 如何在网络计划技术的基础上进行项目计划的优化?

精益生产与大规模定制越来越焕发出勃勃生机，已开始从传统的制造业延伸到服务业，并尝试在非营利性组织中找到应用。

如表 7-5 所示为运营系统的维护与更新要解决的基本问题。

表 7-5　运营系统的维护与更新要解决的基本问题

内　容	要解决的基本问题
供应链管理	1. 供应链管理为什么如此重要? 2. 如何做好物流管理工作? 3. 如何在供应链环境下做好采购管理? 4. 如何在供应链环境下做好库存控制管理?, 5. 如何评价供应链绩效?

续表

内　容	要解决的基本问题
先进运营方式的应用	1. 企业有无采用精益生产的可能性？实施途径是什么？ 2. 如何把敏捷制造落到实处？ 3. 企业有无采用大规模定制的可能性?核心技术是什么? 4. 如何有效地实施收益管理?

把上面四个方面的内容归纳起来，就形成了如图7-4所示的营运视图。营运视图涵盖了运营管理的全部内容。

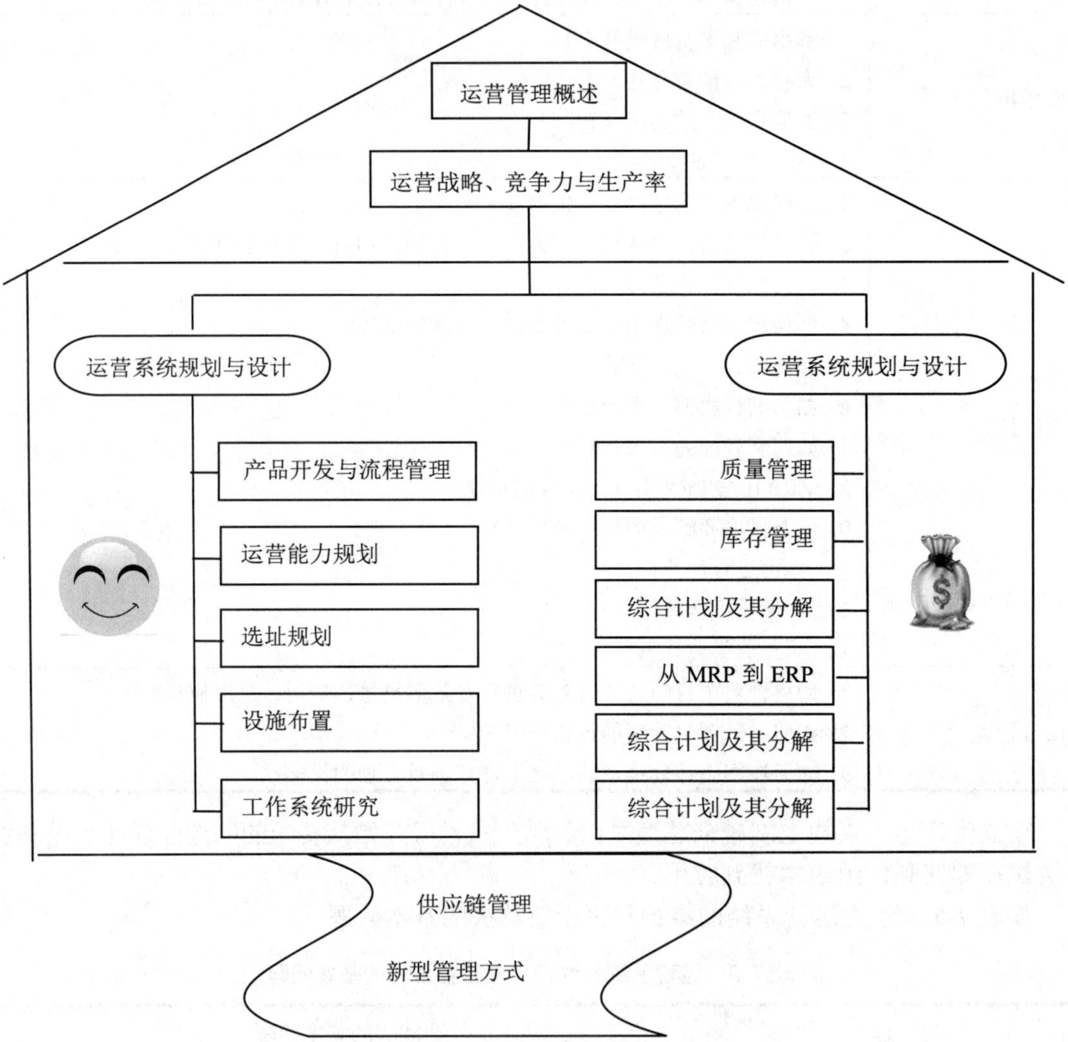

图7-4　运营视图

第三节　运营管理的发展历程

运营管理作为一门学科出现到目前为止已经经历了近百年的历史，仍是一个比较新的领域，但是生产系统却是在古代就已经存在了，而它的发展的过程却是曲折的。真正意义上的现代工厂制度出现在产业革命时期。在这时隔两百多年的历史中，许多理论工作者和实践者都为运营管理学科的发展做出了巨大的贡献。而这段运营管理发展的历史从体制上的不同则分为三个阶段，即运营管理的产业革命、科学管理、科学管理与行为科学对运营管理的影响。

一、产业革命(18 世纪 60 年代—19 世纪初)

产业革命始于 18 世纪 60 年代的英国，19 世纪又扩展到美国和其他国家，之前农业一直都是世界各国的主导产业。制造业采取的是手工作坊方式，产品是由手工艺人和其徒弟在作坊里加工出来的。这种手工作坊方式的生产方式直到 19 世纪初才发生了变化。许多发明创造逐渐改变了这种生产方式，机器代替了人力。其中，最具重大意义的是蒸汽机的发明、劳动分工概念和标准化生产方式的提出。

1765 年，英国人詹姆斯·瓦特(James Watt)发明了蒸汽机，为制造业提供了机械动力，推动了制造业的发展。

1776 年，英国人亚当·斯密在其著作《国富论》中提出了劳动分工的概念，认为：

(1) 分工可重复单项操作，提高熟练程度，提高效率。

(2) 分工可减少变换工作所损失的时间。

(3) 分工有利于工具和机器的改进。

1801 年，美国人伊莱·惠特尼(Eli Whitney)提出了标准化生产方式。正是采用了标准化的配件，才实现了零件的可互换性，零件才无须定制，才能快速批量生产，才能以标准化的方式生产上万支滑膛枪，才使后来福特汽车装配线的大量生产成为可能。

尽管发生了这些巨大的变化，但管理理论与实践并未获得长足的发展，这时迫切需要比较系统、切实可行的管理理论和方法作指导。

二、科学管理(1910—1920)

到了 20 世纪初，以泰勒(Frederick W. Taylor)为代表创立了科学管理原理，给工厂管理带来了巨大变化。泰勒是科学管理原理的创始人，被尊称为“科学管理之父”。泰勒认为雇主与雇员的真正利益是一致的，只有最大限度地提高生产率，同时实现了雇主和雇员的财富最大化，才能永久地实现社会财富的最大化。

以此为出发点和基础，泰勒提出了科学管理原理，其精髓在于：①对现有工作方法进行详细的观测、分析和改进，以便采用科学的作业方法；②建立在方法研究基础上的差别计件工资制；③根据工作性质的不同，科学地选择并培训工人；④设立计划部门，负责方法研究与标准化、进度安排、成本分析、业绩考核与工资发放以及纪律检查等管理职能，即管理职能从实际执行业务中分离出来；⑤来一次思想上的革命，即推行科学管理原理，旨在实现工人财富和资本家财富的最大化，最终实现整个社会财富的最大化。

三、管理科学与行为科学对运营管理的影响(1920—1970)

科学管理十分重视强调运营系统规划与设计以及运行与控制的技术因素，而人际关系学说则强调人这一因素的重要性。

1. 数量模型与管理科学

20 世纪 20—70 年代，以美国和欧洲的学者为代表的大师们创建了运筹学与管理科学，将运营管理真正建立在定量分析基础之上。

数量模型的提出和应用推动了工厂的发展。早在 1915 年，F. W. 哈里斯(F. W. Harris)提出了第一个模型：**库存管理的数学模型**。20 世纪 30 年代，在贝尔电话实验室工作的三个同事 HF. 道奇(HF. Dodge)、H. G. 罗米格(H. G. Romig)和 W. 休哈特(W. Shewhart)提出了统计过程控制的**质量管理模型**。

20 世纪 20—70 年代，以美国和欧洲的学者为代表，包括众多数学家、心理学家和经济学家，相继提出了各种数量模型，如**数学规划、对策论和排队论、库存模型**等，促成了运筹学的创立与发展。这些数量模型为第二次世界大战后军队的后勤组织和武器系统设计提供了有效的解决方案，也在工业生产组织中获得了广泛应用。此外，研究和改进数量方法的工作仍在进行，人们相继提出了**预测技术、项目管理中的计划评审技术**(program evaluation and review technique，PERT)和**关键路线法**(critical path method，CPM)、物料要求计划(material resource parnning，**MRP)**等。

2. 行为科学

西屋电气公司在伊利诺伊州芝加哥的霍桑工厂有完善的娱乐设施、医疗和养老金制度，但工作效率不高，员工情绪不满。于是，美国国家研究委员会组织社会学、心理学、管理学等专家进驻该厂在 1924—1932 年进行了大规模试验。这些成果为行为科学的发展奠定了基础，也为运营管理注入了新的元素。1943 年，亚伯拉罕·马斯洛(Abraham Maslow)在《调动人的积极性原理》一书中提出了著名的**需求层次理论**。1959 年，弗雷德里克·赫茨伯格(Frederick Herzberg) 在《工作的激励》一书中又进一步发展了激励理论，提出了**保健因素和激励因素双因素理论**。

3. 运营管理作为一门学科出现

20 世纪 50 年代到 60 年代初，不同于在工业工程和运筹学领域的研究，专家们开始专门研究运营管理方面的问题。1957 年，爱德华·鲍曼(Edward Bowman)和罗伯特·费特(Robert Fetter)的著作《生产与运作管理分析》出版。1961 年，埃尔伍德·布法(Elwood S. Buffa)的《现代生产管理》一书面世。这些专家注意到了生产系统所面临问题的普遍性及把生产作为一个独立系统的重要性。此外，他们还强调了排队论、仿真和线性规划在运营管理中的具体应用。自此以后，运营管理作为一门独立的学科出现。

4. 日本制造商对运营管理的贡献(1970年—21世纪初)

20世纪70年代，全球性石油危机加之原材料价格上涨、工资提高和需求多样化，给丰田公司提供了向世人展示其独特生产方式的机会。丰田生产方式震慑性地冲击着美国引以为自豪的福特生产方式。极具戏剧性的是，福特汽车公司在20世纪80年代初险些破产，只好反过来向过去的学生——日本丰田汽车公司学习生产管理。

日本汽车公司之所以后来居上，至今仍在全球汽车市场上占据主导地位，其制胜法宝是**精益生产方式**。

精益生产方式的内涵包括下述各点。

(1) 以顾客需求为出发点的模块化产品设计与开发。

(2) 准时化生产。

(3) 稳定快捷的供应链。

(4) 多功能团队活动与持续改进。

让我们把目光转向2010年。2010年2月24日，丰田公司总裁丰田章男出席美国国会听证会，就丰田汽车召回问题，接受美国国会议员的现场质询。这次听证会的起因是2009年6月以来，丰田旗下的一些车型相继出现节油器踏板、制动、转向控制等方面的缺陷。在不到半年的时间内，丰田宣布在全球范围内召回多款车型，总数量超过850万辆，导致了有史以来最大的汽车召回事件。罩在丰田头上的光环一夜之间暗淡下来。丰田召回事件验证了一个颠扑不破的真理：改进质量不能一劳永逸。

5. 21世纪初的运营管理(21世纪初—2010年)

进入21世纪以来，产品生命周期的缩短、科学技术的长足发展和社会需求的快速多变，给企业带来了前所未有的压力。如何高质量、低成本地满足顾客多样化的需求摆在了企业组织的面前。正是在这种形势下，大规模定制应运而生，并呈现出勃勃生机。

大量生产革了手工作业的命，实现了低成本生产；精益生产革了大量生产的命，实现了高质量生产；而大规模定制则是精益生产方式的升华，实现了定制化生产。这种生产方式综合了大量生产的低成本和精益生产的柔性化的优点。大规模定制得以实现的核心技术是模块化与延迟策略。这两项核心技术使本来相互对立的大规模生产与满足顾客定制化需求统一到了一起：大规模生产是模块化设计的组件；通过延迟策略，最大限度地满足了顾客定制化的需求。

而使大规模定制真正落到实处的因素，如下所述。

(1) 以顾客需求深度调查为基础的客户关系管理。

(2) 以最先进的信息技术为支撑的电子商务。

(3) 以价值链为核心的供应链管理。

(4) 基于流程优化或流程再造的精益六西格玛。

从管理者关注点的变化上，又可以把运营管理的发展历程分为三大阶段，即关注成本、关注质量和关注定制化。这三个阶段的理论基础(或管理技术)和企业典范如表7-6所示。需要说明的是，企业把管理重点放在质量上并不是不再管控成本，而是其成本管理已经非常到位，有实力把管理重点转移到质量上。同样地企业把管理重点放在定制化上并不是不再提高质量，而是其质量水平已经达到很高的水平。

表 7-6　三个阶段的理论基础和企业典范

发展历程	关注成本	关注质量	关注定制化
	1776－1980 年	1981－1990 年	1991 年至今
理论基础(管理技术)	劳动分工	TQM	供应链管理
	标准化	卓越质量模式	互联网与电子商务
	科学管理原理	ISO 9000 系列标准	ERP
	动作研究	价值工程	敏捷制造
	甘特图	JIT	
	库存管理模型	团队理论与授权	
	运筹学理论	CAD、CAM、CIMS	
	统计抽样理论		
	计算机技术		
	MRP		
企业典范	福特汽车公司	丰田汽车公司	戴尔公司

第四节　运营管理的新发展

历史的车轮滚滚向前，运营管理的发展也永远没有停息。运营管理的新发展表现在对运营战略的重视、先进运营方式的系统应用、企业社会责任问题等几个方面。

一、运营战略正在并越来越受到重视

20 世纪 70 年代初，哈佛商学院的维克曼·斯金纳 (Wickam Skinner) 提出了运营战略的概念。运营战略可总结为如何通过运营管理赢得组织的竞争优势。其构成要素包括：低成本、高质量、准时交货。现在，越来越多的组织认识到了运营战略对组织战略的支撑作用，认识到了运营战略对其生存和发展的重要性。可以预见，在 21 世纪以后的年代里，运营战略将越来越受到领导层的重视。

通用电气是世界上最大的多元化服务性公司，同时也是高质量、高科技工业和消费产品的提供者。通用电气致力于通过多项技术和服务为顾客创造“更美好的生活”。众所周知，通用电气通过四大战略获得了 20 年的高速增长：全球化战略、服务战略、六西格玛质量要求和电子商务。这四大战略有的涉及服务管理，有的涉及质量控制，有的涉及流程变革。通用电气已经把运营战略提升到公司战略的层面。从这点上看，已足见其对运营战略的重视。

二、先进运营方式在服务业和非营利性组织中得到越来越广泛的应用

最优生产技术、精益生产、大规模定制等在服务业和非营利性组织中得到越来越广泛的应用。最优服务技术、精益政务、即时化定制服务等将成为运营管理的热点问题。

乐购(Tesco)曾对其供应链系统进行精益运营实践，形成了一个由消费者需求触发的不间断价值流，供应链从原有的供应商推动变成了由客户需求拉动。以可乐为例，从罐装线到顾客买走可乐的总运行时间从20天降到了5天，存货点从5个降到了2个，服务水平从98.5%上升到99.5%。

三、企业社会责任归位

企业社会责任(corporate social responsibility，CSR)涉及方方面面。环境污染和资源破坏、会计丑闻、天价医疗费、非法食品添加剂、股票经纪人散布有关股票的误导信息、侵犯网络信息的隐私性和安全性、行业欺诈、在金融和电信等企业中传播顾客的个人信息等都属于社会责任问题。这些问题已招致公众的强烈反对和各级行政管理部门的关注。

从企业角度来看，越来越多的企业认识到，更多地关注公众和社会的利益，认真履行社会责任虽然短时期内会牺牲企业的经营业绩，但从长期看，会改善企业在公众心目中的形象，通过吸引大量人才、提高客户的忠诚度等方式弥补短期的损失。令人欣慰的是，越来越多的企业对企业社会责任问题做出了准确的定位：企业首先应该是遵纪守法的公民，然后才是盈利的组织。

今天，低碳运营模式日益受到社会和各类组织的重视。低碳经济就是以低能耗、低污染、低排放为基础的经济模式。低碳经济的实质是能源效率和能源结构问题。核心是能源技术创新和制度创新。目标是减缓气候变化和促进人类可持续发展。从企业层面看，应对企业的碳源进行分析，跟踪碳足迹，测算其排放量，以企业内部小循环为支撑，创新技术和管理，实行低碳运营模式。

像惠普这样的世界顶尖级公司已经把对全球公民责任的承诺与公司运营联系起来，实现了从义务到战略的转变。在全球范围内，惠普根据对业务、技术和社会的重要性确定了其社会责任的三个战略重点：环境可持续性、隐私和社会投资。惠普每年都会评估客户需要和发展趋势，据此制订全球社会责任战略计划。创新、管理、社会责任、产品与服务构成了惠普这一品牌的四大支柱，社会责任已经转化为企业的竞争力。

第七章现代企业运营管理概论.ppt

第七章案例.docx

第七章习题与答案.doc

第八章　现代企业运营战略管理

学习目标

通过本章的学习，可使读者了解运营战略体系；运营战略框架；企业运营战略的绩效评估。掌握运营战略的含义；运营竞争维度；运营集成战略；制造业运营战略；服务业运营战略。

关键概念

使命和愿景；策略和方案；运营战略；运营战略体系；运营竞争维度；订单赢得要素；订单资格要素；运营战略过程

第八章运营战略管理_1.mp4

第八章运营战略管理_2.mp4

第八章运营战略管理_3.mp4

运营战略是运营管理中最重要的一部分，传统企业的运营管理并未从战略的高度考虑运营管理问题，但是在今天，企业的运营战略已经具有越来越重要的作用和意义。运营战略是指在企业经营战略的总体框架下，如何通过运营管理活动来支持和完成企业的总体战略目标。运营战略可以视为使运营管理目标和更大的组织目标协调一致的规划过程的一部分。运营战略涉及对运营管理过程和运营管理系统的基本问题所进行的根本性谋划。由此可以看出，运营战略的目的是为了支持和完成企业的总体战略目标服务的。运营战略的研究对象是生产运营过程和生产运营系统的基本问题。本章将介绍使命和愿景、策略和方案、运营战略的含义、运营竞争维度、运营竞争维度的变化与权衡、运营战略体系、运营的集成战略，以及制造业运营战略和服务业运营战略

第一节　现代企业运营战略概述

一、使命与愿景

1. 使命

使命是组织存在的原因和基础。不管是营利性组织，还是非营利性组织，都要明确其使命。使命因组织而异，取决于组织的性质。准确地定位组织的使命并不是一件容易的事情，需要经过组织上下反复讨论才能确定。制定的使命要满足以下几个基本要求：①行业

特点鲜明。即让人一眼就能看出该组织的核心业务。联邦快递的“使命必达”非常简捷，让人一看就知道该公司是从事快递业务的公司。②站位要高。即要体现组织的社会责任。仍然以联邦快递的“使命必达”为例，从这一使命可以看出，该公司把安全快捷地送达客户的快件视为自己的神圣使命。再如，可以把中石油的使命定位为“为中国加油”。“为中国加油”一语双关，既反映了石油化工的行业特点，又体现了该公司的社会责任。③简捷明了。组织的使命要简捷明了，以便让全体员工耳熟能详，让客户和社会易懂易记。

2. 愿景

愿景是最高管理者对组织未来的一种期望和描述。愿景体现了组织领导者的立场和信仰。每个组织都应明确自身的愿景，而愿景中必须包含明确的目标，即组织为了实现使命而制定的中长期指标。目标需要量化，空洞无物的口号无法指明组织的努力方向，员工也会不知所措。目标可能是未来一定时期内要形成的组织规模方面的，如未来 10 年内进入世界 500 强，或年产值保持在同行业第一的位置；目标也可能是市场份额方面的，如 5 年后在北京地区的市场份额达到 30%等。

二、运营战略

第二次世界大战之后，美国企业通过其市场营销和财务部门来开发其企业战略。由于战争期间产品极为匮乏，使得战后的美国对产品的需求十分旺盛，当时美国企业可能够以相当高的价格出售他们生产的任何产品。在这样的企业环境中，人们不注意运营战略问题，只关心大量生产产品供应市场。但是，到了 20 世纪 60 年代末期，哈佛商学院被称为“运营战略之父”的管理大师威克汉姆·斯金纳教授(Wickham Skinner)认识到美国制造业的这一隐患，他建议企业开发运营战略，以作为已有的市场营销和财务战略的补充。在他的早期著作中，就提到了运营管理和企业总体战略脱节的问题，但当时并没有引起企业界注意。

1. 运营战略

运营战略是组织在组织系统的规划与设计、组织系统的运行与控制以及组织系统的维护与更新方面所进行的中长期谋划。产品和技术开发战略、区域布局战略、能力战略、质量战略、成本战略、进度控制方面的战略等都是运营战略。例如，某一 IT 企业在产品开发方面制定了如下的产品创新战略：“通过产品差异化来满足顾客的个性化需求。”

运营战略，财务战略、营销战略和人力资源战略等都属于职能战略。运营战略要与财务战略、营销战略和人力资源战略等职能战略相得益彰。

运营战略与组织战略的关系可以概括为：组织战略用于指导运营战略与其他职能战略的制定。而运营战略与其他职能战略一起对组织战略起支撑作用。根据这个关系，尽管各个职能或业务都不相同，但所形成的职能战略都要指向组织战略，都要有利于组织战略的实施。

组织制定并实施运营战略，就是要通过运营管理提升组织的竞争力，实施的效果最终体现在质量(quality)、成本(cost)或交货期(deadline)等指标的改善上。

2. 运营战略的特点

运营战略在企业的经营活动中处于承上启下的地位。向上要遵循企业的经营战略，通过运营战略环节把经营战略细化、具体化；向下要推动运营管理系统贯彻执行具体的实施计划，以实现经营战略的目标。

运营战略在企业经营管理中的这种位置决定了它有如下的特点。

(1) 从属性。运营战略是从属于经营战略的，因此考虑的问题比较具体一些，从产品选择到生产组织都是它研究的具体对象。

(2) 相关性。运营战略与营销战略、财务战略等紧密相关。即一方面运营战略不能脱离财务与营销战略等自我发展、自我实现，在它的运营过程中要受到这两大管理行为的约束，另一方面它又是实现营销与财务战略的必要保证。

(3) 运营战略属于中层管理。

(4) 运营战略考虑的范围比较宽，时间跨度比较长。

三、运营战略策略与方案

1. 策略

策略就是与某一职能战略相对应的手段、模式或方法，是对职能战略的细化与落实。运营策略则是针对某一运营战略而形成的运营模式。

例如，某IT公司为实现其“通过产品差异化来满足顾客的个性化需求”的运营战略，可以考虑以下运营策略：①产品系列化。规划若干产品系列，而且同一系列有不同的配置。②产品功能差异。产品实现的功能多少有差异，而且实现同一功能的配置也有差异。③材料或作业流程差异化。利用不同的材料或作业流程完成相同的功能。策略与职能战略的关系可概括为：职能战略为策略提供指导，策略确定了职能战略的实施模式、路线图或方法。

2. 方案

方案就是根据某一策略确定的手段、模式或方法而采取的具体行动。仍然以上述所说的那家IT企业为例。针对产品系列化运营策略，到了方案这一层次，就要确定每一个产品的线上产品。如iPad产品线上的核心产品与搭配产品以及iPhone产品线上的核心产品与搭配产品。方案与策略的关系可概括为：策略是基础和指导，方案是对策略的具体实施。

四、运营战略的制定

为正确地制定运营战略，可应用SWOT分析法。采用这种方法时，首先，应以营销部门为主导，分析企业所处的外部运营环境可能给本企业带来的机会(opportunities)和造成的威胁(threats)；其次，以运营部门为主导对内部条件进行分析评估，哪些是自身的优势(strengths)，哪些是自身的劣势(weaknesses)，做到知己知彼，扬长避短；最后，根据内外环境分析结果制定相应的运营战略。

在进行SWOT分析时，外部环境分析是关键。分析的主要内容包括：①新的市场潜力；②消费者不断变化的需求；③法律、经济、政治和环境变化；④技术进步；⑤竞争对手的活动。除SWOT分析法外，还有一些有效的方法或工具可用于运营战略的制定，如波特五力模型和BCG矩阵等。

波特五力模型可用于运营管理的外部环境分析。利用这一模型可以对企业所面临的五

个方面的压力进行分析，从而对外部环境中对企业影响最为直接的因素有更深入的了解。分析结果在企业的选址规划、能力规划、新品开发等很多方面都能得到应用。

通常的 BCG 矩阵从两个维度进行分析，即“业务增长率”和“相对市场占有率”(市场份额)。根据这两个维度可以把企业的业务分为以下四种类型：高增长低份额为问题型业务；高增长高份额为明星型业务；低增长高份额为金牛型业务；低增长低份额为瘦狗型业务。

第二节　竞　争　力

一、企业竞争力

企业制定并实施运营战略就是要通过运营管理提升竞争力。竞争力是企业在自由和公平的市场环境下生产优质产品或提供优质服务，创造附加价值，从而维持和增加企业实际收入的能力。企业竞争力是决定企业成败的关键因素。企业之间的竞争体现在很多方面，但主要表现在竞争维度(成本、质量、交货期)的差异上。我们把成本、质量、交货期三个因素用公式集成在一起，就构成了下面的竞争力表达式。

$$\text{竞争力}=\frac{\text{质量}+\text{交货期}}{\text{成本}}$$

在式中，使用了广义的加号，表示综合的意思。每一因素的重要性将因产品或劳务及顾客的不同而发生变化。一般地，质量可能比交货期更重要。但在另一个场合，交货期可能会比质量更重要。管理者应根据各个因素的重要性给其分配相应的权重。因此，就有了下面的表达式。

$$\text{竞争力}=\frac{\text{质量}\times W_1+\text{交货期}\times W_2}{\text{成本}\times W_3}$$

式中，W_1、W_2、W_3 分别代表质量、交货期和成本的权重。广义的加号和广义的乘号表示综合的意思。例如，对某一特定的公司，在一定时期内把管理重点放在了提高质量水平上，就需要赋予质量以更大的权重。理解这一关系式有助于管理者成功地制定战略方案。

二、运营竞争维度

为了保持竞争力，不同国家的企业有不同的运营竞争维度。运营战略成功的关键是明确重点的运营竞争维度。了解每个重点运营竞争维度的选择后果，做出必要的权衡。竞争力是指企业在经营活动中超过其竞争对手的能力，是一个企业能够长期地以比其他企业(或竞争对手)更有效的方式提供市场所需要的产品和服务的能力。竞争力是决定一个企业生存、发展、壮大的重要因素，是企业取得竞争优势的保证条件。斯金纳等人最初定义的“四种基本运营竞争维度”为成本、质量、快速交货和柔性。现在又出现了第五种和第六种运营竞争维度——服务和环保，这是 20 世纪 90 年代企业为获取差异化竞争优势而首选的运营竞争维度。

(1) 成本(cost)。成本是企业运营过程中发生的各种耗费，运营成本一般包括原材料成本、劳动力成本和管理费用，它与企业的盈利水平密切相关。尤其重要的是单位成本水平是企业产品或服务价格的基础，是价格的起点。价格低廉的产品(服务)总是有竞争优势的，但是，没有哪一个企业能够以低于成本的价格水平长期参与市场竞争。企业面对的最大困难是在一个产品或服务差异化程度较低的竞争激烈的市场上，只能有一个企业以最低价格生产产品或提供服务，而且通常是由它来决定该市场上该产品和服务的交易价格，顾客难以接受高于此水平的价格。企业要维持价格竞争优势，必须以高效率的运营过程降低产品或服务的成本水平。沃尔玛(Wal-Mart)在与凯玛特(Kmart)的长期竞争中，高效的运营系统使其运营成本始终比凯玛特低 2～2.5 个百分点，构成了保证和维持其低成本以作为核心竞争力所带来竞争优势的基础，真正实现了成本领先的经营战略。在凯玛特破产的同时，沃尔玛发展为全球零售业的超级巨人，后来多次排名《财富》世界 500 强榜首。企业降低成本的方法和途径很多。近年来，在工作研究、库存控制、线性规划、技术进步、流水线生产等传统方法的基础上，供应链管理、流程重组、战略联盟、精益生产、敏捷制造、大规模定制、企业资源计划(ERP)等领域的研究成果和实践应用，为企业有效降低运营成本提供了全新视角和途径。

(2) 质量(quality)。提高生产效率是社会生产的永恒主题。而只有产品符合质量要求，才能有真正意义上的高效率。企业的产品和服务的质量不能满足顾客的要求，就不能在市场上实现其价值，其运营过程就是低效率或无效的。要正确、全面理解质量的概念，必须立足于用户的观点界定质量。美国著名质量管理权威朱兰(J. M. Juran)认为“质量就是适用性”，ISO 9000 系列质量管理标准中，对于质量的定义是“一组固有特性满足要求的程度”。对于有形产品，通常以性能、可靠性、维修性、安全性、适应性和经济性等作为衡量质量的指标。如在轿车的制造过程中，具体表现为按照有关技术标准研发设计、按设计工艺规范制造和装配，性能可靠、易于维修、安全性高，能满足多种形式环境要求，从完整寿命周期角度的使用和报废处置成本低；对无形产品，即服务而言，通常用性能性、经济性、安全性、时间性、舒适性和文明性等作为衡量质量的指标。例如在超级市场中，服务质量具体体现为提供的商品符合相关技术标准要求、能满足顾客需求，陈列摆放科学、易于顾客选购，购物环境布局合理、整洁卫生、装饰得体、照明通风良好、消防安全设施齐备、温度适宜，服务人员热情大方、用语文明、业务熟练，顾客挑选和排队结算交款等待时间短。随着社会对环境问题越来越关注，环保性也逐渐成为衡量产品和服务质量的重要指标。企业的运营过程就是产品质量的形成过程，质量的竞争力表现在两个方面：一是保持产品的高质量水平；二是提供更好的产品或服务。过程质量的目标是生产没有缺陷的产品，可以预防性地解决产品的质量问题。

(3) 交货期(delivery date)。交货期是指企业在承诺交货的当日或之前提供产品或服务的能力。在某类市场上，企业交货的速度是竞争的首要条件。FedEx 因其“使命必达”而唱响全球。FedEx 每晚都从位于孟菲斯、田纳西州和达拉斯等地的处理中心发送超过 500 万份的包裹到世界上 210 个国家。由于满足了顾客对快递速度以及可靠的隔夜递送的需求，FedEx 公司的资产达到 140 亿美元，成为世界上最大的快递服务公司。

今天，能否应对顾客在产品品种、数量、交货时间上的变化，反映了企业提供定制化产品或服务的能力、快速更新工艺或技术的能力以及极富柔性的运营系统三个方面。宝洁公司因其更高的产品广度而使进入洗化市场的企业退避三舍。戴尔公司和日本松下公司成了大规模定制的楷模。

(4) 柔性(flexible)。柔性是指改变的能力，这种改变包括产品/服务的种类、产出数量以及交付时间的调整和变化，表现为企业为适应环境变化对运营系统的结构、活动内容(包括品种、方式和时间)或运营机制进行的相应改变或调整。高柔性企业的这种变化能力能更好地适应顾客的个性化需求以及需求量的波动，从而使企业获得竞争优势。常见的柔性有：①品种柔性，产出不同产品/服务或调整产品/服务系列组合的能力；②数量柔性，调整输出水平，生产不同数量的产品/服务的能力；③时间柔性，改变运营周期，提供产品/服务可变交付时间的能力。

虽然各类企业都将柔性作为运营竞争维度，但比较而言，采取单件小批量生产方式的企业比采用大批量生产方式的企业柔性更大，订货型生产的企业比备货型生产的企业更加强调柔性。这也给大批量生产的企业提供了获得竞争优势的新视角，即将高效率、低成本的大批量生产和满足顾客个性化需求的高柔性生产有机整合，如戴尔公司(Dell Inc)以类似于标准化和大规模生产的成本和时间，提供满足客户个性化特定需求的产品和服务的大规模定制(Mass Customization，MC)。1994 年，美国在《21 世纪制造企业战略》中提出的“敏捷制造(agile manufacturing)”这就是通过对迅速改变的市场需求和市场进度做出快速响应来提高美国制造企业的竞争能力，而由日本丰田公司首创的精益生产(Lean production)，又称为 JIT(Just In Time)，也将柔性制造当成核心内容。柔性需要设备、人员和运营组织及管理模式来提供保证，多数情况下还与供应商的合作密不可分。戴维·阿普顿(David Upton)的研究表明：柔性更多地依赖人而不是依赖任何技术因素，虽然综合的计算机水平可以在质量、成本的竞争中提供突出的优势，但决定柔性的基本因素是工厂的操作人员以及管理者给他们的培养、交流程度。

在不同的企业，柔性的具体表现和衡量维度不同。在计算机制造厂，品种柔性是指不断地推出新机型，可以提供不同种类、规格、型号的计算机，数量柔性是指能够根据需求量的变化调整各种计算机的生产能力，交付柔性是指按照顾客要求改变生产顺序；对于医院而言，品种柔性意味着诊断和治疗手段及方法的持续创新，能提供多种不同的诊治方案，数量柔性意味着调整各类患者的诊治能力，交付柔性意味着可以改变诊治时间。

(5) 服务(Service)。服务是指与增加或保持产品价值有关的各种活动。在 ISO 9000 系列标准中表述为“为满足顾客的需求，在同顾客的接触中，供方的活动和供方活动的结果”。企业通过对产品和服务的整合，可以更好、更全面地满足顾客需求而获得竞争优势。美国哈佛商学院著名战略学家迈克尔·波特(Michael Porter)提出的“供应链分析模型(Value chain model)”中将服务作为企业价值活动中的基本活动之一，服务对于企业获得竞争优势重要性越来越多地被提供产品或服务的企业所认同。正如范德·墨菲(Vander Murphy)的观点，“市场力来源于服务，因为服务可以增加客户的价值。”如美国 CTI 低温技术公司是真空泵制造业的领导者，其产品用于计算机芯片制造。客户在芯片生产过程中，如果真空泵出现故障或损坏，就会影响计算机芯片生产设备的正常工作，会给客户的生产带来巨大的损失。因此，公司不仅可为客户提供优质的真空泵，而且还建立了及时保障服务程序，客户可以随时通过公司准备的 800 免费服务电话与技术人员联系，及时诊断故障，24 小时内发出所需的维修件，使计算机芯片生产尽快恢复，将客户的停工时间减少到最短。通常提供特别服务的目的就是要增加产品的销量。这些服务包括：①技术联系和支持，顾客往往希望供应商为产品研发提供技术支持，特别是在设计和制造的前期阶段，这在提供顾客化

(customization)产品/服务的订货型企业十分普遍；②售后服务，企业售后服务能力也是一个重要方面，它包括零部件的供应、安装及调试、维修及故障排除、顾客培训、产品改进及性能拓展、报废处置等。丽兹·卡尔顿(Ritz Carlton)连锁酒店通过有效地利用信息技术，为顾客提供高品质的个性化服务而发展为世界上最成功的豪华连锁酒店之一。万科企业股份有限公司(Vanke Co.，Ltd)在房屋销售以后为顾客提供高品质的物业服务，是其竞争力的重要组成部分。瑞典 SKF 公司是世界上最大的滚动轴承制造商之一，在向客户提供优质球形轴承的同时，还提供各种售后服务，如备件管理、培训、安装及采用更好的预防性维护方法以延长轴承的使用寿命。

(6) 环保(Environment)——下一个运营竞争维度。近年来，随着资源和环境的加速恶化，人类社会对环境的关注程度越来越高，环保有成为竞争维度的明显趋势。消费者对环境敏感性的提高促使他们更倾向于购买环境友好型的产品和服务，社会公众不仅关注企业在成本、质量、时间、响应速度和服务方面的状况，还关注企业运营过程及产品和服务的使用过程对环境的影响程度，并将其作为企业肩负的社会责任的重要内容。环保产品的广泛应用可能给一些企业提供良好的发展机会，也可能成为另一些企业的竞争优势所在。越来越多的企业意识到绿色制造、清洁生产、低碳发展对提高自身利益的竞争机制的深远意义。成立于 2008 年的贝立德能源科技有限公司(BLD Solar)通过生产绿色、环保的清洁能源——太阳能发电设备组件，而成为一家高成长性的公司。麦当劳(McDonald's Corporation)早在 20 世纪 90 年代通过与环境防卫基金会(environmental defense fund，EDF)合作，主动放弃长期使用的对环境影响较大的“保丽龙”贝壳式包装，代之以更加环保的夹层纸包装。2009 年德国和奥地利的麦当劳公司正式使用绿底色的标志，启动绿色革命，宣示了麦当劳对环境价值的尊重。

三、订单资格要素与订单赢得要素

2000 年，伦敦商学院的特里·希尔(Terry Hill)教授首先提出了订单资格要素和订单赢得要素的概念。订单资格要素是指组织的产品或服务值得购买所必须具备的基本因素。订单赢得要素是指组织的产品或服务优于其竞争对手，从而赢得订单所必须具备的因素。

订单资格要素和订单赢得要素会发生转变。例如，20 世纪 70 年代，日本企业进入世界汽车市场时，改变了汽车产品原先的订单赢得要素，从成本导向变成了质量和可靠性导向。美国的汽车厂商就是在产品质量方面输给日本的汽车厂商。到了 80 年代后期，福特公司、通用汽车公司和克莱斯勒提高了产品质量，才得以重新进入市场。现在，汽车的订单赢得要素很大程度上取决于汽车的个性化。顾客知道他们需要什么样的产品特征(如可靠性、安全性、设计特征、外观和油耗等)，然后希望以最低价格购进一辆能满足特定要求的汽车，以实现效用最大化。

四、变化和权衡

基于运营竞争维度而言，运营战略的本质就是从战略角度分析企业和竞争对手之间的差异，将运营资源聚集于可能形成竞争优势的运营竞争维度上。这可能是企业固有的优势，也可能是企业比竞争对手先认识到的领域。在企业竞争发展历史中，企业的运营竞争维度

也在发生变化，原来的订单赢得要素逐渐演变为订单资格要素。例如在我国企业取得 ISO 9000 质量体系认证就曾作为订单赢得要素而使企业获得竞争优势，随着行业内取得认证的企业数量增多，取得 ISO 9000 质量体系认证就逐渐变成企业参与某一市场竞争的资格筛选标准而成为订单资格要素。在不同的市场区域这种情况也存在，如在欧盟市场销售的家电产品的 EMI(Electro Magnetic Interference，电磁干扰)应达到欧洲 CE(EN55022)标准要求，在欧洲家电市场，达到 CE 标准要求就是订单资格要素，而在其他新兴经济体家电市场可能就是订单赢得要素。从时间维度进行考察，也能发现使企业获得竞争优势的运营竞争维度变化的清晰轨迹。20 世纪 60—70 年代以前，成本是首要的运营竞争维度。但是当越来越多的企业具备提供低成本产品/服务的能力时，企业开始寻求能使其产品具有差异化的方法，运营竞争维度增加了质量，20 世纪 70—80 年代，企业通过提升产品/服务的质量来赢得竞争优势。当企业普遍能向客户提供在预期可接受价格范围内的高质量产品/服务时，这种竞争优势被弱化，于是企业开始通过快速交货，及时响应客户需求以及交付的可靠性来与对手竞争并获得明显的竞争优势。20 世纪 80—90 年代，企业纷纷将运营资源用于缩短获得订单到交付的周期，基于时间的竞争明晰化，交付速度成为企业竞争的关键运营竞争维度。这时运营竞争维度的演进、变化依然没有停止，当大多数企业的交付时间有效缩短以后，企业又开始通过新的途径获得竞争优势，代表企业满足个性化需求能力的柔性又称为运营竞争维度之一。进入 21 世纪以后，顾客对服务的期望不断提高，社会对环境保护的关注程度越来越高，导致企业将关注的目光转向服务和环保，市场可能需要集低成本、高质量、快速交货、客户定制化、高水平服务以及环保的产品/服务于一体，运营竞争维度存在着进一步扩大的可能性。

运营竞争维度的变化使企业不可避免地面临权衡的问题。从理论上讲，在所有运营竞争维度上做到最优的企业无可争议的具有绝对的竞争优势。但实际上，这几乎是不可能的，这时，管理者必须要权衡，以确定企业成功的关键运营竞争维度是那些？怎样集中资源去实现它们？对于那些已有大型制造设备的企业，威克汉姆 •斯金纳(Wickham Skinner)于 1974 年提出了通过厂中厂(plant with a-plant，PWP)的聚焦方式进行权衡的观点，其含义是在工厂内不同地方设置不同的生产线，将设备、工序、人员单独配置和管理。每条生产线拥有不同的运营战略，各自生产针对明确的、特殊的细分市场和相对窄的产品组合，根据顾客的不同需求侧重于不同的运营竞争维度，有的生产线注重交付速度，有的强调低成本，而其他的生产线可能是柔性和灵活性超过竞争对手。在 PWP 概念下，有效避免了多运营战略导致的混淆。目前，企业关于运营战略的权衡还延伸到更加宽泛的领域，如自制与外包、成本和批量、质量和成本、技术进步和现有运营系统、品种和柔性之间的权衡等。在运营竞争维度进一步增加的趋势下，这样的权衡依然存在。正如斯金纳 1995 年在美国生产与库存管理学会(APICS，2004 年改名为美国运营管理协会)早餐会上所言，“权衡永远存在。”运营竞争维度与变化和权衡的关系如图 8-1 所示。

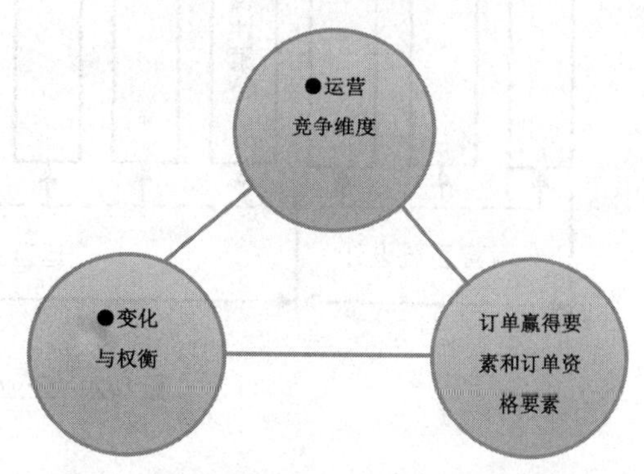

图 8-1　运营竞争维度与变化和权衡的关系图

五、运营战略体系

企业战略体系的构成，对企业运营战略体系构成发挥着决定性的作用。一般而言，企业的战略体系可分为总体战略和职能战略两个部分。总体战略的实现需要在运营、财务、营销、人力资源和研究与开发(R&D)等职能领域内获得竞争优势，由此在这些职能领域内为支持和配合总体战略而建立并实施的活动和决策的规则、政策及模式就是职能战略(functional strategy)。运营战略属于企业职能战略的范畴，是职能战略的重要组成部分，受不同层次的总体战略统领和制约，为支持和完成总体战略服务。

作为企业职能战略的核心部分，运营战略包括的内容十分广泛。运营战略一般由结构性战略(又称为运营流程设计)和基础性战略(又称为支持流程的基础设施设计)两部分构成。结构性战略主要包括产品/服务选择、选址和设施布置、运营能力及技术水平确定、运营集成和流程选择等长期性的战略决策问题；基础性战略主要包括运营职能机构设置、运营计划和控制、过程组织形式、质量保证和控制方法、劳动力数量和质量及薪酬结构等时间跨度相对较短的决策问题。因此，为切实有效实现运营战略目标，必须在运营战略范畴内建立若干不同方面的子战略或策略，并使他们之间相互配合，形成一个不可分割的战略体系，共同有效支持运营战略目标的实现，如图 8-2 所示。需要说明的是，运营战略体系中各子战略(策略)之间是相互联系的，每一个子战略(策略)决策都会受到其他子战略(决策)的影响。

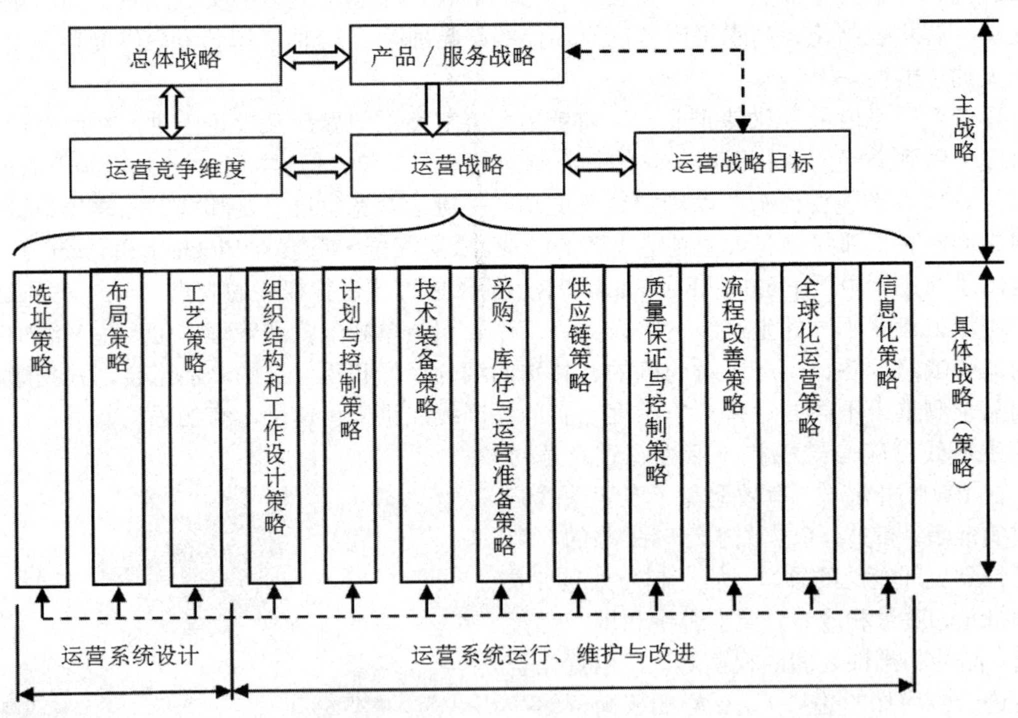

图 8-2　企业运营战略体系示意图

第三节　运营战略过程

一、运营战略过程框架

运营战略过程就是运营战略制定的方法和程序框架，现在相对成熟的分析框架有如下四种。

1. 黑尔框架

伦敦商学院的德瑞·黑尔(Terry Hill)提出了运营战略决策的五步骤程序框架，将运营战略制定划分为依次递进的五个环节。

(1) 确认公司目标：运营系统必须理解公司长期战略目标，清楚为实现公司目标运营系统应做什么？明白公司的战略对运营系统有何要求？以保证最终的营销战略能有效支持这些目标的实现。

(2) 理解营销战略：运营系统应充分了解公司为实现长期战略目标制定了怎样的营销战略，包括目标市场的状况、需提供的产品/服务品种范围以及产品/服务应具备的特征或属性、产品/服务的数量、客户的定制化期望等。

(3) 选择运营竞争维度：必须将营销战略转化成运营竞争要素，分析不同的运营竞争维度(成本、质量、时间、柔性、服务和环保)中哪些属于订单赢得要素？哪些属于订单资格要素？

(4) 运营结构战略决策：重新审视公司运营系统的选址、布局、工艺过程选择，做出是否需要改变和怎样改变的决策。

(5) 运营基础战略决策：确定运营系统的基础性特征，选择支持运营战略，并与运营结构战略匹配的运营具体战略(策略)，包括运营职能机构设置、运营计划和控制、采购、库存与运营准备、质量保证与控制等。

2. 普拉茨—格雷戈里框架

英国剑桥大学的普拉茨(K. W. Platts)和格雷戈里(M. J. Gregory)教授(1990)提出了著名的运营战略决策模型。该框架将运营战略过程分为三个阶段：第一阶段，公司在外部环境进行分析、评估的基础上，了解公司在市场中的位置，关注环境变化带来的机会和威胁。将运营系统的实际绩效和客户期望的水平相比较，找出运营战略必须设法克服的差距并明确、具体表示出来。第二阶段，评估运营资源和能力，找出与主要竞争对手之间的优势和劣势，搞清楚在当前的情况下，实现市场期望运营绩效目标水平的可能性。第三阶段，制定新的运营战略。通过对各种可行方案的审查评估，挑选出既能实现运营战略绩效目标，又有可行性的方案实施。

3. SAC 框架

根据罗杰·G. 施罗德(Roger G. Schroeder)、克里斯·安德森(Chris Anderson)和克莱沃兰德(Cleverland)对运营战略的定义可以总结出运营战略框架，并命名为SAC 框架，如图 8-3 所示。宗旨、特有能力、目标和策略构成运营战略核心，在企业战略的引导下形成连贯性决策模式，并指导各运营子战略(策略)的决策，将其他与之相联系的内容(企业总体战略、环境及条件分析、子战略的战术决策等)作为运营战略过程中的输入和输出。

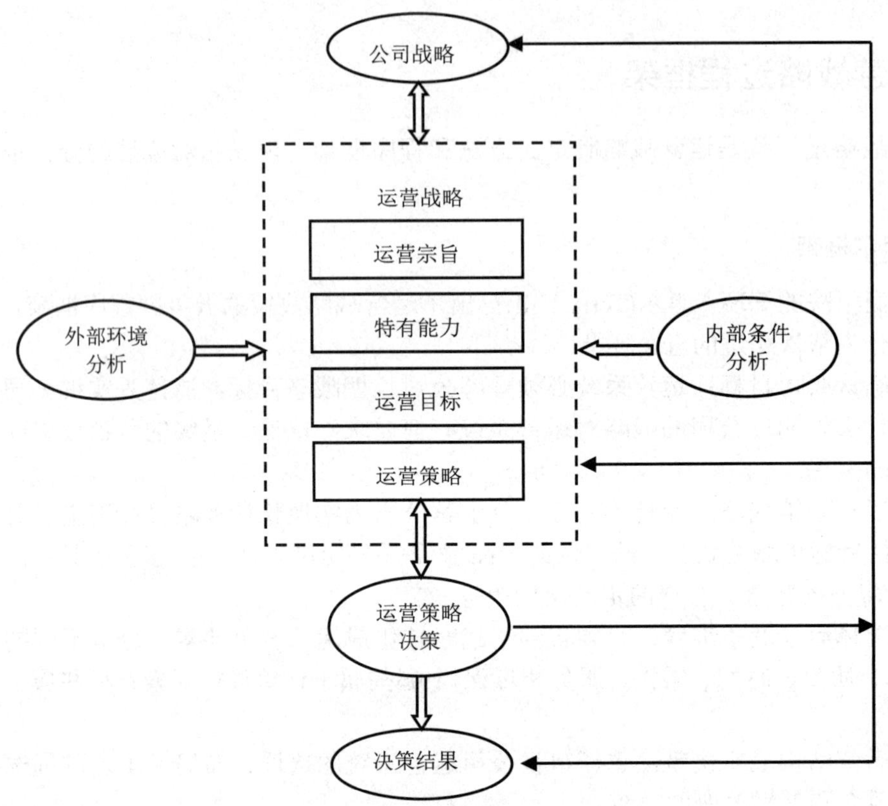

图 8-3　SAC 运营战略框架示意图

(1)　内部/外部环境分析：在制定企业运营战略时，首先要对企业的内外部环境进行分析。外部环境通常包括一般环境(经济、政治法律、社会文化、技术和自然)和特定环境(市场、供应商、竞争对手、要素市场和政府部门)，企业应重点分析这些环境因素中与运营活动相关的内容，识别企业运营的机会和威胁。内部条件包括企业使命、资源和文化，企业可将影响运营能力的资源状况作为分析重点，应与竞争对手进行比较，从而识别企业的优势和劣势。运营战略就是要把握机会，回避威胁，增强优势，克服劣势。

(2)　运营宗旨：运营宗旨表明和企业使命、战略相关的运营系统需要实现的目的，应说明运营战略规划期内运营竞争维度的优先顺序，以及企业运营资源的聚焦点。

(3)　特有能力：运营特有能力是存在于企业运营活动中，能在竞争中为企业带来竞争优势，对手难以模仿或赶超的能力。特有能力是与竞争对手相比较的运营优势所在，能有效支持运营宗旨。它也是实现与对手间差距的能力，会形成企业的竞争优势。所以，它是运营战略的核心。

(4)　运营目标：运营目标是为实现企业战略，对运营系统在规划期应达到的产出结果水平的界定，又称为运营绩效目标。运营目标要反映运营系统利益相关者的期望，不同的利益相关者对运营系统产出期望各不相同，有时甚至是相互冲突的。例如股东希望运营系统带来投资收益最大化，而客户希望物美价廉、交货及时、服务完善的产品/服务。管理者

必须在企业战略目标统领下，权衡各利益主体对运营系统的期望，确定相应的度量指标。运营目标应用明确的数字和可以度量的文字来描述，并遵从 SMART 原则。

① 明确性(specific)：用具体的语言清楚地说明运营系统要达成的行为标准。

② 衡量性(measurable)：运营目标要做到“能量化的量化，不能量化的质化”，具有统一、标准、清晰的可度量的标尺。

③ 实现性(attainable)：运营目标要建立在充分的内部/外部环境分析基础上，并根据环境变化适时调整。同时，运营目标还要立足于企业实际，具有可行性，能为运营系统认可和接受。

④ 相关性(relevant)：运营目标要与企业战略相关，恰当反映各利益相关者的诉求。

⑤ 时限性(time-based)：运营目标要有时限性，有明确的时间要求。

(5) 运营策略：运营策略属于运营战略体系的子战略，属于战术决策范畴。运营策略规定了运营战略如何实施和运营目标怎样实现，包括运营系统设计策略、运营维护及改进策略，一般具体化为选址、布局、工艺选择、运营组织结构、计划与控制、采购-库存及运营准备、质量保证和控制、供应链、流程改善等方面。

4. 产品寿命周期战略框架

美国哈佛大学教授雷蒙德·弗农(Raymond Vernon)1966 年提出产品寿命周期(product life cycle，PLC)理论以来，在企业经营的多个领域得到了广泛应用。该理论认为：产品和人的生命一样，在市场上都要经过导入期、成长期、成熟期和衰退期四个阶段，不同阶段的市场需求状况和产品营销、盈利表现不同，从而寿命周期的不同阶段具有不同的关键任务，需要不同的运营战略与之匹配，如表 8-1 所示。

表 8-1　基于产品寿命周期运营战略框架表

产品寿命周期	导入期	成长期	成熟期	衰退期
客户特征	喜好创新	追逐潮流	理性化，大众化	落伍者，求便宜
竞争状况	很少或没有	数量增加，激烈程度加剧	数量提高，激烈程度提高	数量减少
关键任务	研发设计	迅速扩大	成本竞争	成本控制
运营战略	◆高度重视质量 ◆快速适应变化 ◆交付的可靠性 ◆小批量生产 ◆生产流程变革 ◆工人的熟练性	◆生产能力扩大 ◆产品柔性 ◆产品多样化 ◆运营过程延伸 ◆服务保证 ◆差异化	◆生产能力优化 ◆大批量生产 ◆标准化 ◆技术进步 ◆工艺改进 ◆运营集成 ◆业务外包 ◆产品改进	◆生产能力调整 ◆精简产品系列 ◆控制退出风险 ◆承担业务外包

导入期：这一阶段是产品建立市场的关键时期，产品的研发设计无疑是重中之重，强调产品性能对目标市场客户需求的满足程度以及研发设计的调整，追求产品的快速定型。运营战略应以支持小批量、高频率、快速变化、交货的及时性和质量的稳定为导向。

成长期：成长期是快速增加市场份额、提高市场占有率的最佳时期。这一时期，产品技术参数和质量标准基本定型，工艺已经比较成熟，由于“学习曲线”效应，运营过程逐渐趋于稳定。迅速形成较大生产能力，扩大产品组合成为企业的关键任务。运营战略倾向于产出水平的快速提高和运营过程的有效延伸，如增加服务保证和加强分销环节。

成熟期：该阶段的市场需求趋于饱和，竞争趋于白热化，竞争对手数量达到最高点，市场上充斥着各种各样来自不同公司的同质化或差异化的产品，顾客购买行为日趋理性化，因此，竞争焦点逐渐集中在价格上，企业的关键任务是提高产品的成本竞争力，运营战略指向生产能力的优化组合，通过标准化、自动化、运营集成、产品改进等方式降低单位产品的运营成本。

衰退期：伴随着产品市场份额的萎缩和盈利能力的下降，企业产品战略发生改变，其重心往往向新研制的成功投放市场的产品倾斜，企业关键任务演变为产品转型和控制成本。运营战略侧重于生产能力的调整，提高对新产品的支持能力；对旧产品而言，注重消减产品系列，停止生产盈利少或不盈利的产品，有效控制退出风险。

二、运营集成战略

企业运营集成战略包括纵向集成、横向集成和虚拟集成三种可供选择的形式。

1. 纵向集成

纵向集成又称为纵向一体化或垂直一体化。企业在生产产品或提供服务时，所需的原材料、能源及其他生产条件都不可能全部由企业自己生产或提供，企业只是处于产品链或产品链的某个环节，因此必须考虑自己的运营过程要覆盖哪些阶段或产品的哪些组成部分，对此进行的延伸和改变就是纵向集成问题。纵向集成本质上是企业的自制/外购决策，选择纵向集成战略意味着公司自行生产投入，或自行处理其产出，也就是自制部分增加而外购部分减少。按照纵向集成中运营流程延伸方向不同，纵向集成可分为前向集成和后向集成两类。

(1) 前向集成：企业将目前的运营活动向接近最终顾客的供应链下游环节发展。如压缩机制造厂生产冰箱或空调器，面粉加工厂建立食品加工厂、甚至再开设食品商店。前向集成被看作是支持拓展市场的进攻性运营战略，企业要注意技术储备和技术积累、运营系统的整合能力以及原有产品的市场影响力。

(2) 后向集成：企业将目前的运营阶段向接近原始供应商的供应链上游延伸。如生产汽车的企业生产零部件，甚至生产零部件所需的钢材；肉食品加工厂设立养殖场。一般而言，后向集成被看作是降低成本或提高生产条件稳定性的防御性运营战略。

企业选择纵向集成战略可以提高潜在竞争者的进入壁垒和资产的利用效率，将原来与供应链上下游企业之间的协作关系变成企业内部的统一指挥，有利于质量保证和控制，便于运营组织和计划与控制。但是，当供应链上存在专业化程度较高的低成本产品供应商或服务供应商时，纵向集成会导致企业成本升高。同时，在行业或产业链的技术环境变化剧烈或市场需求变动较大时，企业纵向一体化的投资会成为包袱，削弱企业的应变能力，使企业的风险加大。

2. 横向集成

横向集成又称为纵向一体化或水平集成，一般表示企业内部处于同一层次，具有相同或相近的工作细化程度和密切的工作联系的不同部门围绕运营全过程的并行工程。如果跨出企业边界进行考察，横向集成就是企业的运营过程或部分环节通过产权或非产权形式进行的整合。典型的非产权横向集成就是业务外包，主要的产权横向集成就是提供同种产品/服务的企业之间的兼并或收购。

业务外包已成为普遍的选择并呈现出快速发展的趋势。企业将非核心业务外包给该领域具有优势的供应商可以降低成本、提高效率和技术水平，从而提升产品/服务的价值。通过非核心业务外包能促使每个企业只保留核心业务，将有限的运营资源用于自己擅长的环节，在最有优势的领域经营而获得竞争优势。这样，原来同为竞争对手的企业就变成了合作关系，并可发展为战略联盟共同参与市场竞争，每个企业都可能获得超过独立参与市场竞争的优势。企业为了取得竞争优势，往往通过产权交易实施并购，将从事相同业务的企业合并，而不是将供应链环节上的企业合并(纵向集成)。

3. 虚拟集成

虚拟集成是相对于通过产权形式或长期业务关系进行的运营集成而言的。选择虚拟集成运营战略的企业不需要拥有大量的设备，也不需要拥有大量的专业技术人才和操作工人。而是在外部环境特别是市场环境发生变化时，敏锐地捕捉市场机会，准确把握客户需求，根据客户在产品研发、加工装配或物流配送等方面的具体订单需求随时寻找外部资源，与外部资源形成一种任务导向的合作关系。一旦任务完成，这种合作关系就结束。选择虚拟集成战略的企业一般要同时具备两方面的条件：一是拥有的客户资源和外部运营资源信息足够多，能根据每次任务的特征在足够多的供应商网络中形成最佳组合；二是具有很强的供应链整合能力，确保短期内快速形成的合作关系能够正常运转，顺利完成任务。

三、制造业运营战略

制造业是产出有形产品的企业，理查德 · B. 蔡斯(Richard B. Chase)等人提出的制造业运营战略框架如图 8-4 所示。它从纵向和横向两个维度定义了制造业运营战略的制定维度，表明制造业运营战略是怎样把市场需求和企业资源联系起来，怎样由市场需求转变为企业产出的。在纵向角度，运营战略首先要考虑市场需求，经过产品研发、物料采购、加工制造、物流配送直至销往市场；在横向角度，运营战略制定应扩展到企业其他职能部门，做到与其他职能战略协调一致。制造业运营战略具有决策、规划和控制三大职能，制定中应把握如下关键点。

(1) 竞争维度需求的权衡：在全面深入分析客户需求基础之上，确定竞争维度的重点内容，即执行的优先等级，明确运营投资投入的重点领域和方向。

(2) 企业能力的界定：一般而言，企业能力泛指企业在日常经营管理活动中满足企业生存、成长和发展的系统办法和综合过程的表现能力。在运营战略制定中，应重点关注企业与竞争对手相比较的特有能力。目前，一般的看法是企业能力包括企业本身所具有的运营能力，还应在供应链的视角下，重度重视供应商的能力。

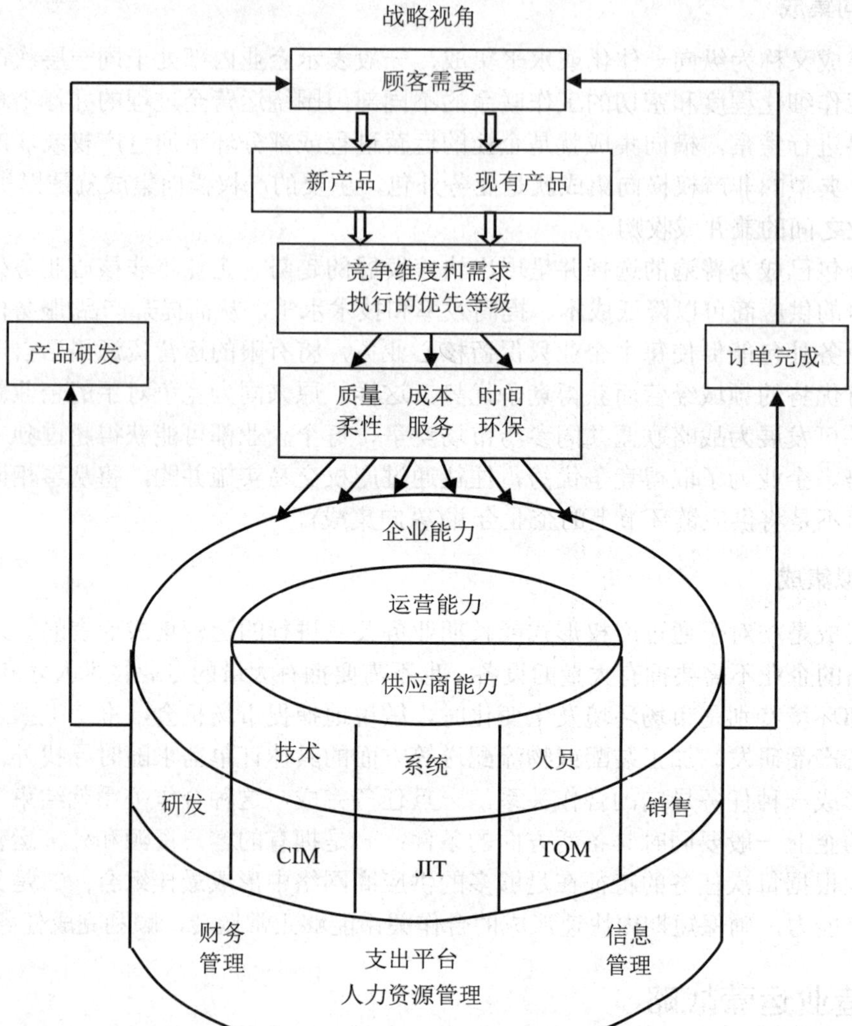

图 8-4 制造业运营战略框架：从客户需求到完成订单图

(3) 概念和工具：战略框架中的 CIM、JIT 和 TQM 表示企业在技术、系统、人员方面(注意：非一一对应关系)各自所需要用到的概念和工具，共同构成企业能力的基础。

(4) 支持平台：支持平台中的财务管理、人力资源管理、信息管理既是运营战略制定的有限条件，又是其实现的保证，表明运营战略制定过程中水平方向的扩展。

四、服务业运营战略

当一家百货公司规模不断扩大时，组织结构上会有相应变化，其服装部可能细分为男装部、女装部、童装部等独立的事业部单元，以便关注不同的业务侧重点。一家医院更是如此，可以将内科改为心血管科、消化道科、呼吸道科、泌尿科、神经科和血液科等，其结果当然是更好地满足了顾客需要，增强了竞争优势。在制造业中所使用的先进设计手段、加工手段和数据手段，也在服务业中得到了广泛应用，如最早使用 POS 机的商场和银行具有明显的竞争优势，如沃尔玛和美洲银行。同样，订单赢得要素和订单资格要素同样适用此行业。对于银行业来说，订单资格标准可能是优越的地点、柜台服务和贷款的便利性以及 ATM 服务，订单赢得标准可能包括银行与顾客的关系和以顾客为向导的服务时间。

对于大多数服务企业来说，服务交付系统就是企业的全部业务。因此，任何战略决策都要考虑运营的需要，服务企业的运营战略通常与企业战略不可分割。服务运营战略过程一般包括以下内容。

1. 服务运营竞争维度

近年来，全球范围内服务业呈现快速发展的势头，与此同时，服务业面对的市场竞争也更加激烈。服务企业要赢得竞争优势必须依赖于价格、质量、安全高效、便利以及对顾客需求的快速响应等多个方面。服务企业制定运营战略首先要确定运营的核心，这些核心就是服务竞争的焦点，它们包括：①友好地对待顾客并为他们提供帮助；②服务的速度；③服务的质量；④服务的可变性；⑤作为服务的中心或伴随服务提供的有形产品的质量；⑥构成服务的特殊技能。

服务企业在竞争焦点上的表现受服务运营竞争维度的影响。一般而言，服务运营竞争维度包括结构要素和管理要素两方面，可以分别称之为服务企业的“硬件”和“软件”，两者共同决定着服务企业的市场竞争力。

(1) 结构要素。

① 选址。确定服务运营的地理特征，包括服务地址和场所特征。例如自选超市要设立在有足够顾客和需求的地点，同时还要考虑顾客购买的便利性、竞争对手的状况及区域商业定位等因素。选址具有极高的刚性，一旦确定后，对企业运营会产生长期的影响。

② 设施布局。指服务设施的规模和空间布局。如自选超市通道的位置、商品陈列区的划分和商品的摆放。设施布局应在充分考虑顾客消费习惯的基础上充分有效地利用场地，并符合安全性、美学、心理学等的要求。

③ 传递系统。服务在企业和顾客之间交互作用的体系或流程，由前台、后台、顾客参与或自动服务构成。如超市通过顾客存放物品→进入商品陈列区挑选商品→促销人员介绍或推荐商品→结账付款的服务传递系统，将为顾客提供的服务交付给顾客。

④ 能力规划。包括服务能力的确定与服务能力和需求的平衡，这关系到服务规模的大小、服务人员的配置以及服务设施的摆放、改进和更新。例如，银行通过排队/叫号系统最大限度缩短了顾客等候排队的时间，降低了等候的盲目性。春运期间，铁路公司通过增加临时售票窗口、扩大候车区域、增开线路或车次等来提高服务能力。

(2) 管理要素。

① 服务接触。顾客与服务系统在交付过程中对服务系统(包括人员)的要求。

② 质量。包括标准、测评、监督、期望和感知、服务保证等。顾客对服务质量的评价结果是影响其愿意承担的价格水平的重要因素，也决定了顾客是否会重复消费。

③ 能力与需求管理。服务企业在需求和服务能力不一致时，实现两者平衡的政策、程序、规则、策略和方法，是服务企业运营管理水平高低的重要标志之一。

④ 信息。对顾客个体特征、服务运营系统特征及运行状况的把握度，尤其是对信息的开发利用能力。

2. 服务运营类型和方式

服务运营类型可以有多种划分方法。理查德·B. 蔡斯(Richard B. Chase)按照服务过程中与顾客接触程度的高低，将服务分为“高接触服务”和“低接触服务”两种类型。约翰·C. 基利亚(John C. Killeya)也提出过类似观点，即将服务分为“硬服务”和“软服务”。“硬服务”提供过程强调机器与机器之间，以及人与机器之间的相互作用，“软服务”则强调人与人之间的相互作用。按服务过程中是否提供有形产品，可将服务分为纯服务和一般服务。纯服务过程不提供任何有形产品，如咨询、教育、理发等；一般服务过程则提供有形产品，如批发零售、邮政、运输、仓储、设备租赁等。在各种分类方法中，最典型、最有代表意义的分类是按照运营流程的特点进行的分类，即按照服务运营服务过程劳动(或资本)密集程度的高低与顾客接触程度和服务顾客化程度的高低形成的二维复合分类组合，将服务分为四类：服务工厂(service factory，又称为大量资本密集服务)、大量服务(mass service，又称大量劳动密集服务)、服务车间(service shop，又称专业资本密集服务)和专业服务(professional service，又称专业劳动密集服务)，如图 8-5 所示。

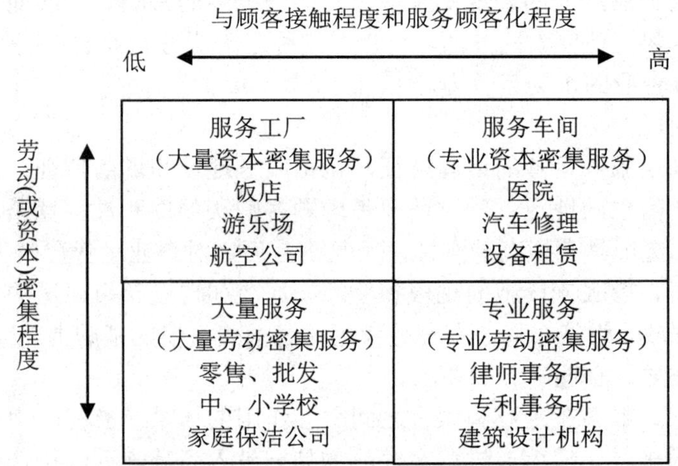

图 8-5　按劳动(资本)密集程度和与顾客接触程度服务分类组合图

服务企业在制定运营战略时，应准确识别服务运营类型，高度关注不同服务类型的变化趋势，及时对企业的服务类型进行调整和变革。例如，在餐饮业中，传统的餐厅有较高的顾客化服务水平和顾客接触程度，与顾客的交互作用较强，可以规划为服务车间类型，雅致的美食餐厅甚至属于专业服务类型。但是随着快餐业的发展，顾客化服务水平和顾客接触程度逐渐降低，顾客交互作用减弱，服务提供过程的资本投入量增加，而劳动投入量减少，逐渐演变为服务工厂。传统的零售业属于典型的大量服务，但是随着仓储商店、折扣商店的出现，这些商店提供比百货商店更少的服务，从而使服务提供过程的劳动密集程度大大降低，更加接近于服务工厂类型。但是，专卖店的出现又引起了反向的变化，在运营过程中具有较高的顾客化服务水平和顾客接触程度，与顾客的交互作用较强，其服务提供过程的劳动密集程度上升，呈现明显的专业服务特征。

服务运营方式首先取决于服务的行业性质。如客运、医疗、美容、教育等服务，其过程必须有顾客参与才能完成，而维修、保洁、仓储、货运等服务过程则不需要顾客亲临现

场就能完成。即使是在同一行业提供相同的服务项目，企业也可以通过创造性的思维来确定更受顾客欢迎或兼顾各类顾客偏好的服务运营方式，从而赢得竞争优势。服务运营方式的决策一般要考虑服务传递过程中对场地和设施的依赖程度以及是否需要顾客参与、顾客期望的定制服务程度、所提供服务的供给与需求的调节方式、是否采取连锁服务运营等因素。

3. 服务运营战略侧重点

对于不同服务运营类型而言，其运营战略的侧重点各不相同。对于通用型服务，如邮电、交通、银行等，由于其运营过程具有共性且比较规范，顾客只介入前台服务过程，顾客化服务水平和顾客接触程度较低，其运营战略的重点应考虑规模效益；而定制型服务，如医院、律师、建筑设计、心理咨询等，顾客化服务水平和顾客接触程度较高，需根据顾客的特殊需要提供服务，没有统一的标准或只有指导性的标准规范，其运营战略重点主要应考虑服务的灵活性、质量与时间效应、判定顾客需要的专业技能；对于技术密集型服务，如航空业、通信业、游乐场等，其服务过程需要使用大量的设施、设备，投入的资金量大，该类服务的运营战略重点是有效平衡设施的能力与需求、资金投入进度的控制和风险防范。

第四节 企业运营战略的绩效评价指标

企业运营战略绩效评价是为了实现企业战略整体目标，运用特定的指标和标准，采用科学的方法，对企业运营战略实施过程及其结果做出的一种价值判断。运营战略绩效评价是将绩效评价与企业的战略结合起来，从而为企业运营战略的实施提供有效的信息反馈。为达此目的，企业运营战略绩效评价应能预先和实时发现战略实施中的问题并指明正确的发展方向，以获得最优的绩效水平。由此可见，企业运营战略绩效评价指标就相当于企业战略实施过程中的指示器，它密切注视着企业的战略实施进程，一旦出现偏差就马上提示警告信息。而企业运营战略绩效评价指标很多，结合实际情况，本节将重点介绍生产率、质量、成本和时间等四个企业运营战略绩效评价指标。

一、生产率

企业运营管理者的主要职责之一是做到有效地利用该企业的资源。生产率是企业运营战略绩效评价的重要指标，可用来评价运营经理运用资源的效率和效益。生产率通常可用来反映产出(产品或服务)与生产过程中的投入(劳动、材料、能量及其他资源)之间的关系，是一个相对指标，常表示成产出与投入之比。

生产率=产出/投入

生产率指标的计算适用于单一运营、一个企业乃至整个国家。在企业组织，生产率常用于规划劳动力需求、安排设备、进行财务分析和完成其他重要的预算任务。

生产率对企业组织和国家都有重要的意义。对非营利组织而言，较高的生产率意味着较低的成本；对营利性组织而言，生产率是确定该组织竞争力状况的一个重要因素。对一个国家来说，生产率的增长是极其重要的。生产率的增长意味着一个时期的生产率与前一个时期相比提高了。因此：

生产率的增长率=(当期生产率−前期生产率)/前期生产率

1. 生产率的计算

生产率可按单一投入、两种以上投入或者全部投入来度量。与这三种度量方法相比较对应，有三种生产率，即单要素生产率、多要素生产率和总生产率。表 8-2 列举了生产率度量法的一些例子。实践中具体选择哪一种度量法主要可视度量的目的而定。如果是为了提高劳动生产率，显然就应采用劳动这一投入来度量。

表 8-2 不同类型生产率度量法举例表

单要素度量法	产出/劳动，产出/机器，产出/资本，产出/能量
多要素度量法	产出/(劳动+机器)，产出/(劳动+资本+能量)
总度量法	生产的商品或服务/生产过程中的全部投入

在运营管理中常采用单要素度量法。表 8-3 列举了单要素生产率度量法的一些例子。

表 8-3 单要素生产率度量法举例表

劳动生产率	①每人工小时的产出单位数
	②每轮班的产出单位数
	③每小时增值额
	④每小时的产值
机器生产率	①每机时的产出单位数
	②每机时的产值
资本生产率	①每美元投入的产出单位数
	②每美元投入的产值
能源生产率	①每千瓦时的产出单位数
	②每千瓦时的产值

生产率度量中使用的单位取决于具体的工作类型。下面是劳动生产率的一些例子。

铺放地毯的平方码数/人工小时数=每人工小时铺放的地毯平方码数

打扫办公室的数量/轮班次数=每轮班打扫的办公室数

截木材的板英尺数/每周截木材的板英尺数

对机器生产率可列举类似的例子(例如，每机时产出的件数)。

计算多要素生产率时，对投入要素和产出要素要使用统一度量单位，诸如成本或价值。例如：

多要素生产率=产量/(劳动力成本+原材料成本+管理费用)

总要素生产率=附加价值/(劳动投入+资本投入)

总生产率=附加价值/(劳动投入+资本投入+材料投入+能源投入+其他投入)

系统生产率=(营业收入+营业外收入)/(劳动投入+资本投入+材料投入
+能源投入+营销投入+其他投入)

注意分母上的所有因素的计量单位必须相同。

生产率测评可用于很多方面。对单个部门或企业而言，生产率度量可用来监控一定时期的业绩。这样就使管理者可对业绩做出评价，并就哪些地方有待改进做出决策。例如，如果某些领域的生产率下滑了，运营部门的人员可以检查用来计算生产率的因素，以确定发生这一变化的原因，从而设法提高今后的生产率。

从本质上讲，生产率可以反映出资源的有效利用程度。运营管理者关心生产率是因为它直接影响到企业的竞争力。如果两家企业有同等的产出，但其中一家由于生产率较高而投入较少，那么该企业就能够按较低的价格销售产品，从而提高市场份额。若这家企业选择原价销售的办法，结果会获得较多的利润。政府领导者关心国民生产率是因为它与同一个国家的生活水平密切相关。生产率水平高是发达国家人民享有较高生活水准的主要原因。再者，在生产率未增长的情况下，提高工资和物价必然会对国民经济造成通货膨胀压力。

2. 服务部门的生产率

服务部门的生产率问题较之制造部门更难处理。在许多情况下，服务生产率更难测定和管理，因为它涉及智力活动和高度的可变性，例如医疗诊断、手术、咨询、法律服务、顾客服务以及计算机修理工作，这为提高服务生产率带来了难度。

过程收益(process yield)是一种与生产率密切联系的测量方法。在有产品的情况下，过程收益可定义为优质品的产出与原料投入量的比率(劣质品不包括在内)。在涉及服务的情况下，过程收益测定通常取决于特定的过程。例如，某租车服务机构，其收益测定就是特定一天中租出的车辆数与拥有车辆数的比率；在教育界，学院和大学入学率的测定就是报到学生人数和录取学生人数的比率；对于订阅服务来说，收益就是新订阅的数量与电话或邮件要求的数量的比率。然而，并不是所有企业都只是用这种简单的收益测定。例如，维修服务如汽车、家电和计算机修理不愿意使用此类措施。

3. 影响生产率的因素

影响生产率的因素很多，主要因素包括资本、质量、技术和管理。

影响生产率的其他因素如下所述。

(1) 尽可能使工艺流程标准化，这样会大大提高生产率和产品质量。

(2) 质量差异可能会造成生产率的测定失真，一种情况是进行跨时期的生产率比较，例如某企业现在的生产率与 20 世纪 90 年代的生产率相比，现在的质量要比当时的质量高得多；另一种情况是技术改造前的生产率与技术改造后的生产率相比。但目前尚无一个在生产率测定中将质量因素考虑在内的简单方法。

(3) 互联网的应用可以降低许多交易成本，因此有利于生产率的提高。在可预见的将来，互联网的作用都将显现出来。

(4) 计算机病毒会对生产率造成极其不利的影响。

(5) 寻找丢失或错放的物品会浪费时间，因此不利于生产率的提高。

(6) 废品率意味着资源使用无效率，高废品率必然不利于生产率的提高。

(7) 新上岗工人通常比有经验的工人的生产率低，再扩张中的公司可能要经历生产率落后这样一段时期。

(8) 安全问题应该得到保障，事故会对生产率造成极大破坏。

(9) 信息技术员工和其他技术员工的短缺会影响公司更新计算资源及保持一定的增长率以及利用新机会的能力。

(10) 解雇员工通常会影响生产率，既有有利的一面，也有不利的一面。

(11) 员工离职对生产率具有负面影响，更换劳动力需要时间。

(12) 工作场地的设计会影响生产率。例如，将工具和物件放在易于拿到的地方有利于生产率的提高。

(13) 合理的激励计划将促进生产率的提高。

二、成本

1. 运营成本的含义

运营成本也称经营成本、营业成本，是指企业所销售商品或者提供劳务的成本。营业成本应当与所销售商品或者所提供劳务而取得的收入进行配比。营业成本是与营业收入直接相关的、已经确定了归属期和归属对象的各种直接费用。营业成本主要包括主营业务成本、其他业务成本。

典型的运营成本包括存货、采购、原材料、直接人工、废品等。

商品和提供劳务的营业成本，是由生产经营成本形成的。工业企业产品生产成本(也称制造成本)的构成主要包括下述各个方面。

(1) 直接材料。直接材料包括企业生产经营过程中实际消耗的直接用于产品的生产，构成产品实体的原材料、辅助材料、备品备件、外购半成品、燃料、动力、包装物以及其他直接材料。

(2) 直接工资。直接工资包括企业直接从事产品生产人员的工资、奖金、津贴和补贴。

(3) 其他直接支出。其他直接支出包括直接从事产品生产人员的职工福利费等。

(4) 制造费用。企业可以根据自身需要，对成本构成项目进行适当调整。

2. 运营成本指标的计算

(1) 原材料成本与制造成本比率。测验原材料成本占制造成本之百分比，以测定成本结构比率，提供研究降低成本的参考。其公式如下：

原材料成本与制造成本比率=原材料成本/制造成本×100%

(2) 人工成本与制造成本比率。测验人工成本占制造成本之百分比，以测定成本结构比率仅供研究降低成本的参考。其公式如下：

人工成本与制造成本比率=人工成本/制造成本×100%

(3) 制造费用与制造成本比率。测验制造费用占制造成本之百分比，以测定成本结构比率仅供研究降低成本的参考。其公式如下：

制造费用与制造成本比率=制造费用/制造成本×100%

(4) 各部制造费用与制造成本比率。测验各制造费用占制造成本比率以便对各制造费用作有效的控制。其公式如下：

各部制造费用与制造成本比率=各部制造费用/制造成本×100%

(5) 薪资与制造费用比率。测验薪资占制造费用比率，以测定直间接人工比率，仅使用采取降低人工成本的对策。其公式如下：

薪资与制造费用比率=薪资/制造费用×100%

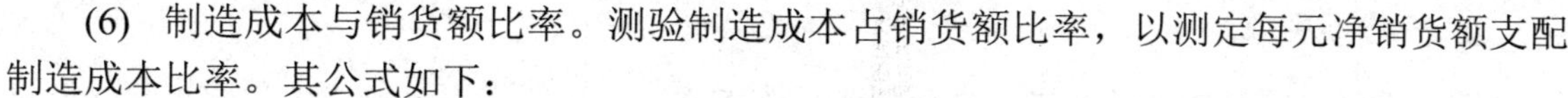

(6) 制造成本与销货额比率。测验制造成本占销货额比率，以测定每元净销货额支配制造成本比率。其公式如下：

制造成本与销货额比率=制造成本/销货额×100%

(7) 制造成本比率。测验制造成本与直接工时比率，以测定每一工时所分摊的制造成本额。其公式如下：

制造成本比率=制造成本/直接工时×100%

(8) 加工成本比率。测验加工成本与直接工时比率，以测定每一工时加工成本额。其公式如下：

加工成本比率=加工成本/直接工时×100%

(9) 外购品成本比率。测验外购品占制造成本比率。其公式如下：

外购品成本比率=外购品/制造成本×100%

(10) 成本利润率。成本利润率是反映企业投入产出水平的指标，可以综合衡量生产和销售产品的全部得与失的经济效果，为不断降低产品成本和提高成本利润率提供参考。成本利润率不仅是反映企业生产、经营管理效果的重要指标，而且也是制定价格的重要依据。其公式如下：

成本利润率=主营业务利润/经营成本×100%

其中：经营成本=主营业务成本+主营业务税金及附加。

3. 影响成本的因素

影响运营成本的两个主要因素是利用率和生产率。

利用率是指为了创造产出而使用的投入与真正用于创造产出的投入的比率，它反映的是资源被利用的程度。利用率主要包括直接人工利用率和设备利用率。

三、质量

科学地考核和评价企业运营质量有助于企业找出客户感知的运营服务质量变化的原因，识别内部过程质量控制的缺陷，及时采取有效的措施改进服务质量，提高企业的竞争力。建立质量标准指标体系是提高运营质量的基础，如果在建立运营系统的同时也考虑到运用质量标准指标体系来帮助评价和分析，才能正确地判断企业实际的运营水平，提高企业的实际运营能力；进而增加企业整体的效益。

在评价运营质量时需注意两个概念：设计质量和一致性质量。设计质量是指产品或服务满足顾客的程度，即产品或服务是否满足顾客的需要；一致性质量是指流程工作结果与工作对象设计标准保持一致的程度。一致性质量的好坏取决于运营流程的设计质量以及控制工作流程使工作结果符合工作对象设计标准的能力。一致性质量与产品(或服务)设计质量、流程设计质量和流程实施质量有关。因此，运营质量评价指标主要有下述几个。

1. 抽查合格率

在难以对产品进行全部检验的情况下，抽查合格率能从宏观层面上反映各种产品的固有质量水平，能反映其与标准、法规等的符合性。其计算公式如下：

抽查合格率=合格批次/检验批次×100%

2. 质量损失率

质量损失主要是指外部损失。外部损失成本的大小，可以在某种程度上反映出产品质量水平的高低：外部质量损失率低，说明产品在使用过程中，产生的问题较少；反之就说明产生的问题相对较多，产品的质量水平也相应较低，因此可以选用质量损失率作为观测指标来衡量产品质量水平，从经济损失的角度反映产品质量的外部性。其计算公式如下：

质量损失率=外部损失成本/企业总产值×100%

其中外部损失成本包括索赔费、退货损失费、折价损失费和维修费。

3. 回收利用率

回收利用率是评价产品质量的指标之一，它从资源环境角度反映了产品质量的环保损害性。目前，回收利用率还处于探讨阶段，尚未形成一致的计算方法。

4. 产品投诉率

产品导致安全事故后，向消费者权益协会、相关政府主管部门投诉，以维护其合法权益，往往是消费者普遍选择的做法，产品投诉率也是一个较为客观、公正反映产品质量状况的指标。其计算公式如下：

产品投诉率=投诉起数/年销售量×100%

5. 顾客满意度

顾客满意是指顾客对其要求(明示的、通常隐含的或必须履行的需要或期望)已被满足程度的感受，是指消费者通过对产品的可感知效果与其期望值相比较后，所形成的愉悦或失望的感觉状态。顾客满意度指数是根据顾客对企业产品和服务质量的评价，通过建立模型计算而获得的一个指数，是一个测量顾客满意程度的经济指标。

根据顾客满意程度可分成七个级度：很不满意、不满意、不太满意、一般、较满意、满意和很满意。

6. 需求满足率

此指标可反映企业运营多功能化的状态，判断是否适应市场的竞争及不断变化的需求，以便为顾客提供个性化的运营服务。这是现代企业运营的一个最明显的特征。其计算公式如下：

需求满足率=满足需求次数/用户需求次数×100%

四、时间

组织在运营过程中，时间指标是保证运营目标实现的关键因素，因此，企业运营时间指标主要由以下四个指标组成。

1. 生产提前期

生产提前期是指产品(或零部件)在各生产环节出产或投入的日期比成品生产的日期应提前的时间。产品在每个环节都有投入和出产之分，因而生产提前期又可分为投入提前期和出产提前期两种。

生产提前期是批量生产型企业编制生产计划不可缺少的期量标准。正确制定生产提前期标准，对保证各个工艺阶段紧密衔接，减少在制品占有量、缩短交货期都有重要作用。

(1) 投入提前期的计算。投入提前期生产提前期是指制品在某工艺阶段投入生产的日期比成品完工日期应提前的天数。最后工序车间的投入提前期，等于该车间的生产周期。而其他任何车间的投入提前期都比该车间出产提前期提早一个该车间的生产周期。其计算公式如下：

某车间投入提前期=该车间出产提前期+该车间生产周期

(2) 出产提前期的计算。出产提前期是指制品在某一工艺阶段出产的日期比成品完工出产日期应提前的天数。制定出产提前期，除了应考虑后续工序车间的投入提前期外，还要加上必要的保险期。保险期是预防本车间可能发生出产误期，及与后车间办理产品交接而预留的时间。此外，当前后车间批量不等因而生产间隔期也不相同时，还要考虑增加前后车间因生产间隔期的差额所造成的额外提前期。其计算公式如下：

某车间出产提前期=后车间投入提前期+保险期
+(该车间生产间隔期−后车间生产间隔期)

2. 产品提前期

产品提前期是指从接到订单时起直到将符合顾客要求的成品送达顾客手中的总计时间。其计算公式如下所述。

(1) 对于接单生产的企业：

产品提前期=产品设计时间+流程设计时间+材料采购时间+产品检验时间
+包装时间+送货时间

(2) 对于存货生产的企业：产品提前期就是从仓库把产品送达顾客的时间。

(3) 对于服务型企业：

产品提前期=预处理时间+流程活动时间+后期服务时间

3. 产品研发提前期

产品研发提前期是指从产品开始研制到新产品发布的时间。尽量获得产品研发提前期短的优势。其目的是能以较高的售价获得超额利润；节省研发经费；缩短销售预测期，可以制订更准确的生产计划和库存计划。

4. 交货提前期

交货提前期是指从顾客发出订单开始至顾客收到产品时所需要的时间，它包括产品生产周期和交货运输时间。

产品生产周期是指产品从原材料投入到成品产出所需要的全部日历时间。

交货运输时间是指卖方按买卖合同规定将合同货物交付给买方或承运人的期限。

第八章现代企业运营战略管理.ppt

第八章案例.docx

第八章习题与答案.doc

第九章　现代企业经营决策管理

学习目标

通过本章的学习，可使读者了解企业经营决策的内容、分类和影响因素；群体决策的优缺点。理解企业经营决策的含义；企业经营决策的过程及各阶段注意事项；群体决策中的群体思维和群体转移现象及其克服；各种定性决策方法的适用范围及其注意事项。掌握各种定量决策方法的使用。

关键概念

决策；经营决策；从众；群体决策；群体思维；群体转移；头脑风暴法；名义群体法；德尔菲法；电子会议法；盈亏平衡分析；决策树

经营决策是企业管理工作的核心，其实质就是要解决企业外部环境、内部条件和经营目标三者间的动态平衡问题。经营决策之于企业管理的重要性，正如决策学派的代表人物西蒙所说："管理就是决策，决策就是管理。"本章首先介绍了经营决策的含义、企业经营决策的内容、企业经营决策的分类、企业经营决策的程序以及企业经营决策的影响因素；然后分析了企业群体决策的优缺点以及群体决策中经常出现的群体思维和群体转移现象；在此基础上，重点介绍了企业经营决策的两种方法：定性决策方法和定量决策方法，如头脑风暴法、德尔菲法、决策树法等。

第一节　企业经营决策概述

一、企业经营决策的含义

经营指的是企业如何根据自己的内部和外部条件，确定本企业的远近期目标和发展方向，并拟订实现此目标的各种计划。例如企业生产什么产品？生产多少？产品如何生产？产品销售给谁？如何销售？如何合理地利用本企业的人力、物力和财力，组织好供产销的平衡，以最少的消耗，取得最大的盈利？等等。就一个企业来说，经营能力的高低和经营效果的好坏，主要取决于在企业特定内外部条件下的正确决策以及企业内部优势的发挥。因此，经营研究的主要是预测、对策和决策问题，企业经营的重点是决策。

企业经营决策是指企业为实现其经营战略目标和某一具体目标，在获得企业和市场信息的基础上，根据客观条件，拟定几种备选方案，从中选出一个满意的方案，并采取行动的分析判断过程。

企业经营决策本质上是一个系统过程，而不是一个"瞬间"做出的决定。从企业经营决策的概念可以看出下述几个特点。

(1) 企业经营决策要有明确的目标。经营决策是为了解决某些问题、达到某种目的而采取的行动。没有问题则无须经营决策，没有目标则无从经营决策。

(2) 企业经营决策要有若干可行的备选方案。从多个备选方案中进行比较和选择是科学经营决策的重要原则，如果只有一个方案，则无从比较其优劣，也就没有选择的余地。

(3) 企业经营决策是一个分析判断过程。企业经营决策需要遵照一定的程序和规则，既要依靠科学的理论和方法，也要依靠决策者的智慧、经验和判断力。因此，企业经营决策者要不断提高自己的经营决策能力，以提高经营决策的正确性和科学性。

(4) 企业经营决策方案的选择标准应该是满意原则。决策是复杂的、多变量的和多约束的行为，现实中的决策要达到所谓的“最优”是不现实的，因而决策者往往对决策的评价指标确定一个最低标准，超过这个标准并在总体上获得预期效果即为满意。

经营决策是企业全部管理工作的核心内容。在企业的全部经营管理工作中，经营决策的正确与否，直接关系到企业兴衰成败和生存发展。经营决策正确，企业就会欣欣向荣；经营决策失误，企业就要遭受很大的损失，甚至要倒闭。

二、企业经营决策的内容

企业经营决策的主要内容包括产品决策、销售决策、财务决策、成本决策、组织决策、人事决策等。

1. 产品决策

产品决策是企业根据市场预测的结果，在企业经营战略的指导下，结合企业自身的具体条件，确定在未来一段时间里以什么样的产品(产品组合)满足目标市场需要及推出该产品的过程。包括产品方向决策、产品开发决策、产品组合决策、产品商标和包装决策等。

产品决策是企业经营决策的重要组成部分，是决定企业战略能否实现的首要保证。企业总体发展战略是企业长远发展的大方向，带有全局性、长远性的特点。但是企业战略目标最终要落实到如何满足用户的需求，如何满足市场的需求，落实到企业所提供的产品上，消费者最终是从产品上感受到企业的风格与实力，是通过对产品的消费获得对企业是否满意的感受，而不仅仅由于企业的网页设计新奇独特就够了。因此产品决策是企业战略目标的具体化。

产品决策的目标是生产物美价廉、适销对路的产品，确定合理的产品结构以及将产品进行合理的价格定位。

2. 销售决策

销售决策包括选择企业服务的市场面，制定合理的价格，展开有效的促销宣传以及开辟合理的销售渠道等。

价格决策是指企业根据自身条件和市场条件，对产品定价方案的选择、优化的过程。价格决策的正确与否对企业经营决策的成败起着重要作用，在很大程度上决定着产品能否迅速进入市场，影响着产品和企业的社会形象，是构成企业竞争力的重要因素，价格还影响着企业的销售收入和利润。

促销决策是指能够引发消费者购买行为起到促进销售的手段，是以各种方式传递信息，激发消费者的购买欲望，刺激消费者采取购买行动的一切活动。其主要任务是向消费者传递信息，让消费者了解产品，引发消费者的兴趣。

对一个企业来说，渠道决策正确会给企业发展带来巨大的推动作用；而如果企业所设计的渠道与企业的实际不相适应，则会给企业发展造成障碍。渠道决策要求企业根据发展阶段和客户的经营理念，选择适合企业不同发展阶段的合作伙伴，同时还要确定开拓市场的具体方法，在具体规划渠道的时候不但要使用成本估计工具来考虑销售渠道的成本，还要用战略的眼光来看渠道，要考虑竞争对手的渠道策略。

3. 财务决策

财务决策是对财务方案、财务政策进行选择和决定的过程。财务决策的目的在于确定最为令人满意的财务方案，以完成企业价值最大化的财务管理目标。财务决策是一种多标准的综合决策。决定方案取舍的既有货币化、可计量的经济标准，又有非货币化、不可计量的非经济标准，因此决策方案往往是多种因素综合平衡的结果。按照决策所涉及的内容，财务决策还可以分为投资决策、筹资决策和股利分配决策。

4. 成本决策

成本决策是指依据掌握的各种决策成本及相关的数据，对各种备选方案进行比较分析，从中选出最佳方案的过程。成本决策涉及的内容较多，包括可行性研究中的成本决策和日常经营中的成本决策。由于前者以投入大量的资金为前提来研究项目的成本，因此这类成本决策与财务管理的关系更加紧密；后者以现有资源的充分利用为前提，以合理且最低的成本支出为标准，属于日常经营管理中的决策范畴，包括零部件自制或外购的决策、产品最优组合的决策、生产批量的决策等。

5. 组织与人事决策

组织决策包括：生产组织、劳动组织、管理组织的选择；管理层次和管理机构的设计；领导体制、经济责任制形式的确定等。

人事决策包括：人员的选拔与聘用；智力开发；考核标准与考核制度的确定；工资形式与奖金制度的选择等。

三、企业经营决策的类型

企业经营决策贯穿于企业管理活动的全过程，从不同角度对企业的经营决策加以分类，有助于企业经营决策者把握各种经营决策的特点，提高经营决策的效率和效果。

通常情况下，企业经营决策可按以下标准进行划分。

1. 按决策的重要程度划分

按决策的重要程度划分，决策可分为战略决策、战术决策和业务决策三类，或者叫作战略计划、管理控制和运行控制三级。

(1) 战略决策。战略决策是事关企业生存和发展的全局性、长远性的重大决策。决策正确可以使企业沿着正确的方向前进，提高企业的竞争力，取得良好的经济效益；反之，决策失误，就会给企业带来巨大损失，甚至导致企业破产。

战略决策旨在提高企业的经营效能，使企业的经营活动与企业内部条件、外部环境变动保持动态协调。经营目标、经营方针的确定，公司机构的调整，产品决策，投资决策，

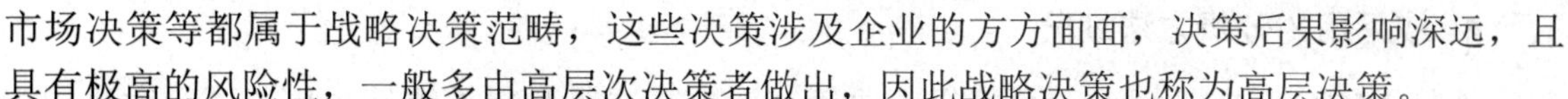

市场决策等都属于战略决策范畴，这些决策涉及企业的方方面面，决策后果影响深远，且具有极高的风险性，一般多由高层次决策者做出，因此战略决策也称为高层决策。

(2) 战术决策。战术决策是为了实现战略决策、解决某一问题作出的决策，以战略决策规定的目标为决策标准，是指企业在实现战略经营目标、经营方向、经营规划等战略决策过程中，对具体经营问题、管理问题、业务问题、技术问题的决策。战术决策旨在实现企业内各个环节的高度协调和资源的合理使用，如机器设备的更新换代，生产计划和销售计划的制订、商品的进货来源、人员的调配等均属此类决策。战术决策一般由企业中层管理人员做出，因此也被称为中层决策。

(3) 业务决策。在日常生产经营实践中，为解决作业中的实际操作问题，提高生产效率，由基层管理人员所做的执行性决策，一般涉及范围比较窄，只对企业产生局部影响，如企业工作任务的日常分配与检查、生产进度的安排与监督、岗位责任制的制定和执行、库存的控制以及原材料的采购，以及生产经营过程中出现的非正常性情况和偶发事件的处理等。

2. 按决策发生的重复性划分

按决策发生的重复性，经营决策可分为常规决策和非常规决策。

(1) 常规决策。这是经常重复发生的管理业务决策，因其经常发生，有必要、也有可能预先把决策过程标准化、程序化，所以又称程序化决策。如生产方案决策、库存决策、设备选择决策、作业安排等。此类决策一般由职能部门做出，高级决策者很少过问。

(2) 非常规决策。这是对不重复或很少重复发生的事件所做的决策。此类决策由于情况各异，一般无惯例可循，难以按固定的标准模式进行，故又称为非程序性决策。如开辟新市场、企业的扩展投资、技术引进等决策。由于决策程序不能标准化，所以需要管理人员亲自参与，并依赖于他们的经验判断、智慧与分析能力。

3. 按决策环境的可控程度划分

按决策环境的可控程度划分，经营决策可分为确定型决策、风险型决策和不确定型决策。

(1) 确定型决策。确定型决策在博弈论当中又被称为完全信息决策，是指各种决策方案未来的各种自然状态是非常明确而又固定的，通过分析会得到明确的结果，从各方案中选优实施能得到预期效果。这种决策一般均可用数学模型得到最优解(满意解)，如库存决策、设备更新改造决策、量本利决策等。

(2) 风险型决策。风险型决策又称为不完全信息决策，是指各种决策方案未来的各种自然状态不能预先肯定，是随机的，但各种自然状态的发生可以从统计资料中得到一个客观概率。因此，又称随机型决策或统计型决策。风险决策时要依据客观概率，求得各方案的期望值，再根据期望值的大小选择最优方案，这就必然存在一定的风险。如企业产品开发、扩大规模的决策都属于风险型决策。

(3) 不确定型决策。不确定型决策是指各种方案的自然状态不但不能预先肯定，其发生也不能依统计资料得到客观概率，只能靠决策者经验和心理因素来确定一个主观概率或准则，而且对各决策方案未来的信息知识的多寡，决定着决策确定性的程度。

4. 按采用的分析方法划分

按采用的分析方法划分，可将经营决策分为定量决策和定性决策。描述决策对象的指标都可以量化时，可用定量决策，否则，只能用定性决策。

(1) 定性决策重在对决策问题质的把握。决策变量、状态变量及目标函数等都无法用数量来刻画，只能作抽象的概括和定性的描述。如组织机构设置的优化、人事决策、选择目标市场等都属此类。

(2) 定量决策重在对决策问题量的刻画。这类决策问题中的决策变量、状态变量、目标函数等都可以用数量来描述，在决策过程中，可以运用数学模型来辅助人们寻求满意的决策方案，如企业内部的库存控制决策、成本计划、生产安排、销售计划等。

定性和定量的划分是相对的，在实际经营决策过程中，定量分析之前往往先要进行定性分析，而对一些定性分析的问题，也要尽可能以各种方式将其转化为定量分析问题。如进行员工考评时，可采用层次分析的方法，或者利用模糊决策方法进行评判。定性和定量分析的结合使用，可以提高经营决策的科学性。

5. 按决策的主体划分

按决策的主体划分，可将经营决策分为个体决策和集体决策。

(1) 个体决策，是指企业的管理者不经讨论、协商，不交流信息、不沟通意见，仅凭个人的聪明才智、知识经验和个人的情感所做的决策。它一般用于日常工作中例行性的决策和管理者职责范围内的事务的决策。这类决策具有简便、迅速的特点，但要受到个人经验、知识和能力等的限制。

(2) 集体决策，是指企业的管理层在制定决策时充分发扬民主、广开言路，由集体讨论而作的决策。这类决策主要适用于那些带有全局性、战略性、长远性问题的决策。

经营决策的分类方法还有很多，可以从不同角度、按照不同的标准对决策问题进行分类，如根据解决问题的时间，可将决策分为初始决策和追踪(改善)决策；根据决策的依据可将决策分为经验决策和科学决策；根据决策影响的时间长短，可把决策分为长期决策、中期决策与短期决策；根据决策目标的数量，可把决策分为单目标决策和多目标决策；等等。

四、企业经营决策的程序

企业经营决策是解决企业存在问题的过程。企业各级各类管理人员每天都面临大量需要解决的问题，而问题的难度和特点又各不相同，如果能够找到解决问题的共同思路，不仅有助于问题的解决，还有助于提高管理工作效率。科学的决策程序是决策科学性的重要保证，企业在进行经营决策时，应从决策的目标出发，根据对经营环境的科学分析和企业诊断，拟定多种可供选择的经营方案，根据一定的标准对方案做出评价与选择，并将方案付诸实施，同时在方案的实施过程中不断进行监督与评估，进行追踪决策。

1. 明确经营决策目标

经营决策目标是制定和实施决策的基础。根据决策实践，决策目标的确立要注意几个问题：一是要分清主次，抓住主要目标；二是要保持各项目标的一致性，相互配合和衔接；三是目标要尽可能明确、具体，力求数量化，以便衡量；四是要明确规范好决策目标的约

束条件。确定经营决策目标，不仅应根据管理需要，还要考虑可能。因为需要只是决策者的主观愿望，是希望解决的问题，但是这需要结合客观实际条件才能实现，即主观愿望必须结合实际，才有可能实现。只有综合、全面考虑各种因素，才有利于目标实现。

2. 拟订备选方案

多谋是善断的前提，没有选择就没有决策，企业应根据决策目标要求，总结过去的经验，开展创造性的管理，以寻求和拟订实现目标的多种方案。拟订方案时必须注意：一是尽可能多地提出各种不同方案，可供选择的方案越多，解决办法越完善；二是拟订方案是一个创新过程，既要实事求是、讲求科学，又要勇于突破常规、敢于和善于创新；三是要精心设计，在技术上、经济上有较详细的论证，考虑到每个方案的积极效果和不良影响，摸清潜在的问题。

3. 评价和选择方案

选择方案就是按照一定的择优准则，从多个备选方案中选出一个最优方案。在方案的评价和选择过程中，要注意以下几个问题：一是要确定评价标准，凡是能定量化的都要制定定量标准；难于定量化的，要尽可能选出详细的定性说明；如果利用评分法作为综合评价，就要制定评分标准和档次等。二是要审查方案的可靠性，即审查所提供的资料、数据是否有科学依据，是否齐全和准确。三是要注意方案之间的可比性和差异性，把不可比因素转化为可比因素，对其差异着重进行比较与分析。四是要从正反两方面进行比较，考虑到方案可能带来的不良影响和存在的潜在问题，权衡利弊，做出正确的决断。

4. 实施决策方案

选择出最佳方案后，企业经营决策还远没有结束，决策者还必须使方案付诸实施，这就要依赖于方案的实施方法和细则。一些决策者比较善于发现、确定备选方案和选择最佳方案，但却不善于将他们的想法付诸实施，最终导致决策失败。一个优秀的企业决策者必须具备这两种能力：既要能做出决策，又要有能力将决策转化为有效的行动。实施选定方案直接影响着决策的结果，因而需要制定方案实施的配套措施，最基本的就是确定决策的执行者以及确保决策得以执行的资源。

5. 监督与评估

制定一套经营决策方案可能需要较长的时间，在这段时间经营形式可能发生变化，而初步分析建立在对问题或机会的初步估计上。因此，在决策方案执行过程中，企业管理者要根据实际情况不断对方案进行修正和完善，以实现预期决策目标。具体来说，当经营决策方案实施情况部分偏离企业既定目标时，应及时采取有效措施纠正偏差，以确保既定企业目标的顺利实现；当客观情况发生重大变化，既定的企业目标无法实现时，经营决策者应重新审视环境，发现问题或机会，确定新的企业经营目标，重新拟定可行的经营方案，并进行评估、选择与实施。

五、企业经营决策的影响因素

企业经营决策会受到环境因素、企业过去所作决策、决策者对待风险的态度、组织文化以及决策时间的紧迫性等因素的影响。

1. 环境因素影响

环境对企业经营决策的影响是双重的。首先，环境的特点影响着企业的活动选择。企业经营决策要面临的环境包括企业的微观环境和宏观环境。微观环境是指与企业产、供、销、人、财、物、信息等直接发生关系的客观环境，这是决定企业生存和发展的基本环境。宏观环境是指为企业的生存发展创造机会和产生威胁的各种社会力量，包括人口环境、经济环境、自然环境、技术环境、社会与文化环境、政治环境等。其次，对环境的习惯反应模式也影响着企业的活动选择。即使在相同的环境背景下，不同的企业也可能做出不同的反应。而这种调整企业与环境之间的关系模式一旦形成，就会趋向固定，限制着人们对行动方案的选择。

2. 过去决策的影响

今天是昨天的继续，明天是今天的延伸。历史总是要以这样或那样的方式影响着未来。在大多数情况下，企业经营决策不是在全新的基础上进行的，而是对初始决策的完善、调整或改革。企业过去的决策是目前决策的起点；过去经营决策方案的实施，不仅造成了企业内部人力、物力、财力等资源的消耗和改变，而且对外部环境也产生了影响。过去经营决策对目前经营决策的制约程度，主要受它们与现任企业决策者关系的影响。如果过去的经营决策是由现任决策者制定的，决策者通常会对自己的选择及其后果负相应的责任，决策者一般不愿对企业活动进行重大调整，而倾向于继续执行过去的经营方案，以证明自己的一贯正确。相反，如果现任企业决策者与过去的决策方案没有很深的渊源，则倾向于对企业活动做出重大调整和改变。

3. 决策者对待风险的态度

在企业经营管理中，许多经营决策都是在风险条件下做出的。所谓风险是指那些决策者可以估计某一结果或者概率的情形。如何对各种行动方案进行概率估计呢？如果情形相似的话，决策者可以依据过去的经验或通过二手资料的分析进行决策。但是在企业实际运作中，几乎没有两种情形是完全相同的。如果只根据过去的经验对预期结果进行概率估计，那么这种概率就被称为客观概率；如果根据主观感觉对预期结果进行概率估计，则被称为主观概率。对不同的行动方案估计概率并没有什么经验可以借鉴。无论用哪一种方法，在风险条件下进行决策时，决策者所持的态度是一个关键因素。有的决策者是风险偏好者，而有的决策者是风险回避者。一定风险承担能力是成功的管理者必不可少的特质，因为决策既然是面向未来的，而未来肯定包含着不确定性的因素，所以，那种有百分之百把握，不冒任何风险的决策，不但因为它过于保守不符合管理的需要，而且客观上也几乎是不存在的。一般来说，风险和收益是成正比的。因此，对企业决策者来说，一方面，要有胆识、有勇气，敢于冒一定的风险；另一方面，企业经营决策不是赌博，敢冒风险绝不等于蛮干。决策者必须清醒地认识到方案的各种可能结果，估计最坏结果的可能性并拟定出应对之策，使风险损失不致引起灾难性的后果。这就要求在决策过程中要尽量收集与未来环境有关的必要信息，同时还要考虑是否除了冒险还有其他选择。

4. 组织文化的影响

组织文化由若干要素构成，其中，成员的共有价值观和行为准则是影响组织文化的重要因素。共有价值观是指企业成员共享的价值观念。当企业的创立者或管理者将其价值观念灌输到企业中的时候，企业就会存在独特的同一性。行为准则是指企业所确立的行为标准。企业为了做到独具特色，需要规范自己的行为，影响企业的决策和行动。为此有人将组织文化看作是“一种非正式规则的体系，指示人们在大部分时间内应如何行动”。

企业的高层管理者要通过开发和培育企业文化，使企业成员按照所期望的方式行动。同时，企业的管理者还应思考组织文化与企业决策的关系。特别是在实施一个新决策时，企业内部的新旧文化必须相互适应、相互协调，这样才能保证企业决策的成功。同时，当企业环境发生重大改变时，为了自身长远利益，企业要勇于突破现有文化限制，根据环境做出新的决策。

5. 决策时间影响

企业决策是在特定的情况下，把企业当前情况与未来行动联系起来，并旨在解决问题或把握机会的管理活动。这就决定了企业决策必定受到时间的限制，一旦超出了期限，情况发生了改变，再好的决策也无法实现预期目标。如果决策的重点在于抓住机会，制定长期决策，在这种情况下，在制定和选择方案时，时间上相对宽裕，并不一定非要在某一期限前完成。但是，如果外部环境突然发生了难以预料、难以控制的重大变化，而这种变化可能对企业造成重大威胁。这时，企业如果不迅速做出反应，改变原来的战略决策方案，就可能出现生存危机。在这种时间压力下，人们不可能充分考虑各种备选方案，也没有足够的时间去搜集评价方案所需的各种信息，从而仓促做出决策。面对这种难以预料和控制的变化，启用备选方案不失为一种更有效的对策，因为它已将方案考虑和准备与快速的应变有机地结合在一起。

第二节 企业群体决策

“三个臭皮匠，顶个诸葛亮。”现代社会活动的复杂性使人际间的交往和合作成为其主要特征之一，与之相伴的决策特征是大量的决策都是由多人共同做出，也就是说，群体决策是现代决策的主要方式之一。企业经营管理中的许多决策，尤其是对企业影响重大的重要决策，都是由决策群体做出的。在企业内部，群体决策的应用范围日益广泛，如大多数企业都采用了董事会、总经理办公会等决策机构来进行决策。

一般来说，由于可以集思广益、博采众长，群体决策会优于个体决策。但事实上，由于决策群体中的个体差异和冲突，以及群体规范对群体成员的压制作用，企业群体决策要比个体决策更为复杂。在某些情况下，决策的最终结果往往是决策成员冲突的某种妥协，因此，群体决策不一定比个体决策优越。群体决策与个体决策各有其特点和适用范围，应根据不同的管理情境有选择地使用。

一、群体决策的优点与缺点

1. 群体决策的优点

群体决策和个体决策各有优势，但不是可以适用于所有环境。与个体决策相比，群体决策有下面一些主要优点。

(1) 决策质量高。群体决策可以通过综合多个个体的资源，汇集更多的信息和更为广泛的知识、经验和创造性，增加观点的多样性，可以对问题进行更精确的诊断并提出更丰富的备选方案，从而给决策带来更多的异质性。这样可以使决策考虑得更全面，减少了产生漏洞的可能性，因此决策质量相对较高。由于一个人的信息、知识、经验、创造性一般比不上群体，有时容易片面，除非决策者有及其丰富的经验和敏锐的直觉，一般情况下个体决策的质量比不上群体决策。

(2) 决策的一贯性强。个体目标取向是动态的，处在不断的改变之中，个体决策通常是一种下意识的自然的思维活动，不一定会依照科学的决策程序进行。因此，个体决策可能变化无常，甚至前后矛盾。群体中虽然每个个体的目标取向也是动态的，但多元目标综合起来就会稳定得多，而且群体决策一般采用比较合理的决策程序，相对理性，所以决策的一贯性也比较强。

(3) 决策可接受性高。许多决策在做出之后，因为不为人们所接受而夭折。但是，如果那些会受到决策影响的个体和将来要执行决策的人能够参与到决策过程当中，他们就会获得较多的信息与信任，增强对决策的认同感和责任感，也就更愿意接受决策，并会自觉鼓励他人也接受决策，调动更多人的积极性，有利于决策的贯彻执行。而如果采用个体决策的方式，就需要耗费许多时间和精力向组织成员解释决策，实施时也可能因为利益关系等原因而遇到阻力。

2. 群体决策的缺点

当然，群体决策的缺点也是明显的，由于参与决策的群体成员倾向于把保持群体和谐一致作为追求目标，所以往往不能理智地分析各种备选方案，而表现出“随大流”的从众行为。主要表现在以下几个方面。

(1) 责任不清。企业决策群体所做的决策，责任由决策成员共同分担，但实际上谁对决策的最后结果负责并不清楚。群体中的每个人通常不会有在个体决策时所具有的那种责任感，因为没有一个人能在实际上或逻辑上感到个人要对群体的行为负责，所以任何个人的责任都被冲淡了。

(2) 决策成本高。组织一个群体需要时间。群体产生以后，群体成员之间的相互作用往往是低效率的，决策过程中会产生各种矛盾和冲突，因此，要想取得一致意见需要反复讨论。这样，群体决策所用的时间与个体决策所用的时间相比，往往要多得多，从而限制了管理者在必要时做出快速反应的能力。而且，群体决策所用的费用一般比个体决策多。

(3) 从众压力。群体中存在着社会压力，群体成员希望被群体接受和重视的愿望可能会导致不同意见被压制，在决策时使群体成员都追求观点的统一。特别是在由不同层级的人员组成的群体中，下级往往不能真正参与决策，甚至会表现出为迎合上级意图而不提出自己真正意见的倾向。

(4) 少数人控制。企业决策群体中的成员不可能是完全平等的，他们可能会因为职位、经验、知识、自信心等因素的不同，故而少数成员就有了发挥优势、控制决策群体中其他人的机会。如果这种控制是由低水平的成员所掌握，群体的决策效率就会受到不利影响。

二、群体思维与群体转移

在前面的分析中我们知道，一般情况下，群体决策的效果要优于个体决策，但在群体决策过程中，如果处理不当，可能会出现一些不良倾向，如容易引发内部冲突和导致从众压力，压制不同观点等，就会影响群体客观地评估各种方案和达成高质量决策的能力。其中，群体思维和群体转移是群体决策过程容易出现的不良倾向。

1. 群体思维

美国心理学家杰尼斯(Janis)发现在群体决策过程中普遍存在一种“groupthink”(小集团思想)现象，它是这样一种情况：由于群体中从众压力的存在，群体对决策中出现的不同寻常的、少数人的或不受欢迎的观点不能做出客观的评价。或者说，由于参与到一个统一群体中的人们倾向于一味保持所谓思想上的一致性，而忽视了现实中各种行动方案的重要性。在这样的群体中，成员认为保持群体的统一，创造和谐的气氛具有特殊意义。由于把这样的目标摆在首位，往往不能理智地分析各种可行的备选方案，使决策质量受到很大影响，严重损害群体绩效。

社会心理学把个体的这种因群体压力而产生的行为改变叫作从众。美国心理学家阿希(Solomon Asch)通过一个经典的实验，验证了群体对于成员的从众压力，及其对于成员个人判断和态度的影响。阿希把 7～9 个被试者编成一组，让他们坐在教室里看两张卡片，如图 9-1 所示。第一张卡片上画着一条线段，第二张卡片上画着三条线段。他让被试者判断第一张卡片上的线段与第二张卡片上的哪一条线段长度相同，正常情况下，99%的被试者都能够判断出 X=B，但阿希事先对被试者进行了安排，在实验小组中只有最后一名被试者是真正的被试者，其他被试者都是实验助手，他们均按实验的安排故意大声喊出一致的错误判断，如 X=C。然后让最后一名被试者作出判断。

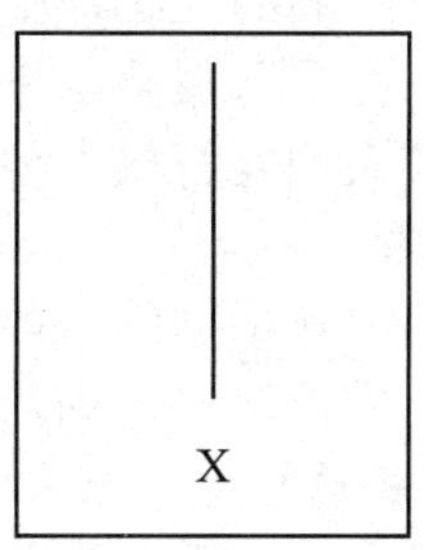

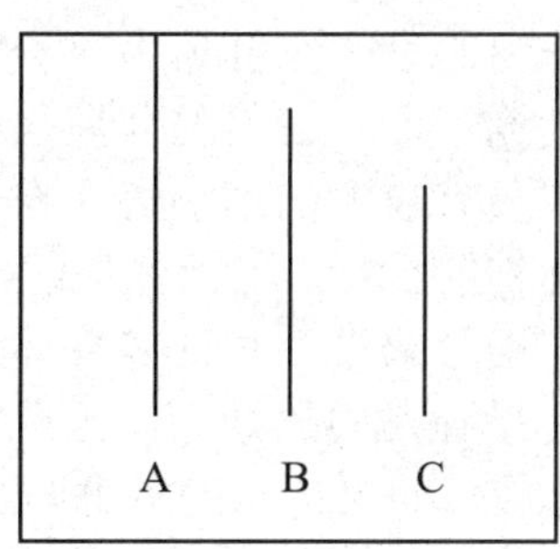

图 9-1　阿希试验所用卡片举例图

经过多组实验后，阿希得到这样一个统计结果：大约 85%的被试者选择了与群体中其他成员一致的回答。错误概率从 1%提高到 85%，很显然，这是群体压力的结果，人们都渴望成为群体中的一员，如果自己的看法与群体中的其他人不一致，他就会感到很大的压力，这种压力会驱使他改变原来的想法趋向与其他人保持一致。

群体思维现象与阿希的实验结论完全一致，也是从众的结果。如果个人的观点与处于控制地位的大部分成员的观点不一致，在群体压力下，他就可能趋于退缩或修正自己的真实想法。作为群体的一员，有时人们会发现，与群体保持一致比表达自己真实的想法对自己更有利，即使这种不同观点的表达对于改善群体决策效果是必需的。

总之，群体思维一方面会提高群体内聚力及成员满意感；另一方面也可能会降低决策质量，使群体的决策效果比个体的决策效果更差。

群体思维倾向广泛存在于群体决策中，并或多或少地影响着群体决策的质量，这就提醒我们要注意和防范这种倾向。一般来说，可通过以下措施消除或减弱群体思维的影响：①群体领导在讨论初期，应避免表现出对某种方案的偏爱，在做出最后决策之前应保持中立态度。②倡导和鼓励成员发表不同意见，“对事不对人”式地对方案的优劣展开讨论。③决策群体应该保持开放的态度，可以积极听取不属于本群体的各种专家的意见和建议等。

2. 群体转移

一般人认为，群体决策由于集思广益、博采众长，会比个体决策更加科学、合理。但研究表明，与个体决策相比，群体决策往往更倾向于“走向极端”，这就是所谓的“群体转移”现象，即在群体决策过程中，群体成员倾向于夸大自己最初的立场或观点。有时，谨慎态度占上风，形成保守转移，但更多情况下，群体容易向冒险转移。所以，群体转移也常常被称作冒险转移。

大量的研究表明，群体转移现象是普遍存在的，在大学生群体以及领导群体中都观察到这一现象。群体转移现象的发现令人感到意外，因为传统的观点一般认为群体决策应更小心谨慎，也更倾向于保守，但科学研究却证明群体行为有相反的倾向。因此，这一现象产生的原因已引起了广大学者的关注。综合起来，群体转移主要有下述四种原因。

(1) 责任分摊假设。每一种存在风险的决策都面临一定的责任，责任往往可使决策者紧张、焦虑，不敢贸然采取较高风险的决策方案。而在群体决策过程中，由于决策是群体共同做出的，相应的责任也由群体成员共同承担，万一决策失败，责任分摊到每一个群体成员身上，就大大减轻了个人的心理负担。更何况，有时“大家的责任就意味着都没有责任”。

(2) 领导人物作用假设。在群体中总会有领袖或有影响的人物，他们在群体活动中起着特殊的作用。他们为了显示自己的才能与胆略，往往会采取冒险水平较高的大胆决策。同时，由于对群体成员有较大的影响力，在决策中有较大的发言权，他们会用各种方式证明他们采取的决策是有依据的，因而他们的决策会被群体所接收，变成群体的决策。

(3) 社会比较作用的假设。在许多群体中，那些提出有根据的冒险决策的人往往被视为有胆识、有能力，受到人们的好评。因此群体中的个人提出自己的决策意见时，往往会与别人的意见进行比较。如果自己的意见与群体内其他成员相比不够大胆，就会感到不安，担心会被别人视为思想保守、胆小怕事等。基于这种考虑，个人在参加群体决策时往往会提出比较冒险的决策方案，也就是说，群体内成员的相互比较促进了群体转移现象的发生。

(4) “文化放大”假设。这种观点认为，如果在一个国家或社会的文化中占主导地位的价值观崇尚冒险，则这种价值观会被“放大”，从而扩散且影响该文化中的群体，致使该群体在决策时就可能会激励成员向他人表明自己至少与同伴一样愿意冒险。不过，我国的传统文化中是崇尚冒险还是谨慎，及其对群体决策的影响还有待进一步研究。

第三节　企业定性决策方法

定性决策方法完全是依靠决策者个人的思维和判断来制定的，从某种意义上来说，这也是专家创造力的体现。但是，现代决策的定性决策方法所指的专家创造力有着与以前不同的特点：它已经初步形成了一套如何充分利用专家创造力的理论和方法，决策软技术体系已经初具规模；现代决策中的专家，一般不是指单个的专家，而是指有合理智力结构的专家群体，他们依靠用现代科学手段掌握的大量信息，经过严密的分析、归纳和演绎，提出经营决策的目标、方案，并作出相应的评价与选择。

一、头脑风暴法

头脑风暴法(Brain-storming)是一种比较常用的定性决策方法，通常是将对解决某一问题有兴趣的人集合在一起，在完全不受约束的条件下，敞开思路，畅所欲言的一种方法。头脑风暴法一般适用于比较单一明确的问题，如果问题复杂，则应分解为若干个小问题。

在采用头脑风暴法组织专家会议时，应遵守如下原则。

(1) 严格限制问题范围，明确具体要求，以便注意力集中。

(2) 不能对别人的意见提出怀疑和批评，将相互讨论限制在最低限度内。

(3) 建议越多越好，在这个阶段，参与者不要考虑自己建议的质量，想到什么就应该说什么，不允许参与者用事先准备好的发言稿发言，提倡即席发言，同时发言要精炼，不要详细论述。冗长的发言，将有碍营造一种富有成效的创造性气氛。

(4) 支持和鼓励参与者解除思想顾虑，独立思考，广开思路，甚至异想天开，营造一种自由的气氛，激发参与者的积极性。

(5) 鼓励参与者对已经提出的设想进行补充和完善，为准备修改自己设想的人提供优先发言的机会。

头脑风暴法的目的是营造一种解放思想、畅所欲言、自由思考的氛围，诱发创造性思维的共振和连锁反应，产生更多的创造性思维。为了提供一种激发创造性思维的环境，必须决定小组的最佳人数和会议时间。小组规模以10～15人为宜，时间一般为20～60分钟。领导人员不宜参加。同时参加者不一定都与所讨论问题专业一致，可以包括一些学识渊博、对讨论问题有所了解的其他领域的专家。会议提出的设想应该录在磁带上，以便不放过任何一个设想，并使其系统化。头脑风暴法有诸多一般会议讨论所起不到的作用，但也有一些局限性，主要表现在与会者素质可能参差不齐，所产生的信息、思想的数量与质量受到他们的经验、知识、业务水平、思维能力水平等多方面的限制。会议主持人水平的高低也是一个重要的影响因素。同时，整理意见、分析意见要花较多时间，拖延决策。

二、名义群体法

名义群体法(Nominal Group Technique，NGT)指在决策过程中对群体成员的讨论或人际沟通加以限制。小组成员互不通气，也不在一起讨论、协商，从而小组只是名义上的。与传统会议一样，群体成员都出席会议，但首先进行个体决策，具体步骤如下所述。

(1) 主持人通知与会者开会地点与时间，但不告知议题，而是在与会者到场后，再当场宣布议题。一般每次只讨论和解决一个问题，时间通常限制在两小时以内。

(2) 在讨论之前，主持人宣布全体成员进行“沉默准备”，发给每个人纸和笔，并规定时限(通常 10～20 分钟)，让每个人先写下自己的看法或观点。在此期间，成员不允许相互交谈。据统计，在同样人数条件下，就同一议题，传统常规决策法一般可得到 7～8 项意见或方案，而该方法可得到 17～21 项。

(3) 接下来，每个成员逐次向群体说明自己的观点，一个人挨一个人地进行，每人每次只允许表达一种观点，并由记录员将发言要点记在大家可见的载体上。每轮发言的起点和顺序可由主持人随机指定，直到所有要表达的观点都被记录在案为止。这种做法可使每个人获得均等的发言机会，不容易产生少数人控制会议的弊端。

(4) 群体开始讨论和评价这些观点，对不明白之处提出疑问，并由原提议者解释和澄清。

(5) 最后，每个群体成员根据自己的判断，独立对所有观点进行排序。

如果备选方案过多，主持人可限定选取方案的数量。最终决策结果是排序最靠前，成员选择最集中的那个方案。名义群体法的主要特点是允许群体成员正式地聚在一起，但是又不是像互动群体那样限制个体的思维。

三、德尔菲法

德尔菲法(Delphi Method)是由美国兰德公司于 1964 年首先用于技术预测而开发出来的，是专家会议法的一种发展。它是通过综合专家们独立表达的意见来对方案做出评价、选择的集体判断法。德尔菲法不仅可以用于经济预测，还可以从事技术方面的预测；不仅可以从事短期预测，还可以从事长期预测；不仅可以预测事物的量变过程，还可以预测事物的质变过程。很长一段时间以来，德尔菲法已成为一种广为适用的预测方法，在决策者中享有很高威望，已逐渐成为一种重要的预测工具。

德尔菲法的优点如下所述。

(1) 避免迷信权威或以权威自居。由于被询问的专家以匿名的方式被征求意见，彼此不见面，可避免产生相互之间的消极影响，各抒己见。

(2) 防止劝说性效应。避免口头表达能力强的人能够简明而有说服力地陈述自己的观点，影响到表达能力弱的人阐述自己的观点，或虽然掌握更有价值的观点和更有说服力的论据，却在前者面前止步。

(3) 防止潮流效应。在背靠背的情况下，带有突破性的新观点不会因为是少数而被放弃，而若在公开场合会由于各种原因或许隐瞒其自己的观点，或不愿争论下去。

(4) 经过几次反馈，专家意见比较集中，便于决策者下决心。

德尔菲法的缺点有包括下述两点。

(1) 对所征询的问题基本上只能作直观分析，专家个人和综合而来的集体意见的论证程度可能都不够高。

(2) 这种方法由于要反复征询专家的意见，需占用大量的时间，不适于快速决策。

德尔菲法除了可用于预测外，还可以用于评定某些指标的权重、从多个方案中择优选择一个方案。

四、电子会议法

电子会议法是名义群体法与计算机技术相结合的一种方法。参与者围坐在马蹄形的桌子旁，面前除了一台计算机终端以外，一无所有。问题通过大屏幕呈现给参与者，要求他们把自己的意见输入计算机终端，将个人意见和投票结果都显示在会议室的投影屏幕上。

电子会议法的主要优势是匿名、可靠、迅速。参与者可以采取匿名的形式把自己的真实想法和意见表达出来，而不用担心受到惩罚。而且这种决策方法迅速、快捷，因为没有闲聊，讨论不会离开主题。

当然，这种方法也有一定的缺陷：打字快的人能更好地表达自己的观点；想出最好建议的人也得不到应有的奖励；不如面对面沟通所能得到的信息丰富。

表 9-1 给出了上述四种方法与传统的群体互动决策方法的比较结果，这有助于我们更好地理解这些方法的特点和适用范围。

表 9-1　群体决策效果的评价表

效果标准	互动群体法	头脑风暴法	名义群体法	德尔菲法	电子会议法
观点的数量	低	中等	高	高	高
观点的质量	低	中等	高	高	高
社会压力	高	低	中等	低	低
财务成本	低	低	低	低	高
决策速度	中等	中等	中等	低	高
任务导向	低	高	高	高	高
潜在的人际冲突	高	低	中等	低	低
成就感	从高到低	高	高	中等	高
对决策结果的承诺	高	不适用	中等	低	中等
群体凝聚力	高	高	中等	低	低

第四节　企业定量决策方法

定量决策方法是指靠数学计算或数学模型进行分析决策的方法。运筹学和系统分析中一些常用的方法，如线性规划、动态规划、模拟技术等已经越来越广泛地应用到企业经营决策中来。根据决策所处的环境条件及效率情况，可将企业经营决策方法分为三类：确定型决策方法、风险型决策方法和不确定型决策方法。

一、确定型决策方法

确定型决策是指决策问题时只面临一种自然状态，决策者面对的所有决策问题中，每次决策活动只能产生一个确定的后果，亦即决策者面临的外部环境是不变的，决策者对决策所需要解决的问题认识比较充分，可以有把握地计算各方案在未来的经济效果，据此比较和选择出结果满意的行动方案。采用确定型决策方法解决问题一般有以下几个前提：一是决策的环境条件稳定而且明确；二是决策有明确的目标；三是有两个或两个以上的备选方案。绝对符合上述条件的确定性问题并不多，但如果对问题作一定的简化处理，就能近似符合上述条件，所以对确定型决策问题的研究仍有现实意义。

确定型决策的一般准则是要使所选行动方案能使收益(或损失)函数达到最大(或最小)。确定情况下最优方案的抉择，较为普遍使用的决策方法主要有两种：线性规划法和量本利分析法。

1. 线性规划法

线性规划的理论和方法已广泛地应用于经济、军事、工业、农业等各行业的计划安排、组织管理等方面的决策分析。线性规划的基本思想是在一组线性等式和不等式约束下，求解线性函数的极值问题。线性规划是在环境条件已经确定，满足规定的约束条件下，寻求目标函数的最大值(或最小值)，从而选出最优方案的方法。运用线性规划建立数学模型的步骤如下所述。

(1) 提出问题，即建立目标函数，如产值、利润、成本等。

(2) 找出实现目标的约束条件，即建立为实现目标函数所需要满足的各种约束条件，这些约束条件均系线性等式或不等式，如设备能力、原材料、能源、劳动力的使用界限等。

(3) 对上述联立方程求得最优解，即可找到最优方案。

2. 量本利分析法

量本利分析又称保本分析或盈亏平衡分析，是一种非常有效的经济决策分析方法，主要用来分析企业产品的产量、成本和利润三者之间的关系，确定在既定的产品市场销售价格和企业生产成本条件下，企业生产产品的数量应达到多大，才能从这种产品的生产中盈利。量本利分析法的基本思想是：通过比较产品的生产成本和产品的销售收入，确定企业不亏不盈(即盈亏平衡)时的生产批量(即盈亏平衡点或保本点)，在此产量(或销售量)下，企业的销售收入等于总成本，即利润为零；产量(或销售量)高于盈亏平衡点，企业就会获得盈利，反之，企业就会亏损。因此，企业在组织经营活动时，应想办法最大限度地缩小盈亏平衡点的产量(或销售量)，尽最大可能扩大盈利产量(或销售量)，实现企业利润的最大化。

量本利分析有以下几个假设条件：①生产量等于销售量；②固定成本不变；③销售价格不变；④只按单一产品计算。

采用量本利分析方法时，关键是找出企业保本时的产量，此时企业的总收入等于总成本，而找出盈亏平衡产量的方法有代数法和图解法两种。

(1) 代数法。代数法是用代数式来表示产量、成本和利润之间关系的方法。量本利分析法的基本公式如下。

企业利润=销售收入−总成本

=单产品销售价格×销量−(固定成本+单位产品变动成本×销量)

假设：Z 代表利润，S 代表销售额，C 为总成本，C_f为固定成本，P 代表单位产品销售价格，C_V代表单位产品变动成本，Q 代表销售量。

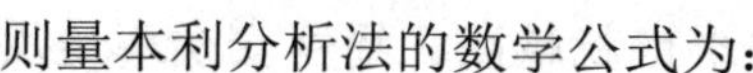

则量本利分析法的数学公式为：

$$Z=S-C=PQ-(C_f+C_VQ)$$

当企业的利润为零，即企业不亏不盈时，此时的产量为保本产量或盈亏平衡点产量。即：

$$Z=PQ-(C_f+C_VQ)=0$$

将此时的产量 Q 记为 Q^*，有：

$$Q^*=\frac{C_f}{P-C_v}$$

式中：Q^*——保本产量(销售量)；

$P-C_v$——边际贡献。

盈亏平衡法的基本公式用图形表示出来，就是盈亏平衡图，如表 9-2 所示。

从上述公式和表 9-2 可以看出：销售额减去总变动成本后的余额为边际贡献，补偿了固定成本后剩余的部分即为利润。边际贡献是对固定成本和利润的贡献。当总的边际贡献与固定成本相当时，企业盈亏平衡，这时再增加一个单位产量，就会增加一个单位的边际贡献利润。

量本利分析法是企业常用的一种数学分析方法，常被应用于如下几个方面。

① 求保本产量：

$$Q^*=\frac{C_f}{P-C_v}$$

② 求保目标利润的产量，设目标利润为 Z0，则保目标利润 Z0 的产量为：

$$Q=\frac{Z+C_f}{P-C_v}$$

③ 求保本销售额：

将此时的 S 记为 S^*，有

$$S^*=\frac{PC_f}{P-C_v}=\frac{C_f}{1-\frac{C_v}{P}}$$

式中：S^*——保本销售额；

$1-\frac{C_v}{P}$——边际贡献率。

④ 求盈亏平衡生产能力利用率：

假设 Q_c 代表企业生产能力，E 代表企业生产能力利用率。

将盈亏平衡时生产能力利用率 E 记为 E^*，有

$$E^*=\frac{Q^*}{Q_c}\times100\%=\frac{C_f}{(P-C_v)Q_c}\times100\%$$

⑤ 求企业经营安全率：

$$L=\frac{Q-Q^*}{Q}$$

式中：Q——正常销售量；

$Q-Q^*$——安全边际(盈利区产量)。

安全边际越大，经营安全率就越大，企业的盈利水平也就越高。经营安全率是反映企业经营状况好坏的一个重要指标，一般可按照表9-2的经验数据对企业的经营安全状况进行判断。

表9-2　企业经营安全状况分析表

经营安全率	30%以上	25%~30%	15%~25%	10%~15%	10%以下
经营安全状况	安全	较安全	不太好	要警惕	危险

(2) 图解法。图解法是用图形来考察产量、成本和利润之间关系的方法。在应用图解法时，通常假设产品价格和单位变动成本都不随产量的变化而变化，所以销售收入曲线、总变动成本曲线和总成本曲线都是直线。

二、风险型决策方法

风险型决策是在有明确目标的情况下，依据通过预测得出的不同自然状态下的经济效果(损益值)及其出现的概率做出的决策。由于决策所面临的自然状态是一种随机事件，并非决策者个人所能控制，所以决策结果要承担一定风险，故称为风险决策，也叫概率型决策。

风险型决策需具备以下条件：①有明确的决策目标；②有两个以上可供选择的行动方案；③存在决策者不能控制的两种或两种以上的自然状态；④各种方案在不同自然状态下的损益值可测算出来；⑤各种自然状态出现的概率可以估算出来。

常用的风险型决策方法有期望损益值决策法和决策树法等。

1. 期望损益值决策法

期望损益值决策法是指按照方案的期望收益值最大(或期望损失值最小)的原则选择方案的方法。期望损益值是指方案在各种状态下的可能损益值与状态概率乘积的加总。

$$E_i=\sum\left(P_j X_{ij}\right)\quad(i=1,2,3,\cdots,m)$$

式中：E_i——为方案 i 的期望损益值；

P_j——为状态 j 发生的概率；

X_{ij}——为方案 i 在状态 j 下的损益值。

期望损益值决策法的决策步骤是：首先列一张数表，表中包括决策方案、各方案面临的自然状态，自然状态出现的概率，然后计算出各个方案在各种自然状态下的期望值，最后，通过比较各个方案的期望值从而选出最优方案。

2. 决策树法

决策树分析技术是一种非常有价值的决策工具，尤其是对那些备选方案较多的决策，或者是多阶段决策，运用决策树分析技术更为简单直观，便于应用，它能形象地表达出各个阶段的决策与整体决策的前后关联与相互影响。

(1) 决策树的构成要素。决策树是由决策结点、策略枝(方案分枝)、状态结点、概率枝和结果点(期望值)所构成的，其构成如图9-2所示。

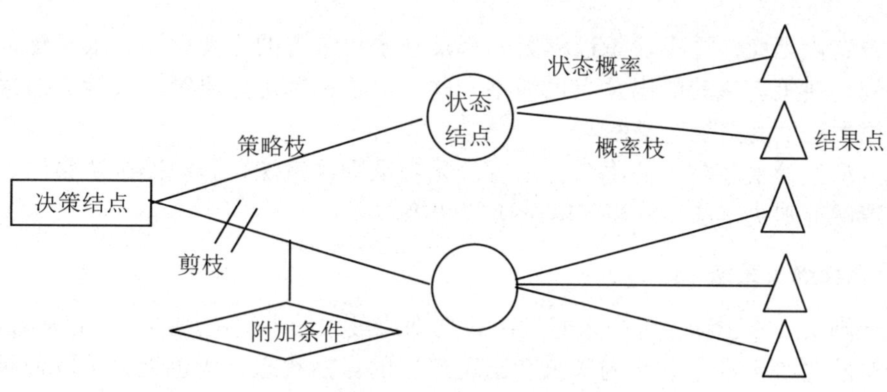

图 9-2 决策树构成示意图

图中各种符号的意义如下所述。

方框“□”：表示决策结点，从它引出的每一条分枝都代表一个策略，也即一个备选方案，所以，这种由方框引出的直线又叫策略枝。

圆圈“○”：表示自然状态结点，从它引出的分枝表示不同的自然状态，分枝上要标明这种状态发生的概率。所以这种由圆圈引出的直线又称概率枝。

三角形“△”：表示结果点，在它的上方标出每一种策略(也就是每一个方案)在相应状态下的损益值。

菱形框“◇”：连在策略枝上，表示该策略需要引入的附加条件，附加条件可以标在菱形框内。

符号“//”：为剪枝符号，表示该方案枝被删除了。

应用决策树分析技术进行决策分析时，决策树图的绘制是从左到右、由简而繁绘制的；而结果的分析则恰恰相反，是从右到左逐步后退进行的。先计算出各个结点的条件损益值，然后利用概率枝上所标明的状态概率计算出各个状态结点损益期望值，据以判断策略的取舍。

(2) 决策树分析的一般步骤。①确定结构。根据条件建构多级决策树。②确定后果值。每条分枝都可能有相应的投入或收益，需在决策树各分枝上标明该分枝所发生的费用或收益。③评定不确定性因素。评定不确定性因素的主要内容是评定各种状态出现的概率。④评价方案。从右往左逐级计算出各状态结点的期望收益值，保留期望收益最大的方案分枝，剪去期望收益最小的方案分枝。

三、不确定型决策方法

不确定型决策方法适用于人们对未来认知程度比较低的情况。如果决策者虽然知道未来可能发生哪些自然状态，但却无法预先估计或预测各种状态可能发生的概率，此时决策者就面临不确定型决策问题。这类决策问题目前尚无完善的办法来选择最佳方案，因为没有一个最好的标准(虽然已经形成了一些公认的准则)，所以主要取决于决策者的经验和态度。因此，此类决策通常具有极大的风险性和主观性，对于相同的数据和资料，不同的经营决策者可能会做出完全不同的选择。

由于不确定型决策的各种决策方法都是决策者从不同的角度，依据不同的决策准则来选择最优方案，因此，这类决策过程无疑都反映了决策者的主观意识。很显然，决策者主观意识不同，决策者决策的出发点也就不一样。对于不确定型决策，决策者所采用的决策准则具有很大程度的主观随意性。

不确定型经营决策常用的决策方法有：乐观准则决策法、悲观准则决策法、折中准则决策法、遗憾准则决策法和等概率准则决策法等。

1. 乐观准则决策法

乐观准则决策法也称“好中求好”决策准则或最大最小值决策准则。它从最好处着眼，采用较为冒险的决策准则，认为未来会出现最好的自然状态，所以无论采取何种方案均可能取得该方案的最好效果，那么决策时就可以从每一个方案中找出最好情况下的收益值，然后在这些收益值中选取收益值最大的那个方案作为决策方案。这一准则在决策中运用，往往是决策者对未来充满信心时做出的，它带有一定的冒险性质，反映了决策者乐观冒进的态度。

一般来说，乐观准则决策法在下列几种情况下比较适用。

(1) 高值诱导，即决策者试图运用有可能实现的高期望值目标，激励、调动人们奋进的积极性。这时，实际结果其实并不重要，关键是决策目标的激励作用。

(2) 绝处求生，即企业处于绝境，运用其他较为稳妥的决策方法难以摆脱困境，此时，与其“坐以待毙”，不如奋力一搏，采用决策最大期望值的方案，以求获得最后一线生机。

(3) 评估竞争对手，即在竞争中，对竞争对手作充分估计，判断它在乐观状态下可能达到的极值，以便心中有数，制定相应对策。

(4) 前景看好，即决策者对前景充满信心，应当采取积极进取的行动方案，否则可能会贻误时机。

(5) 实力雄厚，即企业力量强大，如果过于稳妥、保守，企业往往会无所作为，甚至会削弱自身的力量和竞争地位。因此，还不如凭借其强大的风险抵御能力，勇于开拓，积极发展。

2. 悲观准则决策法

悲观准则决策法也称“坏中求好”决策准则或最大最小值决策准则。与乐观准则决策法相反，决策者对未来比较悲观，从最坏处着眼，认为公司未来会出现最差的自然状态，因此不论采用何种方案，均只能取得该方案的最小收益值。所以在决策时首先计算和找出每一个方案中最坏情况下的收益值，然后在这些收益值中选取收益值最大的那个方案作为决策方案。这种决策准则反映了决策者的悲观情绪和保守的思维模式。

在适用性方面，虽然悲观准则决策法具有一定的保守性，但它却留有余地，稳妥可靠，是在“最不利”中找出“最有利”的方案。因此，在某些场合下，这一方法仍然具有一定的适用性。如企业规模小、资金薄弱，经不起大的冲击，或者某些行动中，当人们已经遭受了重大损失，需要恢复元气时，一般都会采用这一较为稳妥的准则来进行决策。

3. 折中准则决策法

折中准则决策法主张折中，认为应在乐观和悲观中求得平衡。决策时，既不能把未来描绘得如何好，也不能把未来想象得多么差。既不乐观也不悲观，而是采取一个折中标准，引入一个系数α代表乐观度来计算方案的期望收益值。折中准则决策法又叫“乐观系数决策法”。

运用这种决策方法时，需要确定一个乐观系数，作为对乐观程度的一个基本估计，乐观系数通常用α表示，α越接近于1，表示决策者越乐观；α越接近于0，则表示决策者越悲观。当乐观系数确定后，就可以按下面的公式，计算各个方案的期望收益值。

方案的期望收益值=最乐观的收益值×α+最悲观的收益值×$(1-\alpha)$。

然后，对各个方案的计算结果进行比较，选择期望收益值最大的方案为最优方案。

折中准则决策法本质上是一种指数平均法，采用的是介于最小收益值和最大收益值之间的决策准则，乐观系数发挥着一个天平的作用。这种决策方法属于一种既稳妥又积极的决策方法。但是，折中准则决策法也存在两个严重的缺点。

(1) 在实际应用中，乐观系数不易确定。乐观系数对决策有较大的影响，乐观系数测定不同，其决策方案必然不同。乐观系数的不易确定性，反映了不确定型决策的本质，在增强了决策者灵活度的同时，也使决策的客观性降低，主观性增强，从而使决策的可靠性降低。

(2) 在理论上，折中准则决策法虽然克服了乐观准则决策法和悲观准则决策法的两种极端倾向，但也只注意到最好和最坏这两种极端情形，没有充分利用收益函数所提供的全部信息。

4. 等概率准则决策法

等概率准则决策法也叫拉普拉斯准则法，是指假定未来各自然状态发生的概率都相同，然后，求各行动方案的收益期望值，具有最大收益期望值的行动方案，便是等概率决策准则下的最优决策方案。

等概率准则决策法一般只适用于有限状态下的参数空间(即状态参数只取有限个值)的情形，对无法估计的无限状态则无能为力。另外，等概率准则决策法是假定所有状态都出现，而且都以相等的机会出现，这个假设前提本身很难与实际情况相吻合。同时，这种决策法忽略了各种状态发生的主次。

5. 遗憾准则决策法

遗憾准则决策法也称最大后悔值决策准则。决策者在选定方案并组织实施后，如果遇到的自然状态表明采用另外的方案会取得更好的收益，公司在无形中遭受了机会损失，那么决策者将为此而感到后悔。后悔感越强，则表明损失的机会就越多。遗憾准则决策法就是要求决策者在选择决策方案之前，必须考虑到这种后果，尽量使决策方案所产生的后悔感最小。

遗憾准则决策法的基本思路是：首先计算出各方案在各种自然状态下的后悔值，可以用每一种方案在各种自然状态下的收益值与该自然状态下的最大收益值的差来度量该方案的后悔程度。然后找出每一种方案的最大后悔值，并据此对不同方案进行比较，选择最大后悔值的最小方案作为实施方案。

在实际应用中，遗憾准则决策法一般比较适用于有一定基础的中小企业，因为这类企业一方面能承担一定风险，可以不必太保守或过于稳妥；另一方面，它们又不能抵御较大的灾难，因而又不能像乐观准则决策法那样过于冒进。对这类企业而言，采用遗憾准则决策法进行决策，属于一种稳中求进的决策。此外，竞争实力相当的企业在竞争决策中也可以采用此种方法，因为竞争者都已经积累了一定的实力，竞争必须以此为基础，进一步开拓市场，利用机会；但竞争行动又不宜过激，否则欲速则不达，反而危及基础。因此，在势均力敌的竞争中，采用此种方法进行决策，既可以稳定现有竞争地位，又可使市场开拓机会的丧失降到最低限度。

第九章现代企业经营决策管理.ppt

第九章案例.docx

第九章习题与答案.doc

第四篇　现代企业管理专题篇

本篇主要依据现代企业的特征，从企业管理其他要素管理总论、生产管理、质量管理、企业现场环境管理和企业创新管理五个专题展开论述，其中企业管理其他要素管理又包括人力资源管理、市场营销、财务管理、物流管理四项管理。在系统概述企业四项基本职能管理的基础上，对生产管理、质量管理、企业现场环境管理和企业创新管理四个专题进行深入全面的阐述。企业的各项职能之间并不是相互孤立的，在学习中应当联系起来把握。

第十章　现代企业生产管理

学习目标

通过本章的学习，可使读者了解生产管理的基本概念；生产系统的结构；按用户的需求特征和企业组织生产方式分类；按生产的工艺特征分类；按生产的稳定性和重复性分类；生产作业计划与控制；网络计划技术的发展。掌握生产、生产管理与生产系统；生产过程的概念；生产过程的构成；合理组织生产过程的要求；生产过程的两种专业化的组织方式；生产计划；确定计划指标的常用方法；生产能力核定的方法；网络计划技术的基本原理；网络图的构成要素；网络图的绘制；作业时间的确定；结点时间参数的确定；活动时间参数的确定；活动时差的计算和关键线路的确定。

关键概念

生产；生产管理；生产系统；生产过程；工艺专业化；对象专业化；生产类型；生产计划；作业计划；生产能力；生产控制；网络图；时差；关键路线

第十章生产管理：生产规模的确定.mp4

第十章生产管理：生产计划01.mp4

第十章生产管理：生产计划02.mp4

第十章生产管理：生产能力01.mp4

第十章生产管理：生产能力02.mp4

企业生产就是按时、按质、按成本、按量地制造产品或提供劳务。它的基本要求是实现物质转换，即充分利用企业内部的一切条件，制造出满足市场需求的合格产品(或劳务)。对企业生产活动的计划、组织、指挥和控制工作称为生产管理，它是以企业生产系统为对象，包括所有与产品制造密切相关的各方面工作的管理。

我国企业管理从过去的单纯生产型转变为生产经营型，经营决策在企业中处于非常重要的地位。但是，这并不意味着生产管理的作用降低，而是对生产管理提出了更高的要求，生产管理的作用不仅没有削弱，相反显得更为重要。生产管理既是实现产品开发的基础和搞好销售与服务的前提，又是将企业经营目标转化为现实的保证。因此，只有加强生产管理，才能有效地提高企业经营的适应能力，增强企业经营的竞争实力。本章将介绍生产管理的基本概念、生产系统类型、生产过程组织、生产计划和控制，以及网络计划技术的应用。

第一节　生产管理概述

一、生产管理

企业的生产活动是在生产系统中发生的，企业的生产管理是对生产系统的管理，因此，需要对生产系统的内涵作一般讨论。

1. 生产

自从有人类社会以来，就有生产活动。生产是人类社会最基本的活动之一，“劳动创造了人”，在这里劳动就是指的生产。一开始是为自己或家庭的生存而生产，以后是为了交换也即为社会生产。逐步发展到今天，人们为了满足生活的各种需要而生产。所以说，生产是人类社会存在的基本前提，也是社会财富不断延续和积累的源泉。

生产的本质是能够创造物质和财富来满足人们的需要。因此，生产(production)一般是指以一定生产关系联系起来的人们利用劳动资料，改变劳动对象，以适合人们需要的活动。在这里，主要指物质资料的生产，是使一定的原材料，通过人们的劳动转化为特定的有形产品。这种转化有三种含义：形态的转化；功效的转化；价值的转化。三个层面上的“转化”，合起来就是指企业生产的产品要满足市场的需要，具有竞争的实力，能够为企业带来盈利。这就是生产的经济性与有效性的统一。

服务业的兴起，使生产的概念得到了延伸和拓展。广义的生产也可以被理解为一切人类有意识的创造性活动，是一切社会组织将输入转化并增值为输出的过程。除了农业、采矿业、工业的生产被无疑地称为生产之外，第三产业所提供的各种服务，本质上也都是“生产”出来的。

一切社会组织的使命是为社会发展做出贡献，以满足人们日益增长的物质和精神需要。要提供输出，就必须要有输入，输入是由输出决定的。任何组织生产(输出)什么，决定了需要怎样的输入。输出要满足客户的需求，而转化过程必须增加价值，企业才有存在的价值和意义。价值增加的程度取决于转化的能力与效率。转化是通过人的劳动来实现的，因此，转化的过程就是生产过程。输入、转化和输出分别与供应、生产和销售相对应，形成了任何组织的三项最基本的活动。

2. 生产管理

简言之，生产管理(production management)就是对生产活动的计划、组织、指挥、协调与控制，或生产管理是对企业生产系统的设置和运行的各项管理工作的总称。生产管理的基本目标就是：高效、灵活、准时、安全、清洁地生产合格产品来满足市场需要，同时实现企业的经营目标。其目标体现了 CQSTE 五方面的特征，即低成本、符合标准的质量、满意的服务、准时性和清洁生产。

(1) 高效。高效就是迅速满足用户需要，缩短订货、提货周期，以人力、物力、财力消耗最少，实现低成本、低价格，为市场营销提供争取客户的有利条件。

(2) 灵活。灵活就是能很快适应市场变化，生产不同产品和新产品。即灵活是指企业的生产系统能很快地适应市场的变化，生产各种不同的品种和及时开发新产品。

(3) 准时。准时就是在用户需要的时间，按用户需要的数量，提供所需的产品和服务。

(4) 安全。安全就是指为了保证生产的持续、稳定与和谐发展，投入—转化—产出的过程必须体现安全性。不仅是指劳动者的人身安全，还包括劳动工具、劳动手段安全无故障地运行。

(5) 清洁。清洁就是指在产品生产、使用和报废处理过程中，对环境的破坏控制到最低程度，力求无污染地实行绿色生产。

(6) 合格产品。合格产品就是指生产出符合用户需要，具有一定质量标准的产品。

为了实现上述目标，就需要对生产系统进行有效的管理，包括对生产系统设计管理，以及对生产系统运行的管理两个方面。

生产系统的设计包括对产品的决策、工艺选择、能力规划、厂址确定、生产设施布置，以及工作岗位设计等。通常，对生产系统设计的管理是在设施建造阶段进行的，但在生产运作过程中也不可避免地要对生产系统进行更新、改进，包括新增设备，调整布局，增设岗位等。生产系统的设计具有先天性的影响，如果产品决策不当，将导致方向性错误，一切人力、物力、财力都将付诸东流；能力规划不准，厂址选择不当，也会铸成大错。使企业生产活动的高效、灵活、准时、安全、清洁无法实现。同时，对生产系统的设计管理往往决定了产品的成本，决定了市场的竞争力，甚至决定了企业的兴衰成败。

生产系统的运行，主要是指企业的生产活动如何适应市场的变化，按用户的需要，生产合格的产品。对生产系统运行的管理主要涉及生产计划、生产组织和生产控制三个方面。生产计划主要解决生产什么、生产多少、哪里生产和何时生产的问题；生产组织是要解决合理组织生产要素，使有限的资源得到充分而合理的利用问题；生产控制则是要解决如何保证按计划完成任务的问题，确保企业的供应与需求匹配，包括接受订货控制、生产进度控制、库存控制、质量控制和成本控制等。

二、生产系统

1. 生产系统的定义

生产系统是一个为了实现预定目标而组成的有关生产要素的集合体。生产系统是由输入、转化、输出和反馈控制四个部分构成的，并按一定的程序有规律地运行。生产系统的核心功能是转化模块，它不仅接受各种输入，还要根据预定的目标进行转化：加工、装配、运营，将各种生产要素有机地结合在一起，同时它还要接受反馈机制的调整和控制，以保证输出的有效性和转化的经济性。生产系统的一般模型如图 10-1 所示。

2. 生产系统的特性

生产系统具有一般系统共有的特性，即生产系统的目的性、适应性与协调性，同时具有特殊性。

生产系统的目的性，是指任何生产系统的存在都是为使各生产要素能够有效地运转，最重要的是生产的产品能够满足市场的需要，能够为企业带来利润。否则，这个系统就没有存在的必要。生产系统必须使被转化物发生形态的转化、功能的转化，更重要的是价值的转化。

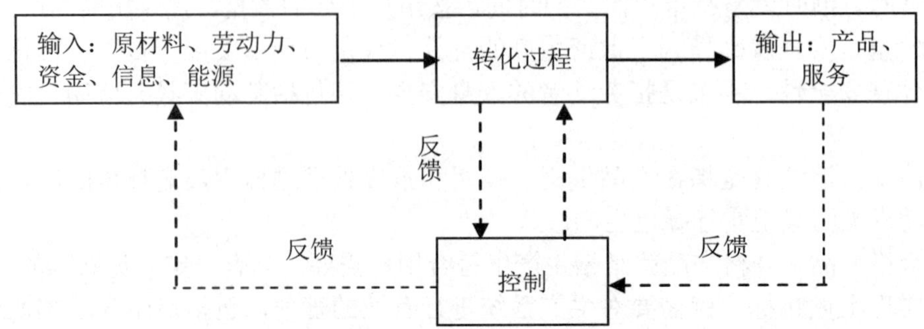

图 10-1　生产系统的一般模型图

生产系统的适应性是指生产系统要适应环境，并能根据环境变化做适当的变化，即有应变的能力。因为任何生产系统都是在一定的条件下存在的，生产系统的适应性比先进性更重要，适合企业生产环境的、适合用户需要的转化系统就是一个好的生产系统；反之，即使是非常现代化和先进的转化系统，也是一个不好的系统，功能过剩与功能不足一样都不符合整体优化的原则。

生产系统的协调性是指生产系统的各组成部分之间，以及各组成部分内部各要素之间都是协调的。前者是指供、产、销之间的协调，后者是指投入的要素中人、财、物之间的协调；转化的要素人—机—环境—时间之间的协调；产出的要素数量、质量、时间、地点之间的协调。系统的协调性要靠管理的有效性来体现和保证，是生产管理的重要内容也是生产管理追求的主要结果。

生产系统的经济性是指任何类型生产系统都把追求产出/投入的最大化为目的。因为不论何种类型的企业，其生产系统都是以占有一定的资源为运作前提，对于人类来说，资源的稀缺性始终是干扰经济发展的重要原因，因此，作为生产系统都有义务以更少的投入去创造更多产出。这种对于经济性的自发追求是一切企业的共同特征，也是生产管理人员的重要任务，需要花费巨大的精力和持之以恒的毅力。

生产系统的和谐性是指生产系统与环境的和谐，因为生产系统的运转过程不仅输出了各种满足社会需要的产品，同时也生产了很多无效的或有害的物质，与人类生存的环境产生了许多矛盾。在人类的生产创造能力空前高涨的同时，随之产生的污染物也日渐严重，所以，一切生产系统都必须在设计与运行过程中重视与环境的和谐发展。

生产系统的学习性，主要是指由于反馈机制的存在，生产系统有一种自主学习的功能，即在每完成一次转化过程后，都要从中获取有益的经验，在下一次转化时予以自行完成。从长远看，企业的市场竞争力有赖于生产系统的竞争力，而生产系统的竞争力源自于系统内部的自主学习与自主适应机制。所以，一个好的生产系统，在其设计时不仅会考虑它的经济性与有效性，还会反映其学习性，并在生产系统运行过程中充分发挥这种学习机制，这些都已成为探索新一代生产系统设计与运行有意义的前沿课题。

3. 生产系统的功能目标

企业环境和用户对产品的要求共有七个主要方面：品种款式、质量、数量、价格、服务、交货期和环境保护。通过产品这种生产系统和环境联系的纽带，可以把环境的要求转化为环境和产品对生产系统的要求，主要应包括以下八个方面。

(1) 创新目标。生产系统应具有发展新产品的能力，因为新产品是用户对产品的品种款式要求不断发生变化的必然结果。生产系统的创新目标不仅表现在适应产品品种变化的要求上，同时也表现在采用新技术、新工艺的要求上。

(2) 质量目标。产品的质量是通过生产系统的质量来保证并在生产制造过程中获得的。生产系统的质量目标应包括两方面的内容：生产系统构造的质量要求和生产系统运行的质量要求。

(3) 柔性目标。环境是多变的，用户对产品品种、数量的要求经常会发生变化，生产系统必须适应这种变化才能赢得市场，这就要求生产系统，必须具有适应环境的柔性。

(4) 成本目标。在市场日益开放的今天，不同企业产品的竞争许多时候表现为价格的竞争，在产品性能、功能、质量等因素差异不大的时候，只有较低的价格才能赢得竞争，而且企业还要获利以生存。因此，生产系统必须具有控制制造成本的能力。

(5) 继承性目标。用户购买产品时，同时希望能在使用产品之后得到安装、维修、保养以及升级换代等方面的支持和保证，这就要求生产系统必须具有继承性、可扩展性和兼容性。而且，从生产技术和工艺的角度来说，继承性也非常重要。

(6) 交货期目标。迅速和及时地按照用户的时间要求交货是竞争中获胜的重要保证。

(7) 环境保护目标。生产系统应该生产符合环境保护要求的产品并使生产系统的运行符合环境保护的要求。

(8) 自我完善目标。生产系统应具有根据自身内部结构的特点，不断协调各组成要素之间的关系的能力，从而保证在不断发展的过程中始终能保持生产系统内部的协调。

可以对上述目标进行分类：创新目标、质量目标、柔性目标、继承性目标、环境保护目标和自我完善目标属于功能性目标，而成本目标、交货期目标属于效率目标。功能性目标代表了对生产系统未来所应具有的功能的规划和期望，决定了生产系统的基本构成状况和未来的运行方向；效率性目标表示了对生产系统功能发挥程度的要求，保证了功能目标具体内容的合理性。

4. 生产系统的结构

生产系统的功能目标能否实现，在很大程度上取决于生产系统的结构形式。生产系统的结构是系统的构成要素及其组合关系的表现。生产系统的构成要素很多，按性质和作用可划分成结构化要素和非结构化要素。

(1) 生产系统的结构化要素。生产系统的结构化要素是指构成生产系统的硬件部分，也就是指构成生产系统主体框架的要素，主要包括：①生产技术。生产技术通过生产设备的构成和技术性能反映生产系统的工艺特征、技术水平。它将影响到产品的质量、成本和设备维护方面的管理，并与投资决策相联系。②生产装备。它主要是指生产设施的规模、设施的布局、工作地的装备和布置等。③生产能力。它主要是指生产系统中生产能力的大小、生产能力的特性、生产能力的弹性等，对于生产能力的决策，不仅决定了设备的规模，而且决定了企业满足社会需要能力的大小。④生产系统的集成。它主要是指生产系统的内部集合和与外部的协调。内部的集合是指系统集成的范围、集成的方向；外部的协调就是指系统与外部的协作关系等。生产系统的集成决定了企业生产职能所涉及的范围。

生产系统的结构化要素是生产系统的物质基础，它直接决定着系统的功能性质，并且有投资大、影响时间长等特点，一旦建立起来并形成一定的组合关系之后，要改变它或进行调整是相当困难的。所以，决策时应该慎重。当然，进行必要的调整也是不可避免的。

(2) 生产系统的非结构化要素。生产系统的非结构化要素，是指在生产系统中支持和控制系统运行的软件要素。主要包括：①人员组成。它主要包括人员的素质特点、企业人力资源政策、组织机构设置等。不同的生产系统在人员组织方面的策略是不同的，它是从人员的角度对生产系统进行组织，对于生产系统运作的好坏具有决定性作用。②生产计划。它主要包括生产计划的类型、计划编制方法和计划编制的关键技术。为了使生产系统能根据市场需求进行有效、准时的运作，建立灵活、高效的生产计划体系显得尤为重要。③库存管理。它主要包括库存系统类型、库存数量和库存控制方式。库存管理水平的高低直接影响着生产系统的经济效益。④质量管理。它主要包括质量标准的制定、质量控制、建立质量保证体系等。

生产系统中的非结构化要素决定了系统的运行特点，这些要素不涉及大量的投资，建成以后对它的改变和调整较为容易，因此，采用何种非结构化要素，决策风险不像结构化要素那样大。但是，在实施过程中非结构化要素容易受其他因素的影响，这类要素的实施，在掌握和控制上比较复杂。

三、生产管理的基本问题和基本任务

1. 生产管理的基本问题

管理一个生产系统，涉及五个基本问题，分别如下所述。

(1) 生产能力。生产能力是指一个生产系统能够提供的产品数量和服务数量。确定生产能力的基本要素有四点：第一，工人及其所掌握的技术；第二，机器(实体技术)；第三，材料；第四，资金。为了获得最大生产能力，四要素之间应有正确的比例关系，生产系统各部分之间和生产过程的各环节之间，也应有比例关系问题。生产能力总体是四个基本要素的组合，而科学的组合是靠管理实现的，因而生产管理水平也包含在生产能力之内。

(2) 标准。标准是指预期所实现的目标，它是衡量各项生产活动效果的依据。常用的标准有质量标准、时间标准和产量标准。标准的制定要从本企业的生产组织、技术条件和外部环境的竞争要求相结合为出发点，要定得恰当和有竞争力。

(3) 库存。库存是指储存起来的生产能力，通常包括原材料、在制品和成品库存。库存是一个起调节作用的弹性垫和调节阀，没有它是不能协调地组织生产的。

(4) 进度安排。进度安排是指生产要有细致的作业安排，才能保证生产的顺利进行。在安排总体进度计划时要同时安排生产能力计划，考虑各种生产能力的形式和数量，并确定整个作业计划的形式和方法。

(5) 控制。控制是指根据计划要求，采取措施保证实现计划。因此，对生产过程要加以严密的监督与控制，包括计量、比较和校正。

以上五个方面是相互关系、相互影响和相互制约的。

2. 生产管理的基本任务

孤立的因素不能称为生产力，企业生产力的形成是以生产力诸因素在质上相互适应，量上配比恰当，空间和时间上紧密联系为前提的。生产管理的基本任务就是通过合理组织劳动力、劳动手段和劳动对象等生产诸因素，充分发挥企业生产力的整体效能，将社会(市场)所需要的产品按需求量优质适时地生产出来，并使企业获得最佳经济效益。

四、生产管理的基本要求

企业生产管理要实现上述任务，就必须以实现企业经营目标为出发点，坚持以销定产，讲求经济效益，实行科学管理，组织均衡生产，全面达到下述基本要求。

1. 数量多

通过合理组织生产诸要素，发挥生产力系统的最大整体效能，做到单位时间内出产更多的合格产品。

2. 质量好

通过改进设计和工艺，提高产品质量、商品价值和产品信誉。

3. 成本低

通过降低人力、物力的消耗和资金占用，降低目标成本，从而增加企业盈利。

4. 速度快

努力缩短生产周期，并确保交货期，加速资金周转。

5. 安全

建立完善的规章制度和良好的生产秩序，并重视劳动保护措施，确保生产安全。

这五项要求是我国传统的“多快好省”生产方针在生产管理中的具体体现，这同外国现代企业管理中生产合理化的五项要求也基本一致。日本管理学者提出生产管理的目的是要实现生产的合理化，生产合理化可以概括为五项，即 P(生产率)、Q(质量)、C(成本)、D(交货期)和 S(安全)。

第二节　生产系统的类型

划分生产系统类型的目的在于根据不同的生产系统类型，选择相应的生产组织形式、计划编制方法和先进合理的加工工艺，合理地建立与生产系统相适应的生产管理系统。

一、按用户的需求特征和企业组织方式分类

根据需求特征和企业组织生产方式分类，可把生产系统分为订单型生产和备货型生产两类。

1. 订单型生产方式

订单型生产方式是指按用户特定的要求进行的生产。它是在用户提出具体订货要求后，才开始组织生产，进行设计、供应、制造、出厂等工作。生产出来的成品在品种规格、数量、质量和交货期等方面是各不相同的，并按合同规定按时向用户交货，成品库存甚少。因此，生产管理的重点是抓“交货期”，按“期”组织生产过程各环节的衔接平衡，保证生产目标如期实现。订单型生产方式的生产周期一般都比较长，通过提高零部件的标准化和通用化水平，采用计算机辅助设计(CAD)可以大大缩短设计周期，若再能结合计算机辅助工艺设计(CAPP)，则可进一步缩短生产技术准备周期，使生产系统的整体响应速度大大提高。如船舶制造、大型成套设备的生产都采用这种生产类型。

2. 备货型生产方式

备货型生产方式是指根据企业对市场需求预测事先制订生产计划，通过保持一定数量的库存来应对市场需求的波动，从而减少对生产系统的影响，即在需要时用库存补偿生产能力的不足，而在低需求时依靠建立库存来减少因生产能力过剩所造成的影响。对这类企业来说，生产管理的重点是提高预测的准确性和确定合理的库存水平，必须按“量”组织生产过程各环节的衔接与平衡。如家用电器、制造轴承等产品的生产，都采用备货型生产方式。表 10-1 是订货性生产和备货型生产基本特点的比较。

表 10-1　订货性生产和备货型生产基本特点的比较表

类型 项目	备货型生产	订单型生产
产品	标准产品	定制产品或新产品
对产品的要求	可以预测	难以预测
成本	事先确定	订货时确定
交货期	由产成品库存决定	由生产响应速度决定
设备	采用专用高效设备	采用通用设备
人员	专业化人员	多种操作技能人员

二、按生产的连续程度划分

根据生产的连续程度进行分类，可把生产系统分为连续生产和间断生产两类。

1. 连续生产

连续生产是指长时间连续不断地生产一种或很少几种产品。生产的产品、工艺流程和使用的生产设备都是固定的、标准化的，工序之间没有在制品储存。例如，油田的采油作业等。

2. 间断生产

间断生产是指输入生产过程的各种要素是间断性地投入。生产设备和运输装置必须适合各种产品加工的需要，工序之间要求有一定的成品库存。例如，机床制造厂、机车制造厂、轻工机械厂等。

三、按生产的工艺特征分类

根据产品加工的工艺特性分类，可把生产系统分为连续流程生产和加工装配生产方式。

1. 连续流程生产方式

这种生产方式的特点是工艺过程是连续进行的，不能中断；工艺过程的加工顺序是固定不变的，生产设施按照工艺流程布置；劳动对象按照固定的工艺流程连续不断地通过一系列设备和装置，被加工处理成为成品。化学工业、石油精炼、金属冶炼、造纸等行业都属于这一类型。这类企业生产管理的重点是要保证连续供料和确保每一个生产环节在工作期间必须正常运行，因为任何一个生产环节出现故障，都会引起整个生产系统的瘫痪。连续流程生产由于产品和生产过程相对稳定，一般都采用各种自动装置和中央控制室实现对生产过程进行实时监控。

2. 加工装配生产方式

这种生产方式的特点是产品是由许多零部件构成的，各零件的加工过程彼此是独立的，所以整个产品的生产是离散的，制造的零件通过部件装配和总装配最后成为产品。典型的加工装配型生产有：汽车制造、机械制造、家具制造、船舶制造等。在加工装配式生产过程中，由于产品零件种类繁多，工艺路线大多各不相同，同时，一个产品对其组成的零部件有不同数量要求，这就对生产过程提出了数量配套的要求。此外，在加工装配型企业，生产能力是一个动态的概念，生产系统的“瓶颈”环节往往随产品结构的更换而变化和转移，这为如何在计划中做好负荷平衡，使生产过程同步化增加了一定的难度，建工装配生产的组织十分复杂，是生产管理研究的重点。

四、按生产的稳定性和重复性分类

按照生产的稳定性和重复性分类，生产系统可分为(少品种)大量生产、(中量)成批生产、(多品种)单件生产三种基本类型。

1. 大量生产

大量生产的特点是生产的品种少，而每一品种的数量大，经常重复生产一种或少数几种类似的产品，并且生产条件稳定，大多数工作地仅固定完成一二道工序，专业化程度高。大量生产类型可以采用高效率的专用设备和专用工艺设备，生产过程的机械化、自动化水平比较高，工人易于掌握操作技术，这种生产方式可以按对象专业化组织生产，甚至采用流水生产线的生产组织形式。在生产计划和控制方面也由于生产不断重复进行，规律性强，有条件采用经过仔细安排及优化的标准计划和应用自动化装置对生产过程进行监控。例如，美国福特汽车公司曾长达 19 年始终坚持生产黑色的 T 型车，是大量生产的典型例子。这类企业生产效率高，可以通过规模效率降低成本，但生产系统柔性较差，因此，在保持规模效益的同时，如何提高柔性，是这类企业必须考虑的一个大问题。

2. 单件生产

单件生产的特点是生产的产品品种繁多，而每一种产品仅生产一件(台)或少数几件(台)。这些产品的标准化程度相当低，几乎没有共同的部件，有的产品一次生产后便不再重复生产；有的产品虽要重复生产，但是属不定期的，生产的稳定性和专业化程度很低，大多数设备或工作地需要担负很多道工序。单件生产类型一般采用通用的设备和工艺装备。这种生产方式要求工人具有较高的技术水平和较广的生产知识，以适应多品种生产的要求。在现实社会中，严格意义上的单件生产不重复制造的企业十分少见，即使是航天航空工业、远洋巨轮制造这些行业的新产品也有标准型号，仅仅是重复生产的周期比较长，如半年、一年等。

3. 成批生产

成批生产或成批量生产，介于大量生产与单件生产之间，是产品产量较少、品种较多、专业化程度较低的一种生产类型。成批生产具有一定的生产稳定性和生产重复性，虽然不如大量生产那样高，但仍可以保持定期重复轮番生产的特点。当完成一定批量的第一种产品而转为生产一定批量的第二种产品时，工作地的设备和工具就要做相应的调整，即要花一次“生产准备时间”。在生产能力确定的情况下，每批产品的数量越大，则工作地调整的次数越少；反之，每批产品的数量越少，则调整的次数越多。所以，合理地确定生产批量，组织好多品种的轮番生产，是成批生产类型生产管理的重要问题。属于成批生产的企业有：各种专用机械厂、中小型电机厂等。另外，随着市场需求多样化趋势的发展，过去用大量生产方式进行生产的企业，由于市场的压力，而被迫采用灵活性更大的批量生产方式，以使生产系统具有处理品种较多、数量较少的产品生产的能力。对于汽车工业和大多数消费品工业来说，这种趋势更为明显。

在当今世界上，单纯的大量生产和单件生产都比较少，一般都是成批生产。而在成批生产中，又可划分为大批生产、中批生产和小批生产。由于大批和大量生产特点相近，单件和小批生产特点相近，所以在实际工作中，通常将其分为大量大批生产、成批生产和单件小批生产。如图 10-2 所示。

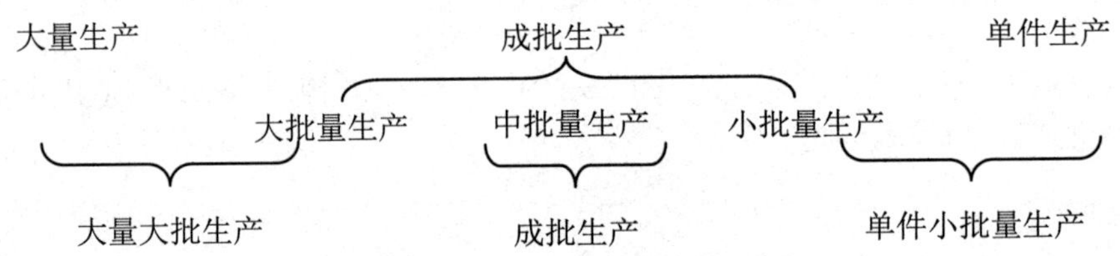

图 10-2　生产类型划分图

五、按产品品种和生产数量划分

按产品品种数量来划分又称为按工作地的专业化程度划分生产类型。在通常情况下，企业生产的产品产量越大，产品的品种则越少，生产专业化程度也越高，而生产的稳定性和重复性也就越大。反之，企业生产的产品产量越小，产品的品种则越多，生产专业化程度越低，而生产稳定性和重复性也越小。可见，决定生产类型的产品产量、产品品种和专业化程度有着内在的联系，并由此而对企业技术、组织和经济产生不同的影响和要求。

第三节 生产过程组织

企业生产过程的组织是企业生产管理的主要内容，在产品生产过程中，要求在空间上对各生产要素进行合理的配置，在时间上保持紧密的衔接，最终达到以尽可能少的劳动消耗生产出尽可能多的适销产品，以实现提高企业经济效益的目的。

一、生产过程的概念

生产过程有广义和狭义之分。狭义的生产过程是指从原材料投入到产品出产的一系列活动的运作过程。广义的生产过程是指整个企业围绕着产品生产的一系列有组织的生产活动，即企业产品的生产过程是指从产品的生产技术准备开始，一直到生产出成品为止的全部过程。它一方面是原材料、能源、劳动力及资金等生产要素的不断输入；另一方面是产品和劳务的不断输出的投入产出过程。

生产过程的基本内容是劳动过程，即劳动者利用劳动工具，按照一定的步骤和方法，直接或间接作用于劳动对象，使其按预定的目的形式生产产品的过程。生产过程的进行，在某些条件下还需借助自然力的作用，使劳动对象发生物理的变化或化学的变化，如自然冷却、干燥等，因此，生产过程有时又是劳动过程与自然过程的结合。从这个意义上说。生产过程又是劳动过程和自然过程的总和。

二、生产过程的构成

产品或劳务在成产过程中需要的各种劳动，在性质和对产品的形式上所起的作用是不同的。根据这种情况，生产过程一般由 4 个运动过程构成。

1. 生产技术准备过程

生产技术准备过程是指产品在投入生产前所进行的全部生产技术准备活动。具体包括市场调研、产品开发、产品设计、工艺设计、工艺装备设计和制造、标准化工作、定额工作、新产品的试制和鉴定。

2. 基本生产过程

基本生产过程是指直接把劳动对象变为企业基本产品所进行的主要生产活动。如机械工业企业的铸造、锻造、机械加工和装配；纺织工业企业的清花、纺纱、织布等。基本生产过程所生产的产品代表着企业的专业方向。

3. 辅助生产过程

辅助生产过程是指为保证基本生产过程的正常进行所必需的各种辅助性生产活动。如机械工业企业中的动力生产与供应、工具、模具制造，设备维修等。又如汽车厂生产供自用的工模具、修理用备件、蒸汽、压缩空气等。

4. 生产服务过程

生产服务过程是指为基本生产和辅助生产服务的各种生产服务活动。如原材料、毛坯、半成品和设备、工具等的供应、保管和运输、现代化检验和试验等。

以上生产技术准备过程、基本生产过程、辅助生产过程和生产服务过程都是企业生产过程的基本组成部分。其中，生产技术准备过程是重要前提，基本生产过程是核心，占主导地位，企业的组成部分都是围绕着基本生产过程进行的，为更好地实现基本生产过程提供服务和保证。有的企业还从事些副业生产活动，生产某些副产品，如飞机制造厂利用边角余料生产铝锅、饭盒等。副业生产过程也是企业生产过程的组成部分。

企业生产过程的各个构成部分既有区别又有联系，其中基本生产过程是主要的构成部分；而生产技术准备要走在前面；有的生产过程构成部分的各项工作活动也可以同时交叉进行。企业应在资金、人力上合理配置，从而保证生产过程稳定、协调地进行。随着企业体制改革的不断深入、社会企业化协作水平的提高，企业的生产过程将趋向简化，企业之间的协作关系将日益密切。

三、合理组织生产过程的要求

生产管理的对象是生产过程，组织好生产过程是企业能否有效地利用生产资源，根据市场需求做出快速响应，并以合理的消耗水平为社会提供优质产品，取得最佳经济效益的关键手段。因此，合理组织生产过程的目标就是使劳动对象在生产过程中行程最短、时间最省、消耗最小，按市场的需要生产出适销对路的合格产品。生产过程组织必须符合连续性、比例行、平行性、均衡性和适应性的要求。

1. 生产过程的连续性

生产过程的连续性是指加工对象在生产过程各个阶段、各个工序，在时间上紧密衔接、连续生产、不发生或很少发生不必要的等待加工或处理现象。不发生各种非预计的中断现象，加工对象在生产过程中一直处于运动或被加工状态(如加工、检查、运输等)。各生产环节的设备、人力总是处于工作状态。保持和提高生产过程的连续性，可以加速物流速度，缩短产品生产周期，加速资金周转，减少在制品占用，节约仓库面积和生产场地面积，提高经济效益。

要实现生产过程的连续性，首先要合理布置企业各个生产单位，使之符合工艺流向，没有迂回和往返运输，实现“一个流”。其次，要采用合理的生产组织形式，避免由于组织结构设置不合理而造成使物流的不畅通。同时，还要求制订生产计划，使上下工序紧密衔接，并要对生产现场采取有效的控制措施。

2. 生产过程的平行性

生产过程的平行性是指生产过程的各个阶段、各个工序实行平行交叉作业。保持生产过程的平行性，可以缩短产品的生产周期，同时也是保证连续生产的必要条件。如现代造船业把船体分成几段，分别在船体车间内各工段平行制造，最后把几段制成的船体吊到船台上拼装对焊，这样可以大大地缩短每条船的船台生产周期，从而提高造船厂的生产能力。

要实现生产过程的平行性，在工厂的空间布局时，就要合理地利用面积，尽量做到各

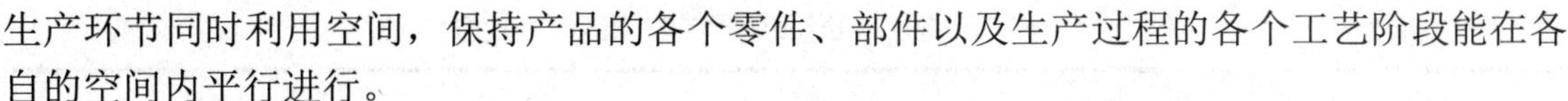

生产环节同时利用空间，保持产品的各个零件、部件以及生产过程的各个工艺阶段能在各自的空间内平行进行。

3. 生产过程的比例性

生产过程的比例性是指产品生产过程的各阶段、各工序之间，在生产能力上和产品加工劳动量上要保持一定的比例关系，以适应产品生产的要求。各个生产环节的工人人数、生产效率、设备数量等，都必须进行通盘考虑，综合平衡，防止出现比例失调。例如，装配一个产品，如需某种零件两个，则生产该零件的工作中心应有相应的生产能力。

要实现生产过程的比例性，事先，在生产系统建立的时候就应根据市场的需求，确定企业的产品方向，并根据产品性能、结构以及生产规模、协作关系等统筹规划；在日常生产组织和管理工作中，经常对生产过程的能力比例进行调整，克服生产过程中出现的“瓶颈”以实现生产过程的比例性。

4. 生产过程的均衡性

生产过程的均衡性是指产品在生产过程的各个阶段，从投料到成品完工入库，都能保持有节奏地、均衡地进行。保持在一定的时间间隔内，生产的产品数量是基本相等的或稳定递增的。实现均衡生产有利于提高劳动者的工作效率，保证人身安全，使整个生产活动有秩序地进行；有利于保证设备的均衡负荷，提高设备利用率和工时利用率；有利于保证产品质量。

要实现生产过程的均衡性，对内要加强生产技术准备部门、辅助生产部门、生产服务部门之间的协调，特别是优化生产计划和强化对生产过程的监控。此外，要争取各方面的支持和配合，建立起比较稳定的供应渠道和密切的协作关系，保证原材料、外购件、外协件能够按质、按量、准时地供应。

5. 生产过程的适应性

生产过程中的适应性也称柔性，是指组织形式要灵活，对市场的变动应具有较强的应变能力。市场需求的多样化和快速变化，使企业的生产系统必须面对和适应这样一个多变的环境。

要提高生产系统的适应性，企业应建立柔性生产系统，如准时生产制、敏捷制造等，使较高的机械化和自动化水平与较强的对产品的适应性统一在一起。此外，还可以采用混流生产、成组技术等先进的生产组织形式，提高对市场的适应能力。

以上五条要求是相互联系、相互影响的，有些要求之间还可能出现一些矛盾，在处理这些矛盾时，要权衡利弊、通盘考虑。

四、影响企业生产过程组成的因素

影响企业生产过程组成的因素很复杂，主要包括下述各点。

1. 产品的生产方式

产品的生产方式是指产品生产的工艺技术过程及方法。不同行业与企业之间的生产方式差别很大，致使企业的生产过程有的简单、有的复杂。但基本生产方式如表 10-2 所示。

表 10-2　产品生产方式表

<table>
<tr><th>依　据</th><th>生产方式</th><th>特　例</th></tr>
<tr><td rowspan="4">产品形式方法</td><td>合成法</td><td>合成棒胶等化学合成、加工装配型机械合成</td></tr>
<tr><td>分解法</td><td>石油化工等对原料进行化学分解生产</td></tr>
<tr><td>调剂法</td><td>轧钢、电镀等改变加工对象的形状、成分或性能</td></tr>
<tr><td>采取法</td><td>从地下、海洋直接采掘和提取矿石、石油等</td></tr>
<tr><td rowspan="4">工艺技术过程</td><td>组装型</td><td>机电、家电等结构型产品生产</td></tr>
<tr><td>装置型</td><td>经合成塔、高炉等装置的合成、分解、还原过程的处理</td></tr>
<tr><td>设备中心型</td><td>设备固定，工件围绕其移动加工</td></tr>
<tr><td>产品中心型</td><td>船舱、机车等产品固定，人员、设备围绕其移动加工</td></tr>
<tr><td rowspan="3">机械</td><td>手工作业</td><td>建筑、工艺品等劳动密集型作业</td></tr>
<tr><td>机械化作业</td><td>机械、纺织等大型设备加工</td></tr>
<tr><td>自动化作业</td><td>冶金、石化自动化生产</td></tr>
</table>

2. 生产类型

生产类型是指按工作地专业化程度所划分的生产类别。生产类型是影响生产过程组织的重要因素。

生产类型根据企业的工作地专业化程度及生产重复程度，具体可分为大量生产、成批生产和单位生产三种类型。其具体分类标准如表 10-3、表 10-4 所示。

表 10-3　按工作专业化程度划分生产类型表

工作地的生产类型	工作地负担的工序数目
大量生产	1～2
大批生产	2～10
中批生产	10～20
小批生产	20～40
单件生产	40 以上

表 10-4　按零件产量划分生产类型

<table>
<tr><th colspan="2" rowspan="2">生产类型</th><th colspan="3">零件的年产量</th></tr>
<tr><th>重型零件</th><th>中型零件</th><th>轻型零件</th></tr>
<tr><td colspan="2">单件生产</td><td>5 以下</td><td>10 以下</td><td>100 以下</td></tr>
<tr><td rowspan="3">成批生产</td><td>小批</td><td>5～100</td><td>10～200</td><td>100～500</td></tr>
<tr><td>中批</td><td>100～300</td><td>200～500</td><td>500～5000</td></tr>
<tr><td>大批</td><td>300～1000</td><td>500～5000</td><td>5000～500000</td></tr>
<tr><td colspan="2">大量生产</td><td>1000 以上</td><td>5000 以上</td><td>50000 以上</td></tr>
</table>

3. 产品结构及其工艺特点

产品结构及其工艺特点决定着企业的基本生产能力及其他生产管理能力。例如汽车制造厂应具有零件毛坯生产、部件制造和装配能力，而铸造厂则只需要铸造生产能力。

4. 生产规模

生产规模对生产过程有显著影响。往往规模愈大，生产过程越可细分。

5. 专业化与协作

专业化与协作是现代企业生产的发展趋势。企业专业化程度高，协作广泛，生产过程结构就可相对简化。

五、生产过程的空间组织

生产过程的空间组织，也叫生产过程的组织方式，是根据生产的需要和经济合理的原则，研究企业内部生产单位的设置及组织方式。它是确定企业生产过程的阶段组成以及合理选择与配置生产单位和运输路线的问题。具体到某一个企业采用什么方法和形式进行生产过程的空间组织，应视实际情况而定。通常可按以下配置原则进行配置。

1. 按工艺专业化配置

按工艺专业化配置是指按照生产过程各个工艺阶段的工艺特点来配置生产单位的方法和形式。它的特点是把同类型的工艺设备、同工种的人员集中在一起，对企业的不同类型的对象采用相同的工艺方法进行加工。如机械工业企业中的机械加工车间，就把所有零件的切削加工任务都承担了。

按工艺专业化配置的优点主要是：专业性强，对产品品种的变换有较强的适应性；便于提高设备利用率；便于充分利用生产面积；便于调剂设备、人员和材料的余缺；便于迅速处理设备故障；便于实施工艺管理和组织同工种工人之间的技术学习；便于实施民主管理和科学管理。

它的缺点是：加工路线长；场内运输量大；在制品停放、等待时间长；延长了产品生产周期；生产同一产品的各车间(或工段)之间的联系与协作较为复杂，使计划管理、质量管理、在制品管理的工作难度增加；流动资金占有比较多。

2. 按对象专业化配置

按对象专业化配置是指以产品或零件为对象来配置生产单位。它的特点是在同一生产单位里，集中了为制造某种产品所需要的各种不同类型的生产设备和不同工种的工人，对同一类型的产品进行不同工艺方法的加工，在这一个生产单位里就能生产出完整的产品。

按对象专业化配置的优点主要是：缩短产品在生产过程中的运输线，节省运输的人力、设备和费用；可以减少仓库和生产面积的占用；可以减少在生产过程中的停放、等待时间、缩短生产日期；可以减少流动资金的占用；可以简化生产单位之间的关系，便于改善计划管理、质量管理、经济核算和生产控制等生产组织方式。

它的缺点是：对产品品种多变的适应能力比较差；设备生产能力往往不能充分利用。

工艺专业化与对象专业化特点的比较如表 10-5 所示。

3. 混合配置

混合配置是指按照实际情况，以前两种配置原则结合应用来设立生产单位的方法和形式。有的是以工艺配置为主，对特殊工序，如热处理、电镀、锻压等可以采用按工艺配置生产单位的方法；一般装配通常是按对象配置进行的；对大量零件的生产可以按对象配置生产单位，生产单位内部又可以按工艺原则设置工段和班组。

上述生产单位的配置形式在应用时不能离开企业生产的具体条件。在乡办、个体办的企业中，如果企业的专业方面已经确定，产品的结构、产量、品种比较稳定，已经具有一定的生产规模，工种和设备比较齐全配套，产品零件的标准化、通用化程度比较高，则按对象配置生产单位比较好。如果企业专业化方向尚未确定，产品品种不稳定，专业化程度比较低，生产类型属于单间小批量生产，则按工艺配置生产单位比较有利。

在实际工作中，为适应企业生产经营的需要，往往遵循混合组织的原则，即综合运用工艺专业化和对象专业化组织原则，组织设置企业生产单位。

表 10-5　工艺专业化与对象专业化特点的比较表

类　型 特　点	工业专业化	对象专业化
产量	低	高
品种	多品种	少量品种
设备类型	一般用途	专用设备
设备布置	工艺原则布置	对象原则布置
工作技能要求	高技能	重复劳动
生产能力	具有柔性	确定柔性差
在制品库存	高	低

六、生产过程的时间组织

合理的组织生产过程，不仅要求企业的各组成部分在空间上合理配置，而且要求加工对象在车间之间、工段之间、工作地之间的运动，在时间上也相互配合和衔接，最大限度地提高生产过程的连续性和节奏性，以提高劳动生产率和设备利用率，缩短产品的生产周期。生产过程的时间组织是指从时间上使各企业各生产单位之间、各生产单位内部的上下工序之间，相互紧密地衔接、配合，使企业能在其他条件一定的情况下，在尽可能短的时间内完成每一项生产任务。其目的是提高劳动生产率和设备利用率，缩短生产周期，减少流动资金占用。一般来说，一个复杂的生产过程，其产品工序之间的衔接可以有以下三种方式。

1. 顺序移动方式

顺序移动方式是指每批制品在上一道工序加工完毕后，整批移动到下道工序进行加工。这种方式的特点是一批制品只有在前一道工序全部加工完成以后，才能整批转到后道工序

进行加工，即制件在各道工序之间是整批移动的。它的优点是便于管理和集中运输；它的缺点是生产周期长，各工序之间待运输、待加工的现象严重。

2. 平行移动方式

平行移动方式是指每一件制品在上一道工序加工完毕后，立即转移到下一道工序继续加工。这种方式的特点是每个制品在前道工序加工完成之后，立即转到下道工序进行加工。它的优点是能够缩短产品生产周期，加快产品生产的进程；它的缺点是场内运输工作量大。

3. 平行顺序移动方式

平行顺序移动方式是指既保证整批制品在每一道工序中连续加工，又在各工序间进行平行作业。其特点是当一批制品在前一道工序上尚未全部加工完毕时，就将已加工的部分制品转到下道工序进行加工，并使下道工序能够连续、全部地加工完该批制品。这种方式具有以上两种方式的优点，集工序内连续加工、工序间平行作业于一体，能较好地提高设备的负荷率和缩短生产周期。

上述三种生产过程的时间组织方式，从一批制品的加工时间来看，平行移动方式最短，平行顺序移动方式次之，顺序移动方式最长。但在具体采用时，不能只考虑缩短加工时间这一方面，还应综合考虑企业的生产类型、专业化形式、制品的重量和工序劳动量、调整设备所需劳动量等具体生产条件。

七、生产组织形式

不同行业的企业，适合于自己生产特点的生产过程的具体组织形式也不同。这里仅就机械工业企业通常采用的三种先进组织形式，既流水线、生产线和自动线加以介绍。

1. 流水线生产组织

流水线，又称流水生产和流水作业，是指劳动对象按完整的工艺过程顺序地通过各个工作地，并按照一定的生产速度(节拍)连续不断地进行加工和出产产品的一种生产组织形式。

流水线的主要特征是：工作地专业化程度高；工艺过程是封闭的，设备按工艺过程顺序排列；生产节奏性强，连续程度高，劳动对象在工序间采用平行或平行顺序移动的方式；各道工序的加工时间相等或成简单的倍比关系。组织流水生产便于采用先进工艺和高效率的技术设备，提高工人操作的熟练程度和劳动生产率，缩短生产周期，减少在制品数量，加速资金周转，降低产品成本等。

组织流水生产的条件主要有：产品产量足够大；产品结构和工艺具有一定的稳定性；工艺过程能划分为简单的并适当合并和分解的工程，工序时间不能相差过大；厂房建筑和生产面积容许安装流水线的设备和装置。

2. 生产线组织

生产线是按对象专业化组织的一种生产组织形式。它拥有为完成几种产品的加工任务所必需的机器设备，这些设备是按生产线上多种产品或者主要产品的工艺路线和工序劳动量比例来排列的。生产线有较大的灵活性，适应于多品种、规格复杂、零部件较多、产量不大的产品。

组织生产线的要求：要进行技术经济分析；将产品零件结构和工艺特点进行分类，并确定组织生产线的数目和每条生产线上加工的零件种数；确定生产线所需的设备数量；进行生产线平面布置；加强标准化操作，搞好工艺典型化。

3. 自动线组织

自动线是指有自动机器体系实现制品加工过程的一种生产组织形式，自动化生产是生产过程的高级组织形式，比流水线能带来更好的经济效益。它不仅可以消除笨重的体力劳动，改善劳动条件，节约人力，提高劳动生产率，还有可能完成一些人的生理所不能或不宜进行的生产劳动。自动线上的生产过程，是完全自动进行的，工人的工作由直接操作设备变为调整设备和监视生产过程的进行。

组织自动线的条件一般包括：在生产方面，零件的标准比、通用化程度高，零件结构必须适应自动化生产特点；在工艺方面，采用先进的设备、工艺装备和工艺方法；在劳动组织方面，要求工人具有较高的文化技术知识和调整、检修设备的技能；在管理方面，对生产技术准备工作要求更加严格，有关管理工作要求更加科学化、制度化和标准化。

第四节　生产计划和控制

生产计划和控制是生产管理活动的神经中枢，是生产系统运行管理最基本、最日常的工作，它贯穿于生产管理的各项活动中。企业生产管理的精髓就在于有效地调配和利用各种资源，准时地提供对顾客有价值的高质量的产品和优质服务。这一切都离不开有效的生产计划和控制。因此，正确与合理的生产计划和控制是提高生产有效性与经济性的重要保证。

一、生产计划

1. 生产计划的概念

生产计划是企业在计划期内应完成的产品生产任务和进度计划。它具体规定了企业在计划期内应当完成的产品品种、质量、产量、产值、出产期限等一系列生产指标，并为实现这些指标进行能力、资源方面的协调、平衡。所以，它是指导企业计划期内生产活动的纲领性文件。

2. 生产计划体系

生产计划可以按其在企业经营活动中所处的地位和影响的时间跨度，划分为长期、中期、短期三个层次。这三个层次的生产计划各有侧重点，相互联系，协调配合，构成了一个完整的生产计划体系。

(1) 长期计划。主要针对市场的长期变化趋势、企业产品系列的变化、企业生产性资源的配置及企业规模的变化等战略性问题而编制的长期计划，时间跨度通常在三年以上。长期生产计划的主要任务包括产品决策、生产能力决策以及工艺流程的选择等，涉及产品

发展方向、生产发展规模、技术发展水平、新生产设施的建造等。主要内容包括企业生产产品或服务的种类、规模大小、生产布局、工艺设备的选择等。它为中期计划的编制规定了能力范围。

(2) 中期计划。中期计划通常称为年度生产计划。对于工业企业来说，主要包括生产计划大纲和产品出产进度计划。生产大纲主要规定企业在计划年度内的生产目标，由一系列产品品种、质量、产量、产值等指标来表示；产品出产进度计划则是企业将生产计划大纲细化到产品品种规格程度的计划。中期生产计划的主要任务是如何有效地利用资源能力，最大限度地满足市场需求并取得最佳经济效益。对于制造企业，包括综合生产计划、主生产计划和物料需求计划；对于服务型企业，综合生产计划是其核心。

(3) 短期计划。短期计划也称生产作业计划，是根据年度生产计划规定在计划期内应完成的计划指标，也是针对某一品种，编制该品种具体的作业计划，并按生产类型确立作业期内的期量标准。它的任务主要是直接依据用户的订单，合理地安排生产活动的每一个细节，使之紧密衔接，以确保按用户要求的质量、数量和交货期交货。

关于计划期的划分是相对的，不同类型企业的计划期长度往往有很大的差异。

3. 生产计划工作的原则

生产计划工作是企业计划管理工作中的一部分，生产计划除必须遵循计划管理的基本原则外，还必须结合生产计划本身特点，贯彻下列原则要求。

(1) 以需定产，以产促销。以需定产就是按照市场对产品品种、质量、数量与交货日期的需求来安排生产任务。社会主义生产仍然是商品生产，作为商品生产必须与市场相联系。无论产品是生产资料还是消费资料，都要通过交换进入消费领域，才能达到生产日的。但是市场需求是不断变化的，企业必须经常预测市场的需求，并按照市场需要组织生产。只要这样，才能满足市场的需求和用户的需求，才能扩大生产，增加企业效益，提高经济效益。

但是，以销定产，并不是否定生产对销售的促进作用。生产为销售提供物质，并以新的产品或物美价廉的产品，唤起新的需求，开辟新的市场，指导销售行为，扩大销售量。

因此，以销定产，以产促销原则，要求企业的生产计划既要根据预测的市场需求和订货合同中规定的产品品种、规格、质量、数量作为制定生产计划的依据，又要结合企业的专长，充分发挥企业的人才、技术和管理等资源方面的优势，开发新产品或生产具有一定特色的优质产品，唤起新的需求，指导销售或用户需求方向。只要这样，才能扩大销售，满足社会的需要，提高经济效益。

(2) 合理利用生产能力。企业的生产计划同企业的生产能力要相适应，才能合理地充分利用企业生产能力。为贯彻这一原则，要求企业的生产计划必须做到以下几点。①生产计划安排的产品品种的生产工艺过程必须同企业的设备性能相一致；②生产计划的产品产量必须同企业生产设备能力相一致；③生产计划、出产进度安排平衡合理，使设备均衡负荷；④生产计划必须与销售计划、人员计划、库存计划、物资供应计划、设备计划、资金计划互相衔接和协调一致。

(3) 进行综合平衡。综合平衡是编制计划的方法，也是编制生产计划的一项原则。生产计划指标的确立不是孤立的，而要受各方面因素的制约。既涉及产、供、销，又涉及人、

财、物，这就必须对它们进行综合平衡。只有经过综合平衡后确定的生产计划指标，才是先进的、切合实际的生产计划指标。

综合平衡的一个重要方面，就是要弄清楚内部生产的可能性，以生产任务为中心，与设备生产能力、技术准备、物资供应、资金和劳动力等方面进行综合平衡。目的是发现哪些方面存在不足和困难，从而提出措施设法解决，使各方面的条件能够保证生产计划的完成。综合平衡的另一个重要方面，是各项经济指标之间的平衡。即对产品的品种、产量、质量、成本、消耗、利润、资金等各项经济指标进行综合比较，要在尽可能提高经济效益的前提下，对生产计划的各项指标予以合理的调整，使确定的生产计划能够保证企业经营目标的实现。

(4) 生产计划安排最优化。生产计划安排最优化就是在一定的资源条件下，对生产进行合理安排，求得最佳的经济效益。生产计划安排最优化的内容包括两个方面：一是企业生产各品种的产量最优配合；二是计划安排动态最优化。

4. 生产计划的内容

生产计划的内容主要包括以下四个方面。

(1) 确定生产目标。生产目标即生产指标，指企业在计划期内应完成或达到的产品品种、质量、产量和产值指标。

(2) 生产能力的核定与平衡。生产目标不能脱离实现目标的条件——生产能力，只有以生产能力为基础，才能保证生产能力得以充分利用，生产计划得以实现。

(3) 确定生产进度。就是将全年的生产计划分配到各季节、各月份，保证在订货合同规定的交货期内均衡地生产产品。

(4) 组织和检查生产计划的实施。如何保证生产目标及生产进度的实现，是生产计划必不可少的部分。生产计划的编制必须有保证生产计划实现的方法、途径、措施，如劳动组织措施、跟踪检查计划执行等。

二、确定生产计划指标的常用方法

生产计划的中心内容是确定生产指标。编制生产计划的主要任务，就是要对品种指标、产量指标、质量指标和产值指标等计划指标的完成做出正确的决策。拟订生产计划指标，需要采用定量计算和定性分析相结合的方法，才能求得一个较好的方案。

1. 产品品种确定和优选的方法

产品品种指标是指企业在计划期内计划生产的产品名称及品种数目。品种指标反映了企业在品种方面满足市场需求的状况，同时也反映了企业的技术管理及专业化协作水平。

对于大量大批生产，品种数很少，市场需求量很大的产品，基本没有品种选择问题。对于多品种中批量生产，则有品种选择的问题。确定生产什么品种是十分重要的决策。

确定品种可以采用市场引力——企业实力矩阵分析法。

这种方法首先要对每种产品的市场引力和企业实力作出判断。其中，市场引力从产品资金利润率、销售利润率、市场容量、该产品对国计民生的影响程度四个方面来体现；企业实力可以从企业生产该种产品的生产能力、企业技术能力、企业原材料供应状况、产品

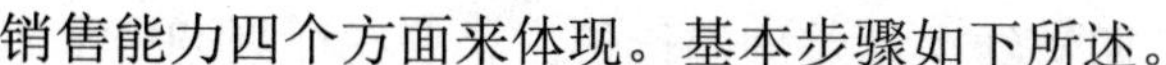

销售能力四个方面来体现。基本步骤如下所述。

首先，对每种产品的市场引力、企业实力各个因素定出若干标准，并进行评价打分，为每种产品的每种因素定出分数。

其次，按产品把市场引力和企业实力的有关各种因素的分数相加，计算出每个产品的市场引力和企业实力两个综合性指标的总分数。

最后，根据产品的市场引力和企业实力的得分情况，分成大、中、小三等，然后绘制产品系列分布象限图，根据产品处于象限图中的位置，采取相应的对策。

2. 产品产量确定的方法

品种指标确定之后，就要确定每个品种的产量。产品产量指标是指表示企业生产成果的指标，有商品产量和总产量之分。商品产量是指企业在计划期内生产的可供销售的合格产品、半成品。总产量是指企业在计划期内生产的总成果，包括商品产量及供生产所需的自制工具模具、工艺装备和为下一计划期生产的在制品等。产量指标反映了企业向社会提供实用价值的实物量和企业生产发展的水平与规模。

产量指标一方面可反映企业在一定时期内向市场提供具有实用价值的实物数量和企业生产发展水平；另一方面，又是企业进行产销平衡、物资平衡、计算和分析实物劳动的生产率、原材料消耗成本和利润的基础，也是组织日常生产活动的依据。

(1) 单品种生产的产量决策。单品种生产的产量决策问题，可以运用盈亏平衡分析法予以解决。这种方法能够在成本形态分析的基础上找出成本、利润与产(销)量变化之间的依存关系，故又称量本利分析法。盈亏平衡分析法可以分为线性和非线性两种，详见第八章的内容。

(2) 多品种生产的产量决策。从事多品种生产的企业，在进行生产决策时，经常会遇到这样的问题，即根据销售量预测资料和企业现有生产条件，如何合理地利用人力、物力和财力来决定各种产品的生产数量，使企业取得最好的经济效益。这种决策问题，可运用线性规划的方法来解决。详见第八章的内容。

3. 质量指标和产值指标确定的方法

(1) 质量指标。产品的质量指标是指企业在计划期内生产的各种产品应该达到的质量标准。产品质量指标不仅体现了企业生产技术水平和管理水平，也体现了企业的产品在使用价值方面能够满足社会和人民生产需要的程度，也是一个企业能否赢得竞争优势的关键因素。

确定质量指标，可运用“质量与成本价格”的函数曲线来选择质量与费用的“最佳点”。

确定产品质量水平时，必须综合考虑质量水平与产品成本、产品销售额之间的关系。片面地追求产品的高质量、高强度，并不一定会给企业带来好的效益，有时甚至恰恰相反。只有把产品质量和技术先进性与经济合理性结合起来加以考虑，制定出合理的质量特性，才有利于企业经营。

(2) 产值指标。产值指标是指用货币单位表示产量的指标，可分为商品产值、总产值和净产值。企业在计划期内生产可供销售的产品和完成的工业性劳务价值被称为商品价值，包括计划销售的成品、半成品的价值，对外单位来料的加工价值，以及计划期内承做的工业性作业。以货币表现的企业在计划期内预定完成的工业生产活动总成果，称为总产值，包括商品产值和在制品、自制工具等期末与期初结存量差额的价值。企业在计划期内从事工业生产所创造的新价值称为净产值，它是以总产值为基础，扣除一切转移价值后而得的产值。企业一般根据具体情况的不同，分别用不变价格和现行价格来计算产值指标。

三、生产计划的编制

编制生产计划的主要内容是确定生产计划指标。一般要经过以下几个阶段。

1. 调查研究，掌握企业外部环境和内部条件

企业外部环境要了解市场对本企业产品品种数量质量价格等要求；原材料燃料动力的供应情况；外协作、外购件等协作和供应情况。企业内部要掌握企业生产能力状况；各工种各等级工人人数；生产技术水平及发展状况；各种物资储备和制品数量；上期生产计划的完成情况等。

2. 提出生产计划方案

计划部门提出生产计划的若干可行方案，并对各方面进行分析评价，选择较优的可行方案。对于大量生产的企业来说指标确定方法一般事先确定产品品种、质量、产量指标，然后确定产值指标，最后落实第一季度产品的品种、质量、产量等指标，其他则需要在承接订货的组织工作和编制季度生产计划时才能落实。

3. 综合平衡，确定最佳生产计划方案

综合平衡的主要内容包括下述各点。

(1) 生产任务与生产能力之间的平衡：即测算企业设备、生产面积提供的生产能力，并与生产任务所需的生产能力进行比较。

(2) 生产任务与劳动力之间的平衡：即测算劳动力数量、工种与生产任务是否适应。

(3) 生产任务与物资供应之间的平衡：即测算原材料燃料动力等资源的需要量和可能的供应量、供应期限以及工具、外协件对生产任务的保证程度。

(4) 生产任务与生产技术准备之间的平衡：即测算产品的试制工艺设备、设备维修、技术措施等与生产任务的适应与衔接程度。

(5) 生产任务与资金占用的平衡：即测算流动资金对生产任务的保证程度和合理性。

(6) 生产指标之间的平衡。

只有通过综合平衡，做到统筹安排，确定生产计划，才能使企业的生产计划方案达到最佳。

四、生产能力的概念与分类

1. 生产能力及其种类

生产能力是指生产系统在一定时间内，在一定的技术组织条件下所能生产的一定种类的产品或处理产品的最大数量。即生产能力是指在一定时期内，企业内部各个环节，参与生产过程的劳动手段、生产设施、拥有的劳动力和其他服务条件，在一定的组织技术条件

下，经过综合平衡，所能生产一定种类和一定质量产品的最大数量。它是反映企业生产可靠性的一种指标。企业的生产能力是一个动态的概念，随着科学技术的进步和生产组织的完善以及企业生产产品品种及结构的变化而变化。它是制订生产计划的前提和基础。

一个企业的生产能力一旦确定，其生产经营活动的最大规模也就基本上被限制住了。例如，发电厂的机组容量基本上决定了其最大的发电能力；大学的校舍面积和教师数量决定了在校学生人数。因此，正确地衡量企业的生产能力，对企业的生存和发展有着非常重要的意义。

2. 企业生产能力的种类

企业的生产能力，通常可以分为设计生产能力、查定生产能力和计划生产能力三种。

(1) 设计生产能力。指新建或改建企业在设计任务书和技术文件中规定的正常条件下达到的生产能力。例如新建一个电动凿岩机厂，其设计任务书和技术文件中规定年产电动凿岩机 2000 台，这个“2000 台的能力”就是设计能力。它的特点是：依据科学数据计算、配置各部分生产能力并使之基本协调。

(2) 查定生产能力。查定生产能力是指企业重新调查核定的生产能力。企业生产了一段时期以后，或由于技术变革，对原设计能力重新调查、分析、核定下来的生产能力，往往用于那些没有经过正规设计的企业。如由许多小厂合并起来的企业，原来就没有设计能力的文字记载。即使是经过正规设计的企业，时间长了，由于专业方向、产品结构和关键设备的变化，已经达不到或已经超过了设计能力，企业就需要重新查定生产能力。查定生产能力是根据查定年度内可能实现的、先进的组织技术措施来计算确定的。它的特点是：依据实际生产能力重新查定的企业最大的生产能力，其各部分之间选优的余地比较大。

(3) 计划生产能力。指企业在计划年度内，依据现有的生产技术组织条件，以及计算年度内能够实现的技术组织措施实际达到的生产能力，也称现实生产能力。它的特点是：依据预测资料和预想措施事先预定的生产能力，往往和实际有些出入。

以上三种生产能力，在实际工作中有其不同的用途和作用。设计能力和查定能力是企业据以编制长远规划的依据；现实能力是企业编制生产计划和生产作业计划的依据。

国际商业将生产能力分为固定生产能力和可调整生产能力两种，前者是指固定资产所表示的能力，是生产能力的上限；后者是指以劳动力数量和每天工作时间和班次所表示的能力，是可以在一定范围内调整的。

3. 影响生产能力的因素

企业生产能力的大小取决于许多因素，如设备、工具、生产面积、工艺方法、原材料、劳动力、生产组织、劳动组织、标准化、通用化和专业化水平以及产品方案等。但主要由以下三个要素所决定。

(1) 固定资产的数量。指企业在计划期内用于生产的全部机器设备数量、厂房和其他生产性建筑物的面积。

(2) 固定资产的工作时间。指机器设备的全部有效工作时间和工作面积的全部利用时间。

按企业现行工作制度计算的机器设备的全部有效工作时间和生产面积利用时间。固定资产的有效时间同企业现行制度规定的班次、轮班工作时间、全年工作日数、设备计划修理时间有关。在连续生产的条件下，设备有效时间一般等于全年日历日数减去设备计划修理的停工时间。在间断生产的条件下，由制度工作日数、班次、每班时间和设备计划修理停工时间决定。

季节性生产企业的有效工作时间应按全年可能的生产日数计算，或者按其昼夜生产能力确定，而不核算其全年生产力。

(3) 固定资产的生产效率。指单位机器设备的产量定额或单位产品的台时定额、单位时间单位面积的产量定额或单位产品生产面积占有定额。产量定额与台时定额为倒数关系。

固定资产生产效率是计算和确定生产能力的最基本因素。在设备(生产面积)的数量及工作时间总数一定的条件下，固定资产效率对生产能力大小具有决定性的作用。计算生产能力时所有的定额应充分反映先进的技术因素和组织因素。

五、生产能力的核定

生产能力的核定是指对企业、车间、工段(小组)或联动机在一定时期内的生产能力进行计算和确定。生产能力核定应从最基层的生产环节开始，自下而上地进行。即首先确定工作地的生产能力，然后再确定工段(小组)、车间、企业的生产能力。

下面介绍工作地生产能力的计算方法。

1. 单一品种生产条件下生产能力的计算方法

(1) 设备组生产能力的计算。当设备组(或工作地)仅生产单一品种时，其生产能力可以用产品实物量表示，其计算式为：

$$M=F\times S\times P$$

或

$$M=F\times S\div t$$

式中：M——设备组生产能力(台、件)；

F——单位设备有效工作时间；

S——设备数量；

t——单位产品台时定额。

(2) 作业场地生产能力的计算。当生产能力取决于生产面积时，其生产能力计算公式为：

$$M=F\times A\div at$$

式中：M——单位面积的生产能力(台或件)；

F——生产面积的有效利用时间(小时)；

A——面积数量(平方米)；

a——单位产品占用生产面积(平方米/件或台)；

t——单位产品占用时间(小时)。

(3) 联动机生产能力的计算。当采用连续开动的联动机生产时，生产能力一般用下列公式计算：

$$M=G\times K\times F\div T$$

式中：M——联动机单位时间生产能力；

G——原料重量(吨)；

K——单位原料的产量系数(件、台或吨)；

F——计算能力时间内联动机有效工作时间(小时)；

T——原料加工周期的延续时间(小时)。

(4) 流水生产线生产能力的计算。在核定流水生产线的生产能力时，按流水线的有效工作时间和规定节拍计算。核定的时间单位一般用昼夜或轮班，也可以采用年或月。

计算公式如下：

$$M=F \div r$$

式中：M——流水线生产能力(件或台)；

F——流水线有效工作时间；

r——节拍。

2. 多品种生产条件下的生产能力计算方法

当设备组(或工作地)生产多种产品时，生产能力的计算方法可分为标准产品、代表产品和假定产品三种计算方法。

(1) 以标准产品计算生产能力的方法。标准产品是对具有不同品种或规格的同类产品，进行综合计算时所采用的一种实物量折算单位。这种计算生产能力的方法是把不同品种的产品折算为标准产品，然后按单一品种生产条件下计算生产能力的方法来确定设备组(或工作组)的生产能力。

(2) 以代表产品计算生产能力的方法。这种方法是选定代表产品，按单一品种生产条件计算生产能力的方法，先计算出以代表产品为计算单位表示的设备组(或工作地)的生产能力，然后通过换算系数计算各具体产品的生产能力。

(3) 以假定产品计算生产能力的方法。在企业产品品种比较复杂，各品种在结构、工艺和劳动量上差别较大，不易确定代表产品时，可采用以假定产品计算生产能力。计算步骤如下：

第一步，计算假定产品台时定额

$$t_m = \sum_{i=1}^{n} t_i d_i \quad (i=1，2，\cdots，n)$$

式中：t_m——假定产品台时定额；

t_i——第 i 种产品单位产品台时消耗；

d_i——第 i 种产品占假定产品总产量的百分比。

第二步，计算设备组假定产品的生产能力。

$$M_m = F \cdot S / t_m$$

式中：M_m——以假定产品为单位的生产能力。

第三步，计算设备组各具体产品的生产能力

$$M_i = M_m d_i \quad (i=1，2，\cdots，n)$$

式中：M_i——第 i 种产品的生产能力。

3. 生产任务与生产能力的平衡

在编制生产计划的过程中，需要进行生产任务与生产能力的平衡工作，以便使生产任务得以落实，生产能力得以最大限度地利用。

生产任务与生产能力的平衡工作，首先是将两者进行比较，然后根据比较结果进行相应的调整。生产任务与生产能力平衡工作比较结果有三种情况。

一是生产能力等于生产任务，这说明生产任务得到落实，企业的生产能力得到充分利用，这是最佳状态。

二是生产能力大于生产任务，这说明企业现有生产能力除完成任务外还有空余，这种情况下，企业应进行市场调查和研究，开发新产品，充分利用企业的生产能力。

三是生产任务大于生产能力，在这种情况下，企业的生产任务得不到落实，这时企业应注意分析生产能力不足的原因，通过分析找出提高生产能力的有效途径，以完成生产任务。

六、生产作业计划与控制

1. 生产作业计划

生产作业计划是生产计划的具体落实计划，是企业组织日常生产调度活动的依据。它是将企业生产计划规定的生产任务，具体落实到企业各车间、工段、班组、工作地以至每个工人，并在时间上将生产任务分配到月、旬、周、日以至每个轮班。

生产作业计划工作包括生产作业计划的编制和生产作业控制。生产作业控制是在作业计划执行过程中所进行的生产调度和作业核算工作。生产作业计划在执行过程中，可根据实际情况和生产调度的需要灵活地做适当更改，但必须以按品种、质量、数量和期限的完成生产任务为前提。

2. 期量标准——生产作业计划编制的依据

期量标准也称作业标准，是指在一定的生产技术及组织条件下，对劳动对象在生产期限和生产数量方面所规定的标准数据。期量标准是“期”与“量”的规律性总结，也是编制生产作业计划的重要依据之一。

合理地制定期量标准，对于正确规定产品的投入和出产时间，实现生产过程各个环节紧密衔接，充分利用企业资源，缩短生产周期，提高生产系统经济效益都起着很重要的基础性作用。

由于企业的生产类型和生产组织形式不同，因而采用的期量标准也就不同。一般来说，大量大批、连续性生产类型企业的期量标准有节拍、节奏、运送批量、在制品定额、流水线标准工作指标图表；成批轮番生产类型企业的期量标准有批量、生产周期、生产间隔期、生产提前期、在制品定额；单件小批生产类型企业的期量标准有生产周期、生产提前期、保险期、产品生产周期图表。这里着重介绍批量和生产间隔期、生产周期、生产提前期、在制品定额和流水线工作指标图表。

(1) 批量和生产间隔期。批量是指一次投入(或产出)的同种制品(产品或零部件)的数量。生产间隔期，又称生产重复期，是前后两个同种制品投入(或产出)的间隔时间。它们是成批生产方式中互相关联的重要期量标准，生产间隔期是批量的时间表现。它们之间的关系式如下。

$$批量=生产间隔期\times平均日产量$$

当生产任务一定，平均日产量不变时，生产间隔期与批量成正比。批量的大小，生产

间隔期的长短，对成批生产方式的经济效益有着重要的影响。确定批量和生产间隔期的主要方法是：经济批量法和以期定量法。

① 经济批量法。这是一种根据费用最省原理确定合理批量的方法。在产品的生产过程中，与批量直接有关的费用包括设备调整费用和库存保管费用两种。这两种费用互为消长关系，即批量大，设备调整次数少，分摊到每个产品的调整费用小，但库存保管费用大；反之，批量小，库存保管费用小，但设备调整费用大。经济批量，就是这两种费用的总和为最小的批量。如图 10-3 所示。

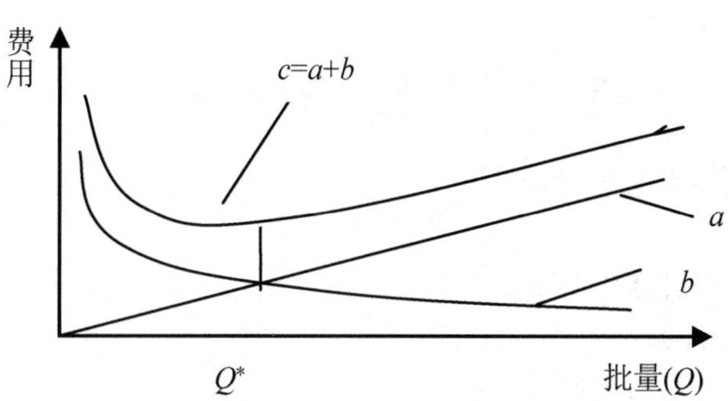

图 10-3 设备调整费用、库存保管费用和批量的关系图

图 10-3 中，a 为设备调整费用曲线，b 为保管费用曲线，c 为上述两种费用之和的曲线。

设 N 为年计划产量；A 为每次设备调整费用；C 为每件产品的平均保管费用。

则年度设备的总调整费用，计算公式如下：

$$a(Q)=\frac{N}{Q}\times A$$

年度库存保管总费用，计算公式如下：

$$b(Q)=\frac{Q}{2}\times C$$

当调整费用曲线和保管费用曲线之和为最小时所对应的批量就是经济批量 Q^*。计算公式如下：

$$Q^*=\sqrt{\frac{2NA}{C}}$$

用经济批量法计算出批量后，一般还要进行适当修正。主要是综合考虑批量大小应与生产面积、工具耐磨时间等因素相适应，同一批制品在各车间的批量应成整数倍关系。批量确定后，就可以求出生产间隔期了。

② 以期定量法。以期定量法就是先确定生产间隔期，然后再确定批量的一种方法。生产间隔期的确定按反工艺顺序进行，首先确定产品在装配车间的生产间隔期，然后确定各类零部件、毛坯在加工车间和毛坯生产车间的生产间隔期。

采用以期定量法，可先将零件分类，对价值大、体积大、生产周期长、工艺技术复杂的零件，生产间隔期定得短些，批量小些；反之，生产间隔期则长些，批量大些。

以期定量法的优点是简便易行，灵活性大，容易保证零件的成套性和生产均衡性，适用于中小型生产企业或生产条件不够稳定的企业。但此法明显缺点是缺乏定量分析，经济效果差。

采用这种方法，当产量变动时，只需调整批量，不必调整生产间隔期。企业常采用的生产间隔期有季、月、旬、日等，这样，既能考虑经济效益，又简化了生产管理。

(2) 生产周期。生产周期是指产品从原材料投入到成品产出所经历的全部日历时间。在制造业中，产品生产周期通常包括毛坯制造周期、零部件加工周期和产品装配周期。

缩短生产周期对于节省生产面积、加速流动资金周转、减少在制品的保管费用、提高劳动生产率、提高企业的经济效益，都具有重要作用。

以机械加工为例，确定产品生产周期的关键是确定零件的工艺生产周期。计算公式如下：

$$T=\sum_{1}^{m}\frac{nt_0}{csk_1}\times k_2+\sum_{1}^{m}t_p+m\times t_q+t_r+t_s$$

式中：T——一批零件加工的生产周期；

m——工序数目；

t_0——零件工序单件工时定额；

c——有效工作时间；

s——执行该工序的工作地数；

k_1——预计定额完成系数；

k_2——工序之间的平行系数；

t_p——各工序设备调整时间；

t_q——平均每道工序的间断时间；

t_r——跨车间协作工序的时间；

t_s——工艺规定的自然时效时间。

上式中，t_q、t_r、t_s 可根据工艺文件及有关统计资料计算确定，k_2 在实际中一般零件取 1.0，大型零件取 0.6～0.8。计算出各个工艺阶段的生产周期 T 值后，加以汇总并加上保险期，即为一批产品的生产周期。

(3) 生产提前期。生产提前期是指产品(零部件)在各工艺阶段产出或投入的时间比成品生产的日期应提前的时间。前者称产出提前期，后者称投入提前期。有了提前期标准，就可以根据生产计划或合同规定的产品交货期限，正确确定各生产环节投入和出产制品的时间。各生产环节(车间)的投入或产出提前期，都是以最后生产环节(车间)产出时间为基础按反工艺顺序确定的，在计算某车间的提前期时，应先确定产出提前期，后确定投入提前期。

生产提前期是成批生产型企业编制生产作业计划不可缺少的期量标准。正确制定生产提前期标准，对于保证各工艺阶段紧密衔接，减少在制品占用量、缩短交货期都有重要作用。

① 投入提前期的计算。最后工序车间的投入提前期，等于该车间的生产周期。而其他任何车间的投入提前期都比该车间出产提前期提前一个该车间的生产周期。计算公式如下：

某车间投入提前期=该车间出产提前期+该车间生产周期

② 出产提前期的计算。制定出产提前期，除了应考虑后续工序车间的投入提前期外，还要加上必要的保险期，保险期是预防本车间可能发生出产误期，及与后车间办理产品交接而预留的时间。此外，当前后车间批量不相同因而生产间隔期也不同时，还要考虑增加

前后车间因生产间隔期的差额所造成的额外提前期。当前后车间批量相等，即生产间隔期相等时，则可不必增加。计算公式如下：

$$\text{某车间出产提前期}=\text{后车间投入提前量}+\text{保险期}+(\text{该车间生产间隔期}-\text{后车间生产间隔期})$$

(4) 在制品定额。在制品是指原材料投入生产开始到成品入库为止，处于生产过程中尚未完工的所有零部件的总称，即是指未完工产成品的总称。保持一定数量的在制品是正常生产的客观需要。在制品占用量定额是指一定时间、地点和具体的生产技术组织条件下，为保证生产连续而均衡地进行所必需的在制品数量标准。在制品数量不足，会使前后工序脱节，生产中断；在制品数量过多，会造成资金积压。因此，企业必须根据具体情况合理地确定在制品占用量定额，并对在制品进行有效的控制。

企业生产类型不同，制定在制品定额的方法也不相同。成批生产条件下在制品定额的制定，主要分以下两种情况。

① 车间内部在制品定额的制定。车间内部在制品定额，与车间生产产品的批量、生产间隔期和生产周期有关。计算公式如下：

$$\text{车间在制品平均占用量}=\frac{\text{生产周期}}{\text{生产间隔期}}\times\text{批量}$$

从上式可看出，车间在制品平均占用量与生产周期和批量成正比，而与生产间隔期成反比。

根据批量与生产间隔期的关系式，上述公式可改写为：

$$\text{车间在制品平均占有量}=\text{生产周期}\times\text{平均日产量}$$

② 车间之间库存半成品定额的制定。车间之间库存半成品定额是指两车间之间中间仓库计划期末半成品占用量。中间仓库半成品收发情况一般是：前车间按批量产出后将半成品成批入库，后车间根据每日需用量从仓库领用。这仓库半成品占用量是一个周期变化量，其定额主要与前车间入库日期、生产周期及批量有关。计算公式如下：

$$\text{中间仓库半成品定额}=\frac{\text{前车间每月第一批产品入库的日期}}{\text{前车间生产周期}}\times\text{前车间批量}+\text{保险储备量}$$

但如果前车间产品是成批入库，而后车间是分批领用时，中间仓库半成品定额就需考虑前后两个车间的批量变动了，这是计算公式改为：

$$\text{中间仓库半成品定额}=\text{前车间批量}-\frac{\begin{array}{c}\text{前车间每月最后一批入库}\\\text{的日期到月末的天数}\end{array}}{\text{后车间的领用间隔期}}\times\text{后车间批量}+\text{保险储备量}$$

(5) 流水线工作指标图表。流水线工作指标图表也称流水线标准计划图表，它为每个工作地规定了详细的工作制度，使各个工作地严格地按预定的计划节拍进行生产。它又分为两种类型，即：①连续流水线工作指标图，规定整个流水线的工作和中断时间及工作制度；②间接流水线工作指标图，分工序规定每一工作班的工作和间断时间。

3. 生产作业计划的编制

编制生产作业计划，就是确定各个生产环节在月度内每旬、每周、每日的生产任务。编制生产作业计划所需的主要资料有年(季)度生产计划；国家对企业临时分配的任务；企业订货合同；产品有关技术资料；期量标准；设备及人员配备情况等。生产作业计划主要包

括全厂生产作业计划和车间生产作业计划两部分。全厂生产作业计划主要是编制各车间月度内每旬、周、日的生产任务和生产速度。车间生产作业计划主要是确定工段、班组、个人每旬、周、日的生产任务。编制生产作业计划一般是先编制全厂的生产作业计划，然后编制车间的生产作业计划。下面以大批量生产类型企业生产作业计划的编制方法为例来说明企业厂级生产作业计划的编制方法。

大批量生产类型企业生产计划的编制主要采用在制品定额法。具体方法是：从产品出产的最后一个车间开始，按照反工艺顺序，逐个计算各车间的投入、产出任务，在计算过程中，主要应考虑各车间在制品定额数量以及废品损耗等因素。

在实际工作中，运用在制品定额法编制生产作业计划时，一般都采用车间生产任务计算表，其结构如表10-6所示。

表10-6 车间生产任务计算表

产品名称		1	C620车床
计划出产量(台)		2	100
零件名称		3	变换齿轮
每台零件数(件)		4	12
装配车间	计划出产量	5=4×2	1200
	废品及损耗	6	
	在制品定额	7	120
	期初在制品预计数	8	84
	计划投入量	9=5+6+7−8	1236
半成品库	外部零件数	10	550
	库存半成品定额	11	100
	期初半成品预计数	12	50
机加工车间	计划出产量	13=9+10+11−12	1836
	废品及损耗	14	8
	在制品定额	15	180
	期初在制品预计数	16	80
	计划投入量	17=13+14+15−16	1944

4. 生产作业控制

生产作业控制就是对生产作业计划实施过程进行监督、检查，发现执行中已出现和可能出现的偏差，并通过调度防止和纠正上述偏差，以保证计划的圆满实现。它包括投入进度控制、出产进度控制和工序进度控制等内容。

生产作业控制的实施方法有生产调度、在制品管理和生产核算等。

(1) 生产调度工作。生产调度是指对执行生产作业计划的过程直接进行控制和调节。生产调度工作的基本任务是：以生产作业计划为依据，全面地掌握和了解生产活动的全过程，组织和动员各方面的力量为生产服务，并根据实际情况，灵活机动地组织日常生产，迅速及时地处理生产中出现的问题，充分利用富余的能力，克服薄弱环节。必要时，应对生产作业计划进行适当的调整和补充，使生产过程中各个环节能相互协调地进行，以保证生产任务的完成。

生产调度工作的内容包括：①检查生产作业准备进行情况，协调和督促有关部门做好这项工作；②检查生产作业计划的执行情况，掌握生产动态；③根据生产需要合理调配劳动力，保障各生产环节协调地进行生产；④检查和了解设备的运行和利用情况，协调和督促有关部门做好设备的维修保养工作；⑤组织好厂级和车间的生产调度会议，研究和制定克服生产中薄弱环节的措施，并组织有关部门限期解决；⑥检查和调整厂内运输工作。

为了加强生产调度工作，首先必须建立和健全各级调度机构和配备人员，一般来说，大型企业可设置厂部、车间和工段三级调度机构，小型企业设置厂部、车间二级调度机构。其次，还必须健全调度工作的各项制度，包括调度值班制度、调度报告制度、生产调度会议制度、现场调度制度和班前、班后会议制度。

(2) 在制品管理工作。在制品管理工作就是为了保证生产各环节连续、均衡地进行生产而对在制品及库存半成品进行计划、协调和控制。

在制品管理的工作内容，主要是对在制品的投入、领用、发放、生产、保管、检查、周转及生产等环节进行计算、登记、制据、规定使用和保管手续，建立使用、保管、查账、盘点等有关管理制度。为了保证账务相对应，尤其应该注意处理好在制品的报废、回收、代用、增补等问题。凡是出现这些情况，应在账面上去掉或注明。

(3) 生产作业核算。生产作业核算是通过对生产实际情况的检查，及时反映生产作业计划的执行情况。生产作业核算的主要内容包括对产品产量、品种、进度的完成情况进行核算和分析；对在制品、半成品的流动变化情况进行分析和统计等。生产作业核算的原则应注意数据准确、及时、完整、简便、易行。核算的基本方法是先将作业完成的实际情况记录在原始凭证上，然后汇总原始凭证，将其记录到生产作业和总账中，将实际核算数同计划预计数进行比较，从而掌握生产进度和控制计划的执行情况。

第五节 网络计划技术

网络计划技术(Network Planning Technique，NPT)是20世纪50年代末发展起来的一种编制大型工程进度计划的有效方法。关键路线法(CPM)和计划评审技术(PERT)在国外开发推广应用后，显示出它们在组织、计划、协调大生产条件下庞大、复杂工程项目的科学性和有效性。在此之后，遵循CPM和PERT的基本原理和基本方法，又陆续出现了类似的最低成本和估算计划法、产品分析控制法和物资分配法等。

一、网络计划技术概述

1. 网络计划技术的发展

网络计划技术是20世纪50年代中期发展起来的一种科学的项目计划管理技术，它是运筹学的一个组成部分。

网络计划技术最早出现在美国，1957年美国杜邦公司在建设化工厂时，组织了一个工

作组，并在兰德公司的配合下，提出运用图解理论的方法制订计划。它不仅明确表示出工序和时间，而且还表明了两者之间的相互关系，于是这种方法被定名为“关键线路法”(critical path method，CPM)。使用该方法第一年就节约了100多万美元，相当于该公司用于研究发展CPM所花费用的5倍以上。

1958年美国海军特种计划局和洛克希德航空公司在规划和研制“北极星”导弹的过程中，也提出一种以数理统计学为基础、以网络分析为主要内容、以电子计算机为手段的新型计划管理方法，即“计划评审术”(program evaluation and review technique，PERT)。应用该方法使北极星导弹计划比预定计划提前两年完成。

20世纪60年代，我国在华罗庚教授倡导下于1965年在一些经济部门开始应用该方法，并由华罗庚教授把它命名为统筹法或称运筹法。1979年开始逐渐广泛应用于工业、农业、国防、科研等各种领域的计划与管理中。

统计资料表明，在不增减人力、物力、财力的既定条件下，采用CPM和PERT就可以使进度提前10%～20%，节约成本10%～15%。

2. 网络计划技术的基本原理

网络计划技术是一种通过网络图的形式来表达一项工程或生产项目的计划安排，并利用系统论的科学方法选择最优方案，组织、协调和控制工程或生产进度和成本，以保证实现预定目标的一种科学管理技术。

网络计划技术的基本原理是利用网络图来表示计划任务的进度安排，反映其中各项作业(工序)之间的相互关系；在此基础上进行网络分析，计算网络时间，确定关键路线和关键工序，并且利用时差，不断改进网络计划，以求得工期、资源和成本的优化方案。

3. 网络计划技术的优点

与传统的甘特图相比，网络计划技术有许多明显的优点，具体内容如下所述。

(1) 作业之间的逻辑关系非常严密。网络计划技术能充分反映作业之间的相互联系和相互制约关系。

(2) 所提供的是动态的计划概念。网络计划技术能告诉我们各个作业的最早可能开始时间、最早可能结束时间、最迟必须开始时间、最迟必须结束时间、总时差等时间参数，横道图只能表示出作业开始的时间和结束时间，只提供一种静态的计划概念。

(3) 可以区分关键作业和非关键作业。在通常情况下，当计划内有10项作业时，关键作业只有3～4项，占30%～40%；有100项作业时，关键作业只有12～15项，占12%～15%；有1000项作业时，关键作业只有70～80项，占7%～8%；有5000项作业时，关键作业也只不过150～160项，占3%～4%。因此，项目负责人和相关领导只要集中精力抓住关键作业，就能对计划的实施进行有效的控制和监督。

(4) 可以将计划项目分解为许多分支系统。对于一项规模较大的计划项目，可以先分解成若干个分支系统，然后再对各个分支系统进行控制，由局部优化达到整体优化。

(5) 可以有效地控制工期。在工程项目的实施过程中，经常会有一些条件发生变化，例如，天气的变化、原材料价格的变动、设备的意外故障等，网络计划技术能适应这种变化，采用网络计划技术，在不改变作业之间的逻辑关系，也不必重新绘图的情况下，只要收集有关变化的信息，修改原有的资料，经过重新计算和优化，就可以得到优化以后的新

计划方案。

(6) 能够和先进的电子计算机技术结合起来。网络计划技术从计划的编制、优化到执行过程中的调整和控制，都可借助电子计算机来进行，从而为计划管理现代化提供了基础。

4. 网络计划技术的应用范围

网络计划技术的应用范围很广，它特别适用于一次性的大规模工程项目，例如电站、油田建筑工程、大型水利工程、国防建设工程、大型科研项目、技术改造及技术引进项目等；在工业企业生产与计划管理中，适用于新产品开发试制、生产技术准备计划、设备大修理、大型工艺装备制造以及单件小批生产的组织，例如造船、发电机及大型雷达的制造等。一般来说，工程项目越大，协作关系越多，生产组织越复杂，网络计划技术就越能显示其优越性。

二、网络图

1. 网络图的构成要素

一项工程或规划总是由多道工序组成的。如果已经有了现成的计划，就可以依照这个计划和各工序的衔接关系，用箭头来表示其先后顺序，画出一个各项任务相互关联的箭头图，再标上时间，通过计算找出关键工序，并用粗双线画出关键线路，这个箭头图就称为网络图。

网络图是网络计划技术的基础，它一般由作业、节点和线路三部分组成。

(1) 作业。作业也称为活动或工序，它是指在工程项目中需要消耗资源并在一定时间内完成的独立作业项目。如“产品设计”这项作业既要有一定的时间来完成，又要有设计人员，设计图纸、设计资料、绘图工具等资源。在网络图中用一条实箭线“→”表示作业。箭尾表示作业的开始，箭头表示作业的结束。箭线上面标明作业名称或作业符号，下面标明作业完成所需的时间。作业的内容可多可少，范围可大可小。

(2) 节点。节点也称事项或时点，是箭线之间的交接点，用圆圈“○”表示，并编上号码。它是指一项作业开始或结束的时间。在网络图中，第一个节点称作初始节点(简称始点)，它表示一项任务的开始，最后一个节点称作最终节点(简称终点)，表示一项任务的结束。一个网络图只有一个始点和一个终点，介于网络图始点和终点之间的节点都称作中间节点。在一个完整的网络图中，除了最前的起点节点和最后的终点节点外，其余任何一个节点都具有双重含义——既是前面工作的完成点，又是后面工作的开始点。

(3) 线路。线路是指在网络图中，从起点节点开始，沿箭线方向顺序通过一系列箭线与节点，最后到达终点节点所经过的通路。在一条线路上，把整个活动的作业时间加起来，就是该线路的总作业时间，也称工期。每条线路所需的时间长短不一，其中持续时间最长的线路称为关键线路，也称总工期。整个计划任务所需的时间就取决于关键线路所需的时间。需要说明的是，一个大型网络图，有时关键线路可能有多条。

2. 网络图的绘制

(1) 网络图的绘制规则。绘制网络图一般应遵循以下基本原则：

① 有向性，无回路。即各项活动顺序排列，从左到右，不能反向，即箭线的方向一

律向右。另外，网络图中严禁出现循环回路，即箭线不能从一点出发，又回到该点。例如，某新产品试制项目，经过设计 A、制造 B、试验 C 后，再进行批量生产 E，如果发现达不到要求，需要重新设计 D，则网络图要按图 10-4(b)绘制，而不能按图 10-4(a)绘制。

② 节点编号，从小到大，从左到右，不能重复。网络图中的节点要统一进行编号，以便于识别和计算。编号顺序由小到大，一般允许采用非连续编号法，即可以空出几个号跳着编，适当留有余地，以便当节点有增减变化时，可以进行局部的调整改动，不至于打乱全部编号。为了便于对网络图进行分析研究，把某项工作开始节点的号码，也就是箭尾节点的号码，用 *i* 表示；把某项工作结束节点的号码，也就是箭头节点的号码，用 *j* 表示。*i*～*j* 表示相邻两个节点的编号。*j* 必须大于 *i*，节点的编号不能重复。

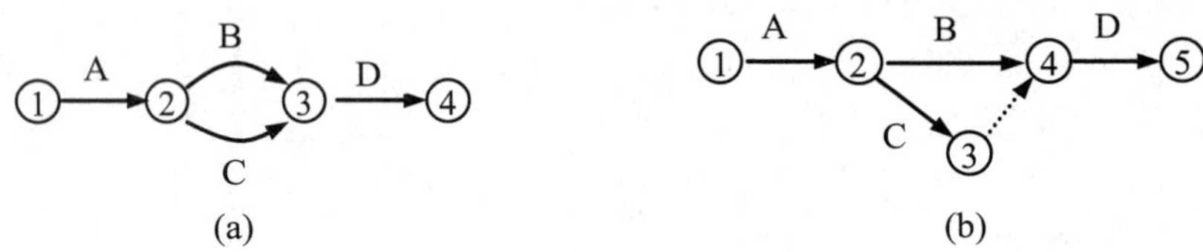

图 10-4 有向性无回路图

③ 两点一线。即相邻两个节点之间只允许画一条箭线。如果在两个相邻节点之间有好几个作业需要平行进行，则必须引入虚箭线。例如，有一项排管工程，在挖土工序 A 完成以后，为了加快进度，让排自来水管工序 B 和排煤气管工序 C 同时进行，然后再搞复土工序 D。图 10-5(a)是错误的画法，必须如图 10-5(b)那样，引用虚工序，才能使工序之间的逻辑关系得到恰当的表述。

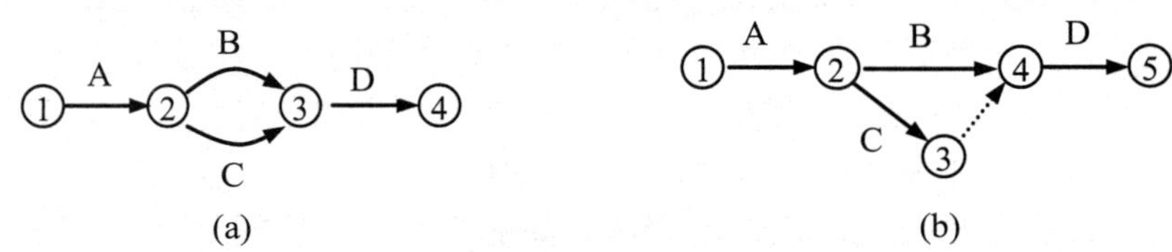

图 10-5 两点一线图

④ 箭线首尾都必须有节点，不能从一条箭线的中间引出另一条箭线来。如图 10-6(a)是错误的。图 10-6(b)是正确的。

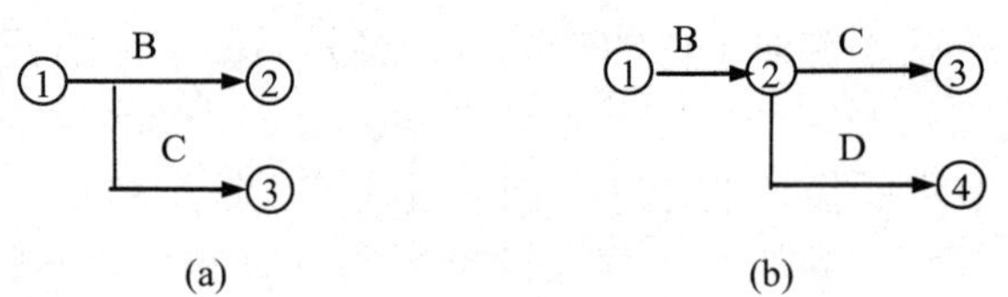

图 10-6 箭线首尾必须有节点图

⑤ 源汇唯一。每个网络图中只能有一个始点和一个终点，不能出现没有先行作业或没有后续作业的中间节点。如果在实际工作中出现几道工序同时开始或同时结束，可合理运用虚作业，将没有先行作业的中间节点与始点连接起来，将没有后续作业的中间节点和终点连接起来。图 10-7(a)及(b)的画法都是错误的，应分别改为图中 10-7(c)及(d)。

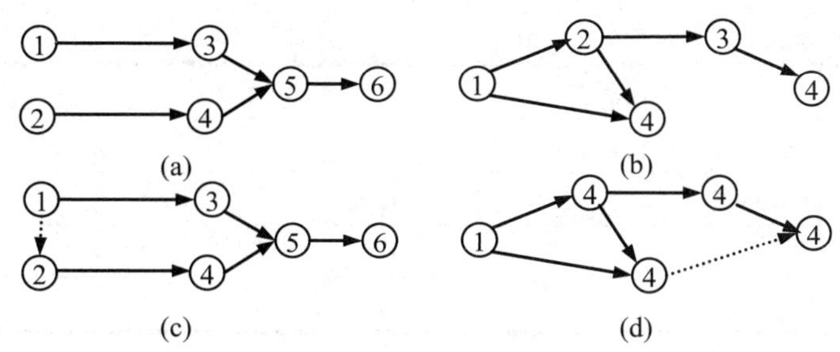

图 10-7　源汇唯一图

⑥　明确工序之间的逻辑关系。各条箭线之间的衔接关系应理解为只有在指向某一节点的各条箭线其工作全部完成以后，从该节点引出的箭线才能开始，如图 10-8 中，只有在 A 工序完成以后，C 工序才能开始，只有在 B 工序完成后，才能开始 D 和 E；同样，也只有在 C、D、F 三道工序全部完成以后，G 工序才能开始。

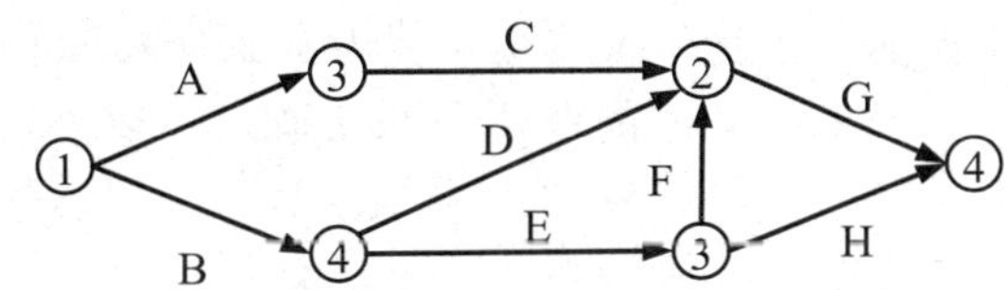

图 10-8　工序之间逻辑关系图

(2)　网络图的绘制步骤。

①　任务的分解。任何一项工作都是由很多具体的工序或者活动组成的，绘制网络图首先应根据对工作任务的性质、目标和内容的了解，把整个工作分解为一定数目的工序，并确定每道工序的具体要求和内容。工序分解的繁简程度，应视管理的需要而定。对于高层管理部门来说，需要通过网络图纵观全局，掌握关键，组织协调，工序可以分解得粗一些；对于基层单位来说，将运用网络图来具体组织和指挥，就需要把工序分解得比较细一些。对于工程周期比较长的大型项目，常常可以由粗到细绘制三套网络图，以满足各方面的需要。

②　工序的逻辑分析。任务分解以后，还必须对各道工序逐一进行分析。包括工序的先后次序，每道工序的紧前工序和后续工序，哪些工序可以平行作业，哪些工序可以交叉作业，以及完成每道工序所需要的时间等。在上述分析的基础上，列出工序关系明细表。

例：某厂要维修一台机器，已知各工序关系明确表如表 10-7 所示。

表 10-7　维修一台机器各工序关系表

工序代号	工序名称	紧后工序	工序时间/小时
A	拆卸	B、C	4
B	清洗	D	2
C	机头检修	I	6
D	部件检修	E、F	2
E	零件加工	G	8

续表

工序代号	工序名称	紧后工序	工序时间/小时
F	零件修理	G	5
G	涂油上漆	H	3
H	安装	I	4
I	运行试验	—	4

③ 绘制网络图。在列出工序关系明确表以后，就可以按明确表所列的工序清单着手画图。画图可以采用顺推法，即从第一道工序开始，以一条箭线代表一道工序，依照先后顺序和绘制原则，由左向右一箭线接一箭线画下去，直到最后一道工序为止。在箭线与箭线的分界处接上圆圈，再在第一道工序的箭尾处画上圆圈。画图也可以采用逆推法，即从最后一道工序开始，由右向左沿着紧前工序一箭线一箭线退着画，直到第一道工序为止。同一项任务，用上述两种方法画出的网络图是相同的。一般机器制造企业习惯于按反工艺顺序安排计划，采用逆推法较为方便；而建筑安装等企业则大多采用顺推法。

绘制网络图，除了要求把工序之间的逻辑关系正确表达以外，还要注意一些技术性要求。如画面应该清晰、简单。箭线最好画成水平线或具有一段水平线的折线，尽量少画斜线，避免出现交叉线，以求整个画面布局合理，重点突出。

由表 10-8 绘制的网络图，可以参见 10-9 所示。

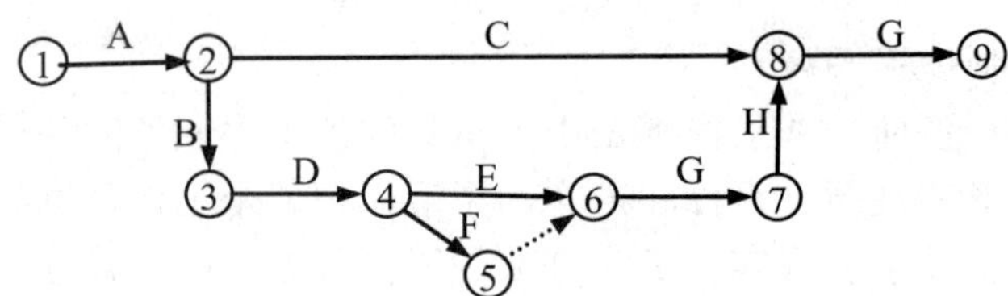

图 10-9 维修一台机器的网络图

三、网络时间参数的计算

作为组织与控制工程的项目进度的计划方法，在把工程项目绘制成网络图的基础上要进行各项时间参数的计算，以便对工程项目中各项作业在时间上做出科学的安排。网络时间参数包括各项作业的作业时间；节点的最早开始时间和最迟结束时间；作业的最早开始和最早结束时间；作业的最迟开始和最迟结束时间以及总时差等。

1. 作业时间的确定

作业时间就是在一定的生产技术条件下，完成一项活动或一道工序所需要的时间，它是按标准操作的方法制定出来的，直接关系到工程的工期长短，是工程安排进度的依据，在其单位一般采用日或周。但是，在实际作业中，有些工程项目往往是一次性的，无法事先测定时间标准，没有详细的定额资料做参考。因此，确定作业时间的方法主要靠经验估计，大致有下述两种方法。

(1) 单一时间估计法。这种方法是对各项作业的作业时间只是确定一个时间值。估计时应参照过去从事同类活动的统计资料，进行对比、分析和类推，力求确定的作业时间既

符合实际情况，又具有先进性。它适用于有同类作业或类似产品的时间做参考，不可知因素较少的重复性作业，一般不考虑偶然因素对完成作业内容的影响，如零件装配、管道安装、土木建筑等。

(2) 三值估计法。这种方法是对各项作业的作业时间预先估计的三个时间值：最乐观的完工时间、最保守的完工时间和最可能的完工时间，然后求出作业时间的平均值。计算公式如下：

$$T=\frac{a+4m+b}{6}$$

式中：T——作业时间平均值；

a——最乐观的完工时间；

b——最保守的完工时间；

m——最可能的完工时间。

例如：有一个工序在条件顺利时，最快可能在 6 小时内完工；在条件困难的情况下要 14 小时才能完工；估计最可能的是 7 小时完工，则该工序的作业时间平均值为：

$$T=\frac{6+4\times 7+14}{6}=8(\text{小时})$$

这个数值实际上是一个估算数，用概率论观点来衡量估计作业时间平均值，偏差是不可能避免的，但是从总的趋势来看，这种估计方法是有一定参考价值的。

三值时间估计法适用于不可知因素较多，在无先例可循的前提下求出作业时间的平均值，如新产品开发中常遇到的一些新结构设计和加工的问题，工程项目中非确定因素等。

2. 节点时间参数的确定

节点本身不占用时间，只是表示某项作业应在某一时刻开始或结束。节点时间参数有两个：节点的最早开始时间和节点最迟结束时间。

(1) 节点的最早开始时间。节点的最早开始时间是指从该节点开始的各项活动最早可能开始作业的时刻，在此时刻之前，各项活动不具备开始作业的条件，用 ES_i 表示。它的计算是从网络图的始点开始计算，通常将始点的最早开始时间规定为零，然后顺着节点编号顺序计算其他各节点的最早开始时间。

若节点进入只有一条箭线时，则箭头节点的最早开始时间等于该箭尾节点的最早开始时间加上该作业的作业时间；若进入箭线有多条(≥2)时，则对每条箭线做上述计算之后，取其中最大数值为该节点的最早开始时间。其计算公式如下：

$$\mathrm{ES}_j=\max\{\mathrm{ES}_i+T_{i,j}\}$$

式中：ES_j——箭头节点的最早开始时间；

ES_i——箭尾节点的最早开始时间；

$T_{i,j}$——活动 i～j 的作业时间。

例：试计算图 10-10 中各节点的最早开始时间。

ES_1–0

ES_2=0+6=6

ES_3=6+3=9

ES_4=max{9+4=13，6+8=14}=14

$ES_5=\max\{9+5=14，14+7=21\}=21$

$ES_6=21+2=23$

(2) 节点的最迟结束时间。节点的最迟结束时间是指以该节点为结束时间的各项活动最迟必须完成的时刻。若在此时刻不能完成，势必影响后续作业的按时完成，用 LF_i 表示。节点最迟结束时间的计算是从终点开始计算，终点的最迟结束时间是工程项目的总工期，其实也就是终点的最早开始时间。然后按箭头逆方向逐个计算，直至网络图的始点，如图 10-10 所示。

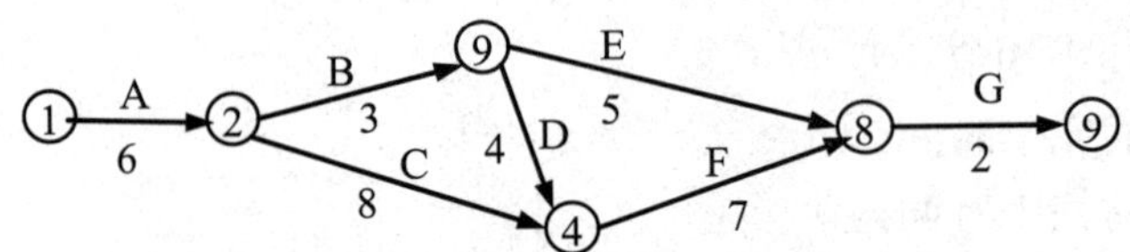

图 10-10 某工程施工的网络图

若节点只发出一条箭线时，则箭尾节点的最迟结束时间等于箭头节点的最迟结束时间减去该作业的作业时间。若节点发出多条箭线(≥2)时，则每一条箭线都作上述计算后，取其中最小值为该节点的最迟结束时间。其计算公式如下：

$$LF_j=\min\{LF_i+T_{i,j}\}$$

式中：LF_i——箭尾节点的最迟结束时间；

LF_j——箭头节点的最迟结束时间；

$T_{i,j}$——活动 $i\sim j$ 的作业时间。

例：试计算图 70-11 中各节点的最迟结束时间。

$LF_6=ES_6=23$

$LF_5=23-2=21$

$LF_4=21-7=14$

$LF_3=\min\{21-5=16，14-4=10\}=10$

$LF_2=\min\{10-3=7，14-8=6\}=6$

$LF_1=6-6=0$

在计算各节点的最早开始时间和节点的最迟结束时间以后，应将计算好的结果分别标明在网络图的各个节点的旁边，我们给最早开始时间加上方框“□”的记号，给最迟结束时间加上三角“△”的记号，以示区别，如图 10-11 所示。

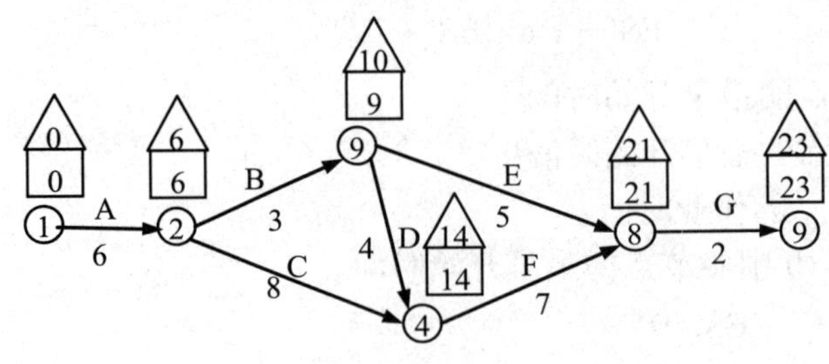

图 10-11

3. 作业时间参数的确定

每项作业的时间参数有四个：作业的最早开始时间，作业的最迟开始时间，作业的最早结束时间，作业的最迟结束时间。

(1) 作业的最早开始时间。作业的最早开始时间是指作业最早可以开工时间，用 $ES_{i,j}$ 表示，它等于该作业的箭尾节点的最早开始时间。即：

$$ES_{i,j} = ES_j$$

(2) 作业的最早结束时间。作业的最早结束时间是指用 $EF_{i,j}$ 表示，它等于该作业的最早开始时间与该作业的作业时间之和。即：

$$EF_{i,j} = ES_{i,j} + T_{i,j} = ES_i + T_{i,j}$$

(3) 作业的最迟结束时间。作业的最迟结束时间用 $LF_{i,j}$ 表示，它等于该作业的箭头节点的最迟结束时间。即：

$$LF_{i,j} = LF_j$$

(4) 作业的最迟开始时间。作业的最迟开始时间用 $LS_{i,j}$ 表示，它等于该作业最迟结束时间与该作业的作业时间之差。即：

$$LS_{i,j} = LF_{i,j} - T_{i,j} = LF_i - T_{i,j}$$

4. 作业时差的计算和关键路线的确定

(1) 作业时差及其计算。计算和确定各项作业或工序各种时间参数，其目的之一是为了分析各项作业在时间配合上是否合理，有无潜力可挖。在一项工程中，有些活动环环相扣，如果一环脱节就会影响全局。但也有一些活动，它们在一定的条件下，开始或结束时间早一点或晚一点，对后续活动和整个计划的完成没有影响，这说明完成这些活动在时间上有一定的机动性。这个可以机动使用的时间长短取决于时差的计算。

作业时差，是指在不影响整个任务完工时间的条件下，某项作业或工序在执行中间可以推迟的最大延迟时间。它是非关键作业所具有的，即非关键作业在完成期限上都有一定的宽裕程度和机动范围。作业时差一般可分为单时差和总时差两种。

作业的单时差是指在不影响下道工序最早开始条件下，完成该工序所宽裕的时间。计算公式如下：

$$ST_{单(i,j)} = ES_{j,k} - EF_{i,j}$$

式中：$ST_{单(i,j)}$——作业 i~j 的单时差；

$ES_{j,k}$——紧后作业的最早开始时间；

$EF_{i,j}$——作业 i~j 的最早结束时间。

单时差在网络图的作业线路中，只能在本作业加以利用，而不能转让给其他作业时间。因此，单时差为零的作业不一定是关键作业。某项作业如果要利用时差，首先要利用单时差，不够时再考虑利用总时差中的其他部分。

作业的总时差是指在不影响下道作业的最迟开始条件下完成该作业所宽裕的时间。也就是说，若某一作业有总时差，该作业的开工时间不一定要在该作业的“最早开工时间”开工，它可以向后推迟，只要推迟时间不超过作业的总时差，整个计划任务仍然可以按时完工。

作业的总时差等于作业的最迟开始时间减去最早开始时间或者等于作业的最迟结束时

间减去最早结束时间。计算公式如下：

$$ST_{总(i,j)}=LS_{i,j}-ES_{i,j}=LF_j-ES_i-T_{i,j}$$

或

$$ST_{总(i,j)}=LF_{i,j}-EF_{i,j}=LF_j-ES_i-T_{i,j}$$

式中：$ST_{总(i,j)}$——作业 $i\sim j$ 的总时差；

$LS_{i,j}$——作业 $i\sim j$ 的最迟开始时间；

$ES_{i,j}$——作业 $i\sim j$ 的最早开始时间；

$LF_{i,j}$——作业 $i\sim j$ 的最迟完成时间；

$EF_{i,j}$——作业 $i\sim j$ 的最早完成时间。

作业总时差是以不影响整个计划任务的完成时间为前提条件的，它可以储存在该线路之中，也可以将本作业的一部分或全部机动时间转让给其他作业利用。当某作业占用了这部分机动时间后，在线路上的其他作业就不能再加以利用。总时差是作业时差中机动时间最长的一种时差，是有关线路的整个概念。

(2) 关键线路的确定。作业总时差计算的目的是确定关键作业和关键线路。总时差为零的作业称为关键作业，将关键作业连起来就可构成某一项计划任务的关键线路，它是网络图上时间最长的线路。关键线路上各项关键作业的作业时间之和即为整个计划任务的总工期。因此，整个计划任务的完工期取决于关键线路的时间。由于关键线路上各项作业的总时差均为零，故每项作业必须按规定的时间开工和完工，否则将影响其后续作业的按期开工和完工，从而最终影响整个计划任务的按时完成。网络计划技术通过时间参数的计算，可以确定影响整个计划任务的关键线路。执行者掌握了关键线路，就会做到心中有数，将管理的重点放在关键线路上，有效地安排人力、物力和财力，保证计划任务按期完成。

关键线路是在一定的条件下形成的，当各工序的作业时间及其前后逻辑关系等条件发生变化时，关键线路也将随之变化。在一个网络图中，有时可能出现多条关键线路。关键线路多表明该工程计划安排的日程比较紧。因此，对关键线路必须严格控制，加强管理，以保证计划任务的按期完成。

四、网络计划的优化与调整

在运用网络计划技术编制工程计划时，不仅要考虑时间问题，还要考虑资源情况和费用问题。时间、资源、费用这三者是相互联系、相互制约的。我们的目的是要求得到一个时间短、资源耗费少、费用低的计划方案。

所谓优化就是根据预定目标，在满足约束条件的前提下，按某一衡量指标寻求最优方案。网络计划优化就是利用作业的总时差不断改善网络计划的最初方案，是指获得最佳工期、最低费用和对资源的最有效利用。

1. 网络计划优化的内容和原则

(1) 网络计划优化的内容。网络计划平衡与优化的主要内容有以下几方面。①在规定的日期内，对工程项目每一项作业所需要的资源计算出合理的用量，并做出在日程上的进度安排；②当资源有限时，应全面统筹规划各个作业，以保证总工期的完成；③及时适当调整总工期，使资源得到合理地利用。

(2) 网络计划优化的原则。在网络计划的平衡与优化过程中，各个作业每日所需要的

资源数量，一般可采用工程进度表(横道图)来表示，为了计算上的方便，通常都是用一种专业人员或者是一种物资，单列一个进度表进行平衡和优化，网络计划平衡和优化的原则包括：①要优先保证关键线路上的关键作业对资源的需求量；②要充分利用时差，错开各项作业的开始时间，平衡并协调各项作业的人力和物力；③具有时差值较大的作业可推迟开工时间，以减少每日所需的资源数量。

(3) 网络计划优化的判别标准。①从时间进度方面考虑，应使网络图各条可行线路中关键线路的长度接近非关键线路长度，使松散的网络结构趋于紧凑。时间进度的判别标准包括：A. 工期预计完成时间是否趋于最短；B. 工期预计完成时间是否符合或接近任务规定日期；C. 当预计完成日期不能满足规定日期要求时，要判别任务在规定日期完成的可能性，也就是判别实现任务规定日期的难易程度。②从费用方面考虑，要在时间流的有向矢量图中寻求一个工程期费用最少的进度周期，或在缩短工期周期中使追加费用最少。③从资源利用方面考虑，要充分利用统筹网络提供的信息，均衡地分配和使用资源，使资源利用最大化。

2. 网络计划优化的方法

根据具体目标的不同，网络计划的优化常用的方法有时间优化、时间—费用优化、时间—资源优化等。

1) 时间优化

时间优化是指在人力、材料、设备、资金等资源基本有保证的情况下，应尽量缩短工程周期，提高系统的经济效益。特别是经过判别，计划的预计周期大于上级的规定周期，且有时差可用时，应立即着手调整网络、缩短工程进度。

缩短进度的方法有三种。

(1) 调整工序之间的衔接关系，将关键工序进一步分解，采取平行作业或交叉作业，通过改变网络结构以缩短生产周期。

(2) 对网络结构不作丝毫改变，设法缩短关键作业的作业时间。

(3) 利用时差，从非关键路线上抽调部分人力、物力和财力资源集中于关键路线，以缩短关键工序的作业时间。

无论采取哪一种方法都要视具体而定。不能生搬硬套。通常可供选择的技术、组织措施如下所述。

(1) 最积极的措施是采取新工艺、新技术，以缩短活动的作业时间，特别是关键活动的作业时间。

(2) 利用非关键作业上的时差，适当调配人力、设备和其他资源，支援关键作业。

(3) 尽量采用标准件、通用件、预制件等，以缩短设计周期和制造周期，组织平行作业以缩短工期。

(4) 在人力资源有保证时，增加工作班次，改一般制为多班制，以缩短工程周期。

2) 时间—资源优化

时间—资源优化，是指在一定的工期条件下，通过平衡资源，求得工期与资源的最佳结合。时间—资源优化是一项工作量较大的作业，往往难以将工期进度和资源利用都能够做出合理的安排，往往是需要进行几次综合平衡后，才能得到最后的优化结果。时间-资源优化主要靠试算，其基本工作步骤是：首先，将网络图改变为根据日程进度绘制的线条图；其次，统计出每一天资源占用的数量；最后，依据有限资源条件和优化目标，在坐标图上利用非关键程序的时差，依次调整超过资源约束条件工作时期内各项作业的开工时间，直到满足平衡条件为止。由于资源不同，要求不同，具体优化方法也不相同。时间-资源优化的方法按优化的目标一般可分为下述两种。

(1) 有限资源，以最短工期为目标的优化方法。在一定的时期内，一个单位或部门的人力、物力和财力资源总是有一定限量的，编制网络计划，必须对资源问题加以统筹安排，并利用各作业所具有的时差进行调整，以资源限制为约束条件，以压缩工期为目标，改善网络计划的进度安排，通常也称为“资源有限、工期最短”的优化方法。

(2) 工期不变，以资源需要量均衡为目标的优化方法。均衡施工，是指在整个施工过程中所完成的作业量和所消耗的资源尽可能保持均衡。反映在施工进度计划中，是作业量进度动态曲线、劳动力总需要量动态曲线和各种材料需要量动态曲线等都尽可能不出现短时期的高峰或低谷。

3) 时间—费用优化

时间—费用优化，是指根据最低成本的要求，寻求最佳生产周期；或根据计划规定的期限，寻求最低的成本或费用。由于每道工序需要的人力、设备、材料等资源的数量都不相同，完成每道工序所需要的费用也有差异，在对原网络图的调整优化过程中，必须讲求经济效益，尽量节约费用。例如，为关键工序增添人力、物力以压缩工序完工时间，应该考虑压缩哪道工序费用最省；从非关键工序抽调人力时，也要分析从哪道工序抽调能达到节约费用的目的。除了非常紧急的任务，网络图的调整与优化都要结合费用的变化进行分析。

每道工序的费用由直接费用与间接费用两部分组成。直接费用是指直接用于各道工序的费用，如直接生产工人的工资、材料费、设备使用费等。直接费用的多少因每道工序投入的人力、材料、设备的不同而有所不同。一般来讲，在正常工期的情况下，直接费用支出比较低；但如果要压缩工期，就会形成赶工费用。因为压缩工期涉及加班加点、增加人员、增加设备和紧急采购物资等，有时赶工费用会比正常费用增加很多。间接费用是只与整个工程周期长短有关，而与各道工序没有直接关系的费用。如管理人员的工资、办公费等，这些费用通常都是根据各道工序完成时间的长短按比例分摊的。

在一般情况下，压缩工期会引起直接费用的增加和间接费用的减少；延长工期也会引起直接费用的减少和间接费用的增加。时间-费用的优化应着重分析直接费用与工序完成时间之间的关系，再结合分摊的间接费用来研究总费用的优化。

对直接费用进行优化之前，必须掌握每道工序的赶工费用率，即每道工序压缩一个单位时间，直接费用相应增加的额度。我们把网络图上原来规定的每道工序的完成时间称为正常时间，按正常时间完成该工序所需的直接费用称为正常费用，它应该是该工序最低的直接费用。各道工序能够压缩到的最短完工时间称为赶工时间，这时按赶工时间要求完成该工序所需的直接费用称为赶工费用。赶工费用率是指压缩单位工序时间所需增加的直接费用。其公式如下：

$$\text{赶工费用率}=\frac{\text{赶工费用}-\text{正常费用}}{\text{正常时间}-\text{赶工时间}}$$

进行时间-费用优化的基本方法是：首先压缩关键线路上赶工费用率最低工序的作业时间，然后逐步逐次优化。

第十章现代企业生产管理.ppt

第十章案例.docx

第十章习题与答案.doc

第十一章　现代企业质量管理

学习目标

通过本章的学习，可使读者了解质量管理的发展历程；质量管理中的数据及其分布；质量成本的合理构成；质量成本特性曲线与最佳质量成本；6σ管理的定义和优点；6σ管理在企业中的实践；6σ管理与ISO 9000的关系。掌握质量和质量管理的定义；质量管理的内容；全面质量管理的概念和特点；PDCA循环；全面质量管理的基本指导思想和工作原则；工序质量控制方法；质量问题分析方法；质量改进的运行方式；质量成本。

关键概念

质量管理；全面质量管理；6σ管理；工序能力指数；控制图；质量改进的运行方式；质量成本

第十一章质量管理：质量管理分析.mp4

第十一章质量管理：质量管理分析01.mp4

第十一章质量管理：质量管理分析02.mp4

第十一章质量管理：质量管理体系与全面质量管理.mp4

第十一章质量管理概论.mp4

第十一章质量管理概论02.mp4

当今，质量问题已被越来越多的企业管理者所关注，是现代工业社会和各国经济建设中一个突出的问题。质量管理也是现代企业发展中的一个非常重要的问题，直接关系到企业的前途和命运。企业为了占领和扩大市场，并获得更大利润，必须建立健全质量管理体系，不断改进产品和服务的质量。本章将着重介绍质量和质量管理的内涵、全面质量管理以及质量管理的程序和方法。

第一节　质量管理概述

一、质量管理的基本概念

1. 质量的概念

美国质量管理专家菲利浦·克劳士比(Philip Crosby)从生产者的角度出发，曾把质量概括为“产品符合规定要求的程度”，这种认识对于质量管理的具体做法很实用，但难免会忽略顾客的需要，忽略企业存在的真正目的和担负的使命。随着生产力的发展，后来又形成了另外一种与克劳士比的观点相对应的观点，美国质量管理专家约瑟夫·朱兰(Joseph M. Juran)博士从顾客的角度出发，提出了产品质量就是产品的适用性，即产品在使用时能成功地满足用户需要的程度。用户对产品的基本要求就是适用，适用性恰如其分地表达了质量的内涵。另外还有一种比较经典的质量概念，是从经济学的角度出发，由日本的质量管理专家田口玄一(Taguchi Gen'ichi)提出的。田口玄一认为：“质量是指产品出厂以后给社会带来的损失。”这里所指的社会是指生产厂家以外的所有人，损失是指使用费用、故障损失、重新购置损失，不包括由于产品功能本身所产生的损失。

国际标准化组织(ISO)2005 年颁布的 ISO 9000:2005《质量管理体系基础和术语》中对质量的定义是：一组固有特性满足要求的程度。特性分为固有特性与赋予特性，固有特性是指本来就有的、长久不变的属性，例如产品的尺寸、重量、容量、可靠性等，赋予特性是指为了适应不同要求而增加的特性，如产品价格、供货时间、保修时间等。狭义的质量仅仅指产品的固有特性，而广义的质量不仅包括产品质量，还包括企业项目活动或运行过程中的工作质量以及质量管理体系的运行质量等。质量标准和质量要求受到环境、地区、文化、消费者需求等因素的影响，因此质量的固有特性及赋予特性都会随着这些变化而表现出差别。

2. 质量管理的概念

质量管理的概念同样经历了一个世纪的发展历程。QCC(Quality Control Circle)之父、日本质量管理大师石川馨(Ishikawa Kaoru)认为，质量管理就是开发、设计、生产、提供最经济、最实用、买方满意地购买的优质产品。

质量管理专家戴明(W. Edwards Deming)博士认为，质量管理就是为最经济地生产出具有使用价值与商品性的产品，并认为在生产的各个阶段应用统计学的原理与方法是控制质量的最好方法。

全面质量管理的创始人阿曼德·费根堡姆(Armand Vallin Feigenbaum)认为，质量管理就是为了在最经济的水平上生产出充分满足顾客质量要求的产品而综合协调企业各部门活动，构成保证与改善质量的有效体系。

朱兰博士将质量管理划分为三个普遍的过程，即质量策划、质量控制和质量改进，称为朱兰质量管理三部曲。

ISO 9000:2000 标准对质量管理的定义是：“在质量方面指挥和控制组织的协调的活

动。”这里的活动通常包括制定质量方针和质量目标以及质量策划、质量控制、质量保证和质量改进。它以质量管理体系为载体，按照企业制定的质量目标实施质量控制，进行质量改进。在产品生产和经营过程中如何协调产品质量与组织目标、人事、设备、环境等方面的关系使之有序进行成为质量管理的主要任务。市场经济条件下，企业的最基本任务是提供顾客满意、市场有需求的产品和服务，而质量管理涉及组织的各个方面，能否有效实施管理关系到企业其他管理活动能否顺利开展。

二、质量管理的发展历程和内容

1. 质量管理的发展历程

随着质量管理理论与实践的发展，质量管理体系不断发展完善，国际上质量管理发展历程通常可以划分为三个阶段：质量检验阶段、统计质量控制阶段和全面质量管理阶段。

(1) 质量检验阶段(quality inspect)。这一阶段执行质量职能的主要内容是通过严格检验来保证工序间和出厂的产品质量。但是，执行质量职能的主体有一个变化的过程。由于生产力发展和企业规模的扩大，执行质量职能的责任先后由操作者转移给工长，又由工长转移给专职的检验人员。这种质量管理属于“事后检验”，缺乏系统优化的观念，无法在生产过程中完全起到预防、控制的作用。另外由于抽样方法的局限，质量管理也难以获得理想的效果。

(2) 统计质量控制阶段(statistical quality control)。20 世纪 20 年代之后一些著名的统计学家和质量管理专家开始研究运用数理统计学来解决质量检验中存在的问题，运用质量控制图、抽样检验表等方法把事后检验逐渐变成了预先控制。利用统计学知识进行质量控制和质量检验，有效地避免了全数检验和破坏性检验造成的损失，成为在生产过程的同时进行质量控制的有力工具。但是由于过多强调统计方法的作用，忽视了管理人员和组织管理对质量的能动性作用，而统计方法本身的难度又限制了其在质量管理方面的推广。

(3) 全面质量管理阶段(total quality control)。20 世纪 60 年代开始由于科技的进步、观念的改变、产品复杂多样化等原因对产品质量提出了更高的要求。受行为科学理论的影响，费根堡姆于 20 世纪 60 年代初提出全面质量管理的概念。他提出，全面质量管理是“为了能够在最经济的水平上并考虑到充分满足顾客要求的条件下进行生产和提供服务，并把企业各部门在研制质量、维持质量和提高质量方面的活动构成为一体的一种有效体系”。全面质量管理认为为了生产具有合理成本和较高质量的产品，以满足市场的需求，只注意个别部门的活动是不够的，需要对覆盖所有职能部门的质量活动进行策划。全面质量管理是为了能够在最经济的水平上，在充分满足用户要求的条件下进行市场研究、设计、生产和服务，把企业各部门的研制质量、维持质量和提高质量的活动构成为一体的有效体系。随后，20 世纪 80 年代伴随着第一部质量管理标准 ISO 9000 族标准诞生，质量管理活动有了一个国际统一的标准。此后将质量固化到统计概念的 6σ管理，目标是为实现质量管理的完美，对质量管理提出了更高的要求。

2. 质量管理的内容

对于企业来说，质量管理的内容包括质量方针、质量目标、质量策划、质量控制、质量保证和质量改进。

(1) 质量方针是由组织的最高管理者正式颁布的该组织总的质量宗旨和质量方向。质量方针是一个组织总方针的重要组成部分，由最高管理者批准颁布，但质量方针的制定与实施却与组织的每一个成员密切相关。制定质量方针必须以有关质量管理原则为基础，结合本组织的质量方向，特别是针对如何全面满足顾客和其他相关方的需求和期望以及努力开展持续改进做出承诺。

(2) 质量目标是在质量方面所追求的目标。质量目标通常依据组织的质量方针制定，通常对组织的相关职能和层次分别规定质量目标。质量目标是组织质量方针的具体体现，也是实现质量方针的保证和依据，质量目标可分为定性目标和定量目标、时点目标和时期目标。

(3) 质量策划是质量管理的一部分，制定质量目标并规定必要的运行过程和相关资源可以实现质量目标。质量策划是质量管理体系的关键部分，包括过程、产品生产、资源提供和测量分析改进等环节的策划。编制质量计划也是质量策划的一部分。

(4) 质量控制是致力于满足质量要求的活动。质量控制的目的是确保产品、过程或体系的质量能满足组织自身、顾客及社会所提出的质量要求。它通过采取一系列作业技术和活动对质量形成的各个过程实施控制，排除会使质量受到损害而不能满足质量要求的各项因素，以减少经济损失，取得经济效益。

(5) 质量保证是致力于对达到质量要求提供信任的活动。质量保证的核心是向人们提供足够的信任，使顾客和其他相关方确信组织的产品、过程或体系已经达到规定的质量要求。根据目的不同，质量保证可分为内部质量保证和外部质量保证两类。内部质量保证的主要目的是向组织的管理者提供信任，使组织的管理者确信组织的产品、过程或体系能满足质量要求。而外部质量保证有两种形式可以取得顾客的信任。一种是组织接受顾客或以顾客名义的第二方质量管理体系审核；另一种是组织向独立的、公正的第三方审核机构申请质量管理体系认证和注册，以证实组织符合质量管理体系的要求，保证产品质量得到系统的控制。

(6) 质量改进是致力于增强满足质量要求的能力。质量是组织在竞争中取胜的重要手段，为了增强组织的竞争力，有必要进行持续的质量改进。为此，组织应确保质量管理体系能推动和促进持续的质量改进，使其质量管理工作的有效性和效率能使顾客满意，并为组织带来持久的效益。

三、质量成本的概念和意义

1. 质量成本的概念

质量成本的概念是美国质量管理专家阿曼德·费根堡姆在 20 世纪 50 年代初最早提出的，第一次将企业中质量预防和鉴定活动的费用与产品质量不合要求所造成的损失一起考虑，并形成质量成本报告，成为企业高层管理者了解质量问题对企业经济效益影响以及与中低层管理者之间沟通的桥梁，是进行质量决策的重要依据。此后，质量成本的概念在美国的 IBM、GE 等大公司相继推行并收到了一定效果。我国于 20 世纪 80 年代引进质量成本概念，并在不少企业中开展了质量成本的核算与管理。

ISO 9000 系列国际标准质量对成本的定义是：将产品质量保持在规定的质量水平上所需的有关费用。

2. 质量成本的意义

质量成本对于企业的意义包括下述各点。

(1) 质量成本管理是定量管理的重要手段，企业应制定恰当的质量成本目标。其具体计算方法因企业情况不同而不同，因为质量成本的核算与企业成本核算直接相关，并完全依赖于成本核算的准确性和完整性。

(2) 质量核算是进行质量成本管理的基础工作。通过质量成本核算可以反映和监督企业在产品开发、生产经营等活动中，开展质量管理活动的各种费用和各种质量损失，从而揭示企业在产品、技术、过程、管理等各方面存在的问题，找出企业在质量管理职能上的弱项，为企业推进质量管理活动提供依据。

(3) 推行质量成本管理工作，可以让企业基于长远眼光，建立明确的战略和质量目标，持之以恒。质量成本管理决非一年半载就能奏效，绝不能急于求成。过去企业总是将战略与产品质量目标割裂开来，区别对待，这种做法是不正确的。

(4) 在企业中广泛宣传质量成本管理的优越性，普及质量成本管理观念，可以增强员工对质量成本的认识，推动企业总体质量改善的进程。

(5) 质量成本实施要密切结合质量控制和改进活动。质量成本核算和分析只是单纯定期以整个企业为对象是不够的，应根据质量控制和改进的需要采取定期与专题相结合的方式，并把质量成本分析与因果分析、工序分析结合起来，寻求影响产品质量的关键因素，制定切实可行的实施方案。

四、质量成本的构成

1. 质量成本的费用组成

根据国际标准(ISO)的规定，质量成本由两部分构成，即运行质量成本和外部质量保证成本。

(1) 运行质量成本。运行质量成本是指企业为保证和提高产品质量而支付的一切费用以及因质量故障所造成的损失费用之和。它又可分为四类，即企业内部损失成本、鉴定成本、预防成本和外部损失成本等。

① 企业内部损失成本又称内部故障成本，是指产品出厂前因不符合规定的质量标准而支付的费用。主要包括：废品损失费用、返修损失费用和复试复验费用、停工损失费用、处理质量缺陷费用、减产损失及产品降级损失费用等。

② 鉴定成本。鉴定成本是指评定产品是否满足规定的质量标准所需要的费用。主要包括：进货检验费用、工序检验费用、成品检验费用、质量审核费用、保持检验和试验设备精确性的费用、试验和检验损耗费用、存货复试复验费用、质量分级费用、检验仪器折旧费以及计量工具购置费等。

③ 预防成本。预防成本是指用于预防产生不合格产品与故障等所需的各种费用。主要包括：质量计划工作费用、质量教育培训费用、新产品评审费用、工序控制费用、质量改进措施费用、质量审核费用、质量管理活动费用、质量奖励费、专职质量管理人员的工资及其附加费等。

④ 外部损失成本。外部损失成本是指成品出厂后因不符合规定的质量标准，导致索

赔、修理、更换或信誉损失等而支付的费用。主要包括：申诉受理费用、保修费用、退换产品的损失费用、折旧损失费用和产品责任损失费用等。

(2) 外部质量保证成本。外部质量保证成本是指为用户提供所要求的客观证据所支付的费用。主要包括：①为提供特殊附加的质量保证措施、程序、数据所支付的费用；②产品的验证试验和评定的费用；③为满足用户要求，进行质量体系认证所发生的费用。

2. 质量成本的合理比例

质量成本的各部分费用之间存在着一定的比例关系，探讨这些费用的合理比例关系，以最大限度降低质量总成本，即实现质量成本的优化，是质量成本管理的一项重要任务。

图 11-1 是经过放大了的质量成本总额曲线。区域Ⅱ是比较理想的区域，从图 11-1 中很容易看出，质量成本总额曲线存在着一个最小值。我们进行质量成本分析和管理，正是要使质量成本总额达到这一最小值。区域Ⅱ基本上处于或者接近质量成本总额的最小值，所以是比较理想的区域。这一区域的特点，是质量损失成本占质量成本总额的一半左右，而预防成本约占全部质量成本的 10%。当质量成本总额处于这一区域时，下一步的工作将是如何保持这个较理想的水平和严格控制各项质量成本，以免偏离这一区域。

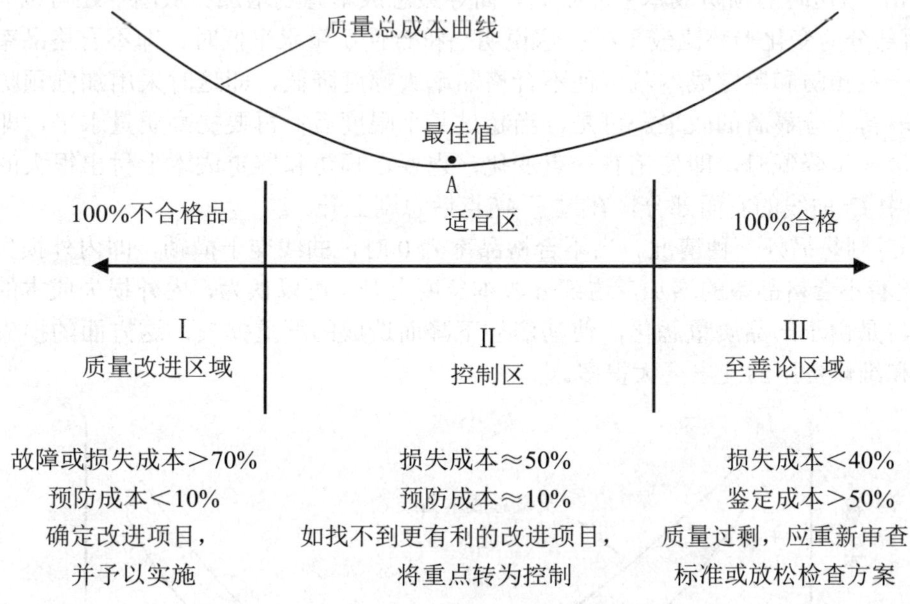

图 11-1 质量总成本曲线图

区域Ⅰ的明显特点，是质量损失成本占质量成本总额的 70%以上，而预防成本低于总额的 10%。鉴定成本和预防成本偏低，是造成质量损失成本和质量总成本过大的主要原因。大量研究已经表明，在此情况下，通过降低质量损失成本，从而降低质量成本总额，存在着很大的潜力。工作的重点应放在增加鉴定成本和适当提高预防成本。由此可以使质量成本总额得到较大幅度的下降。

区域Ⅲ的特点是鉴定成本超过了质量损失成本，且占质量成本总额的一半以上。出现这种情况，通常是与对合格品率和产品质量提出了过高的要求，而又没有认真考虑与产品质量的经济性有密切关系。此时，减少质量成本总额的主要途径，是力求发现并消除因要

求产品质量尽善尽美而带来的不必要的成本。

五、质量成本特性曲线与最佳质量成本

质量成本中四类成本费用的大小与产品合格质量水平(即合格率或不合格率)之间存在一定的变化关系，反映这种变化关系的曲线称为质量成本特性曲线。它的基本形式如图 11-2 所示。图中的曲线 C_1 表示预防成本与鉴定成本之和，它随着合格品率的增加而增加；曲线 C_2 表示内部损失与外部损失之和，它随着合格品率的增加而减少；曲线 C 为上述四项成本之和的质量总成本曲线，即质量成本特性曲线。由图 11-2 可知，在质量成本特性曲线 C 左右两端的质量成本都很高(理论上无穷大)，中间有一个最低点，即 M 处，它就是质量成本的最低值，M 处的质量成本称为最佳质量成本。

曲线 C 所表示的变化趋势与上节所分析的质量成本构成关系是一致的。当不合格品率很高，即处于曲线 C 左端时，内外损失成本都很大，质量总成本当然也很大；当逐步加大预防和鉴定成本时，不合格品率降低，内外损失成本与质量总成本将随之降低。但如果继续增加预防成本，达到接近 100%的预防成本，即不合格品率趋于 0。内外损失成本虽然可以接近于 0，但这时的预防成本会非常高，而导致总成本急剧增加。从图中还可以看出，曲线 C_1 左面部分的变化趋势比较平缓；这说明当符合性质量水平低时，即不合格品率高时，略微增加一些预防和鉴定成本就可使不合格品率大幅度降低，即这时采用加强预防和鉴定的措施会取得十分显著的效果。可是，当超过某个限度后，再要提高质量水平，即要求不合格品率进一步降低时，即使稍有一点变化，也要在预防和鉴定成本上付出很大的代价。如图 11-2 中 C_1 曲线的右面部分，在过了 M 点后急剧上升。

曲线 C_2 则是另外一种情况。当不合格品率为 0 时，曲线交于横轴，即内外损失成本也为 0。但随着不合格品率的增加，这部分成本急剧上升。可以认为，内外损失成本的上升速度这么快，是由于产品质量恶化，使其信誉下降而造成的严重损失，这方面的损失往往比材料报废和维修费用的支出要大得多。

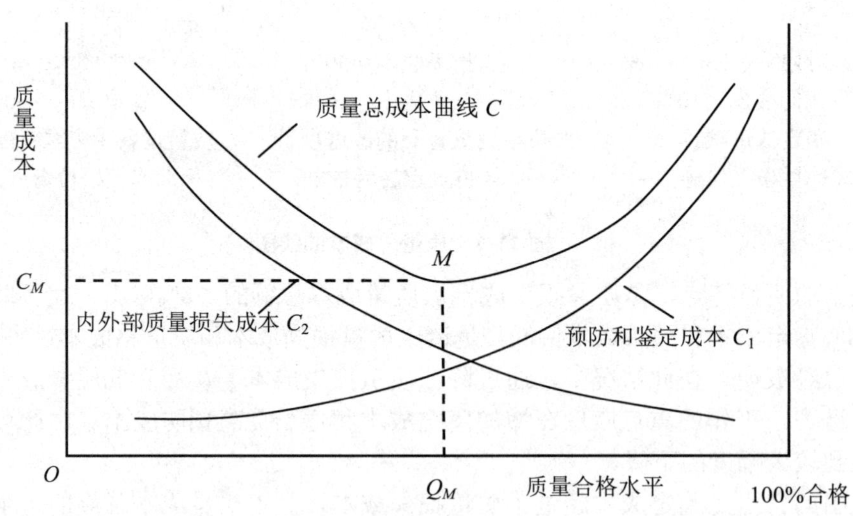

图 11-2　质量成本特性曲线图

六、全面质量成本

1. 全面质量成本的定义

全面质量成本是从系统的角度出发，综合运用各种知识来分析生产经营中各因素对产品质量的影响，全面控制产品质量形成的各个环节与阶段所发生的支出，从严控制这种支出可以获得最佳的经济效益。因此全面质量成本是指产品在形成的各个环节与阶段中应负担的、为达到顾客认同的合理的质量水平而发生的全部支出。

2. 传统质量成本与全面质量成本的区别

(1) 内容不同。传统的质量成本概念主要集中反映的是“质量管理成本”。而全面质量成本概念则因为其考虑范围的扩大不仅包括“质量管理成本”，而且还包括“质量设计成本”“质量实体成本”等各环节应负担、构成一定质量水平的全部支出。

(2) 成本费用不同。传统的质量成本概念实质上反映的是质量不足的情况。而全面质量成本概念则反映的更为全面。不仅考虑到质量不足的情况，而且还加上了质量过剩所造成的成本支出情况。

(3) 环节不同。传统质量成本概念主要侧重于对产品生产环节的监督与控制。而全面质量成本概念由于考虑了“产品形成的各个环节与阶段”，所以，它反映的不只是生产环节，还包括产品设计等被传统质量成本概念忽略的其他环节与阶段。

第二节 全面质量管理

一、全面质量管理的概念和特点

1. 全面质量管理的概念

“全面质量管理”的概念(total quality management，TQM)由美国通用电器公司的费根堡姆和质量管理专家朱兰提出，其含义包括下述三点。

(1) 单靠数理方法控制生产过程还不够，还需要有一系列的组织管理工作。

(2) 产品质量是在市场调查、设计生产、检验、销售全过程中形成的，同时又在不断循环中螺旋式上升提高，可称为质量进展螺旋。

(3) 质量不能脱离成本，否则是没有意义的。

费根堡姆在《全面质量管理》一书中较系统地论述了全面质量管理的概念。他指出：“全面质量管理是为了能够在最经济的水平上并考虑到充分满足用户要求的条件下进行市场研究、设计、生产和服务，并把企业各部门的研制质量、维护质量和提高质量的活动构成为一体的一种有效体系。”

在ISO标准中，全面质量管理被定义为“一个组织以质量为中心，以全员参与为基础，目的在于通过让顾客满意和本组织所有成员及社会受益而达到长期成功的管理途径”。

全面质量管理从过去的事后检验，以“把关”为主，转变为以预防、改进为主；从“管结果”转变为“管因素”，即找出影响质量的各种因素，抓住主要矛盾，发动各部门全员参与，运用科学管理方法和程序，使生产经营的所有活动均处于受控制状态之中；在工作中将过去的以分工为主转变为以协调为主，使企业成为一个紧密的有机整体。

2. 全面质量管理的特点

同以往的质量管理理论相比较，全面质量管理有以下特点。

(1) 全面性。全面质量管理的突出特点在于它的全面性。这种全面性又体现在全面质量管理对象的全面性、全面质量管理过程的全面性、全面质量管理参与人员的全面性、全面质量管理方法的全面性。

(2) 全过程。即对产品质量实施全过程的管理，从市场到开发、生产、销售，再到市场，实施全面控制。美国质量管理专家朱兰把质量管理的全过程总称为“质量的螺旋上升的过程”。他认为质量的形成是由市场调查、产品开发、设计、试制、工序控制、检验、销售、售后服务等环节所组成。每一环节都和质量有关，必须将各环节组织起来，既有明确分工，又有明确的职责，目标一致，步调一致，才能保证完成螺旋形上升的全过程。

(3) 全员性。即全员参与的管理。全面质量管理认为，只靠个别部门或少数人设关口卡质量不行，必须调动企业全体人员参与质量管理的积极性，才能确保产品质量。为此. 不仅生产工人要直接参加改进工序质量的活动，而且企业的管理人员、后勤人员也都要纳入全面质量管理的工作体系中。从厂长到总工程师、技术人员、经营管理人员、工人都必须参加质量管理。全面质量管理自始至终强调对全体人员进行培训，提高每个人员的质量意识和质量技术，树立“质量管理，人人有责”的质量意识。在调动广大职工积极性的基础上，建立起群众性的质量管理小组(简称 QC 小组)，积极开展活动，并采取自检、互检、专检、普检、抽检、巡检等一系列制度措施加以保证。

(4) 多样化的质量管理方法。全面质量管理要综合运用多种先进科学技术、科学管理方法与管理手段，对产品质量和工作质量进行控制。概括起来大致可分为四类：思维观念方法、改善组织管理的方法、革新生产技术的方法、数理统计的方法。具体方法有：PDCA 循环法、数理统计方法、价值(功能成本)分析法、运筹学以及老七种和新七种工具等。

二、PDCA 循环——全面质量管理的基本工作方法

全面质量管理必须采用一套科学的、合乎逻辑的工作程序，即 P、D、C、A 循环法。PDCA 由英文 plan(计划)、do(执行)、check(检查)、action(处理)几个词的第一个字母组成。PDCA 循环的概念最早是由美国质量管理专家戴明提出来的，故又称为“戴明环”，是全面质量管理的基本工作方法。全面质量管理活动的全部过程，就是质量计划的制订和组织实施的过程，这个过程就是按照 PDCA 循环，不停顿地运转的。

PDCA 循环不仅在质量管理体系中适用，也适用于一切循序渐进的管理工作。如何使管理工作能够不断创新发展，最关键的是铺好轨道，理顺管理者与被管理者的思路、管理的过程，重在辅导及反馈，以达成共识，共同进步。

它把全面质量管理的工作过程分为计划、执行、检查、处理四个阶段，其中每个阶段又可具体分为若干步骤，如图 11-3 所示。

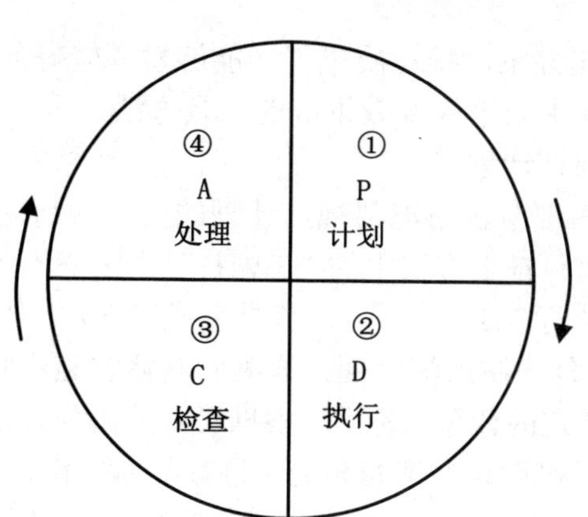

图 11-3　PDCA 循环图

1. PDCA 循环的四个阶段和八个步骤

(1) P 阶段。即根据顾客的要求和组织的方针，为提供结果建立必要的目标和过程。

步骤一：选择课题，分析现状，找出问题。

这一步骤强调的是对现状的把握和发现问题的意识、能力，发现问题是解决问题的第一步，是分析问题的条件。

新产品设计开发所选择的课题范围是以满足市场需求为前提，以企业获利为目标的。同时也需要根据企业的资源、技术等能力来确定开发方向。

课题是本次研究活动的切入点，课题的选择很重要，如果不进行市场调研，论证课题的可行性，就可能导致决策上的失误，有可能在投入大量人力、物力后造成设计开发的失败。比如：一个企业如果对市场发展动态信息缺少灵敏性，可能花大力气开发的新产品，在另一个企业已经是普通产品，就会造成人力、物力、财力的浪费。选择一个合理的项目课题可以减少研发的失败率，降低新产品投资的风险。选择课题时可以使用调查表、排列图、水平对比等方法，使头脑风暴能够结构化呈现较直观的信息，从而作出合理的决策。

步骤二：设定目标，分析产生问题的原因。

找准问题后分析产生问题的原因至关重要，应运用头脑风暴法等多种集思广益的科学方法，把导致问题产生的所有原因统统找出来。

明确了研究活动的主题后，需要设定一个活动目标，也就是规定活动的内容和达到的标准。目标可以是定性+定量化的，能够用数量来表示的指标要尽可能量化，不能用数量来表示的指标也要明确。目标是用来衡量实验效果的指标，所以设定应该有依据，要通过充分的现状调查和比较来获得。例如：一种新药的开发必须了解政府部门所制定的新药审批政策和标准。制定目标时可以使用关联图、因果图来系统化地揭示各种可能性之间的联系，同时使用甘特图来制定计划时间表，从而可以确定研究进度并进行有效的控制。

步骤三：提出各种方案并确定最佳方案，区分主因和次因是最有效解决问题的关键。

创新并非单纯指发明创造的创新产品，还可以包括产品革新、产品改进和产品仿制等。其过程就是设立假说，然后去验证假说，目的是从影响产品特性的一些因素中去寻找出好的原料搭配、好的工艺参数搭配和工艺路线。然而现实条件中不可能把所有想到的实验方案全部实施，所以提出各种方案后优选并确定最佳的方案是较有效率的方法。

要筛选出所需要的最佳方案，统计质量工具能够发挥较好的作用。正交试验设计法、矩阵图都是进行多方案设计中效率高、效果好的工具方法。

步骤四：制定对策、制订计划。

有了好的方案，其中的细节也不能忽视，计划的内容如何完成好，需要将方案步骤具体化，逐一制定对策，明确回答出方案中的“5W1H”，即：为什么制定该措施(Why)？实现什么目标(What)？在何处执行(Where)？由谁负责完成(Who)？什么时间完成(When)？如何完成(How)？使用过程决策程序图或流程图，方案的具体实施步骤将会得到分解。

(2) D阶段。即按照预定的计划、标准，根据已知的内外部信息，设计出具体的行动方法、方案，进行布局；再根据设计方案和布局，进行具体操作，努力实现预期目标的过程。

步骤五：设计出具体的行动方法、方案，进行布局，采取有效的行动；产品的质量、能耗等是设计出来的，通过对组织内外部信息的利用和处理，做出设计和决策，是当代组织最重要的核心能力。设计和决策水平决定了组织执行力。

对策制定完成后就进入了实验、验证阶段，也就是做的阶段。在这一阶段除了按计划和方案实施外，还必须要对过程进行测量，确保工作能够按计划进度实施。同时建立起数据采集，收集过程的原始记录和数据等项目文档。

(3) C检查效果。即确认实施方案是否实现了目标。

步骤六：效果检查，检查验证、评估效果。“下属只做你检查的工作，不做你希望的工作”，IBM的前CEO郭士纳的这句话将检查验证、评估效果的重要性一语道破。

方案是否有效、目标是否完成，需要进行效果检查后才能得出结论。将采取的对策进行确认后，对采集到的证据进行总结分析，把完成情况同目标值进行比较，看是否实现了预定的目标。如果没有出现预期的结果，应该确认是否严格按照计划实施对策，如果是，就意味着对策失败，那就要重新进行最佳方案的确定。

(4) A阶段处置。步骤七：标准化，固定成绩。标准化是维持企业治理现状不下滑，积累、沉淀经验的最好方法，也是企业治理水平不断提升的基础。可以这样说，标准化是企业治理系统的动力，没有标准化，企业就不会进步，甚至下滑。

对已被证明的有成效的措施，要进行标准化，制定成工作标准，以便以后的执行和推广。

步骤八：问题总结，处理遗留问题。所有问题不可能在一个PDCA循环中全部解决，遗留的问题会自动转入下一个PDCA循环，如此，周而复始，螺旋上升。

对于方案效果不显著的或者实施过程中出现的问题进行总结，为开展新一轮的PDCA循环提供依据。例如：设计一个新型红外滤光膜，完成一轮循环后，进行效果检查时发现其中一项的光学性能指标未达到标准要求，总结经验后进入第二轮PDCA循环，按计划重新实施后达到了目标值。

2. PDCA循环过程

(1) 各级质量管理都有一个PDCA循环，形成一个大环套小环，一环扣一环，互相制约、互为补充的有机整体。在PDCA循环中，一般说，上一级的循环是下一级循环的依据，下一级的循环是上一级循环的落实和具体化。

(2) 每个PDCA循环，都不是在原地周而复始运转，而是像爬楼梯那样，每一循环都有新的目标和内容，这意味着质量管理，经过一次循环，解决了一批问题，质量水平有了

新的提高。

(3) 在 PDCA 循环中，A 是一个循环的关键。

国标中的应用：GB/T 19001、GB/T 28001 标准的管理思路。

P(计划)：

GB/T 19001：工作计划、策划(职责 目标 人、机、料、法、环、测 5M1E)。

D(设计)：

——明确职责(部门/岗位的质量、安保职责)。

——资源保证(能力、意识，特种作业人员上岗资格，GB/T 28001：安全员，消防、安全监控、防盗、防雷设施等)。

——编写文件(强调两标融贯)。

——信息交流和沟通(对内、对外)。

——执行：符合性痕迹管理。

GB/T 28001：运行控制[重点是消防安全、防盗抢(财产和资金)、交通安全、信息安全]应急准备和响应(预案文件的演练和执行)。

C(检查)、A(处理)：检查和持续改进。

——日常工作(质量)检查、安全检查。

——目标、指标完成情况的定期验证。

——安全管理绩效的检查。

——法律法规符合性评价。

——对不合格(品)的整改，(GB/T 28001)事故的调查和处理。

3. PDCA 循环的作用

PDCA 循环是能使任何一项活动有效进行的一种合乎逻辑的工作程序，特别是在质量管理中得到了广泛的应用。

PDCA 循环是开展所有质量活动的科学方法，如 ISO 质量管理体系、QC 七大工具等。

改进与解决质量问题，赶超先进水平的各项工作，都要运用 PDCA 循环的科学程序。

不论是提高产品质量，还是减少不合格产品，都要先提出目标，即质量提高到什么程度，不合格品率降低多少？就要有个计划；这个计划不仅包括目标，而且也包括实现这个目标需要采取的措施；计划制定之后，就要按照计划进行检查，看是否获得了预期效果，有没有实现预期的目标；通过检查找出问题和原因；最后就要进行处理，将经验和教训制定成标准、形成制度。

三、全面质量管理的基本指导思想

全面质量管理的基本指导思想是：强调质量第一、用户至上，一切以预防为主，用数据说话，突出人的积极因素以及按 PDCA 循环办事。

1. 强调质量第一

任何产品都必须达到规定的质量标准，否则就没有或未完全实现其使用价值，从而给消费者、给社会带来损失。从这个意义上讲，质量必须是第一位的。1984 年首届世界质量会议提出“以质量求繁荣”，1987 年第二届世界质量会议提出“质量永远第一”，这些都说明“质量第一”的指导思想已经成为世界各国的共识。贯彻“质量第一”就是要求全体员工，尤其是领导层要有强烈的质量意识；要求企业在确定经营目标时，首先应根据用户的需求，科学确定质量目标，并安排人力、物力、财力予以保证。“质量第一”并非“质量至上”。质量不能脱离当前的消费水平，也不能不问成本一味追求质量。应该重视质量成本的分析，把质量与成本加以统一，确定最适宜的质量。

2. 强调用户至上

在全面质量管理中，“用户至上”就是要树立以用户为中心，为用户服务的思想。产品质量与服务质量必须满足用户的要求，产品质量的好坏最终应以用户的满意程度为标准，这是一个十分重要的指导思想。这里的用户是广义的，不仅是产品的直接用户，而且还指在企业内部下工序是上工序的用户，下工段或下车间是上工段或上车间的用户等。

3. 预防为主

在企业的质量管理中，要认真遵循预防为主的原则，凡事要防患于未然。重视产品设计，在设计上加以改进，消除隐患。对生产过程进行控制，尽量把不合格品消灭在发生之前，同时对产品质量信息及时反馈并认真处理。质量是设计、制造出来的，而不是检验出来的。在生产过程中，检验是重要的，可以起到不允许不合格品出厂的把关作用，同时还可以将检验信息反馈到有关部门。但影响产品质量好坏的真正原因并不在于检验，而主要在于设计和制造。

4. 强调用数据说话

这就是要求在全面质量管理工作中必须具有科学的工作作风，在研究问题时不能满足于一知半解和表面现象，要对问题除有定性分析外还应尽量定量分析，做到心中有“数”。运用各种统计方法和工具进行分析，提供基于数据分析的事实依据是很重要的。

5. 突出人的积极因素

与质量检验阶段和统计质量控制阶段相比，全面质量管理的特点之一就是全体人员参与管理，“质量第一”“人人有责”，格外强调调动人的积极因素，要提高质量意识，必须调动人的积极因素，一是靠教育，二是靠规范，同时还需要有关质量的立法以及必要的行政手段等各种激励以及处罚措施。

6. 按照 PDCA 循环办事

PDCA 循环是指计划(plan)、执行(do)、检查(check)和处理(action)循环上升的过程。PDCA 循环是具有普遍意义的工作程序，它反映了事物的客观规律，是我们应该遵循的质量管理原则。PDCA 这四个阶段不是孤立的，不能把它们分开。四个阶段有先后，但又有联系，头尾衔接。如同一个车轮，车轮向前转动，我们的工作就不停顿地前进。因此，可以认为质量管理就是 PDCA 循环不断地转动。

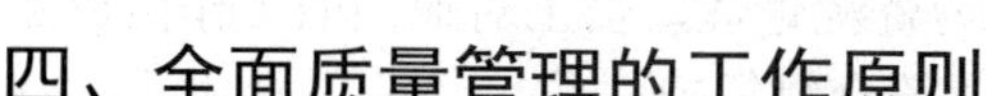

四、全面质量管理的工作原则

质量管理八项原则是在管理实践经验的基础上用高度概括的语言所表述的最基本、最通用的一般规律，可以指导一个组织在长期内通过关注顾客及其他相关方的需求和期望而改进其总体业绩。它是质量文化的一个重要组成部分。

1. 以顾客为关注焦点

组织依存于他们的顾客，因而组织应理解顾客当前和未来的需求，满足顾客需求并争取超过顾客的期望。

实施本原则要开展的活动：全面地理解顾客对于产品、价格、可依靠性等方面的需求和期望；谋求在顾客和其他受益者(所有者、员工、供方、社会)的需求和期望之间的平衡；将这些需求和期望传达至整个组织；测定顾客的满意度并为此而努力；管理与顾客之间的关系。

实施本原则带来的效应：对于方针和战略的制定，可使整个组织都能理解顾客以及其他受益者的需求；对于目标的设定，能够保证将目标直接与顾客的需求和期望相关联；对于运作管理，能够改进组织满足顾客需求的业绩；对丁人力资源管理，能够保证员工具有满足组织的顾客所需的知识与技能。

2. 领导作用

领导者建立组织相互统一的宗旨、方向和内部环境。所创造的环境能使员工充分参与实现组织目标的活动。

实施本原则要开展的活动：努力进取，领导起模范带头作用；了解外部环境条件的变化并对此做出响应；考虑到包括顾客、所有者、员工、供方和社会等所有受益者的需求；明确地提出组织未来的前景；在组织的各个层次树立价值共享和精神道德的典范；建立信任感、消除恐惧心理；向员工提供所需要的资源和在履行其职责和义务方面的自由度；鼓舞、激励和承认员工的贡献；进行开放式的和真诚的相互交流；教育、培训并指导员工；设定具有挑战性的目标；推行组织的战略以实现这些目标。

实施本原则带来的效应：对于方针和战略的制定，使组织的未来有明确的前景；对于目标的设定，将组织未来的前景转化为可测量的目标；对于运作管理，通过授权和员工的参与，实现组织的目标；对于人力资源管理，具有一支经充分授权、充满激情、信息灵通和稳定的劳动者队伍。

3. 全员参与

各级人员都是组织的根本，只有他们的充分参与才能使他们的才干为组织带来收益。

实施本原则要开展的活动：承担起解决问题的责任；主动地寻求机会进行改进；主动地寻求机会来加强他们的技能、知识和经验；在团队中自由地分享知识和经验；关注为顾客创造价值；对组织的目标不断创新；更好地向顾客和社会展示自己的组织；从工作中得到满足感；作为组织的一名成员而感到骄傲和自豪。

实施本原则带来的效应：对于方针和战略的制定，员工能够有效地对改进组织的方针和战略目标作出贡献；对于目标的设定，员工承担起对组织目标的责任；对于运作管理，员工参与适当的决策活动和对过程的改进；对于人力资源管理，员工对他们的工作岗位更加满意，积极地参与有助于个人成长和发展的活动，符合组织的利益。

4. 过程方法

将相关的资源和活动作为过程来进行管理，可以更高效地达到预期的目的。

实施本原则要开展的活动：对过程给予界定，以实现预期的目标；识别并测量过程的输入和输出；根据组织的作用识别过程的界面；评价可能存在的风险，因果关系以及内部过程与顾客、供方和其他受益者的过程之间可能存在的相互冲突；明确地规定对过程进行管理的职责、权限和义务；识别过程内部和外部的顾客、供方和其他受益者；在设计过程时，应考虑过程的步骤、活动、流程、控制措施、培训需求、设备、方法、信息、材料和其他资源，以获得预期的结果。

实施本原则带来的效应：对于方针和战略的制定，整个组织利用确定的过程，能够增强结果的可预见性、更好地使用资源、缩短循环时间、降低成本；对于目标的设定，了解过程能力有助于确立更具有挑战性的目标；对于运作管理采用过程的方法，能够以降低成本、避免失误、控制偏差、缩短循环时间、增强对输出的可预见性的方式得到运作的结果；对于人力资源管理，可降低在人力资源管理过程中的成本，能够把这些过程与组织的需要相结合，并造就一支有能力的劳动者队伍。

5. 管理的系统方法

针对制定的目标，识别、理解并管理一个由相互联系的过程所组成的体系，有助于提高组织的有效性和效率。

实施本原则要开展的活动：通过识别或展开影响既定目标的过程来定义体系；以最有效地实现目标的方式建立体系；理解体系的各个过程之间的内在关联性；通过测量和评价持续地改进体系；在采取行动之前确立关于资源的约束条件。

实施本原则带来的效应：对于方针和战略的制定，应制定出与组织的作用和过程的输入相关联的全面的和具有挑战性的目标；对于目标的设定，将各个过程的目标与组织的总体目标相关联；对于运作管理，对过程的有效性进行广泛的评审，可了解问题产生的原因并适时地进行改进；对于人力资源管理，加深对于在实现共同目标方面所起作用和职责的理解，能够减少相互交叉职能间的障碍，改进团队工作。

6. 持续改进

持续改进是一个组织永恒的目标。

实施本原则要开展的活动：将持续地对产品、过程和体系进行改进作为组织每一名员工的目标；应用有关改进的理论进行渐进式的改进和突破性的改进；周期性地按照“卓越”的准则进行评价，以识别具有改进的潜力的区域；持续地改进过程的效率和有效性；鼓励预防性的活动；向组织的每一位员工提供有关持续改进的方法和工具方面的教育和培训，如 PDCA 循环，解决问题的方法，过程重组，过程创新。

制定措施和目标，以指导和跟踪改进活动；对任何改进给予承认。

实施本原则带来的效应：对于方针和战略的制定，通过对战略和商务策划的持续改进，制订并实现更具竞争力的商务计划；对于目标的设定，应设定实际的和具有挑战性的改进

目标，并提供资源加以实现；对于运作管理，对过程的持续改进涉及组织的员工的参与；对于人力资源管理，向组织的全体员工提供工具、机会和激励，以改进产品、过程和体系。

7. 基于事实的决策方法

有效的决策建立在对数据和信息进行合乎逻辑和直观的分析基础之上。

实施本原则要开展的活动：对相关的目标值进行测量，收集数据和信息；确保数据和信息具有足够的精确度、可靠性和可获取性；使用有效的方法分析数据和信息；理解适宜的统计技术的价值；根据逻辑分析的结果以及经验和直觉进行决策并采取行动。

实施本原则带来的效应：对于方针和战略的制定，根据数据和信息设定的战略方针更加实际、更可能实现；对于目标的设定，利用可比较的数据和信息，可制定出实际的、具有挑战性的目标；对于运作管理，由过程和体系的业绩所得出的数据和信息可导致改进和防止问题的再发生；对于人力资源管理，从员工监督、建议等来源的数据和信息进行分析，可指导人力资源方针的制定。

8. 与供方互利的关系

组织和供方之间保持互利关系，可增进两个组织创造价值的能力。

实施本原则要开展的活动：识别并选择主要的供方；把与供方的关系建立在兼顾组织和社会的短期利益和长远目标的基础之上；清楚地、开放式地进行交流；共同开发和改进产品和过程；共同理解顾客的需求；分享信息和对未来的计划；承认供方的改进和成就。

实施本原则带来的效应：对于方针和战略的制定，通过发展与供方的战略联盟和合作伙伴关系，赢得竞争的优势；对于目标的设定，通过供方早期的参与，可设定更具挑战性的目标；对于运作管理，建立和管理与供方的关系，以确保供方能够按时提供可靠的、无缺陷的产品；对于人力资源管理，通过对供方的培训和共同改进，发展和增强供方的能力。

五、全面质量管理的内容

1. 设计和开发过程质量管理

产品设计过程的质量管理是全面质量管理的首要环节，主要包括市场调查、产品开发、产品设计、工艺准备、试制和鉴定等过程。主要工作内容有：根据市场调查研究，制定产品质量设计目标；组织销售、使用、科研、设计、工艺、制造、质量部门参与确定适合的设计方案；保证技术文件的质量；做好标准化的审查工作；督促遵守设计试制的工作程序。

2. 制造过程质量管理

制造过程是指对产品直接进行加工的过程。它是产品质量形成的基础，是企业质量管理的基本环节。制造过程质量管理的工作内容有：组织质量检验工作；组织和促进文明生产；组织质量分析，掌握质量动态；组织工序的质量控制，建立管理点。

3. 辅助过程质量管理

辅助过程是指为保证制造过程正常进行而提供各种物资技术条件的过程。它包括物资采购供应、动力生产、设备维修、工具制造、仓库保管、运输服务等。辅助过程管理的主要内容有：做好物资采购供应的质量管理，保证采购质量，严格入库物资的检查验收，按质、按量、按期地提供生产所需要的各种物资；组织好设备维修工作，保持设备良好的技术状态；做好工具制造和供应的质量管理工作。

4. 使用过程质量管理

使用过程是考验产品实际质量的过程，它是企业内部质量管理工作的继续，也是全面质量管理工作的出发点和落脚点。使用过程质量管理的基本任务是提高服务质量(售前和售后服务)，保证产品的实际使用效果，不断促使企业研究和改进产品质量。它主要的工作内容有：开展技术服务工作；处理出厂产品质量问题；调查产品使用效果和用户要求。

第三节　工序质量控制与质量改进方法

一、质量管理中的数据及其分布

1. 质量数据的分类

描述产品质量特性的数据通常可分成两类：计量值数据和计数值数据。不同种类的数据，其统计性质不同，相应的处理方法也就不同。

(1) 计量值数据。计量值数据取值往往通过某种仪器、量具等的测定得到，这样的数据也称为连续型数据，它们可以取得某一区间内的任意值。

(2) 计数值数据。计数值数据取值是通过数数的方法获得的，这些数据也称为离散型数据，它们往往只能取非负整数。如不合格数、缺陷数等可以是 0 个、1 个、2 个、……一直数下去的数据。

计数值数据还可以进一步分为计件值数据和计点值数据。

计件值数据表示具有某一质量标准的产品个数，如不合格品数、缺勤人数等。计点值数据表示个体的缺陷数、质量问题点数等，如钢结构构件表面的焊渣、毛刺数量、砂眼个数等。

数理统计中，将计数值数据的质量特性称作“离散型随机变量 X”，将计量值的质量特性称作“连续型随机变量”。不同的随机变量有不同的概率分布。

数据的收集一般采用抽样检查的方法。抽样检查的对象称为“总体”，从总体中抽取出一部分的个体构成“样本”。对样本进行测试就可以得到若干数据，通过数据的整理分析，并计算出所需要的质量特性指标值，以此便可以判断总体是否符合质量标准。数理统计中，将样本质量特性值称为“统计量”，统计量也是随机变量，服从一定的分布。

收集数据的对象和方法有两种：一种是以工序为对象，按零件或产品生产时间先后顺序取样；另一种是以一批产品为对象总体，从中随机抽样进行测试。

2. 质量数据的变异性

产品质量总是在一定范围内波动，并且会因此形成质量数据变异。引起质量变异的原因可以分成两大类。

(1) 偶然性原因。偶然性原因不可避免地对质量变异起着细微的作用。偶然性因素的

出现带有随机性，测量困难且不易消除，造成质量的波动较小，为正常原因。

(2) 系统性原因。系统性原因是一种可以避免的原因。系统性原因造成质量的波动较大，可使工序处于不稳定状态，但是这些情况容易被发现，采取措施后可以消除，所以系统原因为异常原因。

3. 质量变异的统计规律

由数理统计的原理可知，当工序处于控制下的稳定状态时，即产品在生产过程中仅受到许多微小独立的偶然因素的影响，则计量值的质量特性(连续型随机变量 X)多为服从正态分布。即 $X \sim N(\mu, \sigma^2)$，其中μ为随机变量 X 的均值，σ为随机变量 X 的标准差。

由数理统计的原理又可知，随机变量若服从正态分布，其概率分布曲线的特征如下。

(1) 曲线的位置由μ确定，以 $x=\mu$为对称轴，呈中间高，两头低的钟形，如图 11-4 所示。

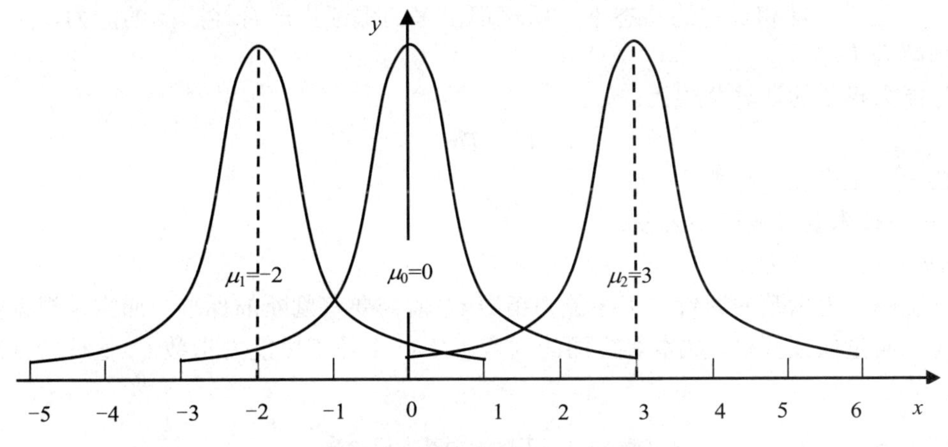

图 11-4　中心位置不同时的正态分布图(σ=1)

(2) 曲线的形状由σ确定。σ大，曲线呈矮胖状；σ小，曲线呈瘦高状。曲线与 x 轴所围面积之和等于 1，如图 11-5 所示。

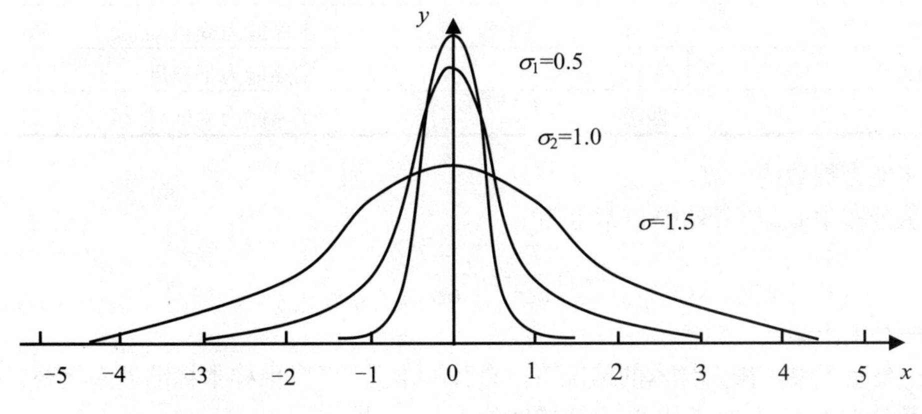

图 11-5　标准差不同时的正态分布图(μ=0)

(3) 由概率论的基本知识可知，某数值区间$[a, b]$与其上方概率分布曲线所围成的曲边梯形面积，表示产品质量特性数据(随机变量的数值)落在区间$[a, b]$范围内的概率。

(4) 通过正态分布的概率计算，可以得到下述的结论。

X落在区间$[\mu-\sigma, \mu+\sigma]$范围内的概率等于 0.6827，

X落在区间$[\mu-2\sigma, \mu+2\sigma]$范围内的概率等于 0.9545，

X落在区间$[\mu-3\sigma, \mu+3\sigma]$范围内的概率等于 0.9973。

二、工序质量控制方法

工序质量控制的目的是将工序控制在稳定的状态，防止废品的产生，主要运用的统计方法有：工序能力指数、直方图法、控制图法。

1. 工序能力指数

(1) 工序能力指数的含义。工序能力是指工序在一定生产技术条件下所具有的加工精度，即工序处于正常和稳定的状态下，所表现出来的保证生产合格产品的能力，工序能力也可以理解为工序质量。

工序能力指数的计算公式为：

$$C_P = T/6\sigma$$

式中：C_P——工序能力指数；

T——技术要求或产品公差；

6σ——工序能力。

(2) 工序能力指数的评价。工序能力指数 C_P 值需要有判断的标准，通常是根据实际情况综合考虑质量保证要求、成本等方面的因素。表 11-1 是工序能力指数 C_P 值评价标准的一般原则。

表 11-1 工序能力基本评价表

工序能力指数	工序能力等级	工序能力评价
$C_P>1.67$	特级	工序能力过高
$1.33<C_P\leqslant1.67$	一级	工序能力充足
$1.00<C_P\leqslant1.33$	二级	工序能力尚可
$0.67<C_P\leqslant1.00$	三级	工序能力不充足
$C_P\leqslant0.67$	四级	工序能力太低

(3) 工序能力指数的计算。

① 质量分布中心μ与公差中心 M 重和：

$$C_P = \frac{T}{6\sigma} = \frac{T_U - T_L}{6\sigma}$$

式中：T_U——公差上限；

T_L——公差下限，在大样本的情况下，总体标准差σ可以用样本标准差来代替。

② 质量分布中心μ与公差中心 M 不重和：

当质量分布中心μ与公差中心 M 不重合时会产生偏移量，此时，要对 C_P 进行修正，修正工序能力指数记为 C_{Pk}。C_{Pk} 的计算公式为：

$$C_{Pk} = C_P(1-k)$$

其中，k 为相对偏移系数，$k=\frac{|M-\mu|}{T/2}$。

2. 直方图法

(1) 直方图的绘制。直方图是将大样本的质量数据整理绘制成直观的分布图，直方图法是调查工序能力的常用方法。通过观察直方图的形状，可以大致判断工序所处的状态和质量特性值的分布情况。

(2) 直方图的观察与判断。直方图是样本的分布，由于样本容量较大和抽样的随机性，样本的分布也能反映工序总体的分布。通过对直方图的观察、分析，可以判断生产过程的质量状况。图 11-6 是几种典型的直方图形态和对应的产生该形态部分的原因。

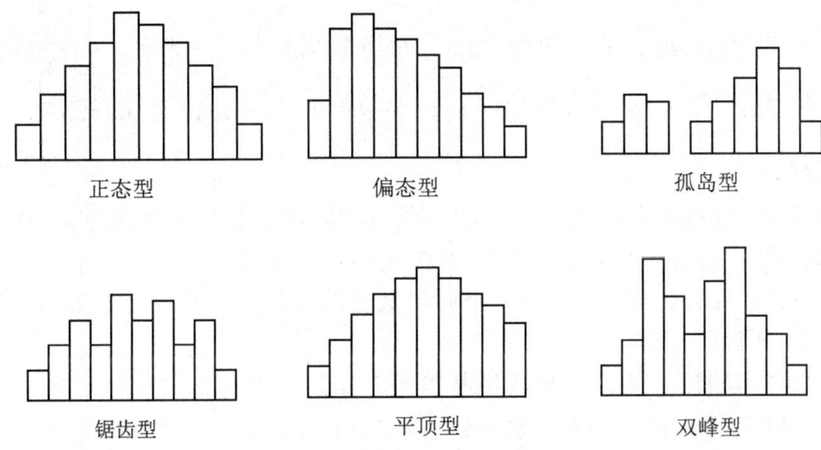

图 11-6　各种典型的直方图形态

① 正态型。直方图的数据中心与公差中心重合，中间高，两边低，左右对称，呈钟形正态分布。

② 偏态型。这里有两种常见的形状，一种是峰偏在左边，而右边的尾巴较长，另一种是峰偏在右边，而左边的尾巴较长。

③ 孤岛型。这种图形往往表示出现某种异常。

④ 锯齿型。这个图形的出现可能由于测量方法不当，或者是量具的精度较差所引起的，也可能是分组不当引起的。

⑤ 平顶型。往往是由于生产过程中有某种缓慢变化的因素造成的，如刀具的磨损等。

⑥ 双峰型。这种情况的出现往往是将两批不同的原材料生产的产品混在一起，或将两个不同操作水平的工人生产的产品混在一起等造成的。

当观察到直方图不是正态型的形状时，需要及时加以研究，根据直方图，把数据的实际分布与质量标准进行比较，也可以看出生产过程能否满足质量标准的要求。

3. 工序质量控制图

(1) 控制图的基本概念。控制图又叫管理图。它是控制生产过程状态，保证工序加工产品质量的重要工具。控制图作为工序质量控制的主要手段，可以对工序过程进行分析、预测、判断、监控和改进，预防废品产生。

(2) 控制图的制作原理。首先根据需要确定作为研究和控制对象的样本质量特性值。根据样本质量特性值的数据类型不同，可以分为计量值控制图和计数值控制图。计量值控制图控制的样本质量特性值主要是质量中心位置和质量分布的离散差异程度，如样本平均数$\bar{x}$和样本极差R；计数值控制图是将样本不合格品数、不合格率、缺陷数等样本质量特性值作为研究和控制对象。

(3) $\bar{x}-R$控制图制作过程。以最常用的计量值控制图——$\bar{x}-R$控制图为例，其研究和控制的样本质量特性值(统计量)为样本平均数和样本极差R。样本极差可以反映质量数据分布的离散程度，但是计算要比标准差来得简单。

当总体为正态分布时：$X \sim N(\mu, \sigma^2)$，样本平均数$\bar{x}$为正态分布；$\bar{x} \sim \mathrm{N}\left(\mu, \frac{\sigma^2}{n}\right)$，如果样本容量$n$为较小的数值时，样本极差$R$的分布很近似地为正态分布。根据$3\sigma$原则，$\bar{x}$的控制上、下限为：$(\mu-3\sigma_x, \mu+3\sigma_x)=\left(\mu-3\frac{\sigma}{\sqrt{n}}, \mu+3\frac{\sigma}{\sqrt{n}}\right)$；$R$的控制上、下限为$[E(R)-3\sigma_R, E(R)+3\sigma_R]$。

在实际制作中，在生产状况比较稳定的一段时间以内，取样本容量为n，组数k足够多($k \geqslant 20$)的样本，利用Excel直接计算出$\bar{x}-R$控制图上、下限的有关估计值：

用“粘贴函数”直接计算出$N(N=kn)$个质量数据的平均数$\bar{x}$和修正标准差s作为总体平均数μ和总体标准差σ的估计值；

计算出k个样本的极差R_i，用平均极差数值$\bar{R}$作为$E(R)$的估计值。

将k个极差值R_i作为容量为k的极差样本观察值，求出样本极差的修正标准差S_R作为极差标准差σ_R的估计值。

各估计量的数学表达式为：

总平均数$\bar{x}=\frac{\sum x_i}{N}$；　　样本修正标准差$s=\sqrt{\frac{\sum (x_i-\bar{x})^2}{N-1}}$

平均极差$\bar{R}=\frac{\sum R_i}{k}$；　　样本极差修正标准差$S_R=\sqrt{\frac{\sum (R_i-\bar{R})^2}{k-1}}$

三、质量问题分析方法

在产品质量出现问题时，应当对产品质量问题产生的原因进行进一步的分析，寻找、解决主要问题。质量问题的分析方法一般有以下几种。

1. 调查表法

调查表法是一种收集和整理质量原始数据的表格，是用以粗略地分析影响质量原因的一种常用图表。

2. 分层法

它是一种把收集来的原始数据按照不同的目的加以分类整理，以便分析影响产品质量的具体因素的方法。分层的目的是为了分清责任，找出原因。分层可以从不同的角度分，如按设备、工艺方法、原材料、操作者、检测手段等来分类。

3. 主次因素排列图法

主次因素排列图是将质量改进项目从最重要到最次要进行排列而采用的一种简单图示。由于影响产品质量的因素很多，而主要因素往往只是其中少数几项，由它造成的废品却占总数的绝大部分。主次因素排列图就是用来寻找影响产品质量主要因素的一种有效而简单的方法。

排列图由一个横坐标、两个纵坐标、几个按高低顺序排列的矩形和一条累计百分比折线组成。横坐标表示影响产品质量的各项因素，按影响因素大小从左到右排列。折线表示各影响因素大小的累计百分比。通常把累计百分比数分为：0%～80%为 A 类因素，称为主要因素；80%～90%为 B 类因素，称为次要因素；90%～100%为 C 类因素，称为一般因素。找到主要因素就可以集中力量加以解决。

4. 因果分析图法

因果分析图用来表示质量特性波动与原因的关系，是一种分析影响质量诸因素的有效方法。影响产品质量的因素很多，可以从大到小层层分解。因果分析图以需要改善的某主要质量问题为结果，画出一个主干线、箭头线，然后从操作者(man)、机器(machine)、方法(method)、原材料(material)、环境(environment)五大方面(5M1E)，分别寻找原因，从大到小，从粗到细，把各种层次的原因都用箭线记录在图上。

5. 散布图法

散布图又称相关图，是借助统计图表的形式，在直角坐标系上表示两个变量之间大致的变化关系。在质量分析和改进工作中应用散布图时，将一些质量特性和工艺参数都可以作为变量。当所研究的两个变量之间存在着不严格的数量依存关系的时候，可以通过收集一系列成对的实际质量数据，并用坐标描点的方法加以直观地表示。

相关系数 r 是定量地判断两个变量间线性相关密切程度的统计指标。r 取正值，表明 x 与 y 是正相关：即随着 x 的增加，y 大致等比例地增加；r 取负值，表明 x 与 y 是负相关：即随着 x 的增加，y 大致等比例地少。在观察数据 n 较大时，判断规则如下。

$0.8<|r|<1$ 为高度相关；

$0.5<|r|\leqslant 0.8$ 为中度相关；

$0.3<|r|\leqslant 0.5$ 为低度相关；

$0<|r|\leqslant 0.3$ 为线性不相关。即有可能不相关；也有可能与曲线相关。

四、质量改进的运行方式

1. 质量改进的含义

在现代经营中，企业的竞争呈现出日益加剧的趋势，顾客的需要和期望也处在持续的变化之中。在这种情况下，持续不断的质量改进工作已经成为组织在激烈的竞争中生存和发展的关键。组织必须将质量改进工作确定为长期的、持续的过程，在这一过程中最高管理者应当发挥重要的作用。

质量管理活动有两种类型：一类是维持现有的质量标准，其方法是“质量控制”。另一

类是改进目前的质量标准，其方法是主动采取措施，使质量在原有的基础上有突破性的提高。质量改进的含义包括以下内容。

(1) 质量改进的对象。包括产品质量以及与它有关的工作质量，也就是通常所说的产品质量和工作质量两个方面。质量改进的对象是全面质量管理中所叙述的“广义质量”概念。

(2) 质量改进的效果在于“突破”。质量改进与质量控制是紧密相关的，质量控制是质量改进的前提，质量改进是质量控制的发展方向，控制意味着维持其质量水平，改进的效果则是突破或提高。

(3) 质量改进是一个变革和突破的过程。质量改进是一个变革和突破的过程，该过程也必然遵循 PDCA 循环的规律是“永无止境”的。

(4) 偶然性缺陷与长期性缺陷。在质量管理过程中，既要及时排除产品的质量缺陷，又要保证产品质量的继续提高。缺陷是质量管理的主要对象，缺陷是指不满足预期的使用要求，即指一种或多种质量特性偏离了预期的使用要求。

2. 质量改进的策略

质量改进可以归纳为两种类型：“跳跃型”质量改进和“递增型”质量改进。

(1) “跳跃型”质量改进策略。这种策略认为，当客观要求需要进行质量改进时，公司或企业的领导者就要做出重要的决定，集中最佳的人力、物力和时间来从事这一工作。其特点是：两次质量改进的时间间隔较长，改进的目标值较高，而且每次改进均需投入较大的力量。该策略的优点是成效较大，但不具有“经常性”的特征，难以养成在日常工作中“不断改进”的观念。它关注质量的创新，实行的是大规模、彻底的过程或产品再设计。

(2) “递增型”质量改进策略。这种策略认为，最重要的是每天每月都要改进各方面的工作，即使改进的步子很微小，但可以保证无止境地改进。其特点是将质量改进列入日常的工作计划中，保证改进工作不间断地进行，由于改进的目标不高，改进的内容不受限制，所以具有广泛的群众基础。它实行的质量改进是长期逐步的、微小的，组织的是全方位改良。但这种措施缺乏计划性，力量分散，所以不适用重大的质量改进项目。

这两种质量改进策略的区别在于，质量改进阶段的划分及改进的目标效益值的确定有所不同。

3. 质量改进的运行方式

计划(plan)、执行(do)、检查(check)、总结(action)循环，简称 PDCA 循环，是质量改进活动中所必须经历的四个阶段。这四个阶段不断循环，是质量活动的一般运行方式和程序。

(1) 计划阶段。计划阶段是指以提高产品质量、降低消耗为目的，通过分析诊断，制定改进目标，确定实现这些目标的具体措施和方法。

(2) 执行阶段。执行阶段是指按照已经制定的计划内容，克服各种阻力，扎扎实实地去做，以实现质量改进的分目标。

(3) 检查阶段。检查阶段是指对照计划要求，检查、验证执行的结果，及时发现计划过程中的经验和问题。

(4) 总结阶段。总结阶段是指把成功的经验加以肯定，制定成标准、规程、制度。

PDCA 循环四个阶段，适用于企业各个层次的质量改进工作。整个企业的质量改进工作

是个大循环，各部门又有各自的 PDCA 循环，直到落实到具体的每个人头上。PDCA 循环反映了质量改进运行的逻辑思路，其周而复始地转动，不断有新内容，不断解决问题，逐步上升，质量水平也就不断地在提高。

第四节　6σ质量管理

一、6σ质量管理的概念和特征

1. 6σ质量管理的概念

σ是希腊文的字母，在统计学上用来表示数据的分散程度。由于σ的大小可以反映出质量水平的高低，所以在 6σ管理中采用“σ水平”的尺度来衡量绩效。以 4σ而言，相当于每一百万个机会里，有 6210 次误差。如果企业不断追求品质改进，达到 6σ的程度，绩效就几近于完美地达成顾客要求，在一百万个机会里，只找得出 3.4 个瑕疵。

6σ管理是一项高水平的统计质量改进技术，于 20 世纪 80 年代中期由摩托罗拉(Motorola)公司最先提出。它最初被用来解决制造过程中的质量问题，经过将近 30 年的发展，这项管理技术逐步成熟，形成了一套独具特色的科学严谨的方法论和管理模式。而其应用领域也已突破了传统的生产制造过程质量改进的范畴，成为帮助企业改进质量、降低成本和缩短生产周期，从而提升企业竞争力的过程绩效改进的管理模式。许多企业将其作为一项管理变革或发展战略而加以引进和采用。企业通过实施 6σ管理，可以极大地促进生产力的提升。有统计资料表明，实施 6σ管理可以有效地提升顾客满意度；促进市场份额的增加；突破性地降低成本和缩短生产周期；加快新产品和服务的开发；改善投资回报。

2. 6σ质量管理的特征

(1) 通过提高顾客满意度和降低资源成本促使组织的业绩提升。6σ项目瞄准的目标有两个，一是提高顾客满意度。通过提高顾客满意度来占领市场、开拓市场，从而提高组织的效益。二是降低资源成本。通过降低资源成本，尤其是不良质量成本损失 COPQ(cost of poor quality)，从而增加组织的收入。因此，实施 6σ管理方法能给一个组织带来显著的业绩提升，这也是它受到众多组织青睐的主要原因。

(2) 注重数据和事实，使管理成为一种真正意义上基于数字上的科学。6σ管理方法是一种高度重视数据，依据数字、数据进行决策的管理方法，强调“用数据说话”“依据数据进行决策”“改进一个过程所需要的所有信息，都包含在数据中”。另外，它通过定义“机会”与“缺陷"，通过计算 DPO(每个机会中的缺陷数)、DPMO(每百万机会中的缺陷数)，不但可以测量和评价产品质量，还可以把一些难以测量和评价的工作质量和过程质量，变得像产品质量一样可测量和用数据加以评价，从而有助于获得改进机会，达到消除或减少工作差错及产品缺陷的目的。因此，6σ管理广泛采用各种统计技术工具，使管理成为一种可测量、数字化的科学。

(3) 是一种以项目为驱动力的管理方法。6σ管理方法的实施是以项目为基本单元，通过一个个项目的实施来实现的。通常项目是以黑带为负责人，牵头组织项目团队通过项目成功完成来实现产品或流程的突破性改进。

(4) 无边界合作。无边界合作在6σ管理中需要确切地理解最终用户和流程中工作流向的真正需求，更重要的是，它需要用各种有关顾客和流程的知识使各方受益，由于6σ管理是建立在广泛沟通基础上的，固此6σ管理法能够营造出一种真正支持团队合作的管理结构和环境，黑带是项目改进团队的负责人，而黑带项目往往是跨部门的，要想获得成功就必须由黑带率领他的团队打破部门之间的障碍，通过无边界合作完成6σ项目。

(5) 追求完美，容忍失误。作为一个以追求卓越为目标的管理方法，6σ为企业提供了一个近乎完美的努力方向。没有不执行新方法贯彻新理念就能实施6σ管理的企业，而这样做总会带来风险。在推行6σ的过程中，可能会遇到挫折和失败，企业应以积极应对挑战的心态，面对挑战和失败。

(6) 实现对产品和流程的突破性质量改进。6σ项目的一个显著特点是项目的改进都是突破性的。通过这种改进能使产品质量得到显著提高，或者使流程得到改造。从而使组织获得显著的经济利益。实现突破性改进是6σ的一大特点，也是组织业绩提升的源泉。

(7) 有预见的积极管理方式。“积极”是指主动地在事情发生之前进行管理，而不是被动地处理那些令人忙乱的危机，有预见地积极管理意味着我们应当关注那些常被忽略的业务运作，并养成习惯：确定远大的目标并且经常加以检视；确定清晰的工作优先次序；注重预防问题而不是疲于处理已发生的危机；经常质疑我们做事的目的，而不是不加分析地维持现状。

6σ包括一系列工具和实践经验，它用动态的、即时反应的、有预见的、积极的管理方式取代那些被动的习惯，促使企业在当今追求几乎完美的质量水平而不容出错的竞争环境中能够快速向前发展。

二、6σ质量管理的优点

实施6σ质量管理的好处是显而易见的，概括而言，主要表现在以下几个方面。

1. 能够提升企业管理的能力

6σ质量管理以数据和事实为驱动器。过去，企业对管理的理解和对管理理论的认识更多停留在口头上和书面上，而6σ把这一切都转化为实际有效的行动。6σ质量管理法成为追求完美无瑕的管理方式的同义语。

正如韦尔奇在通用电气公司 2000 年年报中所指出的：“6σ管理所创造的高品质，已经奇迹般地降低了通用电气公司在过去复杂管理流程中的浪费，简化了管理流程，降低了材料成本。6σ管理的实施已经成为介绍和承诺高品质创新产品的必要战略和标志之一。”

6σ质量管理给予摩托罗拉公司更多的动力去追求当时看上去几乎是不可能实现的目标。20 世纪 80 年代早期公司的品质目标是每 5 年改进 10 倍，实施6σ质量管理后改为每两年改进 10 倍，创造了 4 年改进 100 倍的奇迹。

对国外成功经验的统计显示：如果企业全力实施 6σ革新，每年可提高一个σ水平，直到达到 4.7σ，无须大的资本投入。这期间，利润率的提高十分显著。而当达到 4.8σ以后再提高，就需要对过程重新设计，资本投入增加，但此时产品、服务的竞争力提高，市场占有率也相应提高。

2. 能够节约企业运营成本

对于企业而言，所有的不良品要么被废弃，要么需要重新返工，要么在客户现场需要维修、调换，这些都需要花费企业成本。美国的统计资料表明，一个执行 3σ质量管理标准的公司直接与质量问题有关的成本占其销售收入的 10%～15%。从实施 6σ管理的 1987—1997 年的 10 年间，摩托罗拉公司由于实施 6σ管理节省下来的成本累计已达 140 亿美元。

3. 能够增加顾客价值

实施 6σ质量管理可以使企业从了解并满足顾客需求到实现最大利润之间的各个环节实现良性循环：公司首先了解、掌握顾客的需求，然后通过采用 6σ管理原则减少随意性和降低差错率，从而提高顾客满意程度。

在导入 6σ质量管理之后，通用电气的医疗设备部门创造了一种新的技术，带来了医疗检测技术革命。以往病人需要 3 分钟做一次全身检查，在导入 6σ质量管理之后只需要 1 分钟了。医院也因此而提高了设备的利用率，降低了检查成本。

4. 能够改进服务水平

由于 6σ质量管理不但可以用来改善产品品质，而且可以用来改善服务流程，因此，对顾客服务的水平也得以大大提高。

通用电气照明部门运用 6σ质量管理成功地改善了同其最大客户沃尔玛的支付关系，使票据错误和双方争执减少了 98%，既加快了支付速度，又融洽了双方互利互惠的合作关系。

5. 能够形成积极向上的企业文化

在传统管理方式下，人们经常感到不知所措，不知道自己的目标，工作处于一种被动状态。通过实施 6σ质量管理，每个人都知道自己应该做什么，应该怎么做，整个企业洋溢着热情和效率。员工十分重视质量以及顾客的要求，并力求做到最好，通过参加培训，掌握标准化、规范化的问题解决方法，工作效率获得明显提高。

三、6σ质量管理的实施步骤

6σ质量管理是一个不断改善的过程。在其标准下，企业必须永不间断地寻求质量的提高和质量的稳定，而没有终点。在这个过程中，企业要借助于不同的辅助分析工具使 6σ的实施更有效果。

总体而言，6σ质量管理是系统工程，有两个条件不能缺少。一是团队合作。6σ质量管理需要跨部门地协调工作，特别要注意的是，在这个协调团队中一定要包括一线的工作人员。质量的最终提高必然涉及各个部门乃至供应链上各个企业每一环节的工作表现。这就要求实施单位跨部门的联合团队共同发现问题、评估问题、解决问题。而由于一线人员带给我们的是最直接、最现实的问题，他们参与质量工作并与扁平化组织紧密联系，是团队合作不可或缺的。二是领导层的参与支持。与 ISO 9000 质量体系的实施一样，6σ必须得到高层领导的支持和参与。否则，6σ质量管理计划将无法取得效果。6σ质量管理的实施必然涉及许多工作流程的调整、工作习惯的改变，更牵涉到个人既得利益，因而具体实施过程会遇到较大阻力。此外，实施 6σ会有一定的费用支出，而它的作用体现也不会有立竿见影的效果。这就容易使执行工作遇到质疑，如果没有领导层的坚定支持并参与其中，6σ的实施、贯彻是很难实现的。

6σ的具体实施有七个步骤：①找问题。即把要改善的问题找出来，当目标锁定后便召集有关员工，成为改善的主力，并选出首领，作为改善责任人，然后编制时间表跟进。②研究现时生产方法，收集现时生产方法的数据，并作整理。③找出原因。集合有经验的员工，利用科学方法找出每一个问题可能发生的原因。④计划及制定解决方法。依靠有经验的员工和技术人才，通过各种检验方法，找出解决方法，当方法设计完成后，便立即实行。⑤检查效果。通过数据收集、分析，检查其解决方法是否有效和获得什么效果。⑥把有效方法制度化。当方法证明有效后，便制定为工作守则，各员工必须遵守。⑦总结成效并发展新目标。当以上问题解决后，总结其成效，并制定解决其他问题的方案。

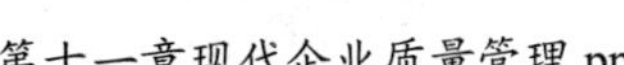
第十一章现代企业质量管理.ppt

第十一章案例.ppt

第十一章习题与答案.doc

第十二章　现代企业现场环境管理

学习目标

通过本章的学习，可使读者了解现代企业现场环境管理的主要内容。理解工作场地文明建设；定置管理主要内容。需掌握“5S”活动；现场设备的管理；现场目视管理。

关键概念

“5S”活动；设备管理；目视管理；定置管理；工作场地文明建设

现场环境管理是生产现场管理的一项重要的基础工作，在日本，相应的工作称作“5S”活动。本节将首先对5S活动做一个介绍，然后进一步对其某些主要内容——现场目视管理、定置管理和工作场地文明建设等问题分别加以论述。

第一节　“5S”活动

一、“5S”活动的含义

“5S”活动是指对生产现场各生产要素(主要是物的要素)所处状态不断地进行整理、整顿、清洁、清扫和提高素养的活动。由于整顿、整理、清洁、清扫和素养这五个词在日语中罗马拼音的第一个字母都是“S”。所以简称为“5S”。“5S”活动在日本的企业中广泛实行。

“5S”活动在西方和日本企业的推行，有个逐步发展、总结提高的过程。开始的提法是开展“3S”活动，以后内容逐步充实，改为“4S”，最后增加为“5S”。不仅内容增加和丰富了，而且把各项活动系统化和程序化了。“5S”活动总结出在各个活动中，提高队伍素质这项活动是全部活动的核心和精髓。“5S”活动重视人的因素，没有员工队伍素养的相应提高，“5S”活动是难以开展和坚持下去的。并且日本企业在如何推行和坚持“5S”活动方面，也总结出一套方法，不少先进的经验都是值得我们学习的，从一定意义上说，日本企业实行“5S”活动，也是文明活动的发展和提高。因此，近年来我国许多企业，为了提高企业文明生产活动的水平，组织开展了广泛的“5S”活动。

二、“5S”的内容和具体要求

1. 整理(Seiri)

所谓整理就是把需要与不需要的人、事、物分开，再将不需要的人、事、物加以整理。

这是开始改善生产现场的第一步。其要点首先是对生产现场实际摆放和存储的各种物品进行分类，区分什么是现场需要的，什么是现场不需要的；其次是对于现场不需要的物品，诸如剩余的材料，多余的物品、切下的料头、切屑、垃圾、废品、多余的工具、报废的设备、工人个人生活用品(下班后换的衣服鞋袜、化妆品)等，要坚决清理出现场，这样做的目的有下述几点。

(1) 改善和增大作业面积。

(2) 现场无杂物，行道通畅，提高工作效率。

(3) 减少磕碰的机会，保障安全，提高质量。

(4) 消除管理上的混放、混料等差错事故。

(5) 有利于减少库存量，节约资金。

(6) 改变作风，提高工作效率。

这项工作的重点在于坚决把现场不需要的东西清理掉。对于车间里各个岗位或设备的前后、通道左右、厂房上下、工具箱内外等，包括车间的各个死角，都要彻底搜寻和坚决清理，达到现场无不用之物。坚决做好这一步，是树立好作风的开始。日本有的企业提出口号：效率和安全始于管理！有的企业，为了保证做到这一条，而又照顾工人存放个人物品的实际需要，因地制宜，采取了相应的措施。如在车间外专门为工人设置了休息室和存放衣帽的专用橱柜；有的利用两个车间跨柱之间的空间，专门设置工人存放个人用品的地方等。

2. 整顿(Seiton)

所谓整顿就是把需要的人、事、物加以定量和定位。

通过上一步的整理后，对生产现场需要留下的物品进行科学合理的布置和摆放，以便在最快的情况下取得所要之物，在最简便和最有效的规章、制度、流程下完成事务。

整顿活动的要点包括下述各点。

(1) 物品摆放要有固定的地点和区域，以便于寻找和消除因混放而造成的差错。

(2) 物品摆放地点要科学合理，例如，根据物品使用的频率，经常使用的东西放得近些(如放在作业区内)，偶尔使用或不常使用的东西则应放得远些(如集中放在车间某处)。

(3) 物品摆放目视化，使定量装载的物品做到过目即知，不同物品摆放区域采用不同的色彩和标记。

生产现场物品的合理摆放有利于提高工作效率，提高产品质量，保障生产安全。对这项工作的研究，我国叫工作地合理布置，现在有所发展，称“定置管理”，其内容将在本节后面作进一步介绍。

3. 清扫(Seiso)

所谓清扫就是把工作场所打扫干净，设备异常时马上修理，使之恢复正常。

现场在生产过程中会产生灰尘、油污、铁屑、垃圾等，从而使现场变脏。变脏的现场会使设备丧失精度，故障多发，进而影响产品质量，使安全事故防不胜防；零乱的现场更会影响人们的工作情绪，使人不愿久留。因此，必须通过清扫活动来消除那些赃物，创建一个明快、舒适的工作环境，以保证安全、优质、高效率地工作。清扫活动的要点如下所述。

(1) 自己使用的物品，如设备、工具等，要自己清扫，而不是依赖他人，不增加专门的清扫工。

(2) 对设备的清扫，应着眼于对设备的维护保养。将清扫设备同设备的点检结合起来，

清扫即点检；清扫设备要同时做设备的润滑工作，清扫也是保养。

(3) 清扫也是为了优化环境。所以当清扫地面发生有飞屑和油水泄露时，要查明原因并采取措施加以改进。

4. 清洁(Seikeetsu)

所谓清洁就是整理、整顿、清扫之后要认真维护，保持工作环境始终处于完美和最佳状态。

清洁，不是单纯从字面意思上理解，而是对前三项活动的坚持与深入，从而消除发生安全事故的根源，创造一个良好的工作环境，使员工可以愉快地工作。

清洁活动的要点如下所述。

(1) 车间环境不仅要整齐，而且要做到清洁卫生，保证工人身体健康，提高工人的劳动热情。

(2) 不仅物品要清洁，而且整个工作环境都要清洁，进一步消除混浊的空气、粉尘、噪音和污染源。

(3) 不仅物品、环境要清洁，而且工人本身也要做到清洁，如工作服要清洁，仪表要整洁，及时理发、刮须、修指甲、洗澡等。

(4) 工人不仅要做到形体上的清洁，而且要做到精神上的“清洁”，待人要讲礼貌，要尊重别人。

5. 素养(Shitsuke)

所谓素养，就是养成良好的工作习惯，遵章守纪。

素养即教养，努力提高人员的素质，养成严格遵守规章制度的习惯和作风，这是“5S”活动的核心。没有人员素质的提高，各项活动就不能顺利开展。所以，抓“5S”活动，要始终着眼于提高人的素质。“5S”活动始于素质，也终于素质。

在开展“5S”活动的过程中，要贯彻自我管理原则，创造良好的工作环境。创造良好的工作环境不能单靠添置设备来改善，也不要指望别人来代为办理，而让现场人员坐享其成。应当充分依靠现场人员，由现场的当事人员自己动手为自己创建一个整齐、清洁、方便、安全的工作环境。使他们在改造客观世界的同时，也改造自己的主观世界，产生“美”的意识，养成现代化大生产所要求的遵章守纪、严格要求的风气和习惯。因为是自己动手创造的成果，也就容易保持和坚持下去。

由此可见，“5S”活动是把工厂里的文明生产各项活动系统化了，进入了一个更高的阶段。

第二节　现场设备的管理

在一定时期内，一个企业(或分厂、车间)的现场设备维修资源是有限的。维修资源包括用于维修的人力、物力、财力等。而企业现场需要维修的设备是很多的，有的多达成百上千台设备。为了使有限的维修资源集中使用在生产经营以及提高经济效益中占重要地位并起重要作用的设备上，就要抓住主要矛盾，实行“突出重点，照顾一般”的方针，区别设备的

不同重要程度，分别采用不同的管理与维修对策和措施。这种管理方法，称作设备的分类管理法。下面介绍两种具体的管理方法：一种是重点设备管理法；另一种是效益系数法。

一、重点设备管理法

重点设备管理法是现代管理方法——ABC 管理法在设备管理中的应用。它是按照设备在生产经营中的地位不同，把设备分为重点设备(一般是 A 类设备)与非重点设备(一般是 B 类与 C 类设备)，然后加以分类管理。

一般说来，冶炼性质的企业在生产过程中，重点设备比较明确、固定。例如，在钢铁生产企业中，炼铁生产的重点设备是高炉；炼钢生产的重点设备是转炉或平炉。在冶炼生产中，产品品种、型号的变化，主要是原材料、辅助材料配比的变化以及冶炼过程中各种金属元素与成分的变化，不涉及设备的变更。例如，沸腾钢、镇静钢、合金钢的冶炼，都是在同一座炉子中进行的，因而不存在由于产品品种的变化，引起冶炼设备的变更问题。而在加工装配性质的企业中，生产的产品品种、规格较多，而且生产不同产品品种、型号所使用的加工设备也不同。因此，生产中占重要地位的重点设备，经常随着产品品种的变化而不断变化。重点设备同我国机械工业企业传统设备管理中的精、大、稀设备相比较，主要区别有三点。

第一，作用不同。精、大、稀设备，是作为上级主管部门对企业的规模、生产能力进行衡量、统计考核的资料，要报上级主管部门备案的设备。而重点设备是企业为了保证生产，采用重点管理、监测、维护、修理等对策和措施维护的设备，重点设备不必上报主管部门。

第二，划分的标准不同。精、大、稀设备，是依据设备的复杂程度、加工精度、设备的几何精度、几何尺寸甚至重量等作为划分标准。它是以设备本身具有的技术特征，即单一的价值标准作为划分依据。而重点设备一般要求从产量、质量、成本、交货期、安全、环境保护以及维修性等(即设备综合效率：P、Q、C、D、S、M 等)多方面进行划分，即以多个价值标准作为划分依据。

实践证明，单纯从一个价值标准——设备本身具有的技术特征出发，把设备划分为精、大、稀设备与一般设备两大类的分类方法既不能满足企业对设备的生产技术要求，也不能有效地对设备进行科学管理。因为一台设备在企业生产经营活动中的功能和作用，决不仅仅是设备本身原有技术功能属性这一方面，还应该有其他许多方面。例如，依据精、大、稀标准来划分，普通的冲天炉属于一般设备。但是，如果冲天炉出了故障，其影响面远远不仅是冲天炉本身的生产现场或一个车间，甚至会波及全厂以至厂外协作。可见，单一价值标准的划分方法具有很大的局限性。

第三，适用的期限不同。精、大、稀设备被确定以后，是长期不变的，人们将其称为“终身户口”。而重点设备确定后，不是长期不变的，而是需要随着产品结构、生产计划和工艺要求的改变而定期进行调整。因此，人们称其为“临时户口”，后者是符合动态管理原则的。

1. 重点设备的评定方法

对重点设备的评定，一般采用综合评价法。这是一种在定量分析基础上，从系统的整

体观点出发，综合各种因素的评定方法。它由以下几个部分组成。

(1) 评价因素(标准)。综合评价法采用多种评价因素。确定重点设备的基本因素是设备综合效率(P：产量；Q：质量；C：成本；D：交货期；S：安全；M：劳动情绪)方面影响的程度大小。我国机械工业系统企业提出了一个选定重点设备的参考依据，如表 12-1 所示。

表 12-1　选定重点设备的依据

影响因素	选定依据
生产方面	1. 单一设备，关键工序的关键设备(包括加工时间较长的设备) 2. 多品种生产的专用设备 3. 最后精加工工序无代用设备 4. 经常发生故障，对产量有明显影响的设备 5. 产量高，生产不均衡的设备
质量方面	1. 影响质量很大的设备 2. 质量变动大，工艺上粗精不易分开的设备 3. 发生故障，即影响产品质量的设备
成本方面	1. 加工贵重材料的设备 2. 多人操作的设备 3. 消耗能源大的设备(包括电能、热能) 4. 发生故障，造成损失大的设备
安全方面	1. 严重影响人身安全的设备 2. 空调设备 3. 发生故障，对周围环境保护及作业有影响的设备
维修性方面	1. 技术复杂程度大的设备 2. 备件供应困难的设备 3. 易出故障，且不好修理的设备

由于设备的类型、工艺特点、使用要求不同，应该对不同类型、工艺特点、使用要求的设备，选择自身的评价因素，并各有侧重。例如，对于金属切削机床来说，安全问题影响不太大，就可以不列入评价标准；而对于起重设备，安全问题较突出，因而必须列入评价标准。

(2) 评分标准。在同一评价因素内部，由于重要程度和影响程度不同，应分别给予相应的分数。由于每一个因素情况不同，可以分别规定几个档次及其相应的分数。例如，评分标准比较简单的，一般可分三个档次：最重要或影响最大的，规定为 5 分；中间状态的规定为 3 分；最小的规定为 1 分，如表 12-2 所示。

表 12-2　设备评分表

序　号	项　目	评分标准	评价标准
1	发生故障时对其他设备的影响程度	5/3/1	5 分：影响全厂 3 分：影响局部 1 分：只影响设备本身

续表

序　号	项　目	评分标准	评价标准
2	发生故障时有无代用设备	5/3/1	5 分：无代用，或虽有代用，但仍直接影响全厂生产计划 3 分：有代用，但代用后影响车间生产计划 1 分：有代用，代用后对生产基本无影响
3	开动形态	5/3/1	5 分：三个班次开动 3 分：两个班次开动 1 分：单班开动
4	加工对象的工艺阶段	5/3/1	5 分：产品部件或关键零件的最后加工工序 3 分：一般精加工或半精加工 1 分：粗加工
5	加工对象的质量要求	5/3/1	3 分：对加工零件精度有决定性影响 1 分：对加工零件精度无决定性影响
6	故障修理的难易程度	5/3/1	5 分：30F 以上或备件需向国外订货 3 分：15F～20F 1 分：14F 以下
7	发生故障时对人和环境的影响	5/3/1	5 分：发生故障时易爆炸或易发生火灾 3 分：发生故障抢修时需停止周围设备运转 1 分：无特殊影响设备
8	设备原值	5/3/1	5 分：原值 20 万元以上 3 分：原值 3 万元～20 万元 1 分：原值 3 万元以下

(3) 设备分类。依据上述评价因素和评分标准，对每台设备进行评定。在设备得分总和的基础上进行设备分类，有的企业把设备分成三大类： A 类为重点设备；B 类为主要设备； C 类为一般设备。也有的企业将其划分为四大类：A 类为重点设备；B 类为主要设备；C 类为一般设备；D 类为次要设备。以四类划分，档次比较少的(5、3、1)为例，规定得分总和 20 分以上为 A 类重点设备；12～19 分为 B 类主要设备；11～6 分为 C 类设备；5 分或 5 分以下为 D 类次要设备。

2. 不同设备的管理方法

针对不同类型的设备，应采用不同的管理方法，包括不同的完好标准要求，以及不同的日常管理标准、维修对策和备件管理、资料档案、设备润滑等。下面以四类设备为例加以说明。

(1) 四类设备的不同完好标准如下所述。

A 类设备：①每年进行 1～2 次精度调整，主要项目的精度不可超差；②每月抽查 5%～10%台份；③抽查合格率达 90%以上。

B 类设备：①按规定完好标准每月抽查 5 台份～10 台份；②抽查合格率达 87%以上。

C 类设备：①做到整齐、清洁、润滑、安全、满足生产与工艺要求；②每月抽查 5%台份；③抽查合格率达 87%。

D 类设备：与 C 类设备要求相同。

(2) 四类设备的日常管理标准如表 12-3 所示。

表 12-3 不同类型设备的日常管理标准

项目 设备 类别	日常点检	定期检	日常保养	一级保养	凭证操作	操作规程	故障率/%	故障分析	账卡物
A	√	按高标准	检查合格率100%	检查合格率95%	严格定人定机检查合格率100%	专用	≤1	分析摸索维修规律	100
B	×	按一般要求	检查合格率95%	检查合格率90%	严格定人定机检查合格率100%	通用	≤1.5	一般分析	100
C	×	×	检查合格率90%	检查合格率85%	严格定人定机检查合格率100%	通用	≤2.5	×	100
D	×	×	定人清扫保养	定期保养	×	通用	≤3	×	100

(3) 四类设备的维修对策如表 12-4 所示。

表 12-4 不同类型设备的维修对策

项目 设备 类别	方针	大修	预修	精度调整	改善性维修	返修率/%	维修记录	维修力量的配备
A	重点预防维修	√	√	所有精密大型设备	重点实施	2	100%	1. 应投入维修力量的 40% 2. 技术熟练水平高的维修人员
B	预防维修	√	√	×	实施	2.5	98%	1. 应投入维修力量的 40% 2. 技术熟练水平高的维修人员
C	事后维修	×	×	×	×	×	填写“病历”	1. 应投入维修力量的 40% 2. 技术熟练水平高的维修人员
D	事后维修	×	×	×	×	×	×	同 C 类设备

(4) 四类设备的备件管理、资料档案、设备润滑要求如表 12-5 所示。

表 12-5　不同类型设备的备件管理、资料档案等要求

项目 设备类别	备件管理		资料档案			设备润滑				
	管理要求	储备方式	说明书/%	备件图册/%	技术档案/%	润滑五定		计划换油		治漏率/%
						图表/%	卡片/%	完成率/%	对号率/%	
A	1. 建卡、确定最高、确定最低储备量 2. 供应率100%	零件 部件	95	90	98	90	100	95	95	95
B		零件	90	85	90	85	100	90	90	90
C		零件	50	50	50	70	100	80	80	80
D		零件	50	50	50	70	100	80	80	80

二、效益系数管理法

由于多种原因，各种类型的不同设备，在提高经济效益中的作用是不同的。例如有的设备投入少，但产出多；而有的设备投入多，却产出少；或者投入与产出相等。这就形成了不同的效益系数。针对不同的设备效益系数分别加以管理，如采用不同的维修与改造对策，这就是效益系数管理法。

采用计算单台设备经济效益系数的方法，对不同设备加以分类管理。单台设备经济效益系数的计算公式为：

单台设备经济效益系数=设备年产值/(年平均折旧额+年平均使用费用)

第三节　现场目视管理

目视管理既是现场管理的内容之一，也是一种有效的管理方式。它对于改善生产环境，建立正常的生产秩序，调动并保护员工积极性，促进文明生产和安全生产，具有其他方式不可替代的作用。

一、目视管理的含义及优越性

目视管理是一种利用形象直观、色彩适宜的各种视觉感知信息来组织现场的生产活动，达到提高生产效率目的的管理手段。

同其他管理工作相比，目视管理具有独特之处。

(1) 它以视觉信号显示为基本手段，大家都看得见。

(2) 它以公开化、透明化为基本原则，尽可能地将管理者的要求和意图让大家都看得

见，借以推动自主管理或叫自主控制。

(3) 现场的作业人员可以通过目视的方式将自己的建议、成果、感想展示出来，与领导、同事以及工友们进行相互交流。

所以目视管理是一种以公开化和视觉显示为特征的管理方式，亦称之为“看得见的管理”。这种管理方式可以贯穿于现场管理的各个领域之中。

带有目视管理特点的某些活动在我国企业中早已存在。例如，在安全生产管理制度中一般都规定：停机检修机器设备时，应在电源开关处挂上“正在检修”的标识牌；凡危险处所，均应挂告示牌。这就是目视管理的具体应用。然而，在我国明确提出并且系统实施目视管理的时间还不长，它是改革开放以来引进国外企业管理经验并加以吸收后出现的新事物。因此，很多企业对它还不太熟悉。从一些企业实行目视管理的经验来看，这种管理方式充分发挥了视觉信号显示的特长，具有诸多优越性，是一种符合大机器生产要求和人们生理及心理需要的科学管理方式，值得提倡和推广。其优越性主要体现在以下几个方面。

1. 形象直观、简单方便、工作效率高

企业现场管理人员指挥生产，其实质就是发布各种信息。操作工人有秩序地进行生产作业，就是接受信息后采取行动的过程。在机器的条件下，生产系统高速运转，要求信息传递和处理必须又快又准。如果与每个操作工人有关的信息都要由管理人员直接传达，那么不难想象，拥有成百上千工人的生产现场，需要配备多少管理人员。目视管理为解决这个问题找到了简捷之路。它告诉我们，迄今为止，操作工人接受信息最常用的感觉器官是眼、耳和神经末梢，其中又以利用视觉最为普遍。可以发出视觉信号的手段有仪表、电视、信号灯、标识牌、图标等。其特点是形象直观、容易认读和识别、简单方便。在有条件的岗位充分利用视觉信号显示手段，可以迅速而准确地传递信息，无须管理人员现场指挥，即可有效地组织生产。

2. 透明度高，便于现场人员的相互配合、监督和促进，发挥激励与协调作用

实行目视管理，对于生产作业的各种要求可以做到公开化。干什么、怎么干、干多少、什么时候干、在何处干等问题一目了然，这就有利于人们配合默契，互相提醒，互相监督，使违反劳动纪律的现象不容易隐藏。例如，根据不同车间和工种的特点，规定穿戴不同的工作服和工作帽，很容易使那些擅离职守、串岗聊天的人陷于众目睽睽之下，促其自我约束，逐渐养成良好习惯。又如，有的企业实行了挂牌制度，单位经过考核，按优秀、良好、合格、较差、劣等五个等级，挂上不同颜色的标志牌；个人经过考核，优秀至合格者佩戴不同颜色的臂章，不合格者无标识。这样，目视管理就能起到鼓励先进、鞭策后进的激励作用。总之，大机器生产既要求严格的管理，又需要培养人们自主管理、自我控制的习惯与能力，目视管理为此提供了有效的具体方式。

3. 能够科学地改善生产条件和环境，产生良好的生理和心理效应

对于改善生产条件和环境，人们往往比较注意从物质技术方面着手，而忽视现场人员生理、心理和社会因素的需要。例如，控制机器设备和生产流程的仪器、仪表必须配齐，要按照规定进行检修，这是加强现场管理不可缺少的物质技术条件。但进一步说，哪种形状的刻度表容易认读？数字和字母的线条粗细、高低与宽窄的比例怎样才最好？白底黑字

是否优于黑底白字？人们对此一般考虑得并不多。然而这些却是降低误读率、减少事故所必须认真考虑的生理和心理问题。又如，谁都承认车间环境必须干净整洁。但是，不同车间(如机加工车间和热处理车间)，其墙壁是否应该均应“四白落地”，还是采用不同的颜色？什么颜色最适宜？诸如此类的色彩问题也同人们的生理、心理和社会特征有关。目视管理的长处就在于它十分重视综合运用管理学、生理学、心理学和社会学等多学科的研究成果，能够比较科学、完善地改善同现场人员视觉感知有关的各种环境因素，使之既符合现代技术要求，又适应人们的生理和心理特点，产生良好的生理和心理效应，调动并保护工人的生产积极性。

二、目视管理的内容和形式

目视管理以生产现场的“人—机系统”及其环境为对象，不仅包括这一系统的输入、作业和输出三个环节，同时还包括操作员工、作业环境和作业手段。这样，目视管理的内容才是完整的。具体说，其内容和主要形式如下所述。

1. 生产任务和完成情况要公开化、图表化

现场是协作劳动的场所。因此，凡是需要大家共同完成的任务都应公布，计划指标要定期层层分解，落实到车间、班组和个人，并列表张贴在墙上；实际完成情况也要相应地按期公布，并用作图法，使大家看出各项计划指标完成中的问题和发展趋势，以促使整个集体和个人都能按质按量按期地完成各自的任务。

2. 与现场密切相关的规章制度和工作标准要公布于众，展示清楚

为了保持大工业生产所要求的连续性、比例性和节奏性，提高劳动生产率，实现安全生产和文明生产，凡是与现场工人密切相关的规章制度、标准、定额等，都需要公之于众；与岗位工人直接有关的部分，应分别展示在岗位上，如岗位责任制，操作程序图，工艺卡片等，并要始终保持完整、齐全、正确和整洁。

3. 与定置管理相结合，以清晰的、标准化的视觉显示信息落实定置设计

为了消除物品的混放和误置，必须有完善而标准的信息显示，包括标志线、标志牌和标志色。因此，目视管理应按定置设计的要求，采用清晰的、标准化的信息显示符号，将各种区域、通道、各种物品的摆放位置鲜明地标示出来；机器设备和各种辅助器具(如料架、工具箱、工位器具、生活柜等)均应运用标准颜色，不得任意涂抹。

4. 生产作业控制手段要形象直观、使用方便

为了有效地进行生产作业控制，使每个生产环节、每道工序都能严格按照期量标准进行生产，杜绝过量生产、过量储备。要采用与现场工作状况相适应的、简单实用的信息传导方式，以便在后道工序发生故障或由于其他原因停止生产，不需要前道工序供应在制品时，操作人员看到信号，就能及时停止投入。例如，“看版”就是一种能起到这种作用的信息传导手段。

各生产环节和工种之间的联络，也要设立方便实用的信息传导信号，以尽量减少工时损失，提高生产的连续性。例如，在机械设备上安装红灯，在流水线上配置工位故障显示

屏，一旦发生停机事故，即可发出信号，巡回检修工看到后就能及时前来修理。

生产作业控制除了期量控制外，还有质量和成本控制，也要贯彻目视管理的方针。例如质量控制，在各质量管理点，要有质量控制图，以便清楚地显示质量波动状况，及时发现异常，及时处理。车间要利用板报形式，将“不良品统计日报”公布于众，当天出现的废品要陈列在展示台上，由有关人员会诊分析，确定改进措施，防止再度发生。

5. 现场各种物品的码放和运送要标准化，以便过目知数

物品码放和运送实行标准化，可以充分发挥目视管理的长处。例如，各种物品实行“五五码放”，各类工位器具包括箱、盒、盘、小车等，均应按规定的标准数量盛装，这样，操作、搬运和检验人员点数时，既方便又准确。

6. 统一规定现场人员的着装，实行挂牌制度

现场人员的着装不仅具有劳动保护的作用，在机器生产条件下，也是正规化、标准化的内容之一。它可以体现员工队伍的优良素质，显示企业内部不同单位、工种和职务之间的区别，因而还具有一定的心理作用，使人产生归属感、荣誉感、责任心等，对于企业指挥生产，也可创造一定的方便条件。

挂牌制度包括单位挂牌和个人佩戴标志。按照企业内部各种检查评比制度，将那些与实现企业战略任务和目标有重要关系的考评项目的结果，以形象化、直观的方式给单位挂牌，能够激励先进单位更上一层楼，鞭策后进单位奋起直追。个人佩戴标志，如胸章、胸徽、臂章等，其作用同着装类似。另外，还可同考评相结合，给人以压力和动力，达到催人进取、推动工作的目的。

7. 现场的各种色彩运用要实行标准化，以便于生产和工人的身心健康

色彩是现场管理中常用的一种视觉信号，目视管理要求科学、合理、巧妙地运用色彩，并实行统一的标准化管理，不允许随意涂抹。这是因为色彩的运用受到多种因素的制约。

(1) 技术因素。不同色彩有不同的物理指标，如波长、反射系数等。强光照射的设备，多涂成蓝灰色，是因为其反射系数适度，不会过分刺激眼睛。危险信号多用红色，这既是传统的习惯，也是因其穿透力强，信号鲜明的缘故。

(2) 生理和心理因素。不同色彩会给人以不同的重量感、空间感、冷暖感、软硬感、清洁感等情感体验。例如，高温车间的涂色应以浅蓝、蓝绿、白色等冷色为基调，可给人清爽舒心之感；低温车间则相反，适宜用红、橙、黄等暖色，使人感觉温暖。热处理设备多用铅灰色，铅灰色属冷色，能起到降低“心理温度”的作用。而家具厂整天看到的是木质颜色，属暖色，木料加工设备则宜于涂浅绿色，可缓解操作者被暖色引发的烦躁之感。从生理上讲，长时间受一种或几种杂乱的颜色刺激，会产生视觉疲劳，因此，就要讲究工人休息室的色彩。如纺织工人的休息室宜用暖色；冶炼工人的休息室宜用冷色。这样有利于消除职业疲劳。

(3) 社会因素。不同国家、地区和民族，都有不同的色彩偏好。例如，我国人民普遍喜欢绿色，因为这是生命、青春的象征；而日本人则认为绿色是不吉祥的色彩。

总之，色彩包含着丰富的内涵。现场中凡是需要用色彩的地方，都应使之标准化。

三、目视管理的基本要求

推行目视管理，要防止搞形式主义，一定要从企业实际出发，有重点、有计划地逐步展开。在这个过程中，应做到的基本要求是：统一、简约、鲜明、实用、严格。

统一，即目视管理要实行标准化，消除五花八门的杂乱现象；简约，即各种视觉显示信号应易看易懂，一目了然；鲜明，即各种视觉显示信号要清晰，位置适宜，现场人员都能看得见、看得清；实用，即不摆花架子，少花钱、多办事，讲究实效；严格，即现场所有人员都必须严格遵守和执行有关规定，有错必纠，赏罚分明。

第四节　工作场地文明建设

一、工作场地文明建设的含义

文明生产有着广义和狭义两种理解。广义的文明生产，就是生产文明化，或称科学化，就是根据现代化大生产的客观规律组织生产活动。所以，广义的文明生产，简单地说就是科学的企业生产。其对立面是手工业生产方式，不讲科学，单凭经验和手艺进行生产。

在企业实际工作中，通常讲的文明生产，是从狭义上理解的。工作场地文明建设是指在生产现场管理中，要按照现代工业生产的客观要求，为生产现场保持良好的生产环境和生产秩序所需做的工作。例如，有的企业为了保证产品质量，进车间必须换上洁白的工作服和拖鞋；为了保证产品质量和提高效率，半成品、零部件的盛放必须使用专门的工位器具，如此种种，不一而足。其对立面就是“生产不文明”，车间生产现场“脏、乱、差”，管道到处“跑、冒、滴、漏”，甚至于“野蛮生产”，违反安全规程和操作规程，使人身安全得不到保障；设备使用过度磨损；产品质量低劣等。

二、工作场地文明建设的意义

坚持工作场地文明建设，是企业中一项基础性的管理工作，对加强文明生产有着重要的意义。

首先，这是现代工业生产本身的客观要求。创造良好的生产环境和生产秩序，是企业实现优质高产、安全运行、按期交货、降低成本的重要保证。现代工业生产大量采用机器设备和先进的科学技术，设备运转高速、高温、高压，产品加工精度高，操作方法严格；再加上生产过程中有着精细分工，要求有严密的配合和协调。这些大生产特点对生产环境和生产秩序提出了严格的要求，按照这种要求去做，就能获得大生产的高产、优质、低成本的良好经济效益；如果违背了它，将会受到客观规律的惩罚，轻则影响劳动效率，降低产品质量，增加设备故障，增加物资消耗；重则甚至可能污染周围环境，损害工人健康，甚至造成重大安全事故，导致机毁人亡。

其次，这也是培训员工大生产的意识和习惯，加强精神文明建设的需要。我国现代工业企业的员工，一部分是从手工业生产转移过来的；还有一大批没有经过大工业严格训练

的农民、青年学生也相继加入到现代工业生产的员工队伍中来。在他们的身上，还程度不同地残存着小生产者的意识和习惯，诸如单凭经验干活，不守纪律，不按操作规程办事，不要规章制度，不注意整洁卫生等。为了提高员工队伍的素质，不仅要提高他们的文化、技术素质，还必须提高他们的思想素质，培养尊重科学，遵守纪律，服从集体的大生产意识。通过加强文明生产的实践，不仅可以改善生产环境和生产秩序，而且在改造客观世界的同时，也可以改造主观世界，逐步克服小生产习气，强化大生产的意识和习惯。

三、工作场地文明建设的内容

工作场地文明建设，主要包括下述各点内容。

(1) 严格劳动纪律，遵守操作规程和安全规程。

(2) 保持厂区和车间内的清洁和卫生。

(3) 厂区绿化，消除三废(废水、废气、废渣)污染。

(4) 工作地布置合理，物料堆放整齐，便于生产操作。

(5) 配备必要的工位器具。

(6) 坚持安全生产，消除各种事故隐患。

由于企业的生产技术条件和具体情况不同，不同企业抓文明生产建设的侧重点也有所不同。例如，钢铁冶金和化工企业的安全生产和环境绿化就比一般行业显得更为突出；而加工装配行业工作地的合理布置及工位器具的管理就更加重要。

第十二章现代企业现场环境管理.ppt

第十二章案例.docx

第十三章　现代企业管理其他要素管理

学习目标

通过本章的学习，可使读者了解人力资源管理和工作分析的内容；市场调研与定位、市场细分和目标市场策略；财务管理的内容和第三方物流管理。同时还可掌握人力资源的概念、特征和人力资源管理的含义；市场营销管理的概念与市场营销组合策略；财务管理的概念；物流、企业物流，物料采购、供应和生产物流管理。

关键概念

人力资源；人力资源管理；市场营销管理；市场营销组合策略；财务管理；物流和企业物流；物料采购及供应管理；生产物流管理

要素管理主要涉及企业的基本管理工作，在现代企业中大都有专门的职能部门行使相应职能权力。要素管理水平往往是企业管理是否规范化的外在体现，它是企业发展的基石。本章系统地概述了现代企业在经营过程中的各项要素管理。主要包括企业人力、市场、财务、设备和物流五大方面，它们是在企业实务运转中不可或缺的组成部分，对它们的理论研究和实践经验总结是对管理学原理与现代企业理论的运用和深化，也是指导企业提高管理水平和经济效益的关键。

第一节　人力资源管理

人力资源是现代企业各种资源中最活跃的要素，随着生产力的发展，人力资源已经成为一个国家经济和社会发展最重要的资源，成为综合国力的决定因素。实施有效的人力资源管理是企业生存、发展的重要基础，在很大程度上决定着企业的兴衰与成败。在激烈的市场竞争环境中，如何有效地开发、利用人力资源，不断提高企业人力资源管理的质量和水平，已成为企业实现经营目标和可持续发展的重要工作之一。

一、人力资源的概念与特征

1. 人力资源的概念

“人力资源”一词是由当代著名管理学家彼得·德鲁克(Peter F. Drucker)于 1954 年在其《管理的实践》一书中提出的。在讨论管理员工及其工作时，德鲁克引入了“人力资源”这一概念。他指出：人力资源“和其他所有资源相比较而言，唯一的区别就是它是人”，并且是经理们必须考虑的具有“特殊资产”的资源。人力资源拥有当时其他资源所没有的素质，即协调能力、融合能力、判断力和想象力。在这里，德鲁克的主要贡献是将人力和资源联系起来，并从管理学的角度来对人力资源加以阐释。

所谓人力资源(Human Resource，HR)是指能够推动社会和经济发展的、能为社会创造物质财富和精神财富的体力劳动者和脑力劳动者的总称。人力资源是“活”的资源，从广义上讲，具有劳动能力的人都是人力资源。需要注意的是，这里定义的人力资源排除了不能推动社会发展、不能为社会创造财富的那一部分人；人力资源的丰富与否不能等同于人口资源和人才资源的丰富与否。

为了准确地理解人力资源的内涵和实质，还需进一步理清人力资源和人口资源、人才资源三者之间的关系，找出它们之间的区别和联系。如图 13-1 所示。

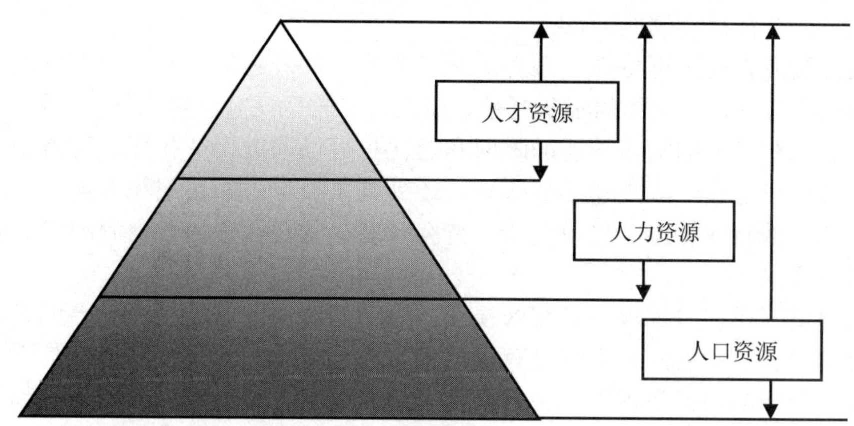

图 13-1　人力资源、人口资源和人才资源金字塔关系图

2. 人力资源的特征

人力资源作为国民经济资源中一个特殊的部分，既有质、量、时、空的属性，也有自然的生理特征。人力资源具有以下几个特征。

(1) 人力资源具有生物性。人力资源是人类自身所特有的，因此具有不可剥夺性，这是人力资源最根本的特性。人力资源存在于人体之中，是有生命的“活”的资源，与人的自然生理特征相联系。人的最基本的生理需要带有某些生物性的特征。在管理中，首先要了解人的自然属性，根据人的自然属性与生理特征进行符合人性的管理。

(2) 人力资源具有能动性。人不同于自然界其他生物的根本标志之一是人具有主观能动性。其他资源在被开发的过程中，完全处于被动的地位，而人力资源在被开发的过程中，有思维与情感，能对自身行为做出抉择，能够主动学习与自主择业，同时，人力资源具有创造性思维，能够在人类活动中发挥创造性的作用。更为重要的是，人力资源能够发挥主观能动性，有目的、有意识地利用其他资源进行生产，推动社会和经济的发展。

(3) 人力资源具有时效性。人力资源的形成、开发和利用都受到时间方面的限制。从个体角度看，作为生物有机体的人，有其生命的周期，如幼年期、青壮年期、老年期，其各阶段的劳动能力不相同；从社会角度看，人才的培养和使用也有培训期、成长期、成熟期和老化期。无论哪类人，都有其才能发挥的最佳时期，如果其才能没有在这一时期被充分开发利用，就会导致人力资源的浪费。因此，人力资源的开发与管理必须尊重人力资源的时限性特点，做到适时开发、及时利用，最大限度地保证人力资源的产出，延长其发挥作用的时间。

(4) 人力资源具有智力性。人不仅具有主观能动性，而且还是科学文化的载体，例如

人类在劳动中创造了机器和工具，从而使自身的能力迅速扩大。智力具有继承性，能得到积累、延续和增强，同时人的智慧还可以传播、深入。正是在生产和生活中积累起来的经验和知识，才形成了我们今天丰富的社会文化。

(5) 人力资源具有两重性。人力资源既是投资的结果，又能创造财富，或者说，它既是生产者，又是消费者，具有角色两重性。人力资源质量的高低，完全取决于投资的程度，而人力资源的投资来源于个人和社会两个方面。人力资源的两重性要求我们既要重视对人口数量的控制，又要重视人力资源的开发和培养。充分地利用、开发现有的人力，将会产生很大的经济效益和社会效益。

(6) 人力资源具有可再生性。人力资源具有再生性，它基于人口的再生产和劳动力的再生产，通过人口总体内个体的不断更替和劳动力“耗费-生产-再次耗费-再次生产”的过程得以实现。同时，人的知识技能的陈旧和老化也可以通过培训和再学习得到更新。人力资源的再生性除了遵循一般生物学规律外，还受到人类意识的支配和人类活动的影响。因此人力资源要实现自我补偿、自我更新、持续开发，就要注重人力资源的终身教育，加强后期的培训与开发。

(7) 人力资源在使用过程中具有磨损性。人力资源在使用过程中会出现有形磨损和无形磨损，劳动者自身的疾病和衰老是有形磨损，劳动者知识和技能的老化是无形磨损。现代社会中人力资源的磨损呈现以下特点：更多地表现为无形磨损，其补偿比起有形磨损要困难得多；随着社会新技术不断取代原有技术，员工的知识和技能老化加剧，人力资源的磨损速度越来越快，补偿费用越来越高。

(8) 人力资源具有社会性。人力资源的社会性，主要表现为人与人之间的交往及由此产生的千丝万缕的联系。人力资源开发的核心，在于提高个体的素质，因为每个个体素质的提高，必将形成高标准的人力资源质量。人力资源管理既要注重人与人、人与团体、人与社会的关系协调，又要注重组织中团队建设的重要性。

(9) 人力资源具有增值性。人力资源不仅具有再生性，而且其再生的过程也是一种增值的过程。人力资源在开发和使用过程中，一方面可以创造财富，另一方面通过知识经验的积累和更新，可以提升自身的价值，从而使组织实现价值增值。

二、人力资源管理的定义与内容

1. 人力资源管理的定义

1958 年，怀特 • 巴克(E. Wight Bakke)出版的《人力资源职能》一书，首次将人力资源管理作为管理的普遍职能来加以论述。通过对人力资源管理理论发展历程的追溯和分析，可以将有关人力资源管理的定义总结为以下三类。

第一类是由彼得 • 德鲁克、怀特 • 巴克等人提出，比尔(Beer)、舒勒(Schuler)等人发展的人力资源管理概念。他们认为，人力资源管理是管理人员所具有的一种广泛意义上的普通管理职能，其目的是为了对工作场所的个体进行适当的管理，具体包括：理解、维持、开发、利用和协调一致。人力资源管理的这一定义是建立在“人本主义”管理哲学的基础之上的，把组织中的所有员工都作为组织的一种有价值的资源，而不是把他们看成组织应该最大限度减小的成本开支。例如舒勒在《管理人力资源》一书中对人力资源管理的定义：

人力资源管理是采用一系列管理活动来保证对人力资源进行有效的管理，其目的是为了实现个人、企业和社会的利益。

第二类是由海勒曼(Henneman)、彼得森(Peterson)、罗宾斯(Robbinson)、塞尔斯(Sayles)和德勒斯(Dessler)等人提出的。他们认为人力资源管理即是人事管理，是由专业人员从事的员工管理工作，这一定义是建立在这样一种假设基础之上的：现在的管理实践和管理活动是最好的且可接受的，是可以用来对员工进行有效的管理，并且这些管理实践是可以被不断丰富的。例如德斯勒就认为人力资源管理即人事管理，是指：“为了完成管理工作中涉及人或人事方面的任务所需要掌握的各种概念和技术。”

第三类是由英国管理主义学派的代表者斯托瑞(Storey)等人在20世纪80年代末提出的。他们认为，从本质上讲人力资源管理是为了躲避工会和掩饰管理控制方法的一种复杂的管理方式，人力资源管理是用来显示管理人合法性的一种不同方法，而不是作为工具或手段的人力资源管理。

本书认为，所谓人力资源管理，是依据组织和个人发展的需要，建立高效的机制和合理的流程，采用先进的技术和科学的方法，对组织中的“人力”这一特殊的资源进行有效开发、合理利用和科学管理，以实现组织既定目标的管理过程。从开发的角度看，它不仅包括人力资源的智力开发，也包括人的思想文化素质和道德觉悟的提高；不仅包括人的现有能力的充分发挥，也包括人的潜力的有效挖掘。从利用的角度看，它包括对人力资源的发现、鉴别、选择、分配和合理使用。从管理的角度看，它既包括人力资源的预测与规划，也包括人力资源的组织和培训。

2. 人力资源管理的内容

根据企业发展战略的要求，有计划地对人力资源进行合理配置，通过招聘、培训、使用、考核、评价、激励、调整等活动，调动员工的积极性，发挥员工的潜能，提高生产效率和经济效益，实现组织和个人的目标，是人力资源管理的主要任务。在实践中，人力资源管理主要涉及以下几个方面的内容。

(1) 人力资源战略规划。人力资源战略规划是企业为适应内外环境的变化，依据企业总体发展战略，在充分考虑员工期望的基础上，制定的企业人力资源开发与管理的纲领性长远规划。主要包括：对组织在一定时期内的人力资源需求和供给进行预测；根据预测的结果拟定人力资源招聘和开发规划，制定管理政策和制度。

(2) 工作分析与岗位评价。工作分析是指对组织中某个特定工作职务的目的、任务、职责、权力、岗位隶属关系、工作条件、任职资格等相关信息进行收集与分析，并据此对该职务的工作做出明确的规定。岗位评价是根据一定的评价方法对企业各工作岗位的相对价值进行的判断和评估。

(3) 招聘录用。招聘是指通过各种途径发布招聘信息，将应聘者吸引过来，其实质就是让潜在的合格人员对本企业相关职位产生兴趣并前来应聘。录用是指通过运用一定的工具和手段对已经招募到的求职者进行鉴别和考察，从应聘者中挑选出企业所需要的、恰当的职位空缺填补者。

(4) 绩效管理。绩效管理是指制定员工的绩效目标并收集与绩效有关的信息，定期对员工的绩效目标完成情况进行评价和反馈，以改善员工工作绩效并最终提高企业整体绩效的制度化过程。包括制订绩效计划、实施绩效沟通、进行绩效考核以及反馈考核结果等活动。

(5) 薪酬与福利管理。薪酬管理是指企业在经营战略和发展规划的指导下，综合考虑内外部因素的影响，确定自身的薪酬水平、薪酬结构和薪酬形式，并进行薪酬调整和薪酬控制的过程。包括确定薪酬的结构和水平、实施工作评价、制定福利和其他待遇的标准以及进行薪酬的测算和发放等。

(6) 培训与开发。培训与开发是指企业通过各种方式使员工具备完成现在或将来工作任务所需要的知识、技能并改变他们的工作态度，以改善员工的工作业绩，并最终实现企业整体绩效提升的一种计划性和连续性的活动。包括建立培训体系、确定培训的需求和计划、组织实施培训过程以及对培训效果进行反馈总结等。

(7) 员工关系管理。员工关系管理是通过各种人力资源管理制度，营造组织内部良好的员工关系，维系组织与员工之间正面的心理契约，为组织的健康成长以及绩效的持续提升提供有力保障。包括劳动关系管理、员工人际关系管理、沟通管理、员工情况管理、企业文化建设、服务与支持、员工关系管理培训等。

对于人力资源管理的七项内容，应当以一种系统的观点来看待，它们之间并不是彼此割裂、孤立存在的，而是相互联系、相互影响，共同形成了一个有机的系统。如图 13-2 所示。

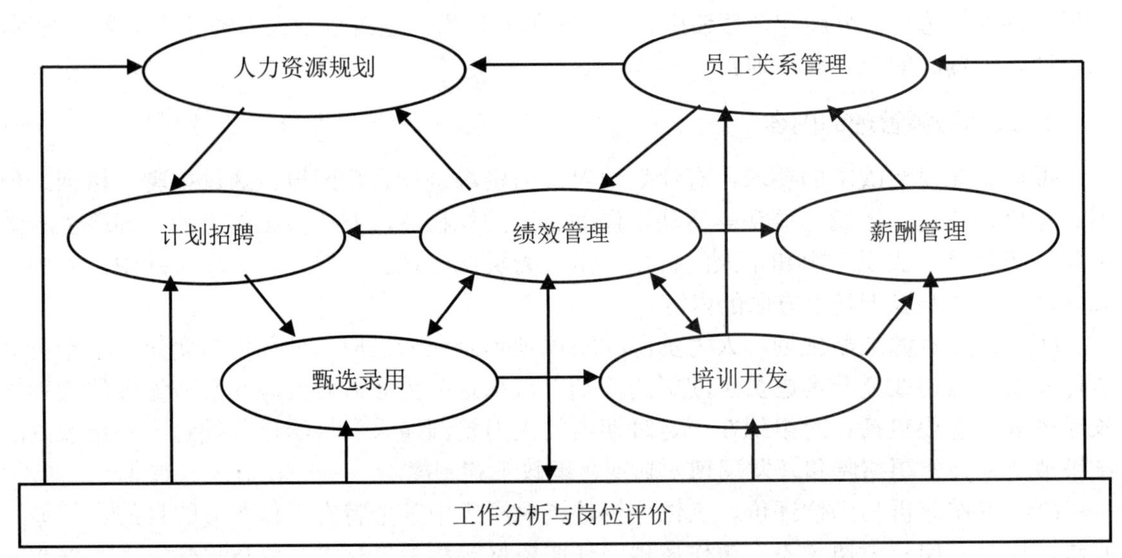

图 13-2 人力资源管理内容之间的关系图

第二节 市场营销管理

企业市场营销管理的目的在于使企业的市场营销活动与复杂多变的市场营销环境相适应，这是企业经营成败的关键。现代市场营销学研究的就是企业在动态市场上的产品如何适销对路、扩大市场占有率，并为企业的市场营销管理活动提供理论和方法，使企业在激烈的市场竞争中稳定健康地发展。

一、市场营销管理概述

1. 市场营销的概念

美国学者基恩·凯洛斯(Keane Kairos)曾将各种市场营销定义分为三类：一是将市场营销看作是一种为消费者服务的理论；二是强调市场营销是对社会现象的一种认识；三是认为市场营销是通过销售渠道把生产企业同市场联系起来的过程。这从一个侧面反映了市场营销的复杂性。著名营销学家菲利普·科特勒(Philip Kotler)教授将市场营销定义为：人和群体通过创造并同他人交换产品和价值，未获得其所需所欲之物的一种社会和管理过程。

本书认为，市场营销(marketing)是从卖方立场出发，以买方为对象，在不断变化的市场环境中，以顾客需求为中心，通过交易程序，提供和引导商品或劳务到达顾客手中，满足顾客需求与利益，从而获取利润的企业综合活动。

准确把握市场营销的概念应注意以下几个问题。

(1) 区分 Marketing 的双重含义。Marketing 一词在英语中有两种含义：一是一种经济行为，一种实践活动，即由企业等组织的市场营销活动，中文译为市场营销；二是一门科学，即以市场营销活动为研究的对象，中文译为市场营销学。

(2) 区分市场营销的微观和宏观层次。宏观市场营销是一种社会经济活动过程，目的在于社会生产与需求之间的平衡，实现社会目标。微观市场营销是一种企业经济活动过程，目的在于满足目标顾客需要，实现企业目标。

(3) 市场营销不等于推销。菲利普·科特勒指出：“推销不是市场营销最重要的部分，只是市场营销冰山的尖端。推销是企业市场营销人员的职能之一，但不是最重要的职能。”

(4) 市场营销的含义不是固定不变的。市场营销的含义是从工商企业的市场营销活动和实践中概括出来的，因此，它是随着工商企业的市场营销活动和实践的发展而发展的。

(5) 市场营销的核心观念是交换。企业的一切市场营销活动都与商品交换有关系，都是为了实现潜在交换，与顾客达成交易。交换过程是一个主动、积极地寻找机会，满足双方需求和欲望的社会过程和管理过程。

2. 市场营销管理的概念与程序

市场营销管理是指企业为实现其目标，创造、建立并保持与目标市场之间的互利交换关系而进行的分析、计划、执行和控制过程。市场营销管理的基本任务，就是为促进企业目标的实现，通过营销调研、计划与控制来管理目标市场的需求水平、需求时机和需求构成。由此可见，市场营销管理的实质是需求管理，要求企业通过调整其营销管理策略，应对各种不同的需求状况。

为了保证营销管理任务的完成，根据经营战略的要求，各个战略经营单位和市场营销部门一般应依据以下顺序进行市场营销管理活动。

(1) 分析市场营销机会。市场营销机会是企业开展有效营销活动的首要条件。企业应该对其所面临的市场营销机会进行全面分析，找出其市场营销有可能利用的有利条件，分析其无法避免的有关威胁，并提出设想。

(2) 确定目标市场。在分析市场营销机会的基础上，还应进行以下工作：①市场细分。

依据顾客需求的不同特性，将整个市场区分为若干个细分市场，并对各个细分市场进行评价。②选择目标市场。在市场细分的基础上，决定企业要为之服务的细分市场，即目标市场。③市场定位。在拟定的目标市场上，为企业的产品或品牌树立特色，塑造形象，以突出和显示与竞争者之间的区别。

(3) 制定市场营销策略。市场营销策略是企业及其经营单位期望在目标市场上实现其目标所遵循的主要原则。它包括两项基本决策：①市场营销组合。企业准备采取哪些市场营销手段，并如何运用这些营销手段赢得目标市场的顾客。②市场营销预算。企业决定各个经营单位、各项业务以及产品的市场营销分别投入多少资金，资金如何在各种市场营销手段、各个市场营销环节之间进行分配。

(4) 实施市场营销活动。企业在制定市场营销策略的基础上，为各个经营单位以及不同的产品分别制订市场营销计划，并通过市场营销执行系统和控制系统将计划付诸实施。

二、市场调研与定位

1. 市场调研的含义与分类

(1) 市场调研的含义。市场营销调研(Marketing Research)，即市场营销调查与研究的简称，是指个人或组织为解决某一个特定的营销决策问题，运用科学的方法，收集、记录、整理、分析和研究市场的各种状况及其影响因素，从而得出合乎客观事物发展规律的结论。市场营销调研有利于制定科学的营销规划；有利于优化营销组合；有利于开拓新的市场。

(2) 市场调研的分类。

① 按照市场营销调研的目的，可以划分为探测性调研、描述性调研与因果关系调研。这三类营销调研比较如表 13-1 所示。

表 13-1 三类营销调研比较表

项 目	探测性调研	描述性调研	因果性调查
调研目的	发现存在的问题	明确问题的状况	发现问题产生的原因
适用方法	观察法	询问法	实验法
适用阶段	初步调查	正式调查	追踪与深入调查

② 按照市场营销调研的范围，可以划分为专题性调研与综合性调研。专题性调研是指调研主体为解决某个具体问题而进行的调查研究。综合性调研是指调研主体为全面了解市场营销的状况而对市场营销各个方面进行的调研。

2. 市场调研的内容和步骤

(1) 市场调研的主要内容。市场调研是市场营销活动的起点，它是通过科学的方法对市场进行了解和把握，在调研活动中收集、整理、分析市场信息，掌握市场发展变化的规律和趋势，为企业进行市场预测和决策提供可靠的数据和资料，从而帮助企业确立正确的发展战略。市场调研的内容具体包括：①市场环境调研，主要包括经济环境、政治环境、社会文化环境、科学环境和自然地理环境等。具体的调查内容可以是市场的购买力水平、经济结构、国家的政策法规、风俗习惯、科学发展动态、气候等。②市场需求调研，主要包括消费者需求量调查、消费者收入调查、消费结构调查、消费者行为调查。行为调查又包括消费者的购买理由、购买对象、购买数量、购买频率、购买时间、购买方式、购买习惯、购买偏好和购买后的评价等。③市场供给调研，主要包括产品生产能力调查、产品实体调查等。具体包括某一产品市场可以提供的产品数量、质量、功能、型号、品牌以及生产供应企业的情况等。④市场营销因素调研，主要包括产品、价格、渠道和促销的调查。产品调查主要包括了解市场上新产品的开发与设计情况、消费者使用情况及评价、产品生命周期阶段、产品组合情况等。产品价格调查主要包括了解消费者对价格的接受情况、对价格策略的反应等。渠道调查主要包括了解渠道的结构、中间商的情况、消费者对中间商的满意情况等。促销活动调查主要包括各种促销活动的效果、对外宣传的市场反应等。⑤市场竞争情况调研，主要包括对企业目标市场和主要竞争对手的调查。具体包括目标市场的竞争格局和策略效果、目标市场的饱和度与发展限制、竞争对手的市场占有率、经济实力、经营战略、商品类型、营销渠道、促销手段等。

(2) 市场调研的步骤。市场调研是由一系列收集和分析市场数据的步骤组成的，一般按如下程序进行，如图 13-3 所示。

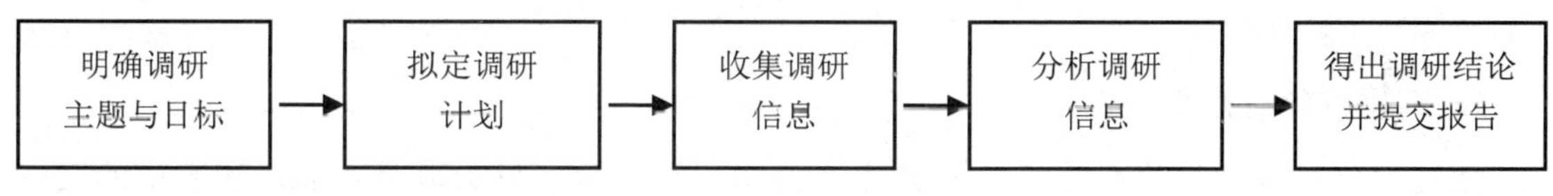

图 13-3　市场调研路线图

3. 市场定位的概念与定位战略

(1) 市场定位的概念。市场定位(Marketing Positioning)是根据竞争者现有产品在目标市场上所处的地位，针对目标市场对产品某些属性的变化程度，塑造出本企业产品与众不同的鲜明个性或形象，并把这种形象传递给目标市场，使本企业产品在目标市场上占据强有力的竞争地位。简言之，市场定位就是为本企业产品建立有别于竞争者的形象，即塑造产品形象。产品进行了有效的定位，就可使消费者产生深刻、独特的印象和好感，对该产品和品牌形成习惯性购买，从而使企业的市场不断巩固和发展。

(2) 市场定位战略。企业在具体探讨定位战略时，大致有六种方式可以选择。①比附定位，就是攀附名牌，通过比拟名牌来给自己的产品定位，以借名牌之光而使自己的品牌生辉。比附定位的主要方法有三种：一是甘居“第二”；二是攀龙附凤；三是奉行“高级俱乐部策略”。②属性定位，是指根据特定的产品属性来定位，进而突出这种属性对消费者的吸引力。③利益定位，是指根据产品能满足的需求或提供的利益、解决问题的程度来定位，通常是指提供产品能满足的要求或提供利益、解决问题的多少，采用单一性、双重性、三重性对产品定位。④与竞争者划定界限的定位，是指与某些知名又属司空见惯类型的产品进行明显的区分，给企业的产品定一个与竞争者相反的定位。⑤市场空档定位，是指企业寻找市场上尚无人重视或者未被竞争对手控制的位置，使企业推出的产品能适应这一潜在目标市场需求的战略。⑥质量-价格定位，是指结合并对照产品的质量和价格的定位。产品的质量和价格属性通常是消费者在作购买决策时最直观和最关注的要素，且往往将两者结合起来综合考虑。

三、市场细分和目标市场策略

1. 市场细分的含义与作用

(1) 市场细分的含义。市场细分(Market Segmentation)是美国市场营销学家温德尔·斯密(Wendell R. Smith)在20世纪50年代中期首先提出来的一个概念。它是企业选择目标市场战略的思想，适应了卖方市场向买方市场转变这一新的市场形势，是企业经营贯彻以消费者为中心的市场营销观念的产物，从而成为市场营销理论的重要组成部分。

市场细分是企业通过市场调研，根据整体市场消费者需求的差异性，以影响消费者需求和欲望的某些因素为依据，将某一产品的整体市场划分为若干个需求不同的消费者群体的市场分类过程。每一个消费者群体就是一个细分市场，也称子市场，它由需求相似的消费者构成。

(2) 市场细分的作用。市场细分有利于发现市场营销机会，掌握目标市场特点，制定最优营销策略，提高与竞争对手的抗衡能力，拓展新市场，扩大市场占有率，从而使企业扬长避短，发挥优势。

2. 市场细分的标准

市场细分的基础是消费需求的差异性，因此，可以运用影响消费者需求和欲望的某些因素作为市场细分的标准对市场进行细分。由于影响消费者市场和影响生产者市场需求的因素不同，故消费者市场和生产者市场的细分标准有差别。

(1) 消费者市场细分的标准。影响消费者需求的因素很多，可归纳为人口因素、地理因素、心理因素和行为因素四个方面。因此，我们可将影响消费者需求的四个因素作为消费者市场细分的标准。①人口因素。按人口因素的市场细分是以描述人口一般特征的人口统计变量，如年龄、性别、收入、职业、教育、宗教、种族或国籍等将消费者市场划分为不同的消费者群体。②地理因素。地理因素主要包括消费者所居住的地区以及这些地区的自然特点，如人口密度、气候、城市规模等。③心理因素。按照心理因素的市场细分是根据消费者所处的社会阶层、生活方式、个性特点等变量将消费者细分成为需求不同的群体，即同一类人口统计变量的消费者对同种产品的需求表现出差异性甚大的心理现象。④行为因素。按行为因素的市场细分是根据消费者对产品的理解、态度、使用情况及反应等将消费者细分成不同需求的群体。

(2) 生产者市场细分的标准。由于生产者市场细分的对象是企业，不同于消费者市场的细分对象，所以生产者市场细分的标准，除了运用前述的消费者市场细分的一些标准外，还须运用一些新的细分标准。生产者市场最常用的细分变量有以下几类：①按最终用户要求细分。它是生产者市场细分最常用的标准。不同的使用者，对产品有不同的需求。企业应按照最终用户的不同，制定不同的营销策略，以满足不同用途生产者的需要和提供相应的售前、售中和售后服务。②按用户规模细分。用户规模决定了其购买力的大小。用户规模不同，企业营销组合方案也应不同。如对于大用户，往往建立直接的业务联系，不经过中间环节；对于众多小用户，则可通过批发商或零售商组织销售。③按用户地理位置细分。大多数国家和地区的自然环境、地理位置、社会环境、历史承继以及生产的相关性和连续性不断加深，按用户的地理位置来细分市场，可选择用户较为集中的地区作为自己的目标

市场，不仅联系方便，信息反馈快，而且可以更有效地规划运输路线，节省运力与运费，同时也能更加充分地利用销售力量，降低销售成本。

3. 市场细分的方法和原则

(1) 市场细分的主要方法。企业在运用市场细分标准进行市场细分时必须注意以下问题：一是市场细分的标准和变量是随着社会生产力及市场状况的变化而不断变化的。二是市场细分应针对不同企业采用不同标准。三是企业可采用单一变量因素进行市场细分，也可采用多个变量因素组合成系列变量因素进行市场细分。市场细分的主要方法包括：①单一变量因素法。即根据影响消费者需求的某一个重要因素进行市场细分。如奶粉企业，按年龄细分市场，可分为婴儿、儿童、中老年等奶粉。②多个变量因素组合法。即根据影响消费者需求的两种或两种以上的因素进行市场细分。如服装企业，按性别、年龄、收入三个变量细分市场。③系列变量因素细分法。即根据两种或两种以上的因素，并且按照一定的顺序，由粗到细依次对市场进行细分，下一阶段的细分是在上一阶段选定的子市场中进行的。这种方法可使目标市场更加明确具体，有利于企业更好地制定相应的市场营销策略。

(2) 市场细分的原则。企业在市场细分时选用的细分标准越多，相应的子市场也就越多，每个子市场的容量也就越小。相反，选用的细分标准越少，子市场就越少，每个子市场的容量则相对越大。事实上，无论是消费者市场，还是生产者市场，并非所有细分出来的细分市场都是有效的。有效的细分市场应具备三个条件：①可衡量性。可衡量性是指可以识别和衡量的细分市场，亦即细分出来的市场范围明确，容量大小能够判断，购买力和细分市场规模等因素能够测定。这样，企业才能决定其相应的生产规模，进行合理定价，建立合适的分销渠道，采取适当的促销方式。②可进入性。可进入性是指企业通过市场营销组合能够有效进入的细分市场，并能较好地满足细分市场的要求。细分市场的可进入性，实际上就是企业营销活动的可行性。企业不能进入或难以进入的细分市场对企业是没有意义的。③实效性。实效性是指细分市场应具有一定规模和足够发展潜力，能够获利并相对稳定。如果细分市场的范围狭窄、发展潜力不大，企业的投资就得不到补偿，预期的利润目标就得不到实现。如果细分市场的需求变化过快，则会增加企业的经营风险，影响企业的经济效益。

4. 目标市场与目标市场战略

(1) 目标市场的含义与选择标准。目标市场是指通过市场细分，被企业所选定的、准备以相应的产品和服务去满足其现实或潜在需求的那一个或几个细分市场。评价细分市场是选择目标市场的前提。一般而言，企业考虑即将进入的目标市场，应符合以下标准或条件：有一定的规模和发展潜力；竞争者未完全控制；符合企业目标和能力。

(2) 目标市场战略。根据各细分市场的独特性和企业的整体目标，有三种目标市场战略可供选择。如图 13-4 所示。①无差异性目标市场营销战略。无差异性目标市场营销战略是指企业将整个市场作为企业的目标市场，推出一种产品，实施一种营销组合策略，以满足整个市场尽可能多的消费者的某种共同需求。采用该战略的企业，主要是着眼于顾客需求的共性或同质性，而忽略了顾客需求的差异性，对市场不进行细分，只求满足大多数顾客的共性需求。这种战略只适用于少数有共同需要、差异不大的商品。②差异性目标市场营销战略。差异性目标市场营销战略是企业在市场细分的基础上，选择多个细分市场作为企业的目标市场，针对各个细分市场的不同特点，分别设计不同的产品，运用不同的营销组合策略，以满足多个细分市场消费者的不同需求。这种战略主要着眼于消费者需求的差异性，体现了以消费者需求为中心的现代营销观念。这种战略适用于异质市场和实力强的企业。③集中性目标市场营销战略。集中性目标市场营销战略是选择一个或少数几个细分市场或一个细分市场的一部分作为目标市场，集中企业全部资源为其服务，实行专门化生产和营销。与前两种战略不同，集中性目标市场营销战略是通过专业化生产和营销更好地满足这部分消费者的需求。即采取集中性目标市场营销策略的企业是寻求重点突破以及在较小的市场上占有较大的份额。这种战略适用于生产周期短、需求量波动大的产品以及资源有限、实力不强的中小企业。

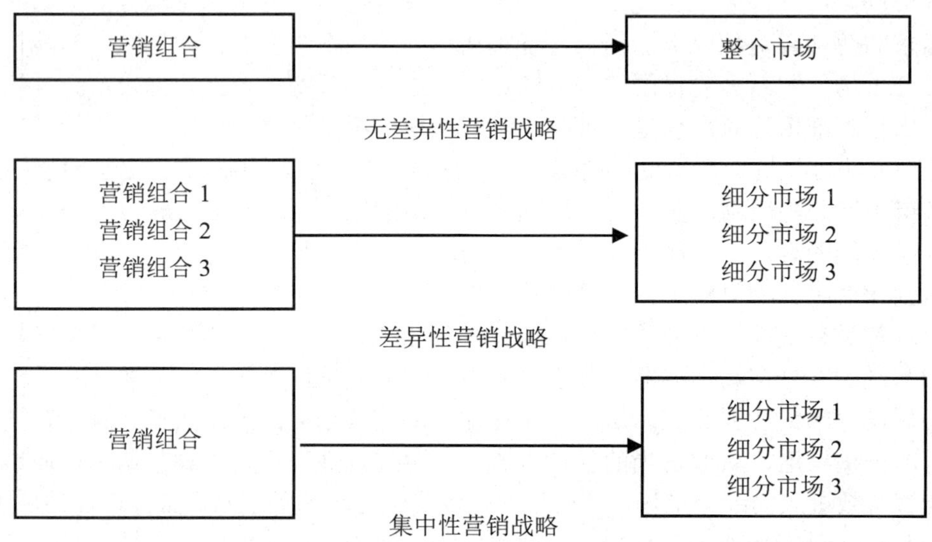

图 13-4　三种目标市场营销战略特点图

5. 影响目标市场营销策略选择的因素

前面所述的三种目标市场营销战略各有利弊，并适用于不同的情况。企业在具体运用时，应综合考虑企业产品和市场等多方面因素予以决定。

(1) 企业能力。企业能力是指企业在研发、生产、技术、分销、促销、管理和资金等方面力量的总和。如果与竞争对手相比，企业能力强，可以考虑采用差异性或无差异性目标市场营销战略。如果企业能力有限，则宜采用集中性目标市场营销战略。

(2) 产品的同质性。即产品的相似程度，它是从消费者角度而言的，即使企业之间生产的产品客观上存在属性和品质上的差异，但如果消费者认为它们在满足功能和情感利益方面没有差异，那就可以认为该种产品同质性较高。同质性较高的产品宜采用无差异性目标市场营销战略，而异质性大的产品可采用差异性或集中性目标市场营销战略。

(3) 产品生命周期阶段。新产品处于投入期时，一方面市场竞争并不激烈，另一方面消费者基本需求的差异性还没有集中体现，这时企业可以采用无差异性目标市场营销战略。产品处于成长期和成熟期时，市场竞争激烈，消费者的需求差异较大，适宜采用差异性或集中性目标市场营销战略。

(4) 市场的同质性。如果消费者的需求、偏好比较接近，对市场营销刺激的反应差异不大，可采用无差异性目标市场营销战略；否则应采用差异性或集中性目标市场营销战略。

(5) 竞争者的战略。如果竞争者采取无差异性目标市场营销战略，为了避免直接对抗，本企业可以采取差异性或集中性目标市场营销战略；如果竞争者采取差异性目标市场营销战略，为了在竞争中获胜，那么本企业就需要在更深层次细分基础上采用差异性或集中性目标市场营销战略。

(6) 竞争者的数量。如果竞争者数量很多，企业为了把目标顾客吸引过来，应该采取差异性目标市场战略；若竞争者的数量很少，企业就可以采取无差异性目标市场战略，以满足消费者的需要。

目标市场战略选择因素作用如表 13-2 所示。

表 13-2　目标市场战略选择因素作用表

因素 战略	企业资源	产品同质性	市场同质性	产品生命周期	竞争者战略	竞争者数目
无差异	多	高	高	投入期、成长期	—	少
差异	多	低	低	成熟期	差异	多
集中	少	低	低	衰退期	—	多

6. 市场营销组合策略

(1) 市场营销组合的含义。市场营销组合(Marketing mix)是指企业为了进占目标市场，满足顾客需求，加以整合、协调、使用的可控因素。美国的尼 • N.鲍敦(Neil N. Borden)在 1950 年左右提出了市场营销组合的概念，并将这些因素确定为 12 个。理查德 • 克莱维特(Richard Krevitt)把这些因素归纳为 4 大类型，即产品、价格、渠道和促销。1960 年，杰罗姆 • 麦卡锡(E. Jerome McCarthy)又将它们表述为产品(product)、价格(price)、地点(place)和促销(promotion)，即著名的“4P”。本书选择将这些因素归纳为产品、价格、渠道(分销)和促销四大因素，简称为“4Ps”。四个组合因素内部又包括许多变量，它们彼此之间不是相互孤立的，而是相互影响、相互作用。产品、价格、渠道(分销)和促销是市场营销中可以控制的因素，也是企业进行市场营销活动的主要手段，它们的具体运用则形成了企业四大市场营销策略，即产品策略、价格策略、渠道策略和促销策略，如表 13-3 所示。

表 13-3　市场营销组合因素内部变量表

产品	种类、质量、设计、性能、品牌、包装、规格、服务、担保、退货
价格	目录价格、销售折扣、销售折让、付款时间、信用条款
渠道	销售促进、广告、营销人员、公关、直销、中间商
促销	销售促进、广告、公关、人员推销、信贷条款

(2) 市场营销组合的特点。①可控性。即构成市场营销组合的各种手段是企业可以调节、控制和运用的因素。如企业根据目标市场的需求，能够自主决定生产什么产品，制定

什么价格，选择什么销售渠道，采用什么促销方式。市场营销管理的核心是企业通过灵活地运用其可控制的因素，去动态地适应市场营销中不可控制的因素。②动态性。市场营销组合不是固定不变的静态组合，而是变化无穷的动态组合。组成特定市场营销组合的手段和因素，受到企业内部条件、外部环境变化的影响，因此，在市场营销组合中，只要某一因素发生变化，就会形成新的、效果不同的市场营销组合。③复合性。构成市场营销组合的四大类因素各自包含了多个次一级或更次一级的因素。市场营销组合不仅要求四种手段的协调配合，而且每种手段的组成因素之间，每个组成因素与更次一级组成单位之间也都必须协调配合。④整体性。市场营销组合的各种手段及组成因素，不是简单的相加或拼凑集合，而应成为一个有机的整体。在统一目标的指导下四个因素彼此配合，相互补充，能够求得大于局部功能之和的整体效应。

第三节　企业财务管理

财务管理是对企业经营状况和经营成果的评价，是监督企业经营管理各个环节的有效工具，更是企业进行预测、决策，实施战略管理的基础和依据。在现代市场经济条件下，竞争日趋激烈，财务管理已成为企业生存和发展的重要环节，是企业提高经济效益的重要途径。

一、企业财务管理的概念

财务管理(financial management)是企业管理工作的一个组成部分，它是根据财经法规制度，按照财务管理的原则，对有关资金的获得和有效使用的管理工作，是以价值形式对企业资金运行过程中的筹资、投资、利润分配和资产营运等财务活动进行决策、计划和控制，以正确处理企业与各利益主体的经济关系，实现企业价值最大化的一项综合性价值管理活动。

长期以来，企业财务管理的进化，无论是在规则、内容还是组织形式上，一直都是非常缓慢的。但随着市场化改革的不断深入，财务管理无论在空间、时间和效率上都发生很大变化，特别是财务管理的职能得到了极大的拓展。

我国“十二五”规划中提出要把“创新驱动、转型发展”战略目标贯穿于经济社会发展的全过程和各个环节，迫切需要财务管理工作发挥其应有的功能。以华为公司为例，过去财务部门主要从事传统的财务核算管理，企业规模小的时候，还可以人为控制风险，但随着公司转型发展，规模越来越大，业务越来越复杂、供应链越来越长，客户差异越来越多，如果没有一个在全球范围内提供支持的财务管理系统，财务风险将很难控制。

可见，不论是外部环境，还是企业自身发展，都对财务信息的及时性、准确性和有效性提出了更高的要求；作为企业管理重要组成部分，需要加强财务筹划，保障资金获取、优化配置、高效运用；要防范投资风险，加强投资和经营的全过程监管；要控制风险，实施精细化管理，有效控制经营成本，确保经营收益；降低决策风险，提高决策信息的有用性，提升企业的绩效管理水平。因此，财务管理转型势在必行。

二、企业财务管理的内容

企业财务管理的内容可以反映企业资金运动的全过程，其包括四个重要的环节：企业筹资管理、企业投资管理、利润分配管理与营运资金管理。

1. 企业筹资管理

(1) 企业筹资的含义。企业筹资是指企业为了满足其经营活动、投资活动、资本结构调整等需要，运用一定的筹资方式，筹措和获取所需资金的一种行为。资金是企业的血液，是企业设立、生存和发展的物质基础，是企业开展生产经营业务活动的基本前提。任何一个企业，为了形成生产经营能力、保证生产经营正常运行，必须拥有一定数量的资金。

筹资活动是企业一项重要的财务活动。如果说企业的财务活动是以现金收支为主的资金流转活动，那么筹资活动则是资金运转的起点。

(2) 企业筹资的渠道。筹资渠道是指企业筹措资金的对象和通道，是企业筹集资金的来源。目前我国企业筹集资金的渠道主要包括：国家财政资金、银行信贷资金、非银行金融机构资金、其他企业投入资金、企业职工和城乡居民投入资金、企业自有资金、外商投入资金。从以上渠道筹集的资金有权益资金，也有负债资金。

(3) 企业筹资的原则与过程。企业筹资应遵循筹资成本最低和筹资与投资并重的基本原则，并以国家制度法规为准绳。筹资决策一般采用比较法，即比较不同方案的成本、条件、风险与效益的大小和优劣，从中选择最佳筹资方案。企业筹资活动主要包括以下几个步骤：预测资金需要量；选择筹资渠道和方式，设计筹资方案；分析不同筹资方案的资本成本和财务风险；选择最佳筹资方案。

2. 企业投资管理

(1) 投资与投资管理的含义。投资是指特定经济主体(包括国家、企业和个人)为了在未来可预见的时期内获得收益或使资金增值，在一定时期向一定领域的标的物投放足够数额的资金或实物等货币等价物的经济行为。从特定企业角度看，投资就是企业为获取收益或避免风险而向一定对象投放资金的经济行为。

投资管理主要研究和解决企业应在什么资产上投资，需要多少投资，并在权衡投资的风险与收益的基础上做出选择。企业通过投资管理将筹集来的资金合理地投放到生产经营活动的各个方面，并通过购买、建造等过程，形成各种生产资料，使货币资金转化为固定资产和流动资产等。

(2) 企业投资活动的分类。①按照投资行为的介入程度，可分为直接投资和间接投资。直接投资是指不借助金融工具，由投资人直接将资金转移交付给被投资对象使用的投资，包括企业内部直接投资和对外直接投资。间接投资是指通过购买被投资对象发行的金融工具而将资金间接转移交付给被投资对象使用的投资。②按照投入的领域不同，投资行为可分为生产性投资和非生产性投资。生产性投资是指将资金投入生产、建设等物质生产领域，并能够形成生产能力或可以产出生产资料的一种投资，又称为生产资料投资。非生产性投资是指将资金投入非物质生产领域，不能形成生产能力，但能形成社会消费或服务能力，以满足人民的物质文化生活需要的一种投资。③按照投资的方向不同，投资行为可分为对内投资和对外投资。从企业的角度看，对内投资即项目投资，是指企业将资金投放于为取得供本企业生产经营使用的固定资产、无形资产、其他资产和垫支流动资金而形成的投资。对外投资是指企业为购买国家及其他企业发行的有价证券或其他金融产品，或以货币资金、实物资产、无形资产向其他企业注入资金而发生的投资。④按照投资的内容不同，投资行为可分为固定资产投资、无形资产投资、流动资金投资、房地产投资、有价证券投资、期权与期货投资、信托投资和保险投资等多种形式。

3. 企业利润分配管理

(1) 利润的含义与构成。利润是企业在一定时期内生产经营成果的最终体现，在数额上表现为各项收入与支出相抵后的余额，它集中反映了企业生产经营活动各方面的效益，是衡量企业经营管理水平的重要指标。

企业的利润，就其构成来看，既有通过生产经营活动而获得的，也有通过投资活动而获得的，还包括那些与生产经营活动无直接关系的事项所引起的盈亏。根据我国企业会计准则的规定，企业的利润一般包括营业利润、投资净收益、营业外收支净额三部分，用公式表示为：

利润总额=营业利润+投资净收益+营业外收支净额

其中：营业利润=主营业务利润+其他业务利润－管理费用-财务费用-营业费用

主营业务利润=产品销售净收入-产品销售成本-产品销售税金及附加

其他业务利润=其他业务收入-其他业务成本-其他业务税金及附加

(2) 企业利润分配的原则。企业利润分配涉及企业与方方面面的关系，应兼顾不同方面的利益，处理好投资者现实利益与企业长远发展的关系，保证利润分配与企业的筹资、投资决策相互协调一致。①依法分配的原则。企业的利润分配活动，是在国家有关财经法规的规范下进行的，一是要依据税法缴纳所得税，二是依据《公司法》《企业财务通则》所要求的税后净利分配的项目、法定程序及提取比例等进行分配，保证企业利润分配的合法性。②先盈利后分配的原则。企业进行利润分配的前提首先是要有盈利，可以是当年实现的账面利润，也可以是以前年度未分配的利润和留存收益。③资本保全的原则。资本保全原则实质上是对先盈利后分配原则的进一步限制。所谓利润分配，分配的应当是所有者投入资本的增值部分，绝不是原始的资本投入，如果动用资本金向投资者进行分配，就不属于利润分配的范畴，而相当于企业的清算行为。④利益兼顾的原则。企业税后净利润的分配涉及投资者、经营者、企业员工等多方面的利益，应兼顾各方面的利益要求，兼顾短期收益与企业长远发展，还要有利于调动各方面的积极性，尽可能取得各方面的理解和支持。

(3) 利润分配的法定程序。

企业一定时期实现的利润总额，在按照税法的规定扣除所得税后，要进行税后净利润的分配。《企业财务通则》规定，企业可供分配的净利润，除国家另有规定外，应当按照下列顺序分配：①承担被没收的财务损失，支付各项滞纳金和罚款；②弥补企业以前年度亏损。税法规定，企业发生的年度亏损，可以用下一年度的税前利润弥补；下一年度利润不足以弥补的，可以在 5 年内允许延续弥补；当 5 年内不足以弥补的，要用企业的税后利润弥补；③提取法定盈余公积金。应按照税后利润扣除前两项后的余额的 10%提取；④向

投资者分配利润。以前年度尚未分配的利润，可以并入本年度一并向投资者分配。

4. 企业营运资金管理

(1) 营运资金管理的含义。广义的营运资金是指在企业生产经营活动中占用在流动资产上的资金，狭义的营运资金又称净营运资金，是指流动资产减去流动负债后的余额，也等于长期资本与长期资产的差额，是企业用以维持正常经营所需要的资金，即企业在生产经营中可用于流动资产的净额。如果流动资产等于流动负债，则占用在流动资产上的资金全部由流动负债融资；如果流动资产大于流动负债，则与此相对应的“净流动资产”要以长期负债或股东权益的一定份额为其资金来源。因此，营运资金的管理既包括流动资产的管理，也包括流动负债的管理。

(2) 营运资金管理的主要内容。企业营运资金管理的重点在于流动资产管理。流动资产管理的目标是在企业的偿债能力、盈利能力和经营风险几个因素之间进行权衡，合理确定流动资金水平。流动资产管理又可分为现金、应收账款和存货的管理。

① 现金管理。现金是指在生产过程中，暂时停留在货币形态的资金，包括库存现金、银行存款、银行汇票、银行本票等，其变现能力最强。现金管理是通过合理确定现金持有量，在保证企业经营活动现金需要的同时，采取适当方法加强现金收支在数量和时间上的衔接，降低现金闲置数量，提高资金收益率。现金管理包括现金的回收管理和现金的支出管理，在现金的日常管理中，要明确企业持有现金的成本，以此为企业现金管理的依据。现金成本的计算公式为：

现金成本=机会成本+转换成本+短缺成本

② 应收账款管理。应收账款是指企业因销售产品和提供劳务等，应向购货单位或接受劳务的单位收取的款项。在现代市场经济活动中，赊销作为一种通用的信用交易方式，有助于增强企业的市场竞争力，但同时又会增加企业的资金占用量。应收账款管理的主要目的在于权衡企业采用信用政策而增加的盈利与由此付出的代价，在保持正常资金周转的前提下，充分利用赊销政策为产品销售拓宽渠道。应收账款的管理政策又称信用政策，包括信用标准、信用条件和收账政策。

③ 存货管理。存货是指企业在日常活动中持有以备出售的产成品或商品、处在生产过程中的在产品、在生产过程或提供劳务过程中耗用的材料和物料等。存货的成本包括采购成本、订货成本和储存成本。存货管理的目标是在保证企业日常活动需要的前提下，合理控制存货水平，降低存货成本，提高经济收益。存货控制的常用方法是经济批量法。经济批量法是指一定时期内储存成本和订货成本总和最低的采购批量，其计算公式为：

$$Q=\sqrt{\frac{2NF}{C}}$$

式中：Q 为经济批量；N 为全年采购量；F 为每批订货成本；C 为单位年储存成本。

三、企业财务的成本管理

1. 成本的概念

产品成本是指企业在一定时期内为生产和销售一定的产品而发生的全部费用的总和。从财务管理与分析的角度讲，产品成本也是企业在一定时期内为生产和销售一定的产品所

发生的资金耗费量。企业生产经营中发生的全部费用可分为制造成本和期间费用两大类。

2. 成本的构成

广义的产品成本包括制造成本和期间费用，狭义的产品成本则仅指制造成本。

(1) 制造成本。制造成本是工业企业在生产过程中实际消耗的直接材料、直接工资、其他直接支出和制造费用。①直接材料。包括企业生产经营过程中实际消耗的原材料、辅助材料、备品配件、外购半成品、燃料、动力、包装物以及其他直接材料等。②直接工资。包括企业直接从事产品生产人员的工资、奖金、津贴和补贴等。③其他直接支出。是指直接从事产品生产的人员的福利费等。④制造费用。是指企业在生产车间范围内为生产产品和提供劳务而发生的各项间接费用，包括车间管理人员的工资和福利费、折旧费、修理费、办公费、水电费、物质消耗、劳动保护费、季节性及修理期间的停工损失等。

需要注意的是，直接费用直接计入制造成本，而间接费用则需要按照一定的标准分配计入制造成本。

(2) 期间费用。期间费用是企业为组织生产经营活动发生的、不能直接归属于某种产品的费用，包括管理费用、财务费用和销售费用。①管理费用。指企业行政管理部门为组织和管理生产经营活动而发生的各项费用，包括工资和福利费、工会经费、职工教育经费、劳动保险费、待业保险费、研究开发费、业务招待费、税金、技术转让费、技术开发费、无形资产摊销等。②财务费用。是指企业为筹集资金而发生的各项费用，包括利息支出、汇兑净损失、金融机构手续费以及为筹资发生的其他费用。③销售费用。是指企业在销售产品、自制半成品和提供劳务等过程中发生的各项费用以及专设销售机构的各项经费，包括应由企业负担的运输费、装卸费、包装费、保险费、展览费、广告费、销售部门职工工资、福利费和其他经费等。

在实务操作中，期间费用应当直接计入当期损益，从当期收入中抵消。

3. 成本管理概述

(1) 成本管理的概念。成本管理就是对企业的成本费用进行预测、计划、控制、降低成本费用的措施等管理工作。成本管理的目标是降低产品成本，提高经济效益。

(2) 成本管理的基本内容。①成本预测。成本预测是指企业按照市场经济规律的要求，根据过去的历史成本、市场调查以及生产、技术条件的变化等资料，采用科学的方法预测成本水平，拟定各种降低产品成本、提高经济效益的方案，从而确定企业的成本目标及相关的保证条件。成本预测是成本管理的起点，它既是成本控制的目标，又是成本分析与考核的依据。成本预测的目的有两个；一是为挖掘降低成本的潜力指明方向；二是为企业内部各单位降低成本的方向和途径提供参照数据。②成本决策。决策是经过分析研究，决定应当怎样做，即在若干个可行的备选方案中，选出最佳方案。成本决策则是在成本预测(提出若干备选方案)的基础上，对各个形成成本及效益的方案进行横向对比，经分析筛选而择优选取。正确地进行成本决策，在产品成本形成之前，即优选出少消耗、多效益的方案。这是从根本上杜绝先天性损失浪费的有效手段，是预防在成本管理中出现失误，以致造成经济损失的关键环节。③成本计划。成本计划是成本决策的具体化，通过对多种方案进行比较分析，从中选择最佳方案，确定目标成本后，编制成本计划，规定各种生产经营耗费的控制标准和成本水平，提出保证计划完成的可靠措施，并以书面文件形式下达给企业相

关部门执行。成本计划是企业财务预算和全面预算的重要基础。④成本控制。成本控制是指以成本计划为依据，制定各项成本控制标准，从技术、生产、经营各个角度对产品成本的形成过程进行积极、有效地限制和监督，及时发现和纠正偏差，并结合企业内部经济责任制，建立责任成本制度，形成实现成本目标的全员保证体系，对产品成本进行全面管理，以达到降低成本、获得最佳经济效益的目的。⑤成本核算。成本核算是指对成本费用的实际发生进行如实的反映，通过信息反馈和控制，一方面可以正确计算损益，以此确定再生产资金补偿数额，并使脱离计划的偏差在生产经营过程中得到发现和纠正。另一方面，通过对产品实际成本的核算可以反映出成本计划的完成情况，并为未来的成本预测和编制下期成本计划提供可靠资料。成本核算也是进行成本分析和考核的必要依据。⑥成本分析。成本分析是指在成本核算提供的实际成本的基础上，与企业的目标成本、上年实际成本、同行业成本等进行比较，揭示成本变动的规律和原因，确定各种影响因素及影响程度，针对问题提出改进措施，挖掘企业内部潜力，寻找降低成本费用的途径。⑦成本考核。成本考核是指企业定期对成本计划的完成情况进行评价和总结，同时按成本责任的归属考核规定指标的完成情况，并据此进行奖惩，从而客观评价工作业绩，激励企业员工改进工作，提高企业的整体管理水平和经济效益。

综上所述。成本预测、决策和计划都是事前管理，是在成本形成之前，根据企业生产经营状况，运用科学的方法，进行成本指标的测算，然后编制成本计划，作为降低成本的行动纲领和日常控制成本开支的依据。成本控制和核算为事中管理，是对企业生产经营过程中所花费的各项开支，根据计划进行严格的控制和监督，并正确计算产品的实际成本。成本考核和分析为事后管理，是通过实际成本与计划成本的比较，检查成本计划的完成情况并进行分析，找出影响成本的主客观因素，发现问题并总结经验，从而制定更有效地降低产品制造成本的措施，为编制下期成本计划提供指导。

第四节 企业物流管理

企业物流是在经济全球化背景下实现企业一体化管理的重要组成部分，企业物流管理作为企业管理的一个分支，能够帮助企业降低库存、缩短生产周期、提高资金周转率，因此能够使企业以较低的成本为顾客创造更多价值。随着电子商务的蓬勃发展，物流管理将为企业搭建一个高效的广域网络，拉近企业与顾客之间的距离，使企业能够更好地提供产品和服务。物资管理是指企业对所需物资的采购、使用、储备等行为进行计划、组织和控制。物资管理的目的是通过对物资进行有效管理，降低企业生产成本，加速资金周转，进而促进企业盈利，提升企业的市场竞争力。

一、物流和企业物流

1. 企业物流的含义和特征

(1) 企业物流的含义。物流(Physical Distribution)即实物分配，包括企业或销售商自身的运输、仓储、包装和搬运等活动。物流这一术语源于 20 世纪 30 年代的美国军事系统，后引入工商业，50 年代引入日本等国，我国则在 80 年代初才接触物流这个概念，而在我国广泛运用物流概念并重视物流的作用只是近几年的事情。

所谓物流是指有形产品从产出源点到最终消费点的流动存储活动，具体包括运输、保管、包装、搬运、装卸、流通加工及信息处理。从职能来看，物流可分为供应物流、生产物流、销售物流、回收物流及废弃物物流等五个职能，它是影响企业生产效率和经济效益的重要因素。

根据物流的范畴划分，物流可分为社会物流和企业物流。社会物流属于宏观范畴，包括设备制造、运输、仓储、装饰包装、配送、信息服务等，公共物流和第三方物流贯穿其中；企业物流属于微观物流的范畴，是企业运营过程中所涉及的物流的总称，包括生产物流、供应物流、销售物流、回收物流和废弃物物流等。

(2) 企业物流的特征。企业物流是从企业的角度研究物流活动。企业是具体的、微观的物流活动的典型领域，与宏观物流、社会物流、国际物流有很大差别。企业物流是发生在企业内部，这种微观物流与宏观物流进行对比，具有下述各种特征。①企业生产物流的连续性。企业的生产物流活动是与整个生产工艺过程相伴的，实际上已构成生产工艺过程的一部分，不但完善了企业生产过程中的作业活动，而且把整个生产企业所有孤立的作业点、作业区域有机地联系在一起，构成了一个连续不断的企业内部生产物流系统。②物料流转是企业生产物流的关键特征，物料流转的手段是物料搬运。在企业生产过程中，物料流转贯穿于生产、加工制造过程的始终。生产过程中，物流的目标应该是提供畅通无阻的物料流转，保证生产过程顺利、高效地运行。为此，必须对物流的流转进行分析研究以明确物料搬运的要求。③企业物流成本的二律背反性。企业物流成本的二律背反性主要指企业物流功能之间或物流与服务水平之间的二重矛盾，即追求一方则必须舍弃另一方的一种状态，是两者的对立状态。企业物流成本的二律背反关系实质上是研究企业物流的经营管理问题，即将管理目标定位于降低物流成本的投入并取得较大的经营效益。在物流成本管理中，作为管理对象的物流活动本身，物流成本是作为一种管理手段而存在的。一方面成本能真实地反应物流活动的状态，另一方面成本可成为评价所有活动的共同尺度。

2. 企业物流的分类

社会经济领域中的物流活动无处不在，由于物流对象、目的以及范围的不同，形成了不同的物流类型。根据物流活动发生的先后顺序，企业物流可以分为以下具体的物流活动。

(1) 企业生产物流。企业生产物流是指企业在生产工艺中的物流活动。这种物流活动是与整个生产工艺过程相伴的，已构成了生产工艺过程的一部分。企业生产过程的物流主要包括：原料、零部件、燃料等辅助材料从企业仓库，进入生产线的开始端，再进一步随生产加工过程逐个环节地流过。在流动的过程中，原料等本身被加工，同时产生一些废料、余料，直到生产加工终结。当物流到达产成品仓库时，便终结了企业生产物流过程。生产物流的发展经历了人工物流、机械化物流、自动化物流、集成化物流和智能化物流五个阶段。

(2) 企业供应物流。企业供应物流是指为生产企业提供原材料、零部件或其他物品时，物品在提供者与需求者之间的实体流动。企业竞争的关键在于如何降低这一物流过程的成本，这是企业物流的最大难点。为此，企业供应物流就必须解决有效的供应网络、供应方式、零库存等问题。

(3) 企业销售物流。企业销售物流是企业为保证本身的经营效益，伴随不断的销售活动，将产品所有权转给用户的物流活动。在现代社会中，市场是一个完全的买方市场，因此销售物流活动便带有极强的服务性，以满足买方的需求，最终实现产品实物销售。在这种市场条件下，销售往往以送达用户并经过售后服务才算终止，因此销售物流的空间范围很大，这便是销售物流的难度所在。

(4) 企业回收物流。回收物流是将不合格物品的返修、退货以及周转所使用的包装、容器，从需方返回到供方所形成的物品实体流动。企业在生产、供应、销售的活动中总会产生各种余料和废料，这些东西回收是需要伴随物流活动的。同时在一个企业中，回收物品如果处理不当，往往会影响整个生产环境，甚至影响产品质量，占用较大空间，造成无效浪费。

(5) 企业废弃物物流。企业废弃物物流是指将经济活动中失去原有使用价值的物品，根据实际需要进行收集、分类、加工、包装、搬运、储存等，并分送到专门的处理厂时所形成的物品实体流动。它的作用是无视对象物的价值或对象物没有再利用的价值时，仅从环境保护的角度出发，对其进行焚化、化学处理或运到指定地点进行堆放或掩埋。

二、物资采购及供应管理

1. 物资采购管理

(1) 采购管理的含义。采购(Purchasing or Procurement)是企业向供应商购买所需物资的过程。企业经营活动所需要的物资绝大部分是通过采购获得的，无论是生产型企业还是流通型企业，采购都是关键的基础环节，是企业物资管理的起点。采购管理是为了保障企业物资供应而对企业采购活动进行计划、组织、协调和控制的管理活动。

(2) 采购管理的层次。从一般意义上讲，采购管理包括三个层次。①交易管理。交易管理指简单购买，它是较初级的管理，多是对各次交易的实施和监督。它具有以下特征：围绕着采购订单进行；与供应商比较容易地讨价还价；仅重视诸如价格、付款条件、具体交货日期等一般商务条件；被动地执行计划和技术标准。②采购管理。随着对前期大量订单的经验总结和汇总以及管理技能的提高，管理人员意识到供应商的重要性；同时，根据自身的业务量分析整个物流系统的要求，合理分配自身的资源，开展多个专项管理。该阶段具有以下特征：围绕一段时间的采购合同，力图与供应商建立长久的关系；加强了对供应商其他条件的重视；重视供应商的成本分析；开始采用投标手段；提高了风险防范意识。③供应链管理。在供应链管理过程中，目前比较新的概念为战略性采购(Strategic Sourcing)，其具有以下特征：与供应商建立战略性伙伴关系；更加重视整个供应链的成本和效率管理；与供应商共同开发产品并共同关注其对消费者的影响；寻求新的技术和材料的替代物；充分利用诸如跨地区、跨国家的公司集团力量集中采购；更为复杂、广泛地应用投标手段。

2. 物资供应管理

(1) 物资供应管理的含义。物资供应管理是为了保质、保量、经济、及时地供应生产经营所需的各种物品(原材料、零部件、燃料、辅助材料等)，对采购、存储、供料等一系列供应过程进行计划、组织、协调和控制，以保证企业经营目标的实现。

(2) 物资供应计划及其实施步骤。物料供应计划是企业年度综合计划的有机组成部分，是企业组织订货或采购的重要依据。企业物料供应计划的内容主要包括计划编制、执行和控制工作。

物资供应计划的实施包括以下几个步骤。①根据市场预测和客户订单，正确编制可靠的生产计划和生产作业计划，在计划中规定生产品种、规格、数量和交货日期，同时生产计划必须同现有生产能力相适应。②正确编制产品结构图和各种物料、零件的用料明细表，明确最终产品中包括多少个零件，每个产品从总装、部装、零件可划分为几个等级层次，而每一层次的零部件又由多少个小零件所组成。③掌握各种物料和零件的实际库存量以及最高储备量和保险储备量等有关资料。④正确规定各种物料和零件的采购日期以及订货周期和订购批量。⑤根据上述资料，通过 MRP 的逻辑运算，确定各种零件的总需要量(按产品结构图和明细表逐一计算)以及实际需要量。⑥按照各种物料和零件的实际需要量以及规定的订购批量和订货周期，向采购部门发出采购通知单或向本企业生产车间发出生产指令。

3. 供应商管理

(1) 供应商的选择。在采购活动中，选择供应商是十分重要的。如果供应商选择合适，就能保证所供应物资的质量和交货期，并能得到较合理的价格。选择良好的供应商并同其维持稳定的合作关系，将会使企业整体的供应链更具竞争力。

选择供应商一般要考虑以下条件。①技术水平。技术水平是指供应商提供商品的技术参数是否达到要求，要了解供应商的设备能否加工所需要的零部件并保证质量。②质量保证。通过检查供应商的质量控制方法来确定：是否进行入厂检查和统计质量控制；应用统计质量控制的情况；对产品的检查方法及采用的测量设备和工具；出厂检查和包装程序；包装、检查和测试的方法。③财务状况。通过调查供应商的财务状况，了解供应商承担市场风险的能力。一般可以检查当前的资产负债情况、库存周转率等。应选择稳健、有雄厚财力的供应商以保障买卖双方的长期合作关系。④成本结构。如果要选择一个长期合作的供应商，则需要了解供应商的成本结构。合理的成本结构可以保证供应商的价格具有长期竞争力。⑤供应商的价值分析开展情况。制造企业如果愿意与供应商建立长期合作关系，则会希望供应商不断改进管理，运用价值分析的方法不断降低成本。⑥生产作业计划与控制。供应商采用的生产作业计划与控制方法对准时交货有重要影响，因此需要了解供应商的生产能力、计划和调度方法能否与制造企业匹配。⑦合同执行情况。过去合同的执行情况可以反映供应商的信誉。⑧其他因素。其他因素包括供应商的地理位置、售后服务、信用条件、互惠贸易条件以及供应商是否愿意为顾客保持存货等额外考虑事项等。

(2) 供应商关系管理。从传统的供应商管理到现代的供应商关系管理，企业在供应商管理方面已经有了很大的创新。现代企业供应商管理的目标是设计一种能最大限度降低风险的合理的供应结构，并且与供应商建立一种能促使供应商不断降低成本、提高质量的长期合作关系。因此，在对采购物品进行分类后，可对供应商进行分类。针对不同的供应商建立不同的关系，比较简单的做法是按照 80/20 原则，将供应商分成普通供应商和重点供应商。

供应商管理模式比较如表 13-4 所示。

表 13-4 供应商管理模式比较表

比较项目	传统管理	现代管理
供应商数目	多数	少数
供应商关系	短期、买卖关系	长期合作、伙伴关系
企业与供应商的沟通	仅限于采购部与供应商销售部之间	双方多个部门相互沟通
信息交流	仅限于订货、收货信息	多种信息共享
价格谈判	尽可能低的价格	互惠互利、双赢的价格
供应商选择	凭采购员经验	完善、科学的程序
供应商对企业的支持	无	提出建议
企业对供应商的支持	无	技术支持

三、生产物流管理

1. 生产物流和生产物流管理的含义

(1) 生产物流的含义。生产物流是指从企业的原材料、外购件购进入库起，到企业成品库的成品发送为止这一全过程的物流活动。它包括从原材料和协作件的采购供应开始，经过生产过程中半成品的存放、装卸、输送和成品包装，到流通部门的入库验收、分类、储存、配送，最后送到客户手中的全过程，以及贯穿于物流全过程的信息传递。

(2) 生产物流管理的含义。生产物流管理(Production Logistics Management)是指对企业生产经营活动所需要的各种物料的采购、验收、供应、保管、发放、合理使用、节约和综合利用等一系列计划、组织、控制、协调等管理活动。

2. 生产物流的分类和特征

(1) 生产物流的分类。可以按照生产性质、生产工艺特性、企业组织生产的特点、专业化程度等对生产物流进行分类，由此推动企业根据不同的物流特征，有针对性地进行生产物流管理。企业生产物流类型如图 13-5 所示。

(2) 生产物流的特征。制造企业的生产过程实质上是每一个生产加工过程连接起来时出现的物流活动，因此一个合理的生产物流过程应该具有以下基本特征，才能保证生产过程始终处于最佳状态：①连续性、流畅性。是指物料总是处于不停的流动之中，包括空间上的连续性和时间上的流畅性。②平行交叉性。是指物料在生产过程中应实行平行交叉流动。③比例性、协调性。是指生产过程的各个工艺阶段之间、各工序之间在生产能力上要保持一定的比例以适应产品制造的要求。④均衡性、节奏性。是指产品从投料到完工都能按预定的计划均衡地进行，能够在相等的时间间隔内完成相等的工作量或稳定递增的生产工作量。⑤准时性。是指生产的各阶段、各工序都按后续阶段和工序的需要生产，即在需要时，按需要的数量，生产所需要的零部件。⑥柔性、适应性。是指在短时间内以最少的资源从一种产品的生产转换为另一种产品的生产，从而适应市场的多样化、个性化要求。

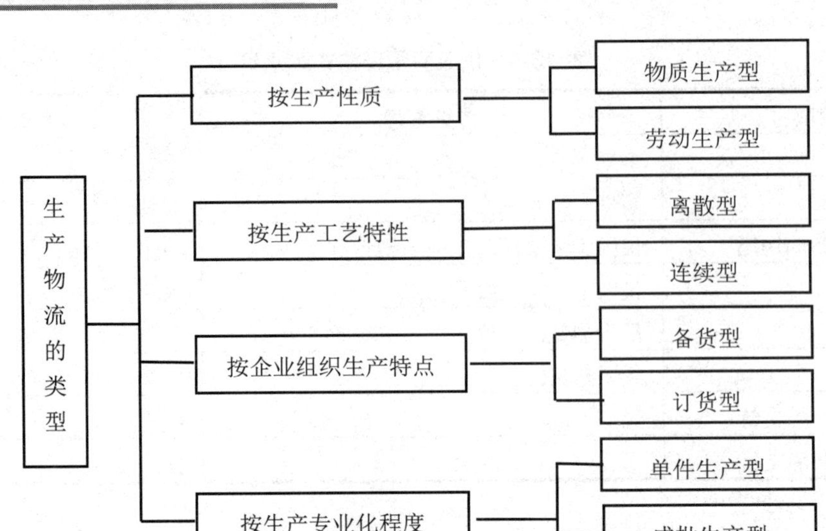

图 13-5 企业生产物流类型图

四、物资储备管理

1. 物资储备管理的含义和内容

(1) 物资储备管理的含义。物资储备管理是指对企业仓库和仓库中储存的货物进行的管理。物资储备管理是现代企业物资管理的重要内容，直接影响到流动资金的周转速度和使用效益，影响到企业财产的安全。通过一定量的物料库存，企业常常可以通过调整经济生产批量和生产次序来降低生产成本。物资储备是企业物料配送的一个重要环节，总是出现在物流各环节的接合部。例如生产与销售之间，批发与零售之间，采购与生产之间，不同运输方式转换之间等。物资储备环节集中了上下游流程的所有矛盾，物资储备管理就是为了实现物流流程的整合。

(2) 物资储备管理的内容。物资储备管理的对象是仓库及库存物资，具体包括以下几个方面：仓库的选址与建筑问题；仓库机械化作业的选择与配置问题；仓库的业务管理问题；仓库的库存管理问题；仓库业务的考核问题；新技术、新方法在仓库管理中的应用问题；仓库安全与消防问题等。

2. 物资储备定额的含义与分类

(1) 物资储备定额的含义。企业的物资储备定额是指在一定生产技术组织条件下，为保证生产活动正常进行所必需的、经济合理的物料储备数量标准。企业的物资储备不能过多或者过少，必须制定一个经济合理的物资储备定额，合理把握一个“度”。

(2) 物资储备定额的分类。物资储备定额按其具体作用的不同，可以分为三类。

① 经常储备定额。经常储备定额是指企业在前后两批物资到货的间隔期内，为了保证企业日常生产所必需的、经济合理的储备量。计算公式如下：

经常储备定额=(平均供应间隔天数+验收入库天数+使用前准备天数)×平均每日需求量

式中：“验收入库天数”指物资进厂后，搬运、验收、入库所需的时间；“使用前准备天数”指物资在投入生产前，进行化验、整理或加工所需的时间；“平均每日需求量”是用某物资全年需要量除以 360 天；“平均供应间隔天数”是指所有供应单位供应间隔日数的平均数，或者说就是指供应单位一次供应量之和，可供耗用的天数。

② 保险储备定额。保险储备主要是为了防止经常储备由于交货误期、运输延误、检验后因质量问题决定退货等原因造成产、供脱节而设置的一种储备。计算公式如下：

保险储备定额=保险储备天数×平均每日需求量

③ 季节性储备定额。季节性储备定额是指某种物资，由于季节性影响而必须储备的数量。计算公式如下：

季节性定额=季节性储备天数×平均日耗量

五、第三方物流管理

第三方物流是企业物流业务外包的主要方式。第三方物流(Third Party Logistics)的概念源自于管理学中的外包(out-sourcing)，意指企业动态地配置自身和其他企业的功能和服务，利用外部的资源为企业内部的生产经营服务。将外包引入物流管理领域，就产生了第三方物流的概念。

所谓第三方物流，是指生产经营企业为集中精力搞好主营业务，把原来属于自己组织的物流活动，以合同方式委托给专业物流服务企业，同时通过信息系统与物流服务企业保持密切联系，以达到对物流全程的管理和控制的一种物流运作与管理方式。基于此，第三方物流又叫合同制物流(Contract Logistics)。

目前第三方物流越来越受到工商企业的青睐，原因就在于它使企业能够获得比原来更大的竞争优势：生产企业将物流业务外包，将得到更加专业的物流服务，同时也可以集中精力经营核心业务；能降低物流设施和信息网络滞后对企业的影响；由于是规模化经营，第三方物流可降低生产企业运作成本；第三方物流企业具有网络优势，可以为顾客提供更多、更广泛的服务。但是，第三方物流也同时存在以下负面效应：生产企业对物流的控制能力降低；同客户的直接接触变少，企业与客户的关系被削弱；企业的商业机密被泄漏的可能性增大；连带经营风险。

因此，自营物流和第三方物流不是相互对立的，双方各有优势。生产企业的物流管理方式可以有多种选择，这取决于企业生产经营的特点和规模。对于物流自理能力不足、规模经济不明显并且物流业务对其核心能力影响较小的中小型生产企业，应该鼓励物流业务外包，根据具体情况，既可以是逐步外包，也可以是彻底外包。

全世界的第三方物流市场具有潜力大、渐进性和高增长率的特征，这种状况使第三方物流企业已经拥有大量的服务客户。国际上大多数第三方物流服务公司大都是以传统的“类物流”业为起点而发展起来的，如仓储业、运输业、空运、海运、货运代理和企业内的物流部等，它们根据顾客的不同需要，通过提供各具特色的服务取得成功。

第十三章现代企业管理其他要素管理.ppt

第十三章案例.docx

第十四章　现代企业创新管理

学习目标

通过本章的学习，可使读者初步了解现代企业管理创新的内容；理解企业创新和企业管理创新的基本理论、基本内容。需掌握管理理念创新；管理思想创新、管理制度创新等，并落实到企业管理实践中去，不要把创新变成一句时髦口号而“唱新”，只“唱”不创。

关键概念

企业创新；企业管理创新；管理理念创新；管理思想创新；管理制度创新

创新是一个民族进步的灵魂，是一个国家兴旺发达的不竭动力。没有创新能力的民族，难以屹立于世界先进民族之林。随着经济全球化形势的到来，市场竞争日益加剧，创新已成为企业成败的关键。在快速变化的环境中保持竞争优势的途径是提升企业的创新能力，创新能力是企业绩效最重要的决定因素。

彼得斯指出，管理根本不存在一般模式，即使有也不是成功的标志。因为企业的成长不可能一成不变，若按昨日旧有的模式运转，今天则注定要失败。彼得斯的观点十分鲜明，那就是，创新应该成为一个企业不断成长和发展的动力和引擎，否则失败的命运将不可避免。

既然管理不存在固定模式，对企业创新的管理就更是如此。由于企业创新存在着诸多的不确定性，创新的特点、规律更加难以捉摸和掌握，因而管理的难度更大。但是，任何客观存在的事物总是有规律可循的，随着人们对企业创新研究的不断深入，越来越多的关于企业创新的知识呈现在我们面前。

我国目前仍处于从传统企业管理模式向现代企业管理模式的转型时期，改变旧有的守旧型管理模式，通过不断创新构建符合现代企业特征的管理模式对企业的可持续性发展显得尤为重要。

第一节　企业创新概述

一、企业创新的含义及特征

1. 企业创新的含义

创新这个词是当今社会使用频率最高的词汇之一，表明这个社会已进入一个创新的时代。美国管理大师彼德·德鲁克说：“当今社会已不是一场技术革命，也不是一场软件、速度的革命，而是一种管理观念创新的革命。”

创新的“创”字，原意是被刀刃刺伤，医学上称为“创伤”。有些病痛靠内科医治不行，就要选择外科开刀手术，一刀见效，手到病除。要创新，必须要有勇气，冒着“被刀刃刺痛”的危险，诊治顽疾。

什么是企业创新历来有多种解释，最具代表性的是美国著名经济学家熊彼特率先提出的“企业创新就是建立一种新的生产函数，即把一种从来没有过的关于生产要素和生产条件的新组合引进生产体系”。他进一步解释道：**“企业创新就是新市场的开拓，新生产要素的发现，新生产管理方式的引进，新企业组织形式的实施。”**

有人把企业创新归纳为四步：①有系统地抛弃昨天；②有系统地寻求新的机会；③自觉自愿地开创一个新的目标；④自觉自愿地在现存的管理结构之外独立地开创一项开创性的冒险事业。

创新的本质代表一种勇敢地突破，一种大胆的飞跃，一种大踏步的前进。日本松下公司前总裁松下幸之助有一句口头禅是“不创新，则死亡”。

2. 企业创新的特征

企业创新一般具有概率性、复杂性、需求性、潜在知识性、执着性等特征。

(1) 概率性。因为创新的结果是难以预料的，有成功有失败。尤其是在创新初期，失败在所难免，要容忍挫折，不怕失败。

(2) 复杂性。创新不仅仅是一种异想天开的新思想，也是一个比较复杂的系统工程。企业创新在大多数情况下，往往不是一个人可以独立完成的，甚至不是一个单位可以独立完成的，需要由勇于创新的多个人、多个组织去克服种种困难共同完成。这便带来管理上、认同上、方法上的诸多矛盾，需要一个个地去解决。

(3) 需求性。创新不完全是由一个人冥思苦想出来的，而是由市场需求拉动的。企业创新与发明创造是有区别的。企业创新是由企业家来完成的，发明创造往往是由科学家来完成的。前者考虑经济价值，后者考虑科学价值。美国思科公司认为：“他们从来不生产只是自己想出来的产品，而是生产客户需要的东西。”日本当年开发铱星半途夭折，不是所谓技术不行，而是没有找到市场。

(4) 潜在知识性。创新的基础是知识底蕴，创新往往来源于潜在的隐性知识和潜力。创新是对个人知识和潜力的再开发。

(5) 执着性。创新的道路不会平坦，需要执着，屡败屡战，锲而不舍，直至成功。

企业创新一般可分为五个层次；一是简单的解决方案；二是系统的解决方案；三是发明性的解决方案；四是激进颠覆性的解决方案；五是全新景象的应用方案，如图 14-1 所示。

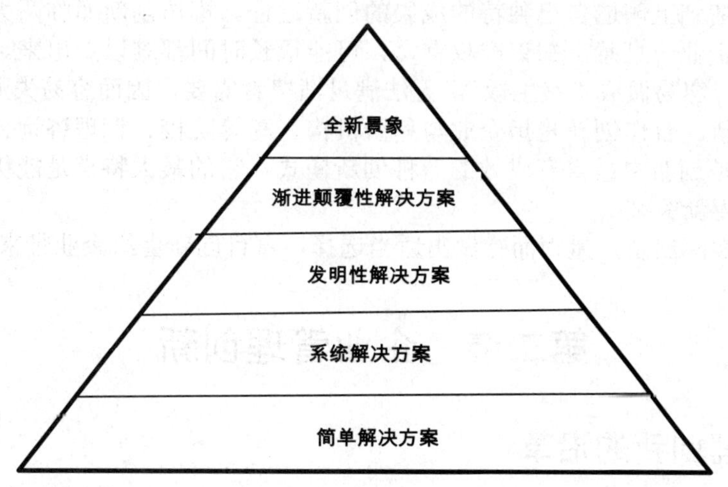

图 14-1　企业创新的五个层次图

二、企业创新的意义及模式

1. 企业创新的意义

(1) 创新是创造一种资源。一百多年前，石油、矿砂石并没有被当作一种资源反而被视为土地贫瘠的表现。后来被开发成能源和高档建筑材料，给人类带来多少福音。西药盘尼西林，最初被当成一种有害的细菌，直到1920年细菌专家弗莱明认识到这种有害的细菌正是他梦寐以求的细菌“杀手”，从此它成了为人类清除疾病的最有价值的资源。

(2) 创新是创造一个新的市场。哈佛大学教授彼得斯说：“企业只有两条路，另一条是死亡。”通用电气公司前总裁韦尔奇称：“世界上只有两种企业，一种是不断创新变化的企业，另一种是被淘汰出局的企业。”创新给企业带来的升级案例不胜枚举。中国海尔集团、联想集团能有今天，哪一步不是靠创新走过来的。海尔集团首席执行官张瑞敏说：“海尔的企业文化，就是两个字：创新。”通过观念创新、技术创新、产品创新、管理创新，他们的家电产品不仅占据了国内市场半壁江山，而且站稳了欧美国际市场。

(3) 创新有助于推动企业科技进步。企业创新很大一部分是技术创新，技术创新是企业实现产品创新的一把利剑。前面我们已经讨论过技术创新，它是以新的技术思想为起点以新的技术成果首次商业化为终点的过程。创新不仅能带来技术升级，还能带动产品创新。试看如今，市场上那些新颖、便利的产品，哪项不是靠创新一点点做出来的。十年前，苹果计算机异军突起，靠的是技术创新、市场创新。

2. 企业创新的模式

企业创新主要是三种模式：一是自主创新；二是模仿创新；三是合作创新。

(1) 自主创新。自主创新是指企业通过自身的努力，依靠自身的力量，不断发现问题、解决问题的创新活动。自主创新往往是从局部小创新开始，再过渡到较为系统的管理创新。因为自主创新与自己的文化兼容，所以创新成果在组织内容易扩大，但创新成果对外移植比较困难，会受到外部不同文化的抑制和影响。

(2) 模仿创新。模仿创新是通过学习、模仿别人的创新思路和创新行为，借鉴别人的先进经验，在此基础上创造自己独特的成果的创新过程。模仿创新面临两大风险：一是知识产权的困扰；企业一旦惹上知识产权官司，可能很长时间都难以走出来。二是简单照搬别人的经验模式，容易做成“夹生饭”，无法满足消费者需要，因而容易失败。

(3) 合作创新。合作创新是指企业与科研机构、高等院校、管理咨询公司等联合进行创新。合作创新是创新中最富有成效的一种创新模式，它的最大特点是能优势互补，寻找到新的起点，取得新突破。

企业可以从实际出发，量力而行做出适当选择，盲目创新会给企业带来陷阱。

第二节　企业管理创新

一、企业管理创新的沿革

管理创新是管理学上的第二次革命。

第一次产业革命是以蒸汽机的发明和大规模应用为标志，主要集中于铁路、采矿、钢铁机械和纺织等行业。当时的企业是靠产量和规模来取得市场竞争中的优势地位，那时的管理方式是尽可能扩大企业生产规模。

第二次产业革命是以内燃机汽车、飞机、电话、电报、收音机和流水线的发明为主要成就，主要集中于汽车、航空、机械发电、电器等行业。第二次产业革命时代企业开始依靠提高劳动生产率来提高产量和降低生产成本，最具代表性的是福特发明的生产流水线和泰勒的动作控制管理理论。管理适应了生产的变化，讲究协调、效率，并有新创发明。从此，以专业管理人员为主体的职业经理人应运而生。

第三次产业革命是管理创新的基础和催化剂，它的发源地是 20 世纪 70 年代的日本。刚从战争废墟中恢复过来的日本，本着虚心学习发达国家的精神，将初具雏形的工业机器人大规模应用在汽车、制造、机械、电子等行业中，极大地提高了生产效率和产品质量，从而发展为一流的工业国。

第一次管理革命，管理的思路是从企业的内部寻找生产要素的最佳结合点，目的是提高劳动生产率；第二次管理革命(即管理创新)不仅从企业内部挖掘潜力，而且更重要的是从企业外部的视角看企业管理生产是否合理，并且要寻找不合理的环节、系统，把整个流程推倒重来。这样的管理不是原来细枝末节的修改，而是比较彻底的变革再造。第三次管理革命是以计算机应用为技术手段，提升了管理的现代化水平。

认识到管理创新的起步与生产力的密切关联，能帮助我们认识其本质属性并透过现象看本质。进入新的时代面临着顾客的挑战、竞争的挑战、自我变化的挑战，管理创新责无旁贷，势不可挡。

二、企业管理创新的含义及作用

1. 企业管理创新的含义

企业管理创新是对现行管理职能的变革，是针对企业观念陈旧、效率低下、组织僵化、冗员过多、推诿扯皮、竞争力低下提出来的。

著名经济学家熊彼特最早提出了企业管理创新的五种方式。

(1) 引入一种新的产品或提高老产品的质量。

(2) 采用一种新的生产方式。

(3) 开辟一个新的市场。

(4) 采用一种新的原料或控制新的原料。

(5) 建立一种新的组织形式，或建立垄断，或打破垄断。

企业管理创新的实质是根据市场和企业变化，重新整合人、财、物、技术等要素，以创造和适应市场，满足顾客需求，同时实现自身效益目标和社会责任目标的过程。企业在管理中创新，在创新中管理。

2. 企业管理创新的作用

日本一位著名企业家本田曾讲过，当今世界不是武力统治世界，而是创新支配世界。他总结日本企业成功之道是“三分技术，七分管理”。日本 20 世纪 70 年代出现经济腾飞的奇迹，主要得益于两大法宝：一是技术引进；二是企业管理创新。企业管理创新在企业成长发展过程中具有举足轻重的引领作用。

(1) 企业管理创新有利于提高资源使用的效率和效益。管理的本质就是提高资源利用的有效性，或者叫有效地利用资源，以获得“1+1>2”的效果。资源效率是可以计量的，如资金周转速度加快，资源消耗系数减少，劳动生产率提高，这些都与管理创新有直接关系。效率是实现效益的条件，企业管理创新的落脚点是效益。

(2) 企业管理创新有利于增强企业的核心能力。随着科学技术的进步和信息技术的发展，企业之间的技术差别越来越小。企业竞争的核心不像过去那样仅仅依靠技术，而是越来越依靠企业管理创新。比如在新的核心竞争力中，活用外部资源的能力，对市场快速反应的能力，争取客户从满意到愉悦的影响能力等，都需要从企业管理创新人手。

(3) 企业管理创新有利于推动企业稳定健康发展。管理创新是通过创立新的更有效的资源整合方式与方法，它不仅能为企业的健康发展奠定坚实基础，而且能使企业产生更大的合力，从而为促进企业快速成长创造条件。

(4) 企业管理创新有利于培育职业经理人队伍。现代企业管理创新的直接成果之一，就是形成了一支职业经理人队伍。一方面使企业管理实现了从技术专家向管理专家的转变，另一方面实现了企业的所有权与经营权分离，让职业经理人专业化做事，职业化做人，通过企业管理创新，一心把企业做强、做大。当今中国企业管理最缺的是有志向、懂经营、善管理、能开拓的职业经理人才。

三、企业管理创新的主要内容

企业管理创新主要包括管理观念创新、管理思维创新、管理制度创新等。

1. 管理观念创新

早在 20 年前，当知识经济到来的时候，未来学家奈斯比特就告诉人们：“当今社会已不是一场技术革命，也不是一场软件或速度的革命，而是一场观念的革命。”

(1) 管理观念创新的特点。企业观念是企业的价值观和经营哲学。管理观念创新就是打破传统观念，以新的思路新的举措加快促进企业发展。

管理观念创新，一般具有四个特点：①独特性。从企业实际出发充分考虑企业间的差别，提炼出一种独特的、极具个性的经营思想。比如很多企业提出做大做强，而具有 300 多年历史的“老字号”企业北京同仁堂集团则提出“做长做强”，把做长放在第一位。青岛啤酒集团在同类企业提出做大做强“做加法”时，他们提出“做减法”观念，通过“瘦身”做强，收缩战线，该停则停，该转则转，壮大主业，观念极具个性。②时代性。企业观念是时代产物。任何企业管理观念的创立、发展和完善，一定要与时俱进，具有时代色彩。时代在变，消费观念在变，消费者已走到生产者前面去了，企业的经营观念必须跟着变。有一家企业在实施战略结构调整时，提出新时代企业竞争的三大转变：从竞争向竞合转变，从重数量向重空间发展转变，从卖产品向卖服务转变。这三大转变让企业攻坚克难面貌一新。③整体性。企业观念包括共同的目标、愿景、使命、价值观行为准则和道德规范等，企业观念创新重在将企业成员的个体观念向整体观念过渡，自觉地调整局部利益与整体利益，短期利益和长远利益的关系。有一家企业在做企业战略规划时，有一位专家问了他们四个问题：凭什么凝聚人心、凭什么指导业务发展、凭什么获得竞争优势、凭什么保持持

续发展，从整体全面帮他们诊断提出管理创新的十六字方针“观念更新，目标转换，重心转移，策略重构”，从整体上把握企业发展方向，令企业口服心服。④人本性。办公司就是办人。新的企业观要特别强调发挥人在生产经营中的主体作用，依靠人，尊重人，发展人。有人曾问日本松下公司造什么，松下总裁直言不讳地回答“公司首先是造人，同时也造电器”，这就是一种典型的以人为本的观念。

(2) 管理观念创新的主要内容。①战略制胜新观念。这种观念重在认识战略在企业管理中的重要性，进而制定与众不同的企业战略。基本思路是：怎么想——怎么做——怎么赢。想法不一样，做法不一样，结果也会不大一样。②竞争制胜新观念。过去讲竞争，主要是人、财、物等方面的竞争，这些方面固然重要，但现在讲竞争，主要是体制、机制、软环境方面的竞争。③变革制胜新观念。所谓变革，就是寻求另一种竞争方式。有一位诗人讲：“什么不可阻挡，变化不可阻挡；什么是不变，唯一不变的是变。”首先，要认识变革的必要性和重要性；其次，知道如何去变革。④质量至上新观念。要树立质量社会观，保护好“质量大坝”，防止其被假冒伪劣产品冲垮；要树立质量经济观，不仅关心技术，还要关心成本；树立全面质量管理观，多管齐下保障企业的产品质量和服务质量。⑤人才发展新观念。首先，认识到人才资源是企业的第一资源，树立以人为本思想；其次，把握好选人、用人、留人等重要环节。用人不仅要用人之长，还要学会用人之“短”。人力资源薪酬管理要向有突出贡献者倾斜。⑥可持续发展观念。要处理好国家利益与企业利益的关系，短期利益与长远利益的关系；经济发展与环境保护的关系；企业与顾客和员工之间的利益关系。

2. 管理思维创新

观念创新来源于思维创新。思维是一种能动的复杂的心理活动，是人区别于动物的主要标志。有位哲人指出：“没有思维的是动物，没有感觉的是木头，人生的意义在于思想和感受。”

思维是人脑对客观事物理性的认识。思，即思考，维，代表方向或次序，思维即沿着一种定向次序去思考。

人的思维活动大致可分为两类：一类是不产生新思想的思维，比如经验性思维、习惯性思维、直线型思维等；另一类是产生新思想的思维，如逆向思维、发散思维、跳跃思维、想象思维等。

管理思维创新则是一种产生新思想活动的思维。一般是在已知的知识、方法无法解决当前问题的条件下进行的“另类”思考，从中寻求新的方法、规则，产生新的智慧和方法。

(1) 管理思维创新的障碍。①习惯性障碍。表现为经验性思维，固执地将经验和习惯变成唯一的答案，把新的思维消灭在萌芽状态。大人经常问孩子们：“树上有五只鸟，有人用枪打死了一只鸟，还剩几只鸟?”孩子们习惯于做加减法，马上回答说：“还剩四只鸟。”其实，大人们的答案是枪声一响，其他的鸟早已吓跑了，“5-1=0”。②定势思维障碍。有人脑子一根筋，只相信书上写的和历史数据之类信息，吊死在“过去”这棵树上，妨碍逆向思考和创新。③从众性障碍。真理有时掌握在少数人手里。如果从众思维成为社会主流，不允许少数人标新立异，创新思维往往在随大流中被扼杀。④权威性障碍。尊重专家权威没有错，但一切唯权威或领导意志是从，不敢越雷池一步，也会影响企业创新。英国著名哲学家罗素来中国讲学。他故意出了一道算术题：“2+2=?”台下听众面面相觑，无人敢回答。大家都认为，大哲学家出这么简单的常识题，肯定另有深意。其实，罗素就是考验大家敢不敢说出“等于 4”，讲明不要迷信权威的道理。⑤教条主义障碍。教条主义又称本本主义。古人讲：“尽信书不如无书。”有的人迷信书本。唯书、唯上，不唯实，不可能创新。⑥以自我为中心障碍。表现在过于自信，不仅自己不创新，也阻碍他人创新。海尔集团总裁张瑞敏经常讲：“我读的书越多，发现自己知道的越少。”世界是很大的，客观事物也是发展变化的，成绩只能说明过去。我们要向体育健儿学习，将每一次比赛都看作是“从零开始”，思维创新也是如此。⑦消极性障碍。一位哲人指出，人与人的差别其实只有一点点，但小小的差别却有极大的不同。小小的差别是思维方式，极大的不同表现为是积极性思维还是消极性思维。消极思维会像传染病一样影响人的情绪，妨碍企业管理创新。

(2) 管理思维创新的方法。

著名科学家钱学森讲：“世界上最有用的知识是什么？是方法。”管理思维创新有各种各样的方法。①联想思维。联想集团有一句一语双关的广告词：“人类若失去联想，世界将会怎样。”这则广告既推广了联想思考的妙意，又为自己做了公司名称广告，本身就是一种创新。②发散思维。顾名思义，是指在思维丛林中，各种想法一拥而上，从中找出更佳的思路方法。与之相反的是单向思维，一条道走到黑，满足于所谓唯一的标准答案。有一个故事讲，在一个高中班级的课堂上，老师用粉笔在黑板上重重地点了一个点，问同学们这是什么？全班默然一阵，忽然有一个同学举手说：“这不是什么，就是一个粉笔点。”其余同学马上松了一口气，没有人想到补充。老师十分遗憾地说：“你们太令我失望了。我昨天试着问了问幼儿园的小朋友，答案竟有几十种：小石头、星星、瓜子、烟蒂、小猫小狗的眼睛等。”一些学生已被学校教育“标准化”，出来的“产品”都是一个模子的思维方式。③收敛思维。如果把发散思维比作由中心指向四面八方，收敛思维则是由四面八方指向中心。它是一种聚焦思维、求同思维，通过分析、综合、概括、推理等逻辑思维方式提炼出另一种新思路。④想象思维。想象思维是人脑通过形象化的概括作用对脑内已有的记忆表象进行加工、改造和重组的思维活动。著名科学家爱因斯坦曾说：“想象力比知识更重要，因为知识是有限的，而想象力是无限的，它可以概括世界上的一切。”从事企业管理，可以借助想象思维的翅膀，无拘无束地探讨管理中的一切问题。⑤灵感思维。创新有时来自一次顿悟，具有突发性、瞬时性、模糊性、不完全性等特征。著名科学家牛顿发现的万有引力定律便是从苹果树上自由下落的一个苹果产生的灵感。灵感思维要经常把问题挂在心上，灵感只会赐给那些勤于思考，并有准备的人。⑥头脑风暴法。头脑风暴法需要注意以下几个原则：自由原则；平等原则；不评判原则；公开原则；单一议题原则；集中说一个主题原则；优先原则；有新的发现优先说原则；奖励原则，意见被采纳者有奖励原则。头脑风暴法有利于开发大脑，提升管理创新能力。

3. 管理制度创新

制度是组织运行方式的原则规定。一个好的制度，可以提高人们创新激情，一个保守的“管卡压”制度，就会将创新扼杀在摇篮中。管理制度创新主要有三大制度创新：产权制度创新、组织制度创新、管理机制创新。

四、企业管理创新的困难

1. 创新得不到领导层的支持

企业管理创新的最大障碍之一是缺乏主要领导的支持和相关投入。在绝大多数企业中，主要领导者注重的是经营活动和日常管理工作，对现行管理问题安之若素。他们求稳怕乱，没有创新动力，使企业管理创新活动流于形式，难以开展。

2. 僵化的组织结构与官僚主义束缚

一个对环境能做出快速反应的组织是有效创新的必要条件。目前，不少组织还是机械化的组织，缺少柔性化、网络化，不适应创新变化的要求。官僚主义也是管理创新“革命”的对象，官僚主义的拥护者会找出各种理由“软硬兼施”，阻止创新。

3. 从众行为和对创新活动的过分挑剔

创新的人往往像一条反向游动的鱼，行为或观念创新往往很容易被认为是行为古怪或者思想偏执。多数人更愿意从众。同时，不少人对创新行为进行评价与分析时，吹毛求疵，过于挑剔，极易挫伤创新者的积极性。

4. 缺乏创新文化和相关制度保证

美国著名企业家戴维·克里兰说：“一个商业组织的创新，同具体技术关系并不大，更多的是取决于这个组织的整个文化系统。”创新文化氛围不够，制度空缺或虚置，难以创新。

5. 害怕失败，抵制变化

创新是一项风险行为，如果不敢担风险，怕人嘲笑，害怕失败，就不可能创新。世界唯一不变的是变。有人以变应变，有的人以变制变，这样才能创新。多数人是以不变应万变，不可能创新。

五、企业管理创新的必备条件

管理创新是一种有目的、有计划的创造性实践活动，它必须具备一定的条件才能实施。创新需要有新的意识，需要一定的能力，需要有明确的目标，需要有催化动力机制。

1. 创新意识

创新意识是产生创新意图和愿望的萌芽，没有意识就不可能有行动。企业创新意识主要反映在三个方面：一是反映在企业的使命和愿景上，它是产生创新意识的基础。只有企业具有强烈的创新愿望，才能自觉地思考创新，主动地关注创新，积极地追求创新。二是反映在管理者的远见卓识上，只有那些具有远见卓识的管理者，才能敏锐地判断环境变化和管理发展的趋势，在现实问题中找到关键性的东西并能看到其背后的深层原因，结合本企业特点提出一些有价值的创意。如果管理者视野狭窄，目光短浅，他们就无法觉察到未来可能发生的变化，更不可能产生创新动力。三是反映在个人学识、生活阅历、对新生活的理解以及意志品质上。法国化学家巴斯德指出：“在观察领域中，机遇只会偏爱那些有准备的头脑。”

2. 创新能力

创新能力是将创新意识转化为创新成果的关键，并直接影响着管理创新的规模、程度和方向。可以想象，一个没有创新能力或创新能力低下的企业和个人，是不可能实现管理创新的。由于创新主体可以是个人也可以是一个群体，所以创新能力在个人方面与自身的素质有很大关系，在群体方面则与群体成员的知识结构、协作关系以及组织结构等密切相关。

对于个人而言，其创新能力一般包括系统思考能力、抽象概括能力、创新思维能力、借鉴转移能力、预见能力等方面。这些能力与管理创新的实践相结合，就能形成推动管理创新的强大动力。

3. 创新目标

任何管理都是目标管理。美国科学家爱默生说：“心想着目标前进的人，整个世界都会为你让路。”英国心理学家卡乐·莱格也指出：“没有幻想的游戏，工作不会成功。”

所谓创新目标就是创新活动所要达到的目的和结果。它既是控制创新过程的重要依据，也是激励人们不断创新的主要手段。通过创新目标的设定，能够为创新活动指明方向，让人们看到未来和希望，进一步坚定人们参与创新活动的信心。通过对创新目标的控制和考核，能够发现创新目标在制定和执行过程中存在的薄弱环节和问题，为调整目标和消除薄弱环节提供依据。不仅如此，目标的实现还能够给创新主体带来成就感，这种成就感会进一步激发创新主体的创新动机。此外，创新目标也是衡量创新主体创新业绩的主要依据，通过对创新绩效的科学评价，有助于建立合理的分配机制和激励机制，促进管理创新机制的不断优化。有些创新之所以失败，把创新变“唱新"，与缺乏既定目标有直接关系。

与创新目标匹配的首先是创新计划。它是创新管理的基础。一般来说，管理创新目标的制定要服从企业的总体目标，选择正确的创新途径，配置必需的创新资源，制定切实可行的实施计划。

4. 创新机制

创新机制是企业不断追求创新的制度保障和相应运转动力。具有创新机制的企业对创新活动具有推动和激发作用。为什么许多企业不能在管理上有所创新，不是因为缺乏人才，更不是因为缺乏创新意识，而是因为缺乏激励人们敢于创新、不断创新的机制。

一般而言，管理创新机制主要包括动力机制、运行机制和发展机制。其中，动力机制是管理创新最主要的机制：运行机制是管理创新高质量、高效率运行的基础和保障，发展机制明晰并反映管理创新活动的发展方向，同技术创新一样，对于管理创新成果同样应给予奖励，如设立合理化建议奖、管理创新奖、质量管理奖等。

5. 创新文化

前面我们已经讲过，文化是企业身上的DNA。创新文化必须来自企业实际需要，而不是坐在办公室里苦思冥想几句激动人心的口号，或者东施效颦照搬他人的模式写在纸上，贴在墙上，念在嘴上。

创新文化要以观念创新为主导，制度创新为基础，内化于心，外化于行。

参 考 文 献

[1] [美]斯蒂芬·罗宾斯. 管理学[M]. 九版. 北京：中国人民大学出版社，2008.
[2] [美]彼得·德鲁克. 管理的实践[M]. 北京：机械工业出版社，2006.
[3] 俞文钊，吕晓俊. 学习型组织导论[M]. 大连：东北财经大学出版社，2008.
[4] [美]理查德·达夫特. 组织理论与设计[M]. 中译版. 北京：清华大学出版社，2003.
[5] [美]彼得·圣吉. 第五项修炼[M]. 中译版. 上海：上海译文出版社，1994.
[6] 周三多. 管理学[M]. 2 版. 北京：高等教育出版社，2010.
[7] 范明，牛刚. 现代企业理论[M]. 北京：社会科学文献出版社，2010.
[8] [美]威廉姆森. 企业的性质：起源、演变和发展[M]. 北京：商务印书馆，2010.
[9] 黄金芳，孙杰. 现代企业组织激励理论新进展研究[M]. 北京：人民邮电出版社，2012.
[10] [美]巴尼. 资源基础理论：创建并保持竞争优势[M]. 上海：格致出版社，2011.
[11] 韦伟. 现代企业理论和产业组织理论[M]. 北京：人民出版社，2010.
[12] 邬适融. 现代企业管理——理论、方法、技术[M]. 北京：清华大学出版社，2008.
[13] 周海娟. 现代企业管理[M]. 北京：中国发展出版社，2011.
[14] 杨瑞龙，杨其静. 企业理论：现代观点[M]. 北京：中国人民大学出版社，2009.
[15] 张维迎. 企业理论与中国企业改革[M]. 北京：北京大学出版社，1999.
[16] 陈其安. 基于过度自信的行为企业理论[M]. 北京：中国财政经济出版社，2009.
[17] 宋亦平. 企业理论：分工与协作视角的解说[M]. 上海：复旦大学出版社，2008.
[18] 罗勇. 20 世纪的企业理论与管理实践[M]. 保定：河北大学出版社，2006.
[19] 吕东裕. 宁波市场主体发展的实证研究：基于企业生命周期理论[M]. 杭州：浙江大学出版社，2009.
[20] 石盛林，贾创雄. 战略管理实践、理论与方法：以企业生命周期为主线[M]. 南京：东南大学出版社，2008.
[21] 尤建新，雷星晖. 企业管理概论[M]. 四版. 北京：高等教育出版社，2010.
[22] 杨锡怀，王江. 企业战略管理——理论与案例[M]. 三版. 北京：高等教育出版社，2010.
[23] 刘力刚. 战略管理：可持续发展观点[M]. 沈阳：辽宁人民出版社，2010.
[24] 陈继祥. 战略管理[M]. 二版. 上海：格致出版社，2008.
[25] 周海娟. 现代企业管理[M]. 北京：中国发展出版社，2014.
[26] 姚顺波. 现代企业管理学[M]. 北京：科学出版社，2008.
[27] 邬适融. 现代企业管理——理念、方法、技术[M]. 二版. 北京：清华大学出版社，2008.
[28] 杨善林. 企业管理学[M]. 北京：高等教育出版社，2004.
[29] 徐盛华，陈子慧. 现代企业管理学[M]. 北京：清华大学出版社，2004.
[30] 克里斯·安德森. 长尾理论[M]. 乔江涛，石晓燕，译. 北京：中信出版社，2012.
[31] [韩]W. 钱·金，[美]勒妮·莫博涅. 蓝海战略[M]. 吉密，译. 北京：商务印书馆，2012.
[32] 郑翔洲，叶浩. 新商业模式创新设计(修订版)[M]. 北京：电子工业出版社，2013.
[33] 魏炜，朱武祥. 重构商业模式[M]. 北京：机械工业出版社，2010.
[34] 魏炜，朱武祥，林桂平. 商业模式的经济解释：深度解构商业模式密码[M]. 北京：机械工业出版社，2012.

[35] 面向未来的组织管理逻辑-领导力-世界经理人网站，http://www.ceconline.com/leadership/ma/8800094844/01/.
[36] 彭剑锋：人力资源新常态下的20个关键词. 2015年中国人力资源管理新年报告会_新浪财经_新浪网，http：//finance. sina. com. cn/hy/20150122/174721365474. shtml. 2015-01-22.
[37] 应雄. 培养适应工业4. 0时代的应用型人才[N]. 中国教育报，2015-11-11.
[38] 长城智库：生态型组织三大特征之——无演化不生态|中国瞪羚独角兽. http://www.chinagazelle.cn/news/detail/5aba55ec013346639174cd3069eae70d.
[39] 组织的未来：我们熟悉的公司样子过时了么？ | 组织创新系列. https：//baijiahao.baidu.com/s?id=1623323730347492091&wfr=spider&for=pc.
[40] [加]萨利姆·伊斯梅尔. [美]迈克尔. 指数型组织：打造独角兽公司的11个最强属性[M]. 杭州：浙江人民出版社，2015.
[41] 潘春跃，杨晓宇. 运营管理[M]. 北京：清华大学出版社，2012.
[42] [美]威廉·史蒂文森，张群等. 运营管理[M]. 北京：机械工业出版社，2012.
[43] 高殿军. 现代企业运营管理发展的新趋势[J]. 山东工商学院学报，2006，20(3).
[44] 黄俊. 浅谈现代企业运营管理的发展趋势[J]. 经营管理，2012，271(8).
[45] 杨丽文. 论服务运作管理的特殊性[J]. 清华大学学报(哲学社会科学版)，1999，14(2).
[46] 马风才. 运营管理[M]. 三版. 北京：机械工业出版社，2016.
[47] 潘春跃，杨晓宇. 运营管理[M]. 北京：清华大学出版社，2012.
[48] 张振刚，林春培，周海涛. 创新型企业创新路线图制定的理论与实践[M]. 广州：华南理工大学出版社，2012.
[49] 闫华红. 财务分析与企业经营决策[M]. 北京：首都经济贸易大学出版社，2007.
[50] 葛红光. 公司经营管理[M]. 哈尔滨：哈尔滨工程大学出版社，2011.
[51] 周荣辅，王玖河. 现代企业管理[M]. 北京：机械工业出版社，2013.
[52] 徐盛华，林业霖. 现代企业管理学[M]. 二版. 北京：清华大学出版社，2011.
[53] 李文涛，苏琳. 制度创新理论述评[J]. 经济纵横，2011，(11).
[54] 韩福荣，刘源张. 现代质量管理学[M]. 北京：机械工业出版社，2012.
[55] 徐斌. 质量管理[M]. 北京：企业管理出版社，2001.
[56] 崔利荣. 质量管理学[M]. 北京：中国人民大学出版社，2012.
[57] 熊银解，王晓梅，朱永华. 现代企业管理[M]. 武汉：武汉理工大学出版社，2013.
[58] 石盛林. 质量管理：理论、方法与实践[M]. 南京：东南大学出版社，2014.
[59] 梁工谦. 质量管理学[M]. 北京：中国人民大学出版社，2010.
[60] 杨善林. 企业管理学[M]. 三版. 北京：高等教育出版社，2015.
[61] 徐盛华，陈子慧. 现代企业管理学[M]. 三版. 北京：清华大学出版社，2016.
[62] 张建华，冯瑞. 现代企业管理学[M]. 北京：中国经济出版社，2012.
[63] 王其和. 现代企业管理[M]. 武汉：武汉大学出版社，2013.
[64] 安景文. 现代企业管理[M]. 北京：北京大学出版社，2012.
[65] 孙义敏，杨洁. 现代企业管理导论[M]. 2版. 北京：机械工业出版社，2012.
[66] 主民亮，张廷芹. 现代企业管理基础与方法[M]. 北京：石油工业出版社，2009.
[67] 王化成. 财务管理[M]. 三版. 北京：中国人民大学出版社，2010.

[68] 孔继利. 企业物流管理[M]. 北京：北京大学出版社，2012.

[69] 董千里. 现代企业物流管理[M]. 北京：首都经济贸易大学出版社，2008.

[70] 乔志强，程宪春. 现代企业物流管理实用教程[M]. 北京：北京大学出版社，2010.

[71] 荆新，王化成. 财务管理学[M]. 七版. 北京：中国人民大学出版社，2015.

[72] 吴建安. 市场营销学[M]. 五版. 北京：高等教育出版社，2018.

[73] 董克用，叶向峰. 人力资源管理概论[M]. 四版. 北京：中国人民大学出版社，2015.

[74] 徐庆瑞，郑刚，陈劲. 全面创新管理：创新管理新范式初探[J]. 管理学报，2006，3(2).

[75] 李启明，现代企业管理[M]. 五版. 北京：高等教育出版社，2017.

[76] 郑刚，赵晓庆. 从组合创新到全面创新：企业创新管理范式的新发展[J]. International Management Science，2005，(10).

[77] 顾晓春. 企业技术创新管理研究——以云南铜业集团为例[M]. 重庆：重庆大学出版社，2008.

[78] 吴贵生. 技术创新管理[M]. 北京：清华大学出版社，2009.

[79] 银路. 技术创新管理[M]. 北京：机械工业出版社，2004.

[80] 辜秋琴. 企业技术创新体系研究[M]. 成都：四川大学出版社，2008.

[81] 魏杰. 中国企业制度创新[M]. 北京：中国发展出版社，2006.